Auf den Infografik-Seiten

werden Themen mit anschaulichen Grafiken näher erläutert.

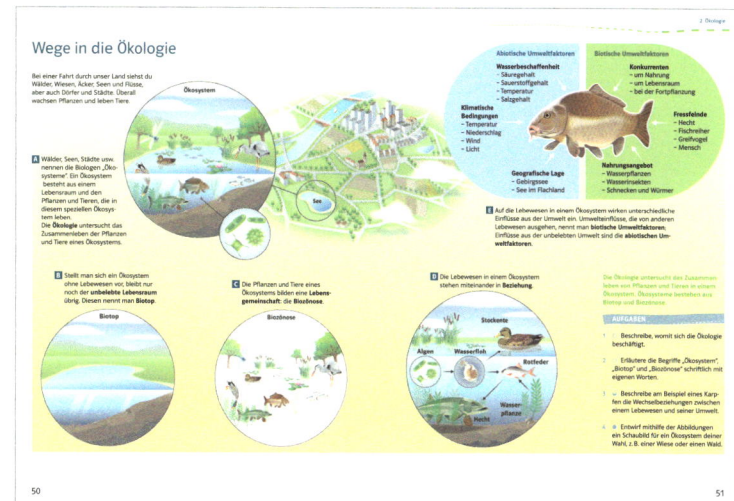

Aufgaben

Das solltest du dir merken!

Symbole im Buch

1   Schülerversuch: Auch die Schülerversuche darfst du nur auf Anweisung der Lehrkraft durchführen. Die allgemeinen Hinweise zur Vermeidung von Unfällen beim Experimentieren müssen bekannt sein.

1ᴸ   Lehrerversuch

!   Gefahrenhinweis: Hier müssen besondere Vorsichtsmaßnahmen getroffen werden.

👍   Super!

❓   Wenn du noch Fragen hast, dann schau auf dieser Seite nach.

▷ B 2 Bildverweis

►   Verweis auf ein Basiskonzept oder eine andere Seite

Aufgaben:
- ○   einfach
- ◒   mittel
- ●   schwer

PRISMA Biologie 9|10

Baden-Württemberg

Nicole Dolpp
Eberhard Hummel
Dietmar Kalusche
Charlotte Willmer-Klumpp

Ernst Klett Verlag
Stuttgart · Leipzig

Inhalt

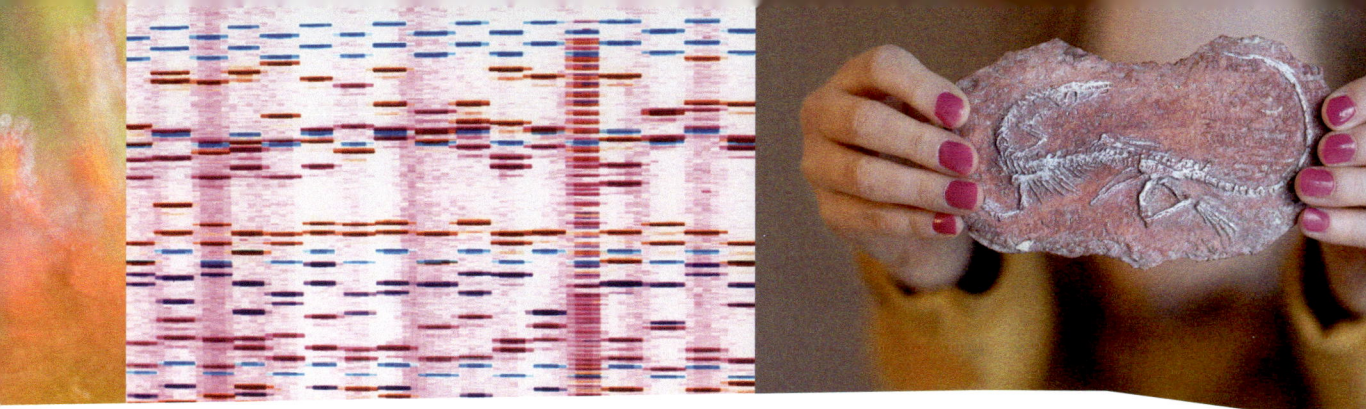

4 Evolution

Basiskonzepte

Anhang

1 Was läuft hier falsch?

Die Laborordnung

Die **Laborordnung** enthält wichtige Regeln für das Verhalten im Labor. Im Labor werden Versuche durchgeführt. Essen und trinken darfst du dort nicht!

Vor dem Versuch

Lies die **Versuchsanleitung** genau durch:
– Was soll untersucht werden?
– Wie wird der Versuch durchgeführt?
– Gibt es Hinweise zu möglichen Gefahren?
– Gibt es Hinweise zur Entsorgung?

Ein **Laborkittel** schützt deine Kleidung. Setze deine **Schutzbrille** auf und ziehe, wenn nötig, **Schutzhandschuhe** an. Besorge anschließend alle benötigten Geräte und Materialien.

Während des Versuchs

Beachte, dass manche Versuche unter dem **Abzug** durchgeführt werden müssen. Baue die Apparatur so auf, dass sie nicht umkippen kann. Führe den Versuch nach Freigabe durch deine Lehrerin oder deinen Lehrer sorgfältig durch. Trage in dein **Versuchsprotokoll** alle **Beobachtungen** ein, die du während des Versuchs machst.

Nach dem Versuch

Säubere benutzte Geräte nach dem Experimentieren sorgfältig. Entsorge alle Abfälle ordnungsgemäß. Beschädigte Laborgeräte musst du melden. Hinterlasse deinen Arbeitsplatz sauber und aufgeräumt. Vervollständige das Versuchsprotokoll.

Die Laborordnung enthält wichtige Verhaltensregeln, die du beim Experimentieren beachten musst.

AUFGABEN

1 ○ In Bild 1 läuft einiges falsch. Schreibe die falschen Verhaltensweisen auf und gib Ratschläge, wie man sich richtig verhält.

2 ◒ Entwickle aus den Informationen der Seite eine eigene Laborordnung.

3 ● Begründe, weshalb manche Chemikalien nicht in das Abwasser gegeben werden dürfen (► S.7).

Piktogramm	Bezeichnung	Gefahrenklasse
	GHS01 (Explodierende Bombe)	– Explosive Stoffe – Selbstentzündliche Stoffe – …
	GHS02 (Flamme)	– Entzündbare Flüssigkeiten – Entzündbare Gase – …
	GHS03 (Flamme über einem Kreis)	– Entzündend wirkende Flüssigkeiten und Feststoffe – Entzündend wirkende Gase
	GHS04 (Gasflasche)	– Unter Druck stehende Gase
	GHS05 (Ätzwirkung)	– Metallkorrosiv – Hautätzend – Hautreizend – …
	GHS06 (Totenkopf mit gekreuzten Knochen)	– Akute Toxizität
	GHS07 (Ausrufezeichen)	– Hautreizend – Augenreizend – Sensibilisierung der Haut – …
	GHS08 (Gesundheitsgefahr)	– Krebserzeugend – Erbgutverändernd – …
	GHS09 (Umwelt)	– Gewässergefährdend

1 Gefahrensymbole und ihre Bedeutung

Viele Chemikalien sind mit farbigen Symbolen auf ihren Etiketten gekennzeichnet. Diese Symbole werden **Gefahrenpiktogramme** genannt (▷ B1). Stoffe mit einer solchen Kennzeichnung sind Gefahrstoffe, mit denen man besonders vorsichtig umgehen muss. Sie können durch Einatmen, Verschlucken oder sogar durch die Haut in den Körper gelangen. Eine Liste mit Gefahrstoffen kann durch Eingabe des unten stehenden Prisma-Codes in das Suchfeld auf www.klett.de abgerufen werden.

Die Gefahrenpiktogramme
Ein Gefahrenpiktogramm umfasst häufig mehrere Gefahrenklassen (▷ B1). So kann zum Beispiel das Gefahrenpiktogramm GHS 05 bedeuten, dass der Stoff zur Gefahrenklasse „Metallkorrosiv", „Hautreizend", „Hautätzend", „Schwere Augenschädigung" oder „Augenreizung" gehört.

Signalwörter, H- und P-Sätze
Signalwörter auf dem Chemikalien-Etikett geben Auskunft über das Ausmaß der Gefährdung durch diesen Stoff. Es gibt zwei unterschiedliche Signalwörter, nämlich „Gefahr" für schwerwiegende Gefahren und „Achtung" für weniger schwerwiegende Gefahren:

Gefahr   **Achtung**

Die **Gefahrenhinweise** sind in den **H-Sätzen** zusammengefasst (englisch: hazard, Gefahr). Die H-Sätze weisen auf die besonderen Gefahren beim Umgang mit einem Gefahrstoff hin. Die **Sicherheitshinweise** sind in den **P-Sätzen** enthalten (englisch: precautionary, vorbeugend). Die P-Sätze geben Ratschläge für den sicheren und sachgerechten Umgang mit einem Gefahrstoff.

Entsorgung von Gefahrstoffen
Reste von Gefahrstoffen, die nach einem Experiment übrig bleiben, werden in dafür vorgesehene, gekennzeichnete Entsorgungsgefäße gegeben.

Jede Aufgabe enthält einen klaren Arbeitsauftrag an dich, du musst ihn nur richtig erkennen. Je nach Formulierung erwartet deine Lehrerin oder dein Lehrer ganz unterschiedliche Antworten von dir. Diese Liste hilft dir, Arbeitsaufträge richtig zu verstehen und zu bearbeiten.

abschätzen
das Ergebnis ungefähr angeben und es begründen

angeben/aufschreiben/aufzählen/nennen
Begriffe, Informationen oder Aussagen zusammentragen

auswerten
Ergebnisse und Schlüsse zum Beispiel aus einem Text oder Diagramm ziehen

begründen
Ursachen, Gesetze oder Beweise für etwas anführen

benennen/beschriften
Begriffe zuordnen

berichten
zu einem bestimmten Thema etwas erzählen

beschreiben
eine Sache durch Fachbegriffe und in eigenen Worten wiedergeben

bestimmen
Merkmale von Tieren und Pflanzen erkennen und zuordnen

beurteilen
erkennen, ob eine Aussage zutrifft, und das Ergebnis begründen

bewerten/Stellung nehmen
dir eine eigene Meinung bilden, begründen und äußern, wie du zu dem Sachverhalt stehst (gut oder schlecht)

darstellen/wiedergeben
ein Ergebnis umfassend präsentieren

deuten/interpretieren
eine Information, die in einem Sachverhalt steckt, herausarbeiten

diskutieren
Meinungen austauschen, einander gegenüberstellen und abwägen

dokumentieren/protokollieren
alles Wichtige zu einem Thema oder Versuch aufschreiben und aufzeichnen

eine Vermutung anstellen/formulieren
überlegen, was das Ergebnis sein könnte

einen Versuch planen
überlegen, wie ein Versuch aufgebaut, durchgeführt und ausgewertet werden könnte

entwickeln
zu einem Thema oder Sachverhalt eigene Gedanken äußern und sie begründen

erklären
eine Sache mit Regeln, Gesetzmäßigkeiten oder Ursachen darstellen

erläutern
eine Sache nachvollziehbar und verständlich darstellen

erörtern
Vor- und Nachteile zu einem Thema anführen und diese beweisen

ordnen/zuordnen
verschiedene Sachen wie Gegenstände, Geschehnisse usw. in eine richtige Reihenfolge bringen

präsentieren
ein Referat, ein Plakat oder das Ergebnis einer Gruppenarbeit vorstellen

recherchieren
zu einem bestimmten Thema Informationen sammeln

skizzieren
eine Zeichnung erstellen, die nur das Wichtigste enthält

(über)prüfen
kontrollieren, ob Regeln, Inhalte oder Aussagen zutreffen

untersuchen
mit Fragen oder Versuchen herausfinden, ob bestimmte Merkmale und Fakten vorhanden sind

vergleichen
Dinge in Beziehung setzen und erkennen, was gleich, ähnlich oder unterschiedlich ist

zeichnen
eine anschauliche und möglichst genaue grafische Darstellung zu einem bestimmten Inhalt anfertigen

zusammenfassen
das Wichtigste herausschreiben oder wiedergeben

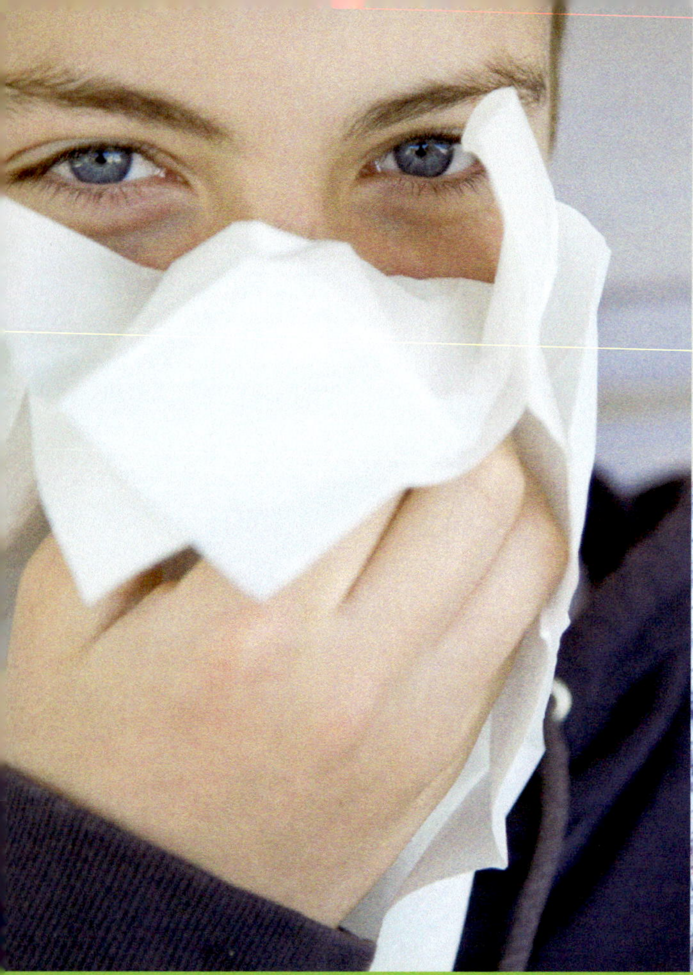

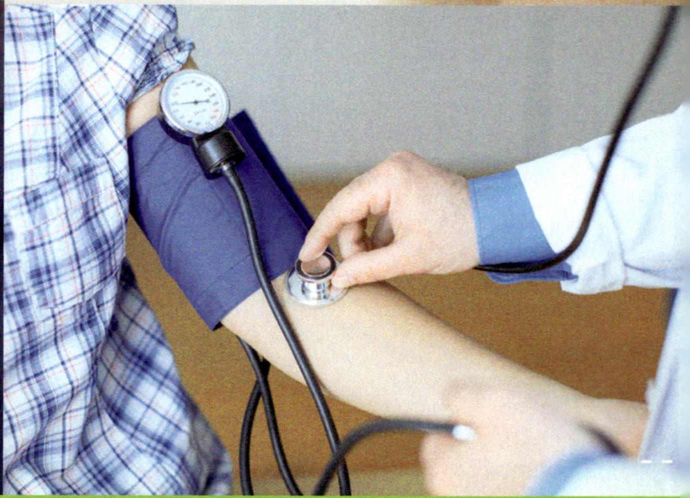

1 Immunbiologie

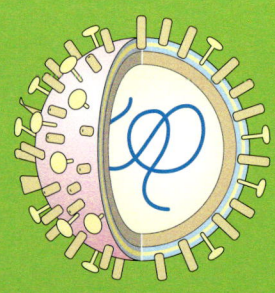

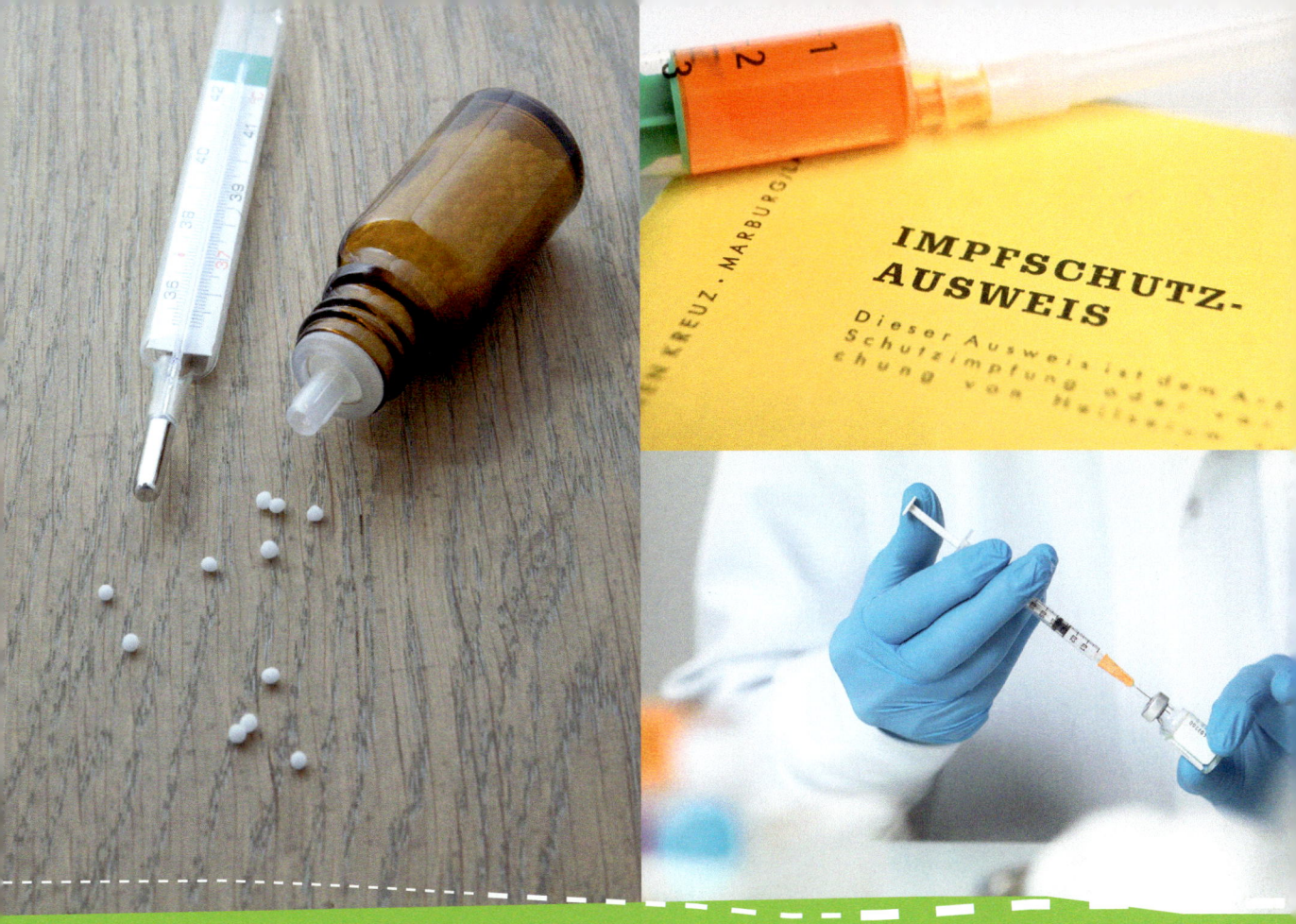

– Bin ich schon krank, wenn ich mich nicht wohlfühle?

– Wie kommen Krankheitserreger eigentlich in unseren Körper?

– Was ist eine Infektion und wie können wir sie bekämpfen?

– Was bedeutet es, immun zu sein?

– Kann auch ich AIDS bekommen?

Hauptsache gesund

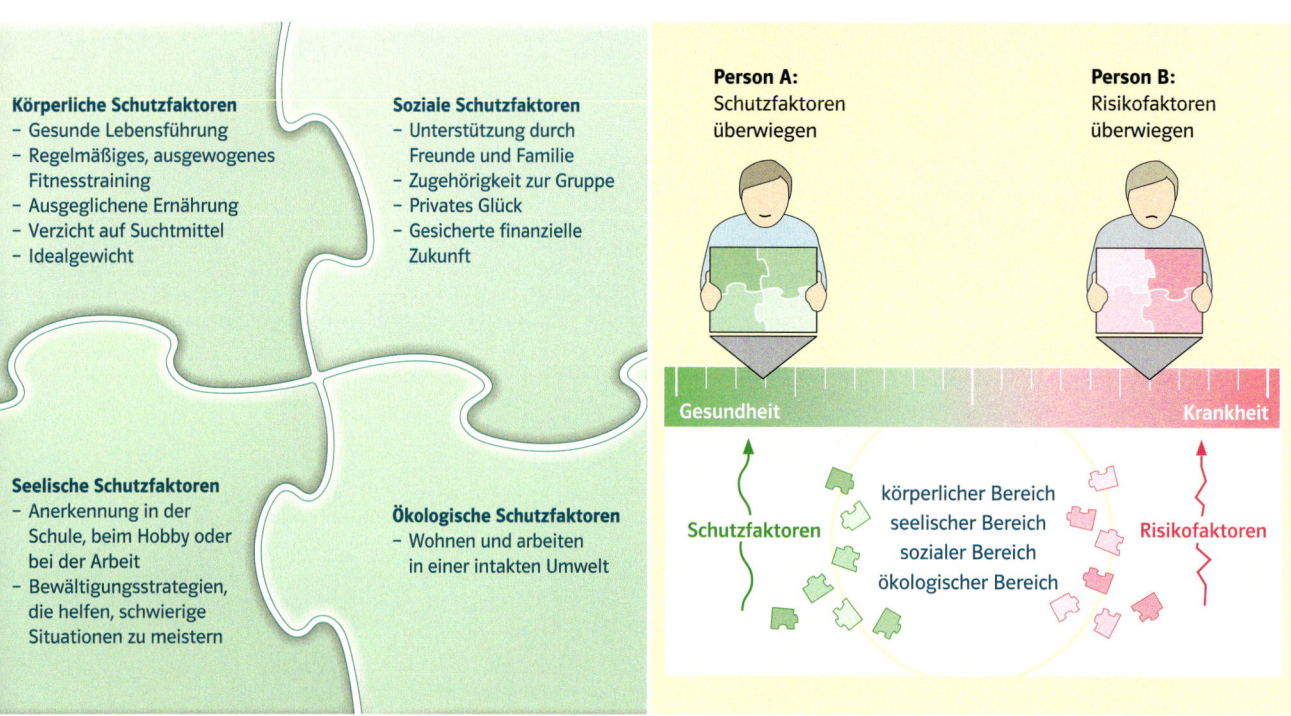

Körperliche Schutzfaktoren
- Gesunde Lebensführung
- Regelmäßiges, ausgewogenes Fitnesstraining
- Ausgeglichene Ernährung
- Verzicht auf Suchtmittel
- Idealgewicht

Soziale Schutzfaktoren
- Unterstützung durch Freunde und Familie
- Zugehörigkeit zur Gruppe
- Privates Glück
- Gesicherte finanzielle Zukunft

Seelische Schutzfaktoren
- Anerkennung in der Schule, beim Hobby oder bei der Arbeit
- Bewältigungsstrategien, die helfen, schwierige Situationen zu meistern

Ökologische Schutzfaktoren
- Wohnen und arbeiten in einer intakten Umwelt

Person A: Schutzfaktoren überwiegen

Person B: Risikofaktoren überwiegen

Gesundheit ························ Krankheit

Schutzfaktoren

körperlicher Bereich
seelischer Bereich
sozialer Bereich
ökologischer Bereich

Risikofaktoren

1 Schutzfaktoren wirken zusammen.

2 Verschiedene Schutz- und Risikofaktoren

Gesundheit ist mehr

Viele Menschen halten jeden für gesund, der keine körperlichen Beeinträchtigungen hat. Die Weltgesundheitsorganisation (WHO = World Health Organisation) definiert **Gesundheit** folgendermaßen: „Gesundheit ist ein Zustand des vollständigen körperlichen, geistigen und sozialen Wohlergehens und nicht nur das Fehlen von Krankheit und Gebrechen."
Damit wird deutlich, dass Gesundheit viel mehr ist als ein gesunder Körper.

Gesundheit früher und heute

Die Menschen waren vor 150 Jahren nicht gesünder als wir. Sie mussten hart arbeiten und hatten wenig Freizeit. Die medizinische Versorgung war noch nicht so gut. Dafür gab es weniger Umweltgifte.

Heutzutage hat Gesundheit, vor allem in den Industrienationen, einen viel höheren Stellenwert als früher. Ob wir uns gesund oder krank fühlen, hängt von vielen Faktoren ab, die wir bis zu einem bestimmten Grad selbst beeinflussen können. Jeder von uns ist mit einer Vielzahl von **Schutz-** und **Risikofaktoren** ausgestattet (▷ B 1 und ▷ B 2).

Gesundheit ist das vollkommene körperliche, geistige und soziale Wohlergehen.

AUFGABEN

1 ○ Erläutere, was Gesundheit ist.

2 ◒ Beschreibe mit eigenen Worten, wie sich das Verständnis von Gesundheit verändert hat.

3 ● Erstelle eine Liste mit körperlichen, sozialen und seelischen Risikofaktoren.

Unser Lernplakat wächst mit

Begriffe sammeln

Im Biologieunterricht lernt ihr in jeder Stunde Neues dazu. Dabei sind auch viele biologische Fachbegriffe, die ihr definieren und erklären sollt. Manche Begriffe kommen später in einem anderen Zusammenhang noch einmal vor. Dann müsst ihr sie im Buch wieder suchen und nachlesen.

Auf einen Blick und jederzeit verfügbar sind die Begriffe auf einem „mitwachsenden **Lernplakat**". Dieses könnt ihr in eurem Klassenzimmer oder im Biologiesaal aufhängen.

Was heißt „mitwachsen"?

Ihr kennt das Plakat als Ergebnis einer Gruppenarbeit. Nach einer gewissen Zeit hängt ihr es ab oder tauscht es aus. Das „mitwachsende Lernplakat" aber bleibt hängen. Ihr könnt es ständig ergänzen. Als „Daueraushang" hilft es euch, fachliche Inhalte langfristig im Gedächtnis zu verankern. Immer wieder werdet ihr an wichtige Lerninhalte erinnert. Das Plakat begleitet euch während der Erarbeitung eines einzelnen Themas oder während des ganzen Schuljahres.

Einprägen im Vorübergehen

Habt ihr die ersten Begriffe eingetragen, könnt ihr im weiteren Unterricht immer wieder auf das im Raum hängende Lernplakat zugreifen, ohne lange im Buch nachzuschlagen.

Da der Lernstoff „plakativ", also einfach, übersichtlich und ansprechend dargestellt wird, könnt ihr

eure Kenntnisse nebenbei immer wieder auffrischen.

So wird's gemacht.

Überlegt euch eine klare und übersichtliche Struktur. So habt ihr die wichtigsten biologischen Fachbegriffe immer parat.

– Euer Thema bildet die Überschrift.
– Schreibt groß und in Druckschrift. Die Buchstaben sollten mindestens 5 cm groß sein.
– Jeder Begriff muss von allen Plätzen des Raumes lesbar sein.
– Schreibt die Fachbegriffe als Überschrift.

Bei einem neuen Thema könnt ihr nachschauen, ob schon Fachbegriffe auf eurem „mitwachsenden Lernplakat" stehen.
Könnt ihr alle aufgeführten Begriffe noch erklären und die

Zusammenhänge zum neuen Stoff erläutern?
Diskutiert, wie ihr euer „mitwachsendes Lernplakat" an bestimmten Stellen ergänzen könnt.

Unser Lernplakat kann mehr

Mit dem „mitwachsenden Lernplakat" könnt ihr aber noch mehr anfangen: Ihr könnt Mindmaps und Wissensnetze aus den Begriffen erstellen, Fachbegriff und Erklärung jeweils abdecken und das Gegenstück finden, mehrere Begriffe in einen Zusammenhang bringen, aus verschiedenen Begriffen eine Geschichte, einen Sachtext schreiben. Vor der Klassenarbeit hilft es bei der Wiederholung des Stoffes.

Das „mitwachsende Lernplakat" weckt vielleicht auch das Interesse anderer Klassen an eurem Biologiethema. Am Elternabend sehen alle, was ihr schon erarbeitet habt.

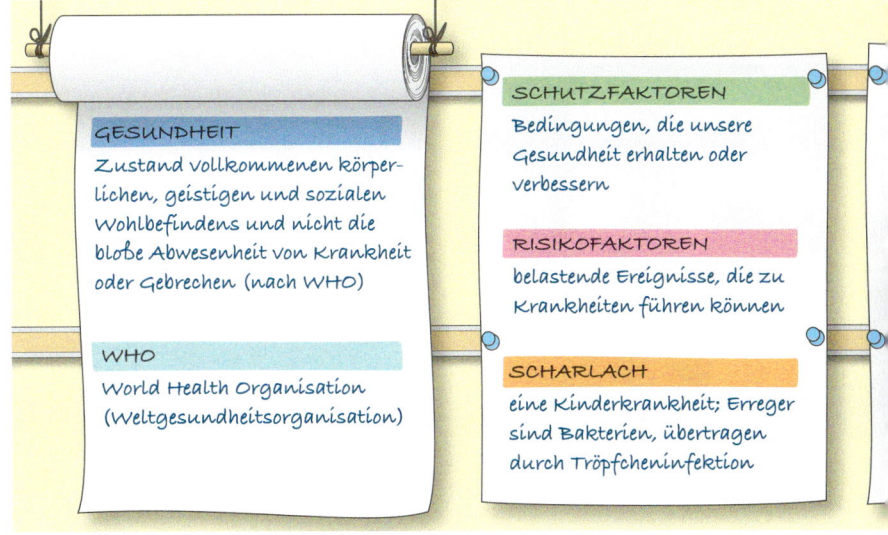

GESUNDHEIT
Zustand vollkommenen körperlichen, geistigen und sozialen Wohlbefindens und nicht die bloße Abwesenheit von Krankheit oder Gebrechen (nach WHO)

WHO
World Health Organisation (Weltgesundheitsorganisation)

SCHUTZFAKTOREN
Bedingungen, die unsere Gesundheit erhalten oder verbessern

RISIKOFAKTOREN
belastende Ereignisse, die zu Krankheiten führen können

SCHARLACH
eine Kinderkrankheit; Erreger sind Bakterien, übertragen durch Tröpfcheninfektion

1 „Mitwachsendes" Lernplakat

Scharlach – eine Infektionskrankheit

Eine typische Kinderkrankheit

Die spürbaren Anzeichen dieser Krankheit – die **Symptome** – sind Fieber, Kopf- und Halsschmerzen (▷ B 1). Man fühlt sich sehr matt. Bald bildet sich ein Hautausschlag und die Zunge ist stark gerötet. Dieses Symptom nennt man „Himbeerzunge". Es ist das typische Anzeichen für **Scharlach**. Da Scharlach meist im Kindesalter auftritt, spricht man von einer **Kinderkrankheit**.

Ansteckung

Scharlach wird durch **Bakterien** ausgelöst. Sie sind in Tröpfchen der Ausatemluft von Erkrankten enthalten. Atmet ein anderer Mensch die Tröpfchen ein, kann er sich mit der Krankheit anstecken. Man spricht dann von einer **Infektion**. Aufgrund des Ansteckungsweges handelt es sich bei Scharlach um eine **Tröpfcheninfektion** (▷ B 1).

Krankheitsverlauf und Behandlung

Der Zeitraum von der Ansteckung bis zum Ausbruch einer Infektionskrankheit heißt **Inkubationszeit**. Sie beträgt bei Scharlach drei bis vier Tage. Nach etwa acht Tagen geht der Hautausschlag zurück und das Fieber sinkt. Die Krankheitssymptome klingen ab und die Erkrankung lässt nach.

Diesen Zeitraum bis zum Gesundwerden nennt man **Rekonvaleszenz**. (► System, S. 210/211)

Scharlach wird mit einem **Antibiotikum** behandelt. Antibiotika sind Medikamente, die Bakterien abtöten (► S. 20). Durch sie wird die Dauer der Krankheit verkürzt und die Symptome werden abgeschwächt. Eine Impfung (► S. 30/31) gegen Scharlach gibt es nicht.

Scharlach ist eine Kinderkrankheit. Sie wird von Bakterien ausgelöst und durch Tröpfcheninfektion übertragen.

AUFGABEN

1 ○ Beschreibe den Verlauf von Scharlach.

2 ◒ Erkläre die Begriffe Infektion, Inkubationszeit und Rekonvaleszenz mit eigenen Worten.

3 ● Führe in deiner Klasse eine Umfrage durch, wer schon welche Kinderkrankheiten hatte. Erstelle aus den Daten ein geeignetes Diagramm.

Infektion: Einatmen bakterienbeladener Flüssigkeitströpfchen

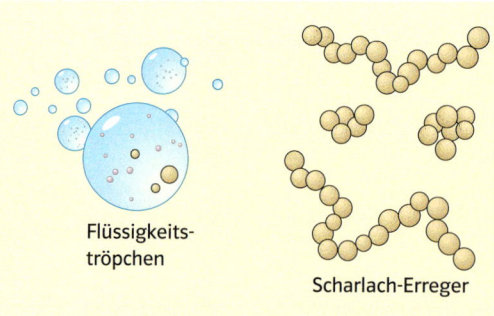

Flüssigkeitströpfchen

Scharlach-Erreger

Bakterien vermehren sich im Körper

Inkubationszeit: 3 – 4 Tage

Krankheitssymptome: Fieber, Kopf- und Halsschmerzen

1 Verlauf einer Infektionskrankheit am Beispiel Scharlach

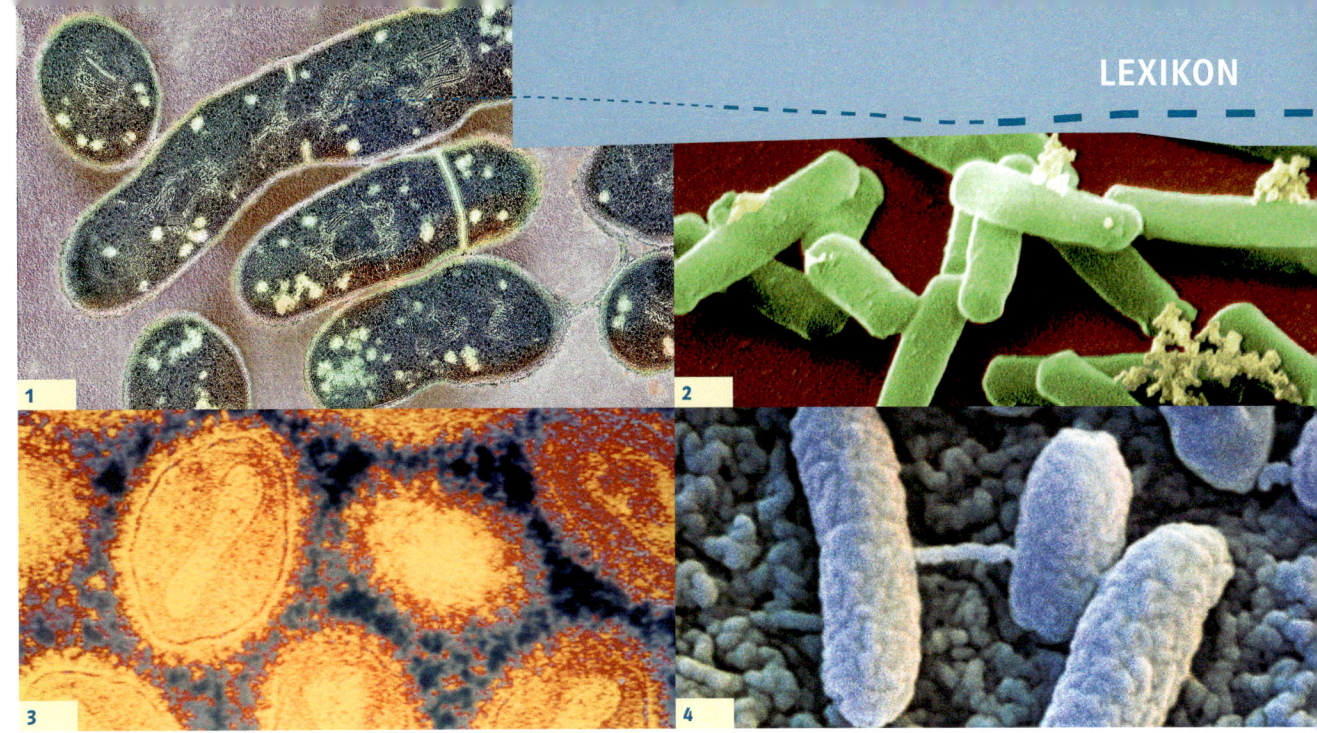

1
2
3
4

Bakterielle Erkrankungen

Diphtherie (▷ B 1)
Die Erreger dieser lebensbedrohlichen Krankheit werden durch
Tröpfcheninfektion übertragen.
Erste Symptome treten nach zwei
bis fünf Tagen auf. Dazu zählen
Halsschmerzen, Fieber und Schluck-
beschwerden. Die Diphtherie-Bak-
terien geben Giftstoffe ab. Diese
Giftstoffe nennt man auch Toxine.
Sie schädigen den Herzmuskel
und können zu Nervenlähmungen
führen. Außerdem besteht durch
starkes Anschwellen des Rachens
Erstickungsgefahr. Gegen Diphtherie gibt es eine Schutzimpfung.

Tetanus (▷ B 2)
Tetanus – auch Wundstarrkrampf
genannt – bekommt man, wenn
die Erreger dieser Krankheit mit
Erde oder Schmutz in eine Wunde
gelangen. Die Bakterien geben
einen Stoff ab, der nach 3 bis 15
Tagen starke Muskelkrämpfe zur

Folge hat. Unbehandelt führen
die Krämpfe in kürzester Zeit zum
Tod. Den einzig sicheren Schutz vor
Tetanus bietet eine vorbeugende
Impfung.

Keuchhusten (▷ B 3)
Keuchhusten gehört zu den gefährlichsten Infektionskrankheiten
im Säuglingsalter. Die Ansteckung
erfolgt über Tröpfcheninfektion. Ein
bis zwei Wochen nach der Infektion
kommt es zu keuchendem, krampf-
artigem Husten mit Erbrechen.
Die nächtlichen Hustenanfälle
können zum Ersticken führen. Die
häufigste Komplikation ist eine
Lungenentzündung. Die Ständige
Impfkommission (STIKO) empfiehlt
eine Impfung, die regelmäßig auf-
gefrischt werden sollte. Keuchhusten ist in den ersten sechs Wochen
nach der Infektion extrem ansteckend. Deshalb ist er meldepflich-
tig. Meldepflichtige Krankheiten

müssen sofort nach dem Auftreten
dem Gesundheitsamt gemeldet
werden.

Salmonellen (▷ B 4)
Werden Geflügel oder Eier nicht
hygienisch zubereitet und nicht
richtig gekocht oder gebraten,
kann es nach dem Verzehr zu
einer Infektion mit Salmonellen-
Bakterien kommen. Die nach 20 bis
24 Stunden auftretenden Symptome sind Erbrechen und wässriger
Durchfall. Die Symptome halten
ein bis zwei Tage an. Aufgrund des
Flüssigkeitsverlustes müssen die
Kranken sehr viel trinken. Sehr
gefährlich wird diese Krankheit für
Kinder, alte und abwehrgeschwäch-
te Menschen. Da es weit über 1600
Salmonellen-Typen gibt, ist keine
vorbeugende Impfung möglich.
Eine Infektion mit Salmonellen
– eine Salmonellose – ist melde-
pflichtig.

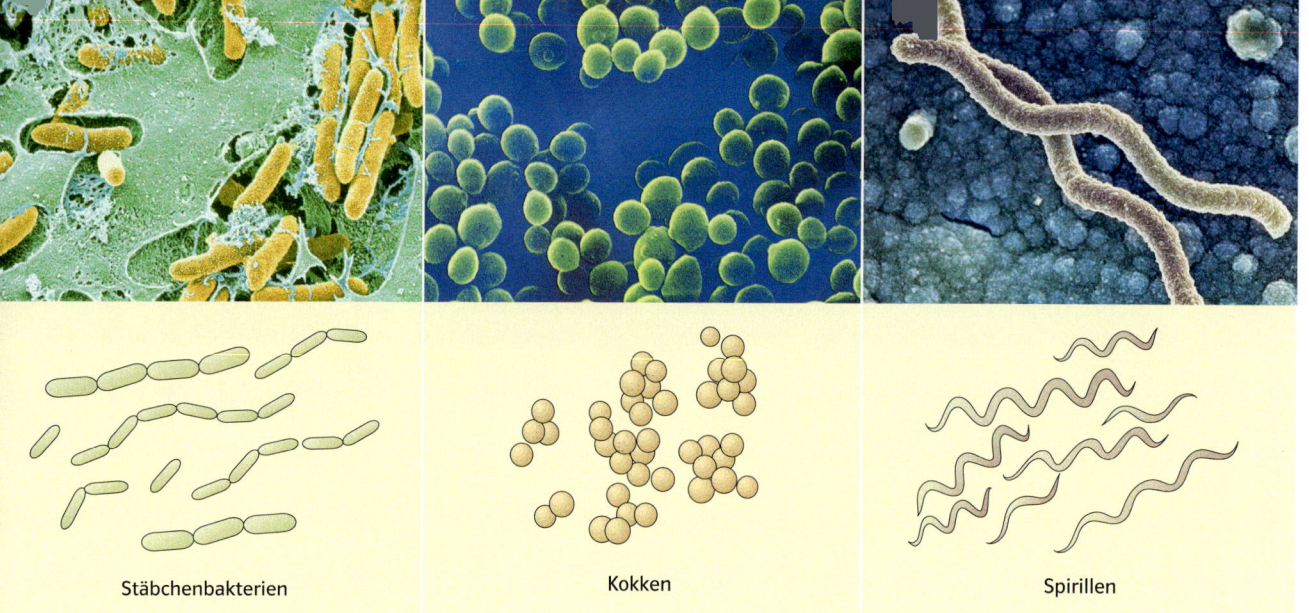

| Stäbchenbakterien | Kokken | Spirillen |

1 – 3 Verschiedene Bakterienformen

Bakterien – Bau und Lebensweise

Die Entdeckung

Im Jahr 1678 mikroskopierte der Naturforscher ANTONIE VAN LEEUWENHOEK (1632 – 1723) Regenwasser. Darin entdeckte er winzige, bewegliche „Tierchen". Seine Entdeckungen wurden von den damaligen Wissenschaftlern aber nicht ernst genommen.

Die große Bedeutung seiner Beobachtungen erkannte erst der Arzt ROBERT KOCH (1873 – 1910). Er wies nach, dass solche „Tierchen" eine damals weit verbreitete und gefürchtete Krankheit, den Milzbrand, verursachten.

Die ersten Bakterien, die KOCH entdeckte, waren stäbchenförmig. Deshalb nannte er sie **Bakterien** – abgeleitet von dem griechischen Wort „baktérion", das man mit „Stäbchen" übersetzen kann. Man unterscheidet verschiedene Bakterienformen (▷ B 1 – B 3).

Der Bauplan

Den Feinbau eines Bakteriums kann man mithilfe eines Elektronenmikroskops erkennen. Bakterien bestehen nur aus einer einzigen Zelle (▷ B 4). Sie haben keinen Zellkern, weshalb sie auch **prokaryotische Zellen** (griech. pró = „vor", káryon = „Kern") genannt werden. Ihre Erbinformation schwimmt als fädiges Gebilde frei im Zellplasma. Viele Bakterien verfügen darüber hinaus noch über **Plasmide** (► S. 150). Das sind kleine Ringe mit zusätzlicher Erbinformation (▷ B 4).

Geißel
Erbsubstanz
Plasmid
Schleimhülle
Zellwand
Zellmembran
Zellplasma
Reservestoffe

4 Aufbau eines Bakteriums

Die Vermehrung

Bakterien vermehren sich durch **Zelltei-lung**. Unter günstigen Bedingungen ge-schieht das sehr schnell. Die Vermehrung läuft in verschiedenen Phasen ab (▷ B 5): In der **Anlaufphase** wachsen die Bakterien, sie werden größer und aktivieren ihren Stoffwechsel. Die Anzahl der Bakterien nimmt kaum zu. In der zweiten Phase, der **optimalen Zellteilung**, vermehren sich die Bakterien stark, wenn sie günstige Bedin-gungen vorfinden, also optimale Tempera-tur und genügend Nahrung.

In der dritten Phase, der **stationären Phase**, bleibt die Vermehrungsrate kon-stant. Es teilen sich ebenso viele Bakterien wie absterben. In der vierten Phase, der **Absterbephase**, überwiegt die Anzahl absterbender Bakterien. Zellgifte und Platzmangel verhindern weitere Teilungen. (► Entwicklung, S. 214/215)

Sobald für die Bakterien ungünstige Le-bensbedingungen entstehen, kapseln sie sich ein. Sie verharren als **Sporen** in einem Ruhezustand, indem sie ihren Stoffwech-sel herunterfahren. Diese widerstandsfä-higen, nicht aktiven Bakterien können so mehrere Jahre überleben. Verbessern sich die Lebensbedingungen, „erwachen" sie und vermehren sich wieder.

Bakterien leben überall

Bakterien sind an viele unterschiedliche Lebensräume angepasst. Für einige Bakte-rienarten ist Sauerstoff lebensnotwendig, für andere ist er ein Gift. Manche Bakte-rien leben in arktischer Kälte, andere in heißen Quellen. Für die meisten Bakterien, die Krankheiten verursachen, liegt die optimale Temperatur bei 37 °C.

Bakterien sind vielseitig

Für viele Menschen sind Bakterien nur Krankheitserreger, die bekämpft werden müssen. Sie wissen nicht, wie wichtig und **nützlich** Bakterien für uns sind. So brau-chen wir bestimmte Bakterien zur Herstel-lung von Lebensmitteln, z. B. für Joghurt

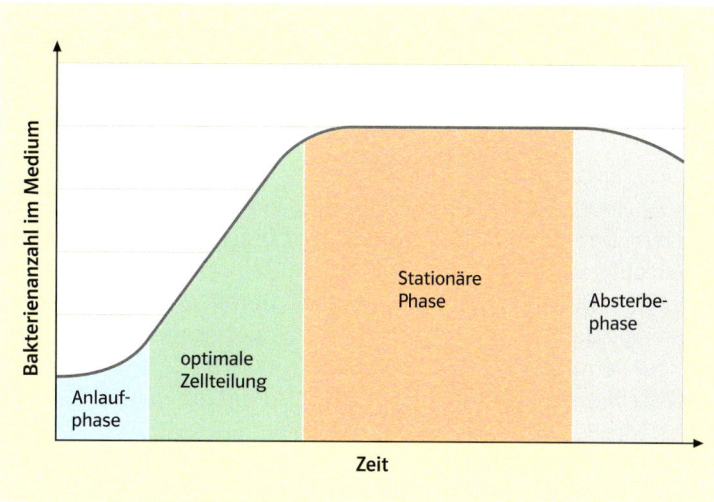

5 Vermehrungskurve von Bakterien

oder Essig. Aber auch bei der Medika-mentenherstellung nutzt man Bakterien. In unserem Darm sorgen Milliarden von Bakterien für eine gut funktionierende Verdauung.

In der Natur haben die Bakterien eine wichtige Funktion: Sie setzen als Destruen-ten bei Abbauprozessen Mineralstoffe frei.

Bakterien sind nicht nur Krankheitserre-ger. In der Natur erfüllen sie vielfältige Aufgaben. Sie vermehren sich durch Zellteilung.

AUFGABEN

1 ○ Zeichne ein Bakterium und beschrifte die Zelle.

2 ○ Zähle auf, in welchen Lebensräumen Bakterien vorkommen.

3 ◐ Ein Bakterienstamm teilt sich bei optimalen Bedingungen alle 20 min. Berechne, wie viele Bakterien nach vier Stunden aus einer Bakterienzelle hervorgehen. Notiere die Werte, über-trage sie in ein Diagramm und erstelle eine Wachstumskurve.

4 ◐ Erläutere, warum manche Menschen nach der Einnahme eines Antibiotikums (► S. 20) Verdauungsstörungen als Neben-wirkung bekommen.

5 ● Diskutiert in der Klasse folgenden Satz: „Bakterien haben zwei Gesichter."

Wir machen Bakterien sichtbar

Um Bakterien untersuchen zu können, musst du sie „sichtbar" machen. Dazu werden die Bakterien auf speziellen Nährböden gezüchtet. Diese enthalten alle Stoffe, die Bakterien zum Wachsen und zur Vermehrung brauchen. Nach einiger Zeit bilden sich auf den Nährböden sichtbare Bakterienkolonien. Man spricht dann von einer **Bakterienkultur**.

Um zu verhindern, dass bei den Versuchen krankheitserregende Bakterien in deinen Körper eindringen, musst du grundsätzlich folgende **Regeln** beachten:

– Trage Einweghandschuhe bei den Versuchen.
– Petrischalen, in denen sich Bakterienkolonien befinden, dürfen **nicht mehr geöffnet** werden.
– Entsorge die verschlossenen (!) Petrischalen nach den Experimenten in einem Schnellkochtopf oder Autoklaven. In diesem

Gerät werden die Bakterien in heißem Wasserdampf unter Druck bei ca. 120 °C abgetötet.
– Reinige nach den Versuchen die Geräte und deinen Arbeitsplatz mit Desinfektionsmittel.
– Wasche dir anschließend unbedingt die Hände!

1 Wo kommen Bakterien vor?
Material
4 Petrischalen mit Nährboden, Münze, durchsichtiges Klebeband, wasserfester Folienstift, Wärmeschrank

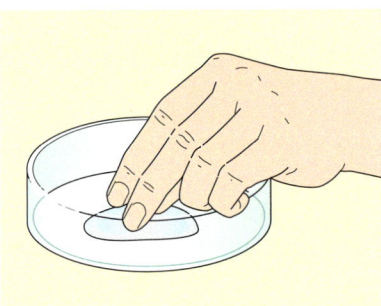

2 Zu Versuch 1 b

Versuchsanleitung
Nummeriere die Petrischalen.
a) Stelle eine Petrischale für 15 Minuten offen auf den Arbeitstisch.
b) Drücke vorsichtig deine ungewaschenen Finger auf den Nährboden einer Petrischale. Verschließe sie und wasche dir anschließend die Hände.
c) Wiederhole mit sauberen Händen den Versuch. Benutze hierzu eine neue Petrischale.
d) Drücke in den Nährboden einer weiteren Petrischale eine Münze und entferne sie wieder.
e) Klebe jede Petrischale sofort nach dem Versuch zu und beschrifte sie mit Namen und Datum. Gib auch an, welchen Versuch du in welcher Petrischale durchgeführt hast.
f) Stelle die Petrischalen für mindestens vier Tage bei 30 °C in den Wärmeschrank.

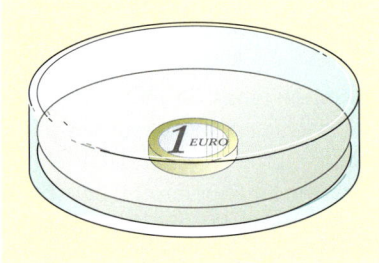

3 Zu Versuch 1 d

Aufgaben
1. Betrachte die Petrischalen nach dem „Bebrüten" im Wärmeschrank. Notiere deine Beobachtungen und erkläre sie.
2. Überlege dir weitere Experimente und führe sie durch.
3. Wo findest du überall Bakterien? Erläutere die Gründe dafür.

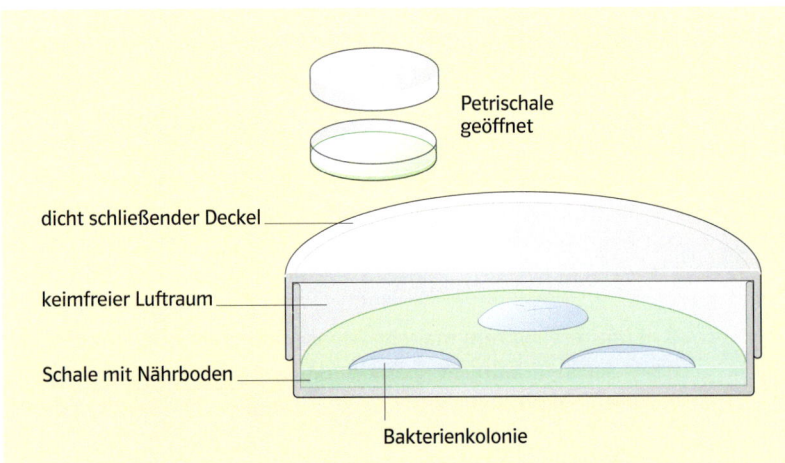

Petrischale geöffnet

dicht schließender Deckel

keimfreier Luftraum

Schale mit Nährboden

Bakterienkolonie

1 Bakterienwachstum in einer Petrischale

Lebensmittelhygiene

Sommer, Sonne, Salmonellen

In den Sommermonaten hört man immer wieder von **Lebensmittelvergiftungen**. In Großküchen oder Kantinen können Erkrankungen durch verunreinigte oder verseuchte Nahrungsmittel vorkommen. Die Verursacher sind meist Bakterien.

Bakteriengifte entstehen in rohen oder nicht genügend erhitzten tierischen Lebensmitteln. Besonders bei selbst hergestellten Produkten, die rohe Eier enthalten, kann eine unsachgemäße Lagerung zu Vergiftungen führen. Im Sommer haben Bakterien die besten Bedingungen, um sich optimal zu vermehren (► S.17).

Die häufigste Erkrankung durch Bakteriengifte ist die **Salmonellose** (► S.15). Verursacht wird sie durch ein Gift der Salmonellen, das den Darmtrakt des Menschen angreift. Symptome der Salmonellose sind Übelkeit, starker Durchfall, Bauchkrämpfe und Fieber mit Schüttelfrost.

Hygiene ist immer wichtig

Jeder Betrieb, der Lebensmittel herstellt, verarbeitet oder transportiert, ist verpflichtet, nach der **Lebensmittelhygiene-Verordnung** zu arbeiten. Strenge Vorschriften regeln die Produktion, Lagerung, Verarbeitung und Zubereitung der Nahrungsmittel zum Schutz des Verbrauchers. Großküchen müssen besonders auf Hygiene im Umgang mit Lebensmitteln achten (▷ B1).

Vor dem Verzehr von unbekannten Lebensmitteln im Ausland gilt die Regel: „Peel it, boil it, cook it – or forget it."

Lückenlose Kühlkette

Beim Lebensmitteltransport ist die Kühlung besonders wichtig. Überwachungssysteme kontrollieren ständig die Temperatur. Das durchgängige System der Kühlung von Lebensmitteln beim Transport

1 Arbeiten in einer Lebensmittelfabrik

zwischen Hersteller, Händler und Verbraucher nennt man **Kühlkette**.
Kommt es zu einer Unterbrechung dieser Kette, so sind Lebensmittel möglicherweise verdorben, in ihrer Qualität gemindert oder in ihrer Haltbarkeitsdauer beeinträchtigt. Diese Lebensmittel müssen aus dem Handel genommen und vernichtet werden.

Lebensmittel müssen hygienisch hergestellt, transportiert und aufbewahrt werden. Die Kühlkette ist ein durchgängiges System der Kühlung von Lebensmitteln zwischen Hersteller und Verbraucher.

AUFGABEN

1 ○ a) Beschreibe die Arbeitskleidung der Arbeiterinnen in Bild 1.
b) Beschreibe die Funktion der Arbeitskleidung.

2 ◕ Begründe, warum eine Kühlkette nicht unterbrochen werden darf.

3 ● Recherchiere über die Salmonellose und erstelle ein Merkblatt zur Vermeidung dieser Erkrankung.

Arzneimittel gegen Bakterien

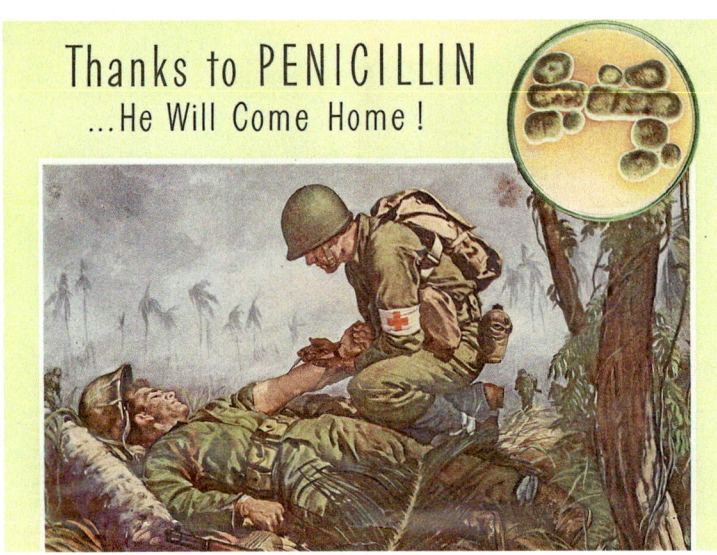

1 Zu Aufgabe 2

verschwunden (▷ B 2). FLEMING schloss daraus, dass der Schimmelpilz **Penicillium notatum** einen Stoff freisetzt, der die Vermehrung von Bakterien verhindert. Diesen Stoff nannte er **Penicillin**.

Der unendliche Kampf gegen Bakterien

FLEMINGS Ergebnisse waren eine Sensation. Penicillin wurde als Heilmittel gegen zahlreiche, durch Bakterien hervorgerufene Krankheiten eingesetzt. Doch der Erfolg hielt nicht an. Es traten immer mehr Bakterien auf, bei denen das Medikament keine Wirkung zeigte: Diese Bakterien waren **resistent**. Es wurden neue Penicillin-Varianten entwickelt, um wirksam gegen Bakterien vorzugehen. All diese Varianten enthalten Stoffe, die Bakterien töten oder ihre Vermehrung verhindern. Ein Medikament, das solche Stoffe enthält, bezeichnet man auch als **Antibiotikum**.

Eine zufällige Entdeckung

Im Jahr 1928 experimentierte der britische Wissenschaftler ALEXANDER FLEMING (1881–1955) mit Bakterien. Dabei entdeckte er, dass eine seiner Bakterienkulturen von einem **Schimmelpilz** befallen war. Eigentlich wollte FLEMING diese unbrauchbare Probe wegwerfen. Jedoch fiel ihm bei genauem Hinsehen auf, dass sich um den Schimmelpilz herum keine Bakterien angesiedelt hatten. Auch die vorher bereits vorhandenen Bakterienkolonien waren

Antibiotika – mit Vorsicht zu genießen

Obwohl Antibiotika keine menschlichen Zellen schädigen, sind sie nicht frei von **Nebenwirkungen**. Sie zerstören beispielsweise die nützlichen Bakterien im Darm. Außerdem sind manche Menschen gegenüber Antibiotika **allergisch** (▶ S. 44/45). Antibiotika dürfen daher nur unter ärztlicher Kontrolle eingenommen werden.

Antibiotika sind Stoffe, die Bakterien abtöten oder an der Vermehrung hindern.

2 Wirkung von Penicillin

AUFGABEN

1. ○ Beschreibe, was in Bild 2 zu sehen ist.

2. ◑ Erkläre, in welchem Zusammenhang Penicillin mit Bild 1 steht.

3. ● Penicillin war bis zum Jahr 1940 teurer als Gold. Stelle eine begründete Vermutung an, woran das lag.

Grippe – eine Viruserkrankung

Erkältung oder Echte Grippe?

Zunächst verspürst du einen Niesreiz, bald „läuft" die Nase, manchmal bekommst du leichtes Fieber. Bei einer solchen **Erkältung** sprechen viele Menschen schon von einer **Grippe**. Dabei handelt sich aber nur um einen **grippalen Infekt** (▷ B 1). Verursacht werden sowohl die Erkältung wie auch die Grippe von **Viren**. (► System, S. 210/211)

Winzige Erreger

Neben vielen Bakterien sind vor allem Viren häufige Krankheitserreger. Aufgrund ihrer Größe blieben die Viren lange unentdeckt, denn mit einem Durchmesser von nur 0,02 – 0,7 µm (1 µm = 1 Mikrometer = 1/1000 mm) sind sie viel kleiner als Bakterien. Erst im 20. Jahrhundert konnte man Viren mithilfe des Elektronenmikroskops sichtbar machen.

Das Influenza-Virus

Während eine Erkältung zwar lästig ist, aber meistens problemlos ausheilt, ist die **Echte Grippe** – die **Influenza** – eine ernste Erkrankung. Das hoch ansteckende **Influenza-Virus** wird durch Tröpfcheninfektion übertragen. Die Inkubationszeit kann wenige Stunden bis zu drei Tage dauern. Danach treten Symptome wie hohes Fieber, starke Kopf-, Muskel- und Gliederschmerzen sowie Schüttelfrost und trockener Husten auf. Nach 7 bis 14 Tagen ist die Echte Grippe meist überwunden.

Nicht nur Menschen erkranken an Grippe

Bestimmte Influenza-Viren befallen auch Säugetiere (z. B. Schweine) oder Vögel. Die **Vogelgrippe** wird bei Geflügel auch „Geflügelpest" genannt (▷ B 2). In Einzelfällen können diese Viren auch auf den Menschen übertragen werden.

Die Echte Grippe (Influenza) ist eine schwere Viruserkrankung. Sie wird oft mit dem grippalen Infekt verwechselt.

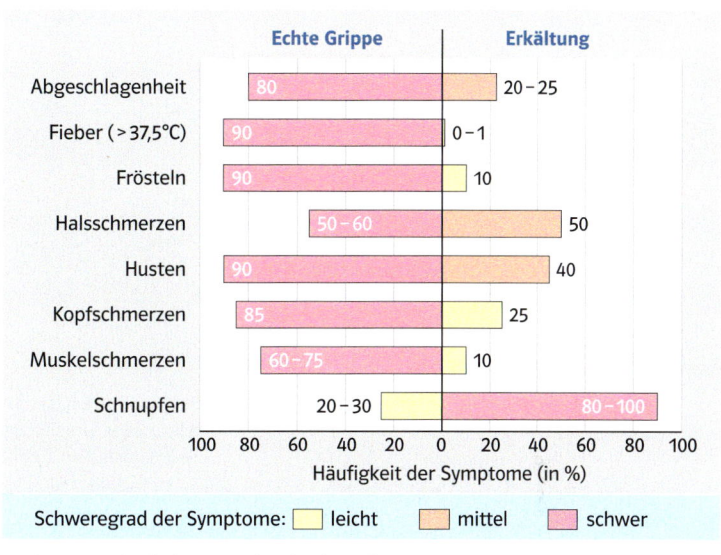

1 Grippe und Erkältung sind nicht dasselbe.

2 Warnschild „Geflügelpest" in einem Sperrbezirk

AUFGABEN

1 ○ Beschreibe den Verlauf der Echten Grippe.

2 ◑ Die durchschnittliche Größe von Bakterien liegt bei 1 µm. Vergleiche mit der Größe von Viren.

3 ● Bewerte mithilfe von Bild 1 die Ausprägung des „Krankheitsgefühls" bei Influenza und Erkältungen.

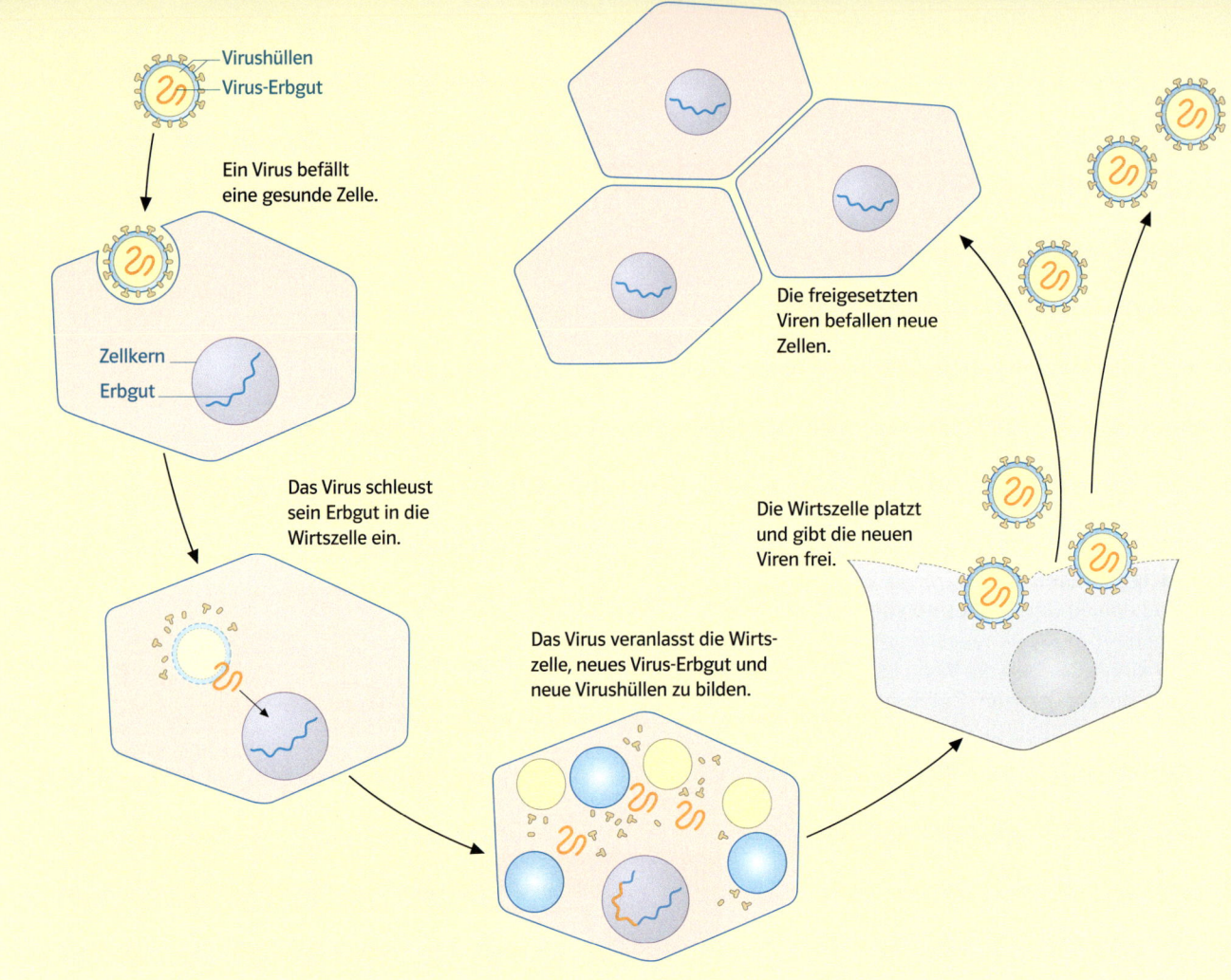

Virushüllen
Virus-Erbgut

Ein Virus befällt
eine gesunde Zelle.

Zellkern

Erbgut

Das Virus schleust
sein Erbgut in die
Wirtszelle ein.

Das Virus veranlasst die Wirtszelle, neues Virus-Erbgut und
neue Virushüllen zu bilden.

Die freigesetzten
Viren befallen neue
Zellen.

Die Wirtszelle platzt
und gibt die neuen
Viren frei.

1 Vermehrungszyklus eines Virus

Viren lassen leben

Der Bauplan
Viren sind einfach aufgebaut (▷ B 2). Sie
bestehen aus einer Schicht aus Hüllproteinen. Innerhalb dieser „Verpackung"
befindet sich das **Erbmaterial**.

Viren zeigen keines der Kennzeichen des
Lebendigen: Sie wachsen nicht, bewegen
sich nicht selbstständig, sind nicht reizbar,
haben keinen eigenen Stoffwechsel und
pflanzen sich nicht selbst fort.
Um sich zu „vermehren", sind Viren auf
andere Zellen, sogenannte **Wirtszellen**,
angewiesen. Dabei ist jedes Virus auf

bestimmte Typen von Wirtszellen spezialisiert. Wirtszelle und Virus passen zueinander wie ein **Schlüssel** zum **Schloss**.
(▶ Struktur und Funktion, S. 212/213)

Die „Vermehrung" von Viren
Hat ein Virus eine passende Wirtszelle
gefunden, schleust es seine Erbinformationen in diese ein. Die befallene Zelle stoppt
daraufhin ihren eigenen Stoffwechsel und
beginnt, Virusbauteile herzustellen. Diese
verbinden sich zu neuen Viren und bringen
die Zelle schließlich zum Platzen (▷ B 1).
Das setzt Tausende neuer Viren frei, die

weitere Zellen infizieren und „umprogrammieren". Viren zerstören also die Zellen des Wirtsorganismus und schädigen ihn. Gegen Viren helfen Antibiotika nicht.

Viren als Krankheitserreger

Viren verusachen sehr viele Erkrankungen, z. B. Herpes, Hepatitis und AIDS, darunter auch Kinderkrankheiten wie Masern, Windpocken, Mumps und Röteln. Häufig kommt es zusätzlich zu Folgeerkrankungen, den **Sekundärinfektionen**. Da der Körper aufgrund der Bekämpfung der Viren bereits geschwächt ist, können andere Krankheitserreger leichter in den Körper eindringen und sich vermehren.

Viren als Heilmittel?

Im Allgemeinen sind Viren nur als Krankheitserreger bekannt. In der Forschung nutzt man jedoch die Fähigkeit der Viren, Zellen **umzuprogrammieren**. Mithilfe dieser Fähigkeit konnte in vielen Fällen Menschen geholfen werden, die an scheinbar unheilbaren Erbkrankheiten litten.

Riesenviren

Die ersten **Riesenviren** wurden erst Ende des letzten Jahrtausends entdeckt. Wegen ihrer Größe und Ähnlichkeit mit kugelförmigen Bakterien (► S. 16/17) hielt man sie zunächst für Bakterien. Man gab ihnen den Namen „Mimi-Viren" (täuschende Viren). Sie sind auf Wirtszellen angewiesen, besitzen aber Erbmaterial, das bisher nur von Organismen mit Zellkern bekannt war.

Viren bestehen aus Erbmaterial und einer Proteinhülle. Sie zeigen keines der Kennzeichen des Lebendigen. Für ihre „Vermehrung" benötigen Viren Wirtszellen.

AUFGABEN

1 ○ Zeichne den Aufbau eines Virus in dein Heft und beschrifte deine Zeichnung.

2 ○ Erläutere die Aussage: „Ein Virus ist kein Lebewesen."

3 ◒ Fasse den Vermehrungszyklus eines Virus (▷ B 1) mit eigenen Worten zusammen.

4 ◒ Erkläre den Begriff „Umprogrammieren" in Verbindung mit der Vermehrung von Viren.

5 ● Erkläre, warum Antibiotika bei einer Virusinfektion nicht wirken.

6 ● Erstelle eine Tabelle, in der du Bakterien und Viren miteinander vergleichst. Berücksichtige dabei Größe, Bauplan, Vermehrung und Bekämpfung.

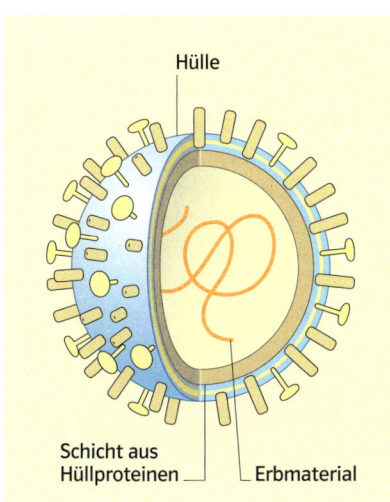

2 Aufbau eines Virus

Hülle

Schicht aus Hüllproteinen

Erbmaterial

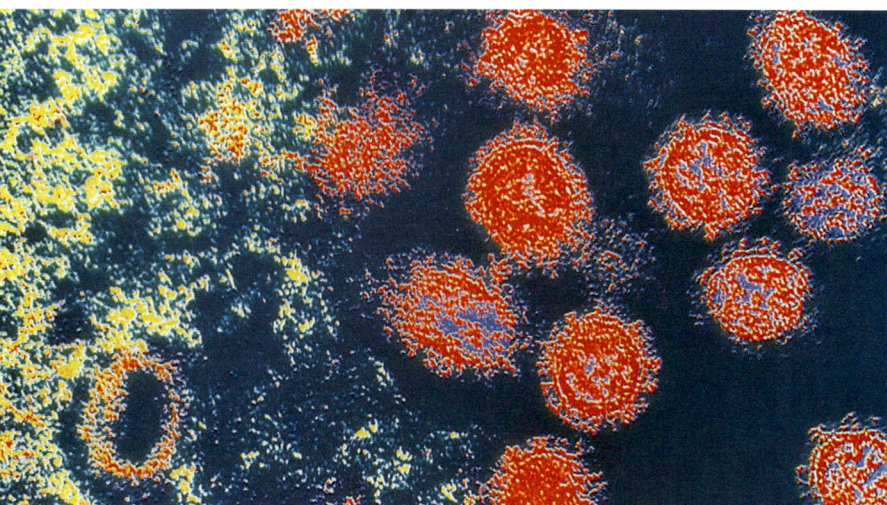

3 Röteln-Viren

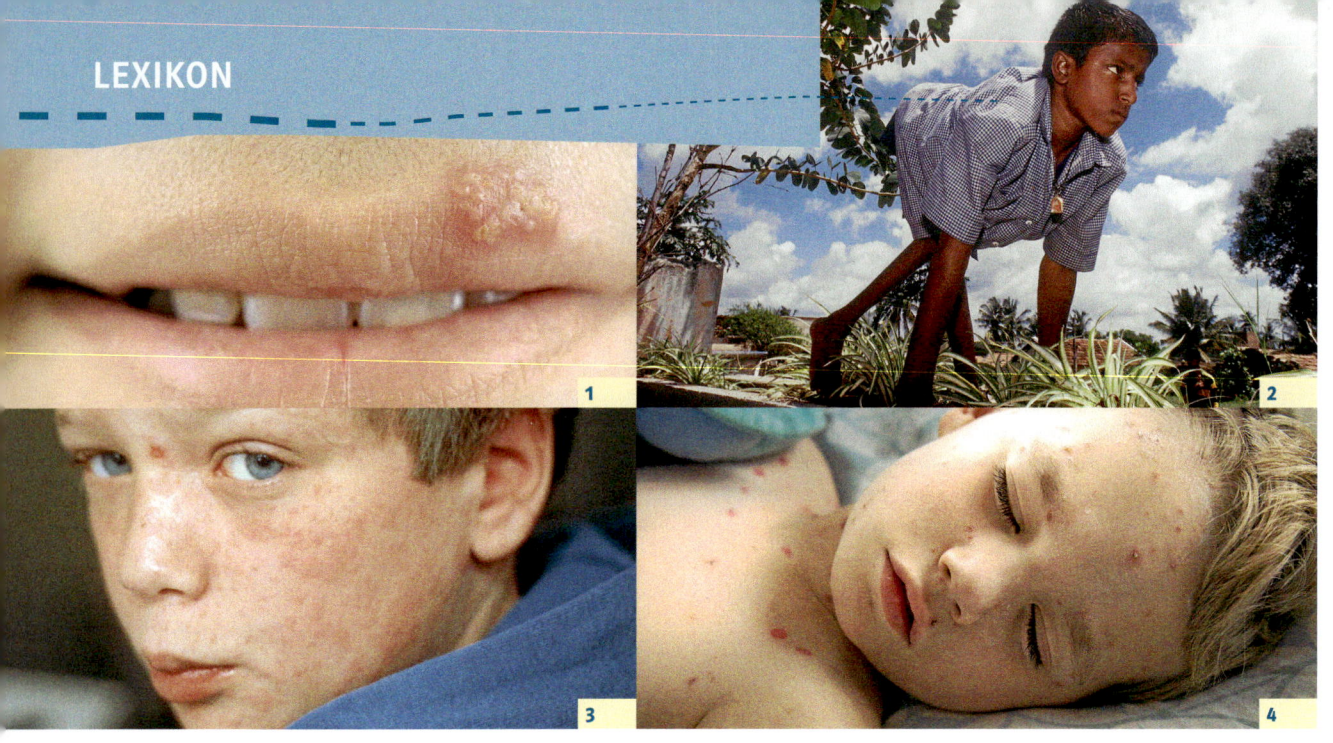

1

2

3

4

Viruserkrankungen

Kinderlähmung (▷ B 2)
An dieser Krankheit, die nach ihren Erregern – den Polioviren – auch „Poliomyelitis" genannt wird, können auch Erwachsene erkranken. Erkrankte leiden an Kopf-, Rücken- und Gliederschmerzen und schwitzen stark. Nach kurzer Zeit setzen Lähmungen ein. In schweren Fällen müssen die Betroffenen künstlich beatmet werden. Bis sie wieder völlig gesund sind, kann es zwei Jahre dauern. Oft bleiben jedoch Veränderungen an Skelett und Gelenken zurück. Es gibt eine Impfung, die dauerhaft vor Kinderlähmung schützt.

Lippen-Herpesbläschen (▷ B 1)
Auch die Lippen-Herpesbläschen sind das „Werk" von Viren. Nach Kribbeln und Stechen an den Lippen oder Naseneingängen bilden sich Bläschen. Diese füllen sich mit klarer Flüssigkeit und platzen

nach wenigen Tagen auf. Zurück bleibt eine kleine Wunde, die erst verkrustet und dann abheilt. Nach der Erstinfektion wandert das Virus zu benachbarten Nervenzellen und nistet sich ein. Lange Zeit kann es dann in einer Art „Ruhemodus" bleiben. Fieber, UV-Licht oder Stress können als Auslöser wirken und zum erneuten Ausbruch der Krankheit führen.

Masern (▷ B 3)
Das Masern-Virus wird durch Tröpfcheninfektion übertragen. Nach 8 bis 10 Tagen Inkubationszeit treten Husten, Schnupfen und leichtes Fieber auf. Nach weiteren vier Tagen zeigt sich am Hals und hinter den Ohren ein Hautausschlag, der sich über den ganzen Körper ausbreitet. Dieses Stadium dauert 4 bis 7 Tage. In der folgenden Rekonvaleszenz schuppt die Haut ab. Masern sind 1 bis 2 Tage vor

dem Auftreten der ersten Symptome bis zur kompletten Ausbreitung des Hautausschlags hochansteckend.

Windpocken (▷ B 4)
Windpocken sind sehr ansteckend und werden durch Tröpfcheninfektion übertragen. Die Inkubationszeit beträgt 14 bis 16 Tage. Symptome sind leichtes Fieber und stark juckende Bläschen. Der Ausschlag beginnt am Kopf und breitet sich dann über den Körper aus. Starkes Kratzen kann Narben verursachen. Ist der Ausschlag verschwunden, können die Viren in den Hirnnerven oder im Rückenmark überleben. Im Alter oder bei geschwächter Immunabwehr können sie sich wieder vermehren und als Gürtelrose, einem stark schmerzenden Hautausschlag, auftreten. Seit 2004 empfiehlt die STIKO eine Schutzimpfung für Kinder.

Die Spanische Grippe

Eine Grippe tritt weltweit auf
Die „Spanische Grippe" kam – entgegen ihrem Namen – nicht aus Spanien, sondern aus Amerika. Amerikanische Soldaten, die im 1. Weltkrieg nach Europa verlegt wurden, brachten die Krankheit mit. Durch Truppentransporte verbreitete sich das „H1N1" genannte Influenza-Virus über ganz Europa und weiter nach Asien und Afrika.

Die Krankheit tritt in Wellen auf
Die „Spanische Grippe" trat in drei Wellen auf: Die erste begann im Frühjahr 1918, die zweite im Herbst desselben Jahres. Im Herbst waren die H1N1-Viren schon viel infektiöser als im Frühjahr. Die dritte Welle rollte dann 1919 über die Welt hinweg.

Folgenschwere Fehler
Im Herbst 1918 brachen plötzlich Menschen auf den Straßen zusammen. Dieses Krankheitsbild gab der Spanischen Grippe ihren englischen Namen: Auf Englisch heißt sie „Knock-me-down-fever". Viel zu spät reagierten die Behörden. Man ließ die Schulen schließen und wer auf die Straße ging, musste eine Maske tragen. Das von allen begrüßte Kriegsende war aus Sicht der Seuchenbekämpfung eine Katastrophe: Auf der ganzen Welt lagen sich fremde Menschen bei Siegesfeiern jubelnd in den Armen – und steckten sich weiter gegenseitig an. Weltweit starben fast 50 Millionen Menschen an dieser Grippe.

Rätselhafte Sterblichkeit
Die Sterblichkeit konzentrierte sich seltsamerweise auf die Altersgruppe der 20- bis 40-Jährigen, nicht etwa auf Kleinkinder, alte oder kranke Menschen. 2009 trat ein veränderter Typ des H1N1-Virus in Südamerika auf und verursachte als „Schweinegrippe-Virus" erneut eine große Krankheitswelle.

AUFGABEN

1 ⊖ Bewerte die in Bild 1 dargestellte Hygienesituation der Grippekranken.

2 ⊖ Erkläre, wie die Ausbreitung der „Spanischen Grippe" hätte verhindert werden können.

3 ● Recherchiere, warum der Name „Schweinegrippe" nicht verwendet werden sollte, und berichte.

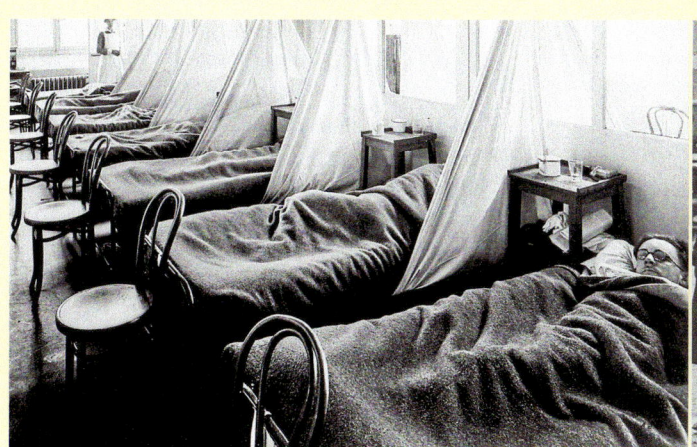

1 Krankenlager während der „Spanischen Grippe"

2 Mundschutz – ein erster Schutz vor einer Ansteckung

Hygiene

Eine belächelte Anweisung

IGNAZ SEMMELWEIS (1818 – 1865) war Frauenarzt an einer Wiener Geburtsklinik. In den 1840er-Jahren bestand er darauf, dass sich alle Medizinstudenten, die in seiner und anderen Abteilungen lernten, vor dem Kontakt mit den Wöchnerinnen die Hände wuschen. Seine Anweisung wurde belächelt und als „grober Unfug" abgetan. Der Erfolg der Maßnahme gab ihm jedoch recht: Die Sterblichkeitsrate an Kindbettfieber sank deutlich. Heute wird SEMMELWEIS als „Vater der Hygiene" bezeichnet.

Die Hände zuerst gründlich mit warmem Wasser anfeuchten.

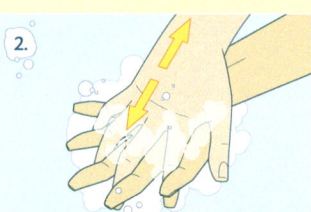

Dann die Handflächen und Fingerzwischenräume innen gut einseifen.

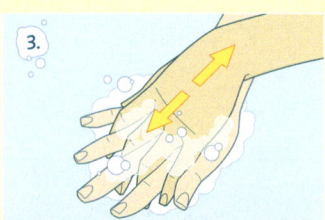

Anschließend die Handrücken und die Fingerzwischenräume von außen schrubben.

Fingerspitzen ineinander verhaken und reiben. Daumen nicht vergessen.

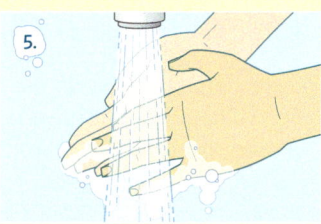

Hände innen und außen gründlich unter fließendem Wasser abspülen.

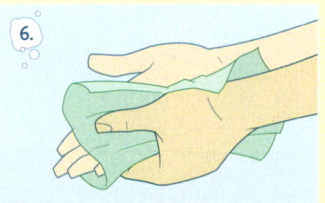

Zum Schluss gut mit Papiertüchern abtrocknen. Die Fingerzwischenräume dabei nicht vergessen.

1 Richtiges Händewaschen

Was ist „Hygiene"?

Unter **Hygiene** verstehen wir alle Verhaltensweisen und Maßnahmen, die eine Übertragung von Krankheitserregern verhindern. Der Begriff wurde vom Namen „Hygieia" abgeleitet, der griechischen Göttin der Gesundheit und Sauberkeit.

Körperhygiene

Körperhygiene führt man an allen Stellen des Körpers durch, die intensiven Kontakt mit der Umwelt haben oder Sekrete absondern. Dies sind vor allem die Hände, die Füße, der Mund sowie die Achseln, der Genitalbereich und der After.
Besonders wichtig ist Körperhygiene z. B. in der **Pubertät**. Mit Beginn dieser Zeit steigt die Produktion von Hormonen. Die Talgdrüsen verändern sich, sodass fettige Haut und Pickel entstehen. Durch starkes Schwitzen kann **Körpergeruch** auftreten. Um so wichtiger wird es dann, regelmäßig die Kleidung zu wechseln, zu duschen und sich die Haare zu waschen.

Der menschliche Körper ist von Natur aus aber nicht „hygienisch sauber", sondern mit zahlreichen, sehr nützlichen Mikroorganismen besiedelt. Zu häufiges Waschen, vor allem mit „scharfen" Seifen, stört diese **Hautflora** und den **Säureschutzmantel** der Haut (► S. 28/29). Reizungen und Hautkrankheiten können die Folge sein.

Händewaschen

Acht von zehn Infektionen werden über die Hände übertragen. Deshalb ist das **Händewaschen** eine einfache, aber wirkungsvolle Hygienemaßnahme. Bei richtiger Ausführung können über 90 % der gefährlichen Krankheitserreger entfernt werden (▷ B 1). Der alte Spruch „Nach dem Stuhlgang, vor dem Essen: Händewaschen nicht vergessen!" gilt auch heute noch. Darüber hinaus sollte man nach dem Naseputzen, Husten oder Niesen, vor allem auch nach dem

2 Schmuck & Co. – ein Gesundheitsrisiko?

Kontakt mit Tieren, seine Hände säubern. Außer dem Händewaschen mit Wasser und Seife ist auch die **Desinfektion** mit einem Desinfektionsmittel eine Methode zur Handhygiene. Handdesinfektionsmittel enthalten als Hauptwirkstoff Alkohole, z. B. Ethanol oder Propanol. Diese wirken gegen Bakterien, Pilze und manche Viren. Desinfektionsmittel müssen mindestens 30 Sekunden einwirken.

- In ein Taschentuch oder die Armbeuge niesen oder husten, dabei Abstand von anderen Personen halten.

- Badezimmer, Toilette und Küche regelmäßig reinigen.

- Putzlappen und Schwämme oft auswechseln.

- Mehrfach täglich für einige Minuten die Räume lüften.

- Geschirr- und Handtücher bei mindestens 60 °C waschen.

- Wunden desinfizieren und abdecken.

3 Weitere wichtige Hygiene-Tipps

Schmuck, künstliche Fingernägel – ein Gesundheitsrisiko?

Unter Ringen, Armbanduhren und Freundschaftsbändern können sich Bakterienkulturen (► S. 18) entwickeln. Auch unter langen oder **künstlichen Fingernägeln** (▷ B 2) wachsen mehr Keime heran als unter natürlichen, kurzen Nägeln. Diese Mikroorganismen gehören nicht zur gesunden Hautflora und müssen entfernt werden. **Tattoos** (► S. 36) heilen nicht immer problemlos. Austretendes Wundsekret und gebildeter Schorf müssen abgedeckt werden, um die frische Wunde vor Kontakt mit Kleidung zu schützen. Auch sollte man nicht zu schnell baden oder duschen. Besuche im Schwimmbad, im Fitness-Studio oder in der Sauna sind auch tabu mit einem frischen **Piercing**, zu groß ist die Gefahr von Entzündungen. In den ersten Wochen muss das Piercing täglich desinfiziert und gedreht werden. Bei Entzündungen ist sofort ein Arztbesuch nötig.

Hygienemaßnahmen verhindern oder reduzieren die Übertragung von Krankheitserregern. Eine übertriebene Hygiene kann krank machen.

AUFGABEN

1 ○ Erläutere den Begriff „Hygiene".

2 ○ Beschreibe die einzelnen Phasen des Händewaschens (▷ B 2) mit eigenen Worten.

3 ◐ Begründe die Wirksamkeit der Hygiene-Tipps in Bild 3.

4 ◐ Entwerft einen Flyer, auf dem ihr Tipps zum Pflegen von Fingernägeln, Tattoos, Piercing etc. gebt.

5 ● Bewerte die Aussage des Arztes CARL LUDWIG SCHLEICH (1859 – 1922): „Luft, Licht und Seifenschaum sind die drei Kinder der Hygieia."

6 ● Der 15. Oktober ist internationaler Händewaschtag. Dieser Tag wurde 2008 von der Weltgesundheitsorganisation (WHO) ins Leben gerufen. Plant eine Aktion an eurer Schule und setzt sie um.

Das Immunsystem unseres Körpers

Obwohl wir ständig von Krankheitserregern umgeben sind, werden wir nur selten krank. Unsere biologische Abwehr schützt uns. Sie wird unterteilt in die unspezifische und die spezifische Abwehr. Zusammen bilden sie unser Immunsystem.

1 Die unspezifische Immunabwehr

Mechanische Barrieren, z. B. der Säureschutzmantel der Haut, bilden die erste Front der unspezifischen Abwehr. Gelangen dennoch Krankheitserreger in unseren Körper, werden bestimmte Leukocyten, z. B. Makrophagen, aktiviert. Das sind Riesenfresszellen, die körperfremde Stoffe aufnehmen und verdauen.

2 Aktivierung des spezifischen Immunsystems

Nachdem die Makrophagen die Erreger verdaut haben, präsentieren sie an ihrer Zelloberfläche Bruchstücke dieser Erreger: die Antigene. Die präsentierten Antigene werden von T-Helferzellen erkannt. Die T-Helferzellen aktivieren Lymphocyten. Man spricht nun von der spezifischen Abwehr.

Krankheitserreger

Makrophage

Unspezifisches Immunsystem

T-Helferzelle

Antigen

Rezeptor

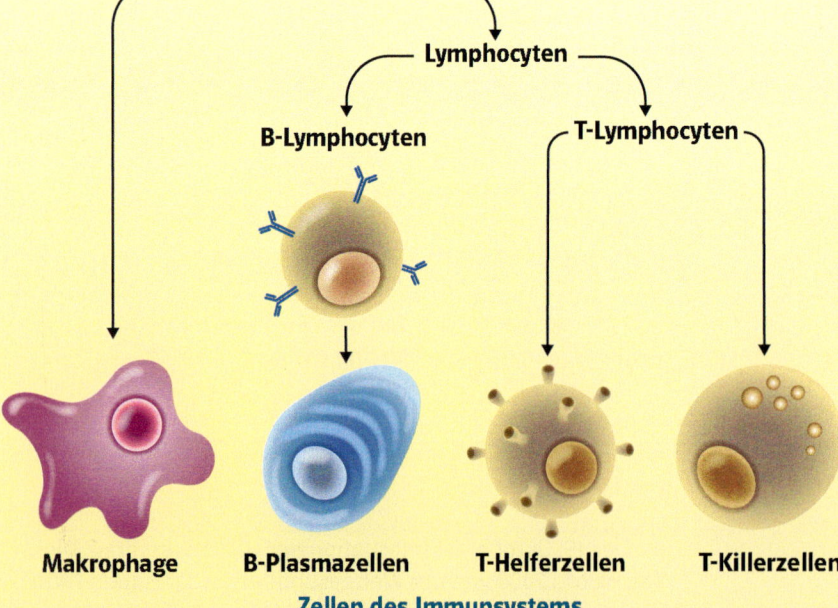

Leukocyten
Lymphocyten
B-Lymphocyten — T-Lymphocyten

Makrophage — **B-Plasmazellen** — **T-Helferzellen** — **T-Killerzellen**

Zellen des Immunsystems

Makrophage

③ Das spezifische Immunsystem
Die T-Helferzellen aktivieren
B-Lymphocyten und T-Killerzellen.
Die B-Lymphocyten bilden nun
Plasmazellen, die wiederum
spezifische Antikörper produzie-
ren. Die T-Killerzellen erkennen
infizierte Zellen und zerstören sie.

④ Die Antigen-Antikörper-Komplexe
Die von den Plasmazellen produzierten Anti-
körper sind spezifisch für einen bestimmten
Erreger. Sie heften sich nach dem Schlüssel-
Schloss-Prinzip an die Antigene auf der Ober-
fläche des Erregers an. So entstehen Antigen-
Antikörper-Komplexe, die von Makrophagen
erkannt und abgebaut werden.

Abbau

④ Antigen-Antikörper-Komplex

⑤ Das Gedächtnis der Immunreaktion
Die B-Lymphocyten bilden auch Gedächtnis-
zellen, die im Körper zurückbleiben. Diese
lösen bei einem zweiten Kontakt mit dem
Erreger sofort die Produktion von passenden
Antikörpern und T-Killerzellen aus. Dadurch
kann die Krankheit nicht ausbrechen – der
Körper ist immun.

**Spezifisches
Immunsystem**

Antikörper

Plasmazelle
produziert
Antikörper

B-Lymphocyt

⑤

Gedächtniszelle

Die unspezifische Immunabwehr besteht
aus mechanischen Barrieren und unspezifischen Leukocyten. Die verschiedenen
Lymphocyten bilden zusammen mit den
Antikörpern das spezifische Immunsystem.

AUFGABEN

1 ○ Erkläre den Unterschied zwischen
der unspezifischen Abwehr und dem
spezifischen Immunsystem.

2 ○ Nenne alle Bestandteile des Immunsystems. Ordne ihnen in einer Tabelle
ihre Aufgaben zu.

3 ◔ Setze die Abbildung der Immunreaktion in einen Text oder einen Comic um.

4 ◔ Versuche zu begründen, warum Erwachsene selten typische Kinderkrankheiten bekommen.

5 ● Erkläre das Schlüssel-Schloss-Prinzip
des Antigen-Antikörper-Komplexes und
bringe es mit dem Basiskonzept „Struktur und Funktion" in Verbindung.

zerstört

T-Killerzelle   infizierte Körperzelle

Zelluläre und humorale Immunreaktion
Die Leukocyten gehören zur zellulären Immunabwehr.
Sie zirkulieren im Blut und in der Lymphe. Die Antikör-
per sind Bestandteile des humoralen Immunsystems.
Sie befinden sich im Blutplasma.

Aktive und passive Immunisierung

1 EDWARD JENNER bei seinem Experiment

Jungen mit harmlosen Kuhpocken und stellte fest, dass dieser daraufhin gegen die gefährlichen Pocken **immun** war (▷ B1). Dieser Versuch machte JENNER zum Erfinder der **Immunisierung** durch Impfung.

Die Schutzimpfung

Als Schutz vor einer Infektion mit bestimmten Erregern kann **prophylaktisch**, d. h. vorbeugend, immunisiert werden. Diese **Schutzimpfungen** werden meist schon im Säuglingsalter durchgeführt. Dabei werden dem gesunden Menschen **abgeschwächte Erreger** oder Antigene gespritzt. Sie sind zwar noch vermehrungsfähig, können die Krankheit aber nicht auslösen.

Nun setzt die normale Immunreaktion ein: Der Körper produziert Antikörper und Gedächtniszellen. Diese bilden über Jahre oder sogar ein Leben lang einen **Impfschutz**. Findet dann eine Infektion mit demselben Erreger statt, lösen die Gedächtniszellen eine gezielte Abwehrreaktion aus. Die Krankheitserreger können wesentlich schneller angegriffen und

Impfung – entstanden in der Not

Im 18. Jahrhundert waren **Pocken** eine weltweit verbreitete Infektionskrankheit. Ein Drittel der Infizierten starb. Überlebende erkrankten jedoch nie wieder an dieser Krankheit. Diese Tatsache veranlasste den englischen Arzt EDWARD JENNER (1749 – 1823) zu folgendem Versuch: Er infizierte einen

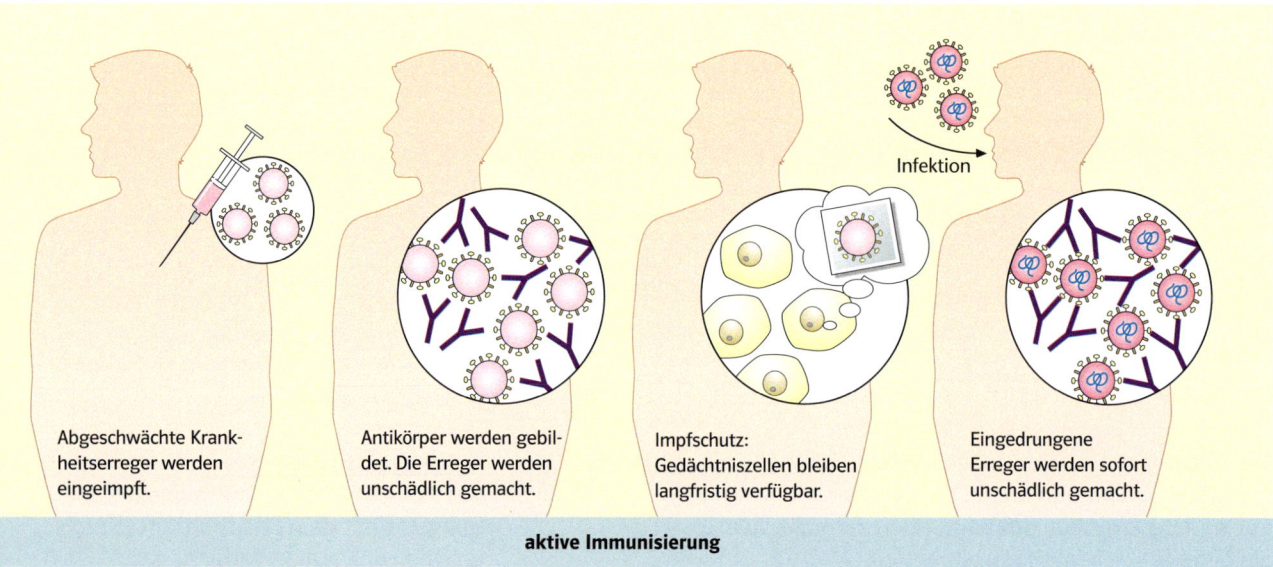

Abgeschwächte Krankheitserreger werden eingeimpft.

Antikörper werden gebildet. Die Erreger werden unschädlich gemacht.

Impfschutz: Gedächtniszellen bleiben langfristig verfügbar.

Infektion

Eingedrungene Erreger werden sofort unschädlich gemacht.

aktive Immunisierung

2 Die aktive Immunisierung

vernichtet werden, sodass es zu keiner Erkrankung kommt. Diese Form der Impfung wird als **aktive Immunisierung** bezeichnet (▷ B 2).

Die Heilimpfung

Auch wenn ein Mensch bereits mit einem Krankheitserreger infiziert ist, kann man helfen: Bei der sogenannten **Heilimpfung** werden den Infizierten Antikörper gegen den Krankheitserreger gespritzt. Diese Antikörper stammen von Tieren, z. B. Pferden, die zuvor aktiv immunisiert wurden. Aus dem Blut dieser Tiere gewinnt man ein **Serum**, das die Antikörper enthält. Dieses wird den Patienten gespritzt und die darin enthaltenen Antikörper können die Krankheitserreger nun unschädlich machen. Das körpereigene Abwehrsystem ist bei dieser Form der Impfung nicht aktiviert worden. Man spricht daher von einer **passiven Immunisierung** (▷ B 3).

Da bei der passiven Immunisierung keine Gedächtniszellen gebildet werden, bietet die Heilimpfung keinen Schutz bei einer erneuten Infektion mit dem Krankheitserreger. Der Körper ist nicht dauerhaft immun. (► System, S. 210/211)

Die aktive Immunisierung ist eine vorbeugende Schutzimpfung. Sie hält Jahre oder sogar ein Leben lang an.
Die passive Immunisierung ist eine Heilimpfung, die bei einer bereits erfolgten Infektion durchgeführt wird. Sie wirkt nur kurze Zeit.

AUFGABEN

1 ○ Beschreibe den Versuch von EDWARD JENNER mit eigenen Worten.

2 ○ Erläutere mithilfe von Bild 2 und 3 die beiden Formen der Immunisierung.

3 ◐ JENNER infizierte ein Kind, um seine Vermutung zu überprüfen. Bewerte dieses Vorgehen kritisch.

4 ◐ Erkläre mithilfe von Bild 3, wie Antikörper gewonnen werden können.

5 ● Manche Impfstoffe, z. B. für die Grippeschutzimpfung, müssen jedes Jahr neu entwickelt werden. Stelle Vermutungen an, warum dies so ist.

6 ● Stellt mithilfe der Werkstatt-Seite „Wie Schlüssel und Schloss" (► S. 32) die aktive und passive Immunisierung im Modell dar.

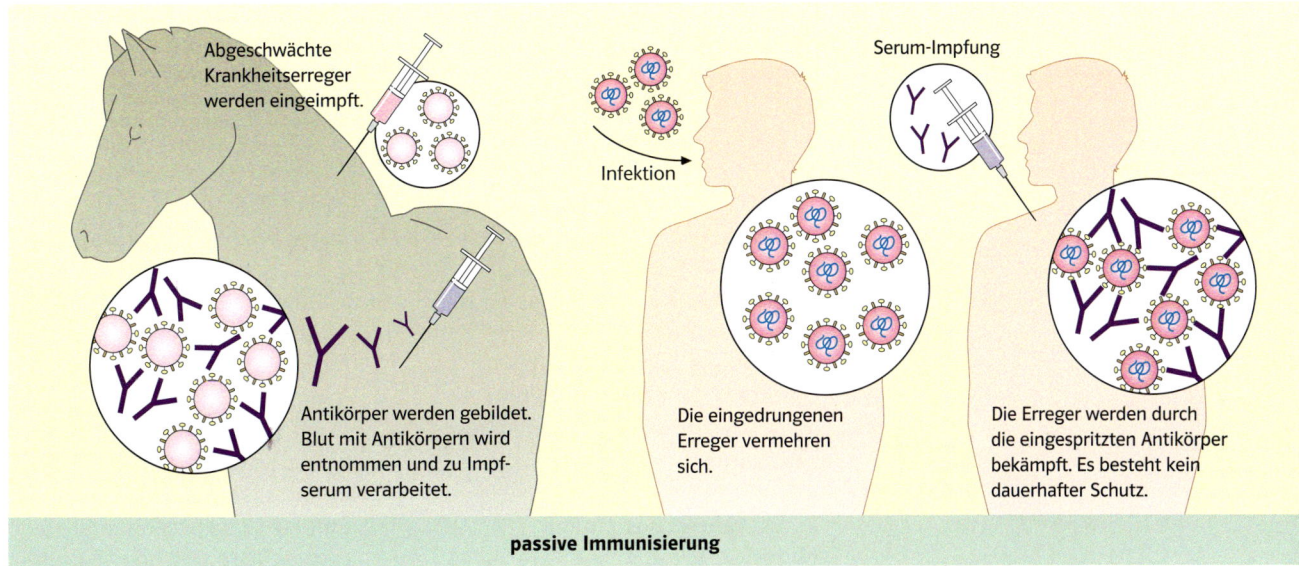

Abgeschwächte Krankheitserreger werden eingeimpft.

Antikörper werden gebildet. Blut mit Antikörpern wird entnommen und zu Impfserum verarbeitet.

Infektion

Serum-Impfung

Die eingedrungenen Erreger vermehren sich.

Die Erreger werden durch die eingespritzten Antikörper bekämpft. Es besteht kein dauerhafter Schutz.

passive Immunisierung

3 Die passive Immunisierung

Wie Schlüssel und Schloss

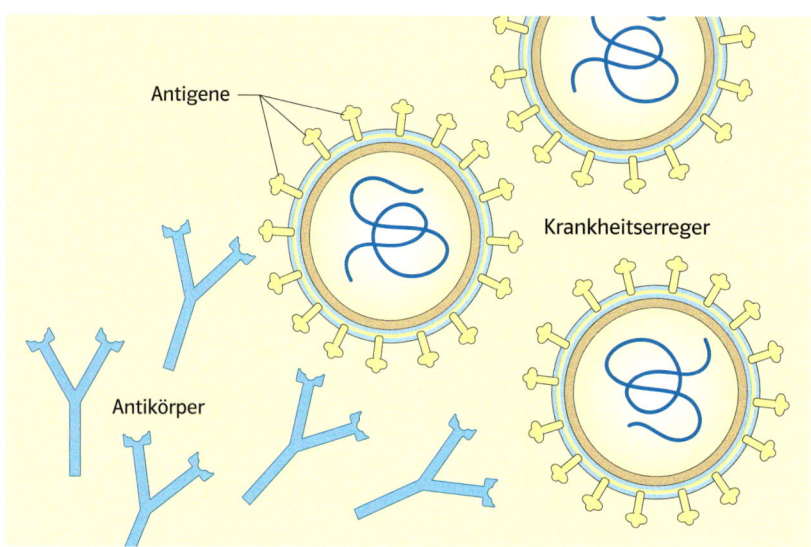

1 Die Antikörper müssen genau zu den Antigenen des Erregers passen.

Plasmazellen bilden Antikörper. Antikörper verklumpen Krankheitserreger. Auf diese Weise machen sie die Erreger unschädlich. Dazu müssen die Antikörper in Form und Größe genau auf die Antigene der Erreger passen (▷ B1).

1 Ein Modell aus Pappe
Material
Bleistift, Buntstifte, Lineal, dünne Pappe, Schere, DIN-A3-Blatt

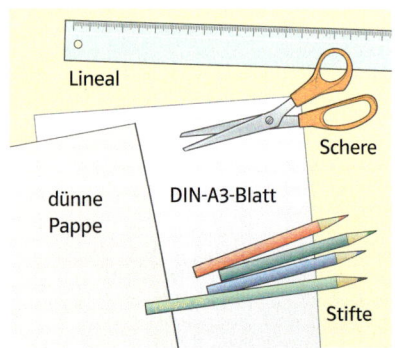

2 Materialien für Versuch 1

Versuchsanleitung
a) Nimm Bild 1 zu Hilfe und zeichne 5 gleiche Erreger mit einer bestimmten Oberfläche (Antigene) auf die Pappe. Die Erreger sollen einen Durchmesser von etwa 4 cm haben.
b) Zeichne daneben 5 genau passende Antikörper.
c) Male die Antikörper und die Erreger farbig an und schneide sie aus.

Aufgaben
1. Ordne die Antikörper so auf einem DIN-A3-Blatt an, dass sie die Erreger verklumpen.
2. Klebe alle Teile auf und beschrifte sie mit den Begriffen „Krankheitserreger", „Antigen" und „Antikörper".

2 Ein räumliches Modell
Material
Knete, 5 Massagebälle

Versuchsanleitung
Die Massagebälle stellen die Krankheitserreger dar. Aus der Knete formst du die passenden Antikörper.

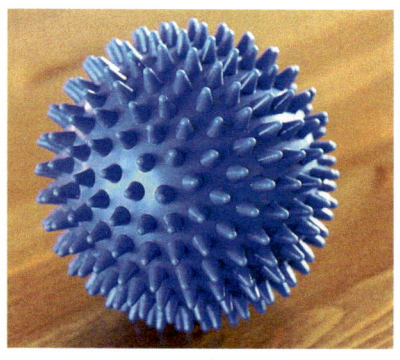

3 Massageball: Modell für einen Krankheitserreger

Aufgaben
1. Lass die Modell-Antikörper die Krankheitserreger verklumpen.
2. a) Entwickle aus anderen Materialien ein entsprechendes Modell.
b) Begründe deine Materialauswahl.

AUFGABEN

1 ○ Erstelle eine Tabelle und vergleiche deine Modelle mit den wirklichen Strukturen.

2 ◔ Bewerte die Modelle hinsichtlich der Passgenauigkeit und der Effektivität des Verklumpens.

3 ● Das Schlüssel-Schloss-Prinzip kommt in der Biologie auch in anderen Zusammenhängen vor. Recherchiere und nenne weitere Beispiele.

Impfmüdigkeit

Das Comeback der Masern
Eigentlich wollte die WHO die Masern bis
2010 in Europa ausrotten. Davon sind viele
Länder jedoch noch weit entfernt. War in
den Jahren 2006 und 2007 die Anzahl der
Krankheitsfälle noch rückläufig, so verzeichnet die WHO heute wieder einen
sprunghaften Anstieg. Allein in Deutschland erkranken jährlich über 1000 Kinder
an Masern. Diese durch Viren verursachte
Infektionskrankheit wird durch Tröpfchen
übertragen und ist hochansteckend.

Geimpft oder nicht?
Eine Impfung gegen Masern wird empfohlen – sie ist aber nicht gesetzlich vorge-
schrieben. In Deutschland gibt man die
erste kombinierte Masern-Mumps-Röteln-
Impfung nach dem ersten Lebensjahr,
die zweite im Alter von zwei Jahren. Viele
Eltern haben in den letzten Jahren ihre
Kinder nicht mehr impfen lassen.

Impfmüdigkeit
In den letzten Jahren sanken in Deutschland die hohen Impfraten. Viele Menschen
lassen sich nicht mehr impfen, weil sie
aufgrund des Ausbleibens der erfolgreich „weggeimpften" Krankheiten keine
Notwendigkeit mehr erkennen, sich weiter
impfen zu lassen. Das betrifft neben den
Masern auch andere Krankheiten wie
Windpocken, Keuchhusten, Kinderlähmung
oder Tetanus. Ohne eine Impfung können
diese Infektionskrankheiten einen lebens-
bedrohenden Verlauf nehmen.

„Masernpartys"
Manche Eltern entscheiden sich bewusst
gegen Impfungen. Sie argumentieren,
dass Kinderkrankheiten zum Leben dazu-
gehören, und haben Angst vor den Folgen
der Impfung. Auf „Masernpartys" führen
sie eine bewusste Ansteckung ihres Kindes

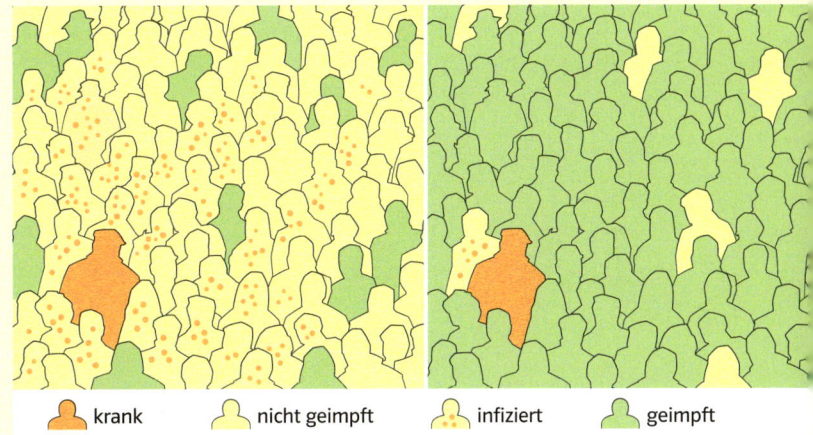

| 🧍 krank | 🧍 nicht geimpft | 🧍 infiziert | 🧍 geimpft |

1 Herdenimmunität

herbei. Viele Ärztinnen und Ärzte sehen in
dieser Haltung ein großes Problem. Sie for-
dern, die Impfung gegen Kinderkrankheiten zur Pflicht zu machen. Die möglichen
Gefahren einer Impfung würden deutlich
über- und die Krankheiten unterschätzt.

Herdenimmunität
Erreicht die Bevölkerung durch Impfung
eine Immunität von 95 %, so verhindert
dies die Ausbreitung der Krankheitserreger
und schützt die 5 % nicht immuner Menschen vor einer Infektion. Dies bezeichnet
man als „Herdenimmunität" (▷ B 1).

AUFGABEN

1 ◌ Erläutere, warum man vom
„Comeback der Masern" spricht.

2 ◌ Trage die Argumente für und gegen das Impfen in einer Erörterung
zusammen.

3 ● Schreibe einen Dialog zwischen einer Mutter, die ihr Kind gegen Masern
impfen möchte, und einer, die gegen
die Masernimpfung ist.

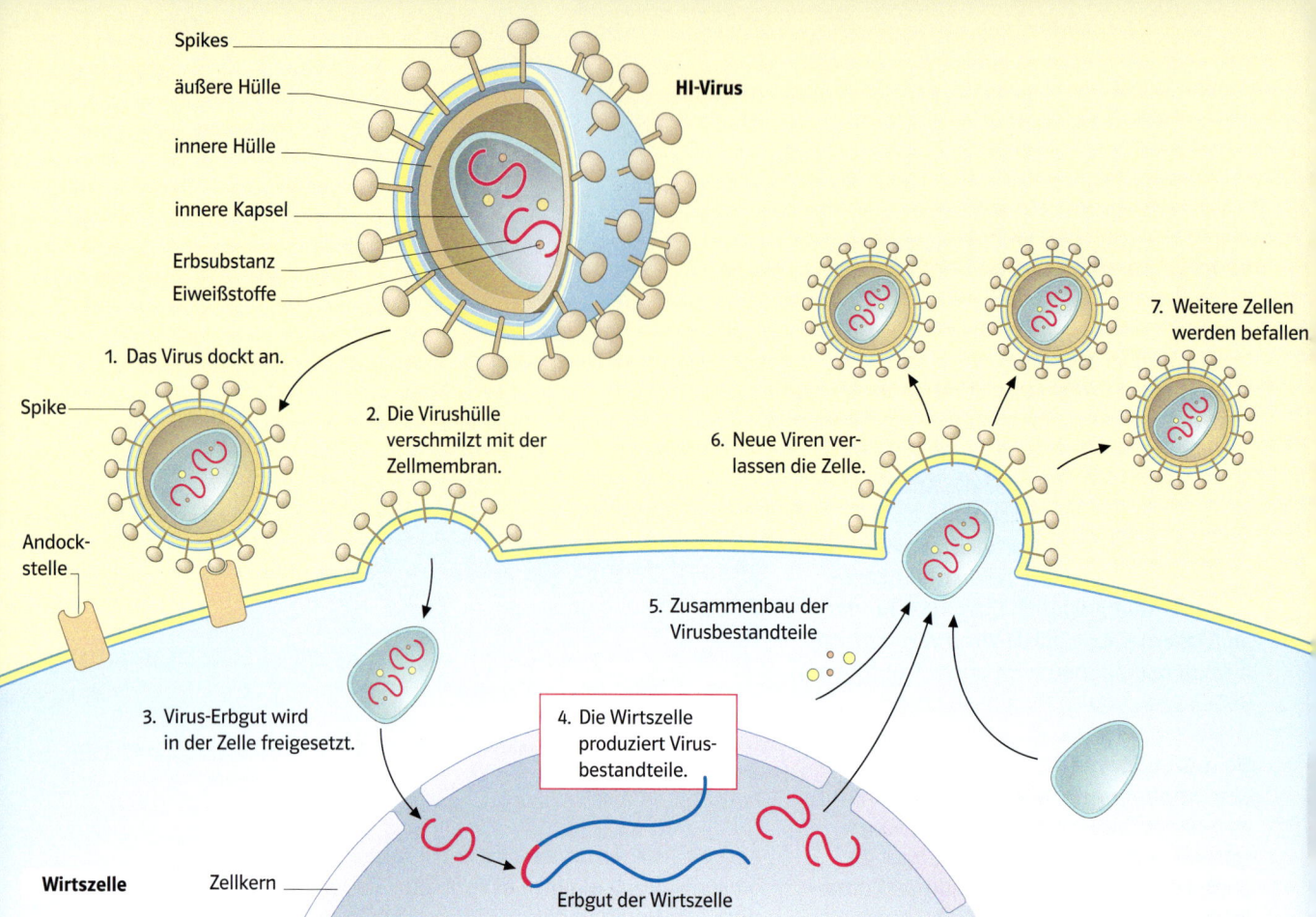

Spikes

äußere Hülle

innere Hülle

innere Kapsel

Erbsubstanz

Eiweißstoffe

HI-Virus

1. Das Virus dockt an.

Spike

Andock-stelle

2. Die Virushülle verschmilzt mit der Zellmembran.

3. Virus-Erbgut wird in der Zelle freigesetzt.

4. Die Wirtszelle produziert Virus-bestandteile.

5. Zusammenbau der Virusbestandteile

6. Neue Viren ver-lassen die Zelle.

7. Weitere Zellen werden befallen

Wirtszelle

Zellkern

Erbgut der Wirtszelle

1 Die Vermehrung des HI-Virus in der Wirtszelle

Erworbene Immunschwäche AIDS

Eine weltweite Seuche

Im Jahr 1981 wurde in den USA zum ersten Mal über eine rätselhafte Krankheit berichtet, die vor allem bei homosexuellen Männern auftrat. Bislang vollkommen Gesunde erkrankten plötzlich an seltenen Formen von Lungenentzündung. Bei allen Erkrankten war das **Immunsystem** lebensbedrohlich **geschwächt**. Bald erkannte man, dass die seltenen Infektionskrankheiten nur auftraten, wenn bei den Patienten bereits vor der Erkrankung eine Immunschwäche vorgelegen hatte. Deshalb fasste man alle Symptome dieses Krankheitsbildes unter der Bezeichnug **AIDS** (**A**cquired **I**mmune **D**eficiency **S**yndrome) zusammen. Die Annahme, dass von diesem „**erworbenen**

Immunschwäche-Syndrom" nur homosexuelle Männer betroffen seien, erwies sich aber als tragischer Irrtum. Die Krankheit erfasste alle Bevölkerungsgruppen und breitete sich explosionsartig auf der ganzen Welt aus.

Das HI-Virus

Zwei Jahre nach der ersten Beschreibung von AIDS wurde der Erreger entdeckt. Es handelt sich um das **HI-Virus** (engl. = **H**uman **I**mmunodeficiency **V**irus), was mit „menschliches Immunschwäche-Virus" übersetzt werden kann. Wie alle Viren, benötigt auch das HI-Virus **Wirtszellen** zur Vermehrung (▷ B1). Dabei nutzt es vor allem die **T-Helferzellen** (► S.28/29).

Schon nach wenigen Wochen sind so viele HI-Viren im Blut, dass man sie mit speziellen Tests nachweisen kann. Die betroffene Person ist dann „**HIV-positiv**".

Angriff auf das Immunsystem

Der Befall der T-Helferzellen durch das HI-Virus hat schwerwiegende Folgen für die Immunabwehr: Die befallenen T-Helferzellen können keine B-Lymphocyten mehr aktivieren. Dadurch reifen auch keine Plasmazellen heran, die für die Produktion von Antikörpern gegen die Erreger sorgen. Außerdem findet keine Aktivierung von T-Killerzellen statt. Befallene Zellen werden also auch nicht mehr bekämpft. (► System, S. 210/211)

AIDS

Durch die Infektion der T-Helferzellen zerstört das HI-Virus zum einen die körpereigenen Schutzmechanismen gegen das Virus. Zum anderen können nun auch andere Krankheitserreger leichter das Abwehrsystem durchbrechen und bei den Betroffenen lebensbedrohliche Infektionen auslösen. Die Immunabwehr ist zerstört und die Krankheit bricht voll aus. Dieses letzte Stadium der HIV-Infektion nennt man **AIDS**.

Bis heute sind mehr als 30 Millionen Menschen an AIDS gestorben. Seit Jahren wird nach einem Heilmittel geforscht – bislang vergeblich, da sich das HI-Virus ständig verändert und weiterentwickelt.

Übertragungswege

HI-Viren können in Körperflüssigkeiten wie Blut, Sperma, Scheidenflüssigkeit, Muttermilch und der Schleimhaut des Enddarms enthalten sein. Daher besteht große **Infektionsgefahr** bei ungeschütztem Geschlechtsverkehr oder beim Spritzentausch von Drogensüchtigen. Ist eine Mutter HIV-positiv, kann das Kind während der Schwangerschaft, bei der Geburt oder beim Stillen mit HIV infiziert werden. Auch in Speichel, Tränenflüssigkeit und Schweiß

2 Gib AIDS keine Chance!

kommen HI-Viren vor. Allerdings ist die Viren-Konzentration in diesen Körperflüssigkeiten so gering, dass bei normalen Körperkontakten mit HIV-Positiven keine Infektionsgefahr besteht.

Der Erreger der Immunschwächekrankheit AIDS ist das HI-Virus. Es nutzt vor allem die T-Helferzellen als Wirtszellen und zerstört dadurch das Immunsystem.

AUFGABEN

1 ○ Fertige mithilfe von Bild 1 eine Zeichnung des HI-Virus an und beschrifte sie.

2 ○ Nenne Situationen, in denen du dich mit HIV infizieren könntest. Erstelle einen Plan, wie du dich schützen kannst.

3 ◑ Erkläre die Begriffe „HIV" und „AIDS" und grenze sie voneinander ab.

4 ◑ Stelle den Verlauf von der Infektion mit HIV bis zum Ausbruch von AIDS als Fließdiagramm dar.

5 ● Erkläre, worin sich eine HIV-Infektion von einer Infektion mit Grippe-Viren (► S. 21, 22/23) unterscheidet.

6 ● Seit den 1990er-Jahren durften homosexuelle Männer kein Blut spenden. Diskutiert das Pro und Contra dieses Verbotes.

Hepatitis B

Hepatitis – Entzündung der Leber

Die Leber ist das zentrale Organ unseres Stoffwechsels. Eine Leberentzündung wie die **Hepatitis** kann lebensbedrohlich sein, da die Leberzellen ihre Aufgaben nicht mehr wahrnehmen können. Dazu gehören die Bildung von Bluteiweißen sowie der Abbau von Medikamenten oder schädlichen Stoffen wie Alkohol.

Hepatitis B – gefährlich, aber vermeidbar

Es gibt verschiedene Hepatitis-Formen, die mit Buchstaben gekennzeichnet sind. Eine sehr gefährliche Form ist die **Hepatitis B**, verursacht durch das **Hepatitis-B-Virus**. Es wird durch Körperflüssigkeiten wie Blut, Speichel, Urin oder Sperma übertragen. Hepatitis B ist hochinfektiös. Schon geringste Mengen des Virus infizieren, wenn sie über kleine Haut- oder Schleimhautverletzungen in den Körper gelangen. Das Hepatitis-B-Virus kann bis zu sieben Tage außerhalb des menschlichen Körpers ansteckend bleiben. (► System, S. 210/211)

Das höchste **Infektionsrisiko** mit Hepatitis-B-Viren besteht beim ungeschützten Geschlechtsverkehr. Der Gebrauch von Kondomen sollte zum Schutz beider Partner selbstverständlich sein. Gefährlich sind auch der Drogenkonsum mit verunreinigten Spritzen und Nadeln sowie das Tätowieren, Ohrlochstechen oder Piercen unter unhygienischen Bedingungen (► S. 27).

Schutz durch Impfung

Eine **Hepatitis-B-Schutzimpfung** besteht aus einer dreiteiligen Impfung. Man muss sie nach einem Monat und nach einem Jahr nach der ersten Impfung wiederholen.

Hepatitis B ist eine durch Viren verursachte Infektionskrankheit, die Leberzellen zerstört. Hygiene- und Impfmaßnahmen beugen einer Infektion vor.

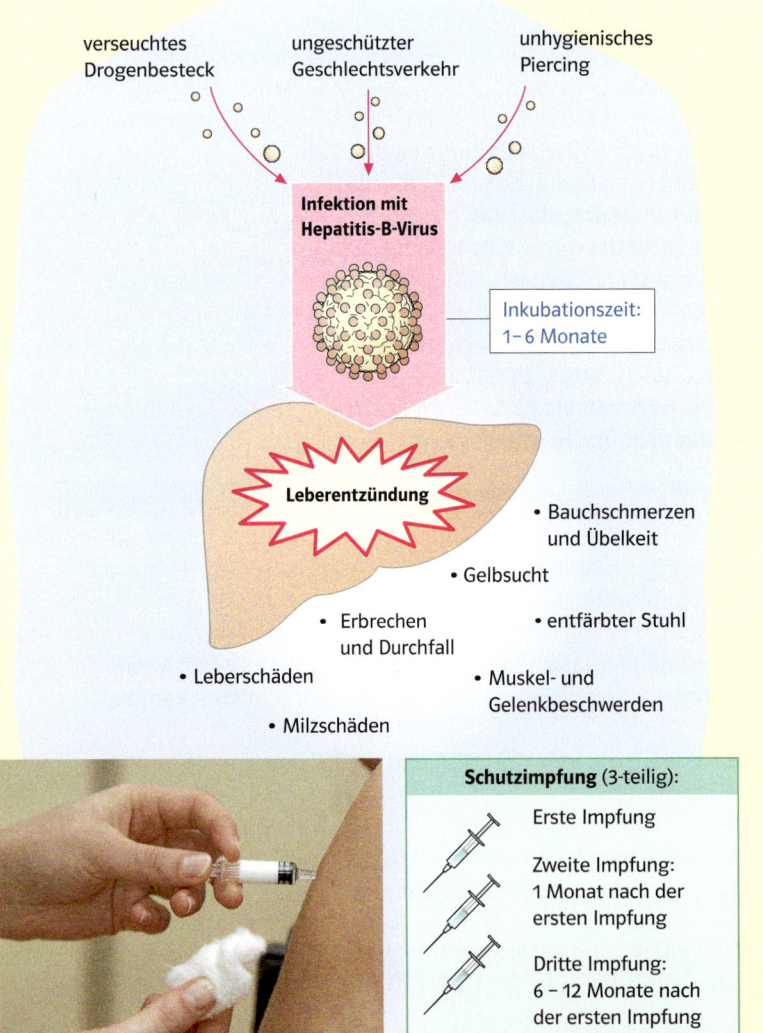

1 Verlauf einer Hepatitis-B-Infektion und mögliche Schutzimpfungen

AUFGABEN

1 ○ Nenne Verhaltensmaßnahmen, die einer Ansteckung mit Hepatitis-B-Viren vorbeugen.

2 ◒ Beschreibe die Aufgaben der Leber.

3 ● Begründe, warum gerade junge Menschen oft an Hepatitis B erkranken.

Jugendliche fragen – Fachleute antworten

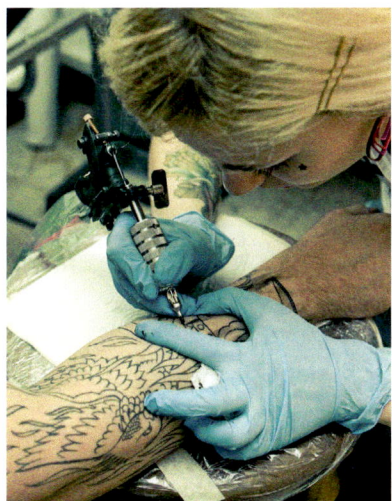

1 Im Tattoo-Studio

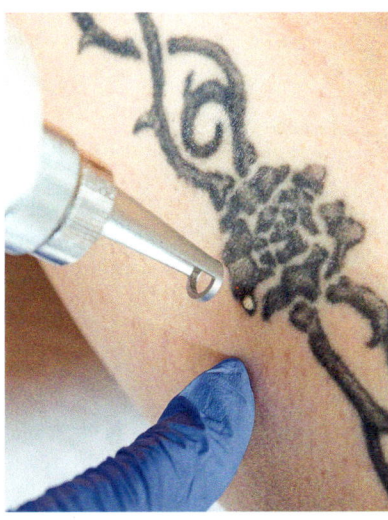

2 Tattoo-Entfernung in der Hautarzt-Praxis

Manche von euch finden Tattoos schön und möchten gerne eines haben, andere lehnen das Tätowieren total ab und warnen sogar davor. Das Befragen von Fachleuten kann hier Widersprüche klären.

Wer sind die Fachleute?
Fachleute haben viel Erfahrung auf ihrem Gebiet und kennen die neuesten Forschungsergebnisse. Fachleute für Tattoos sind Hautärztinnen und -ärzte und professionelle Tätowierer und Tätowiererinnen.

Vorbereitung der Befragung
1. Ganz ohne Vorwissen hat es wenig Sinn, Fachleute zu befragen. Informiert euch im Vorfeld und interviewt bereits Tätowierte. 2. Sammelt dann alle Fragen, die euch einfallen, und ordnet sie nach Themenschwerpunkten.
3. Plant den Ablauf der Befragung und verteilt die Rollen (wer stellt die Fragen, wer führt Protokoll, …).
4. Sucht im Internet nach Fachleuten in eurer Nähe, nehmt telefonisch oder per E-Mail Kontakt auf und vereinbart einen Termin.

Worauf man achten sollte
Schaut euch zuerst den Arbeitsplatz des Spezialisten an – also das Studio oder die Praxis – und lasst euch die verwendeten Geräte erklären. Macht euch Notizen während des Gesprächs und nehmt Informationsmaterial mit, dann erinnert ihr euch später besser an Details. Eventuell dürft ihr sogar fotografieren oder filmen.
Kommen die Fachleute an die Schule, begrüßt sie höflich und stellt sie der Klasse vor. Einer von euch muss die Moderation übernehmen und das Gespräch leiten.

Manchmal benutzen Fachleute viele Fremdwörter. Fragt nach, wenn ihr etwas nicht versteht, und lasst euch alles mit einfachen Worten erklären.

Mögliche Fragen an den Tätowierer/die Tätowiererin:
- Kann ich mir schon ein Tattoo stechen lassen?
- Welche Hygienemaßnahmen ergreifen Sie?
- Was versteht man unter dem „Sittenkodex der Tätowierer"?
- Wie sticht man ein Tattoo?
- Was kostet das?

Mögliche Fragen an die Hautärztin/den Hautarzt:
- Worauf muss ich achten, damit das Tätowieren hygienisch abläuft?
- Wie entfernt man Tattoos?
- Was kostet das? Wer bezahlt die Entfernung?

3 Mögliche Fragen an die Fachleute

AUFGABEN

1 ⬤ Ermittelt vor und nach der Befragung in der Klasse ein Meinungsbild: Welche Einstellung habt ihr zum Tätowieren des eigenen Körpers? Diskutiert nach der Befragung eventuelle Meinungsänderungen.

Bakterien und Viren im Vergleich

Viren und Bakterien kommen fast überall vor. Gemeinsam ist ihnen, dass sie als Krankheitserreger gefährliche Infektionen auslösen können. Ansonsten unterscheiden sich Bakterien und Viren aber sehr deutlich voneinander.

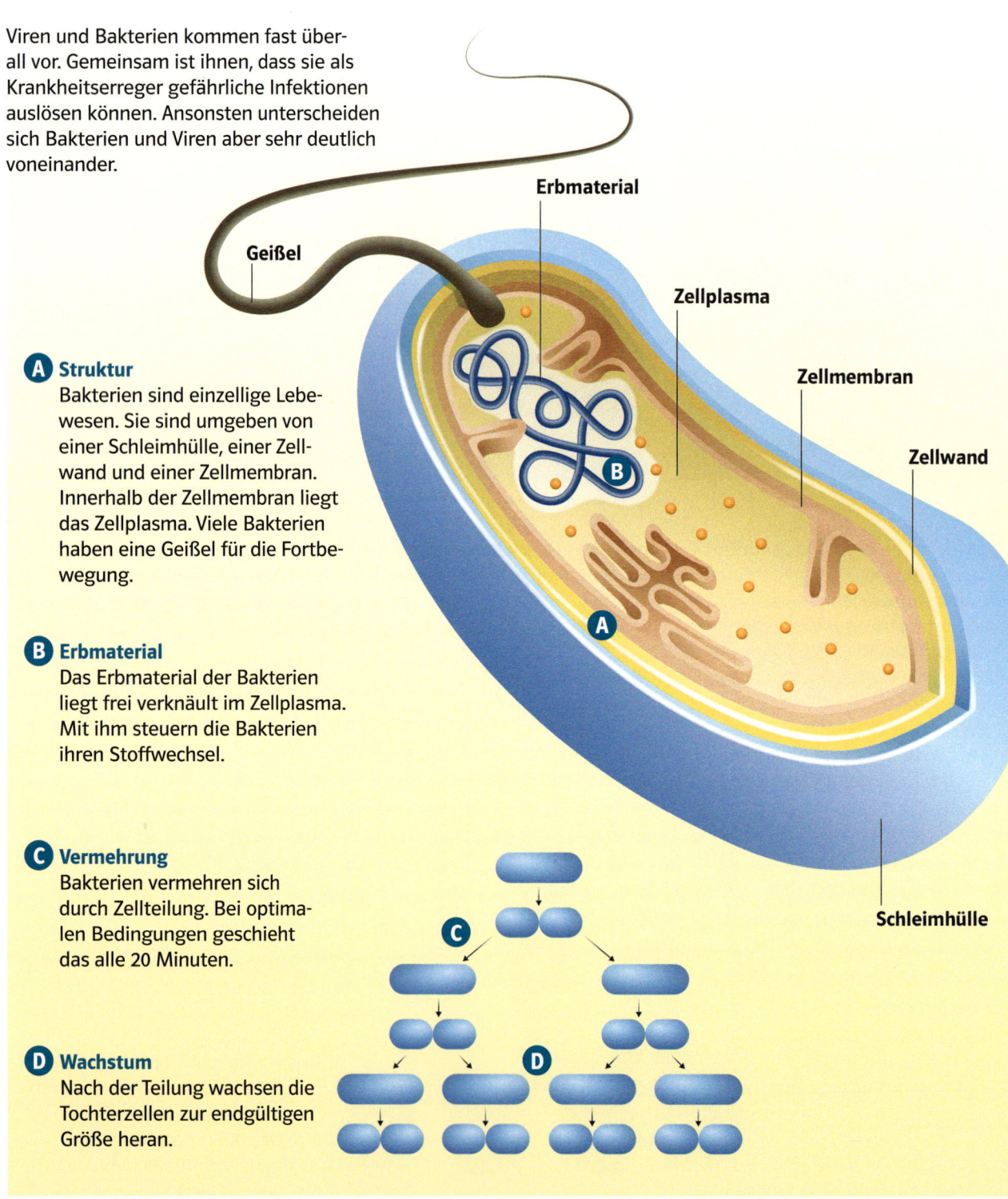

Geißel

Erbmaterial

Zellplasma

Zellmembran

Zellwand

Schleimhülle

A **Struktur**
Bakterien sind einzellige Lebewesen. Sie sind umgeben von einer Schleimhülle, einer Zellwand und einer Zellmembran. Innerhalb der Zellmembran liegt das Zellplasma. Viele Bakterien haben eine Geißel für die Fortbewegung.

B **Erbmaterial**
Das Erbmaterial der Bakterien liegt frei verknäult im Zellplasma. Mit ihm steuern die Bakterien ihren Stoffwechsel.

C **Vermehrung**
Bakterien vermehren sich durch Zellteilung. Bei optimalen Bedingungen geschieht das alle 20 Minuten.

D **Wachstum**
Nach der Teilung wachsen die Tochterzellen zur endgültigen Größe heran.

A Struktur

Viren bestehen meist nur aus einer Eiweißhülle und dem Erbmaterial. Spikes dienen zum Andocken an der Wirtszelle.

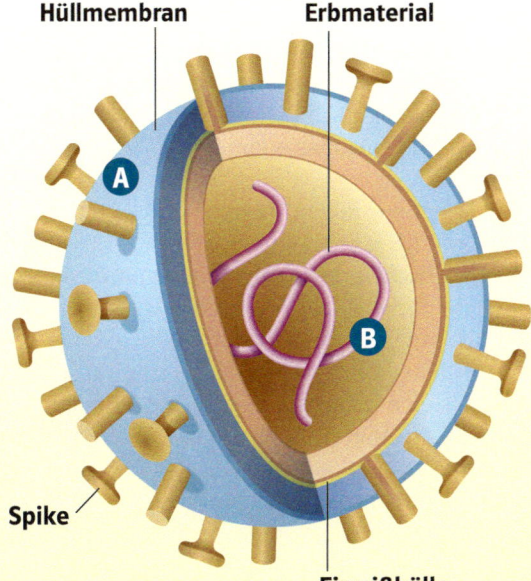

Hüllmembran

Erbmaterial

A

B

Spike

Eiweißhülle

Bakterium

0 1 5 10 µm

Virus

Bakterien und Viren im Größenvergleich

Die meisten **Bakterien** haben einen Durchmesser von 0,6–10,0 µm (1 µm = 1 Mikrometer = 1/1000 mm). **Viren** sind sehr klein. Ihre Größe reicht von 0,02 bis 0,7 µm.

B Erbmaterial

Das Erbmaterial der Viren ist sehr kurz.

C Vermehrung

Zur Vermehrung schleusen Viren ihr Erbmaterial in eine Wirtszelle ein. Die Wirtszelle produziert viele neue Viren, bis sie platzt. Dadurch werden Viren freigesetzt und befallen weitere Wirtszellen.

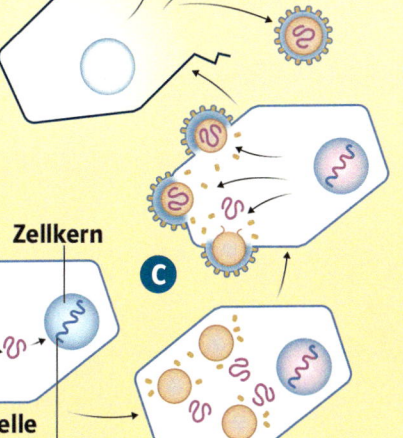

Virus

Zellkern

C

D

D Wachstum

Viren wachsen nicht.

Wirtszelle

Erbmaterial

Bakterien zeigen alle Kennzeichen des Lebendigen – Viren zeigen dagegen keine der Kennzeichen des Lebendigen. Bakterien und Viren unterscheiden sich in Größe, Aufbau und Vermehrung voneinander.

AUFGABEN

1 ○ Setzt euch zu zweit zusammen. Einer ist das Bakterium, einer das Virus. Stellt euch gegenseitig vor und beschreibt eure „Eigenschaften".

2 ◐ Erstelle eine Tabelle mit den Unterschieden zwischen Bakterien und Viren.

3 ◐ Erkläre den genauen Ablauf der Viren-Vermehrung mithilfe der Abbildung zu Textblock C.

Malaria – krank durch Mückenstich

Der Urlaub ist die schönste Zeit des Jahres. Ein anderes Klima, die Zeitumstellung oder anderes Essen können den Körper jedoch belasten und anfälliger für Krankheiten machen. Verreist man in ferne Länder, sollte man nicht nur an seinen Ausweis und an ausreichenden Sonnen- und Insektenschutz denken: Man sollte sich möglichst frühzeitig nach den **Impfempfehlungen** des Reiselandes erkundigen.

Nicht nur in den Tropen

Jahr für Jahr erkranken etwa 400 Millionen Menschen, darunter auch mehrere hundert deutsche Urlauber, an der **Malaria**, die auch Sumpffieber genannt wird. Die gefährlichste Form ist die **Malaria tropica**: Mehr als eine Million Menschen sterben jährlich daran. Aber nicht alle Malaria-Formen sind Tropenkrankheiten.

Da **Anopheles-Mücken** (▷ B 2) die Krankheit übertragen, kann sie überall dort auftreten, wo diese Stechmücken gut leben können. Seit einigen Jahren registriert das Robert Koch-Institut, das u. a. Tropenkrankheiten erforscht, vermehrt Fälle von Malaria in Deutschland. Die Erreger kommen aber nicht nur mit Urlaubern zu uns (► S. 43), sondern auch mit Zuwanderern aus Ländern, in denen Malaria verbreitet ist. Ob der Klimawandel für das Auftreten der Anopheles-Mücke bei uns verantwortlich ist, ist noch nicht bewiesen.

Entwicklungs-Kreislauf

Die Erreger der Malaria sind **Plasmodien**. Diese Einzeller gelangen durch den Stich der Anopheles-Mücke in den menschlichen Körper. Mit dem Blutstrom werden sie in die Leber transportiert. Dort vermehren sie sich durch Zellteilung besonders schnell (▷ B 1). Die befallenen Leberzellen platzen auf und die Erreger gelangen ins Blut. Sie befallen die roten Blutzellen und vermehren sich in diesen so lange, bis die Blutzellen platzen. Dabei werden giftige

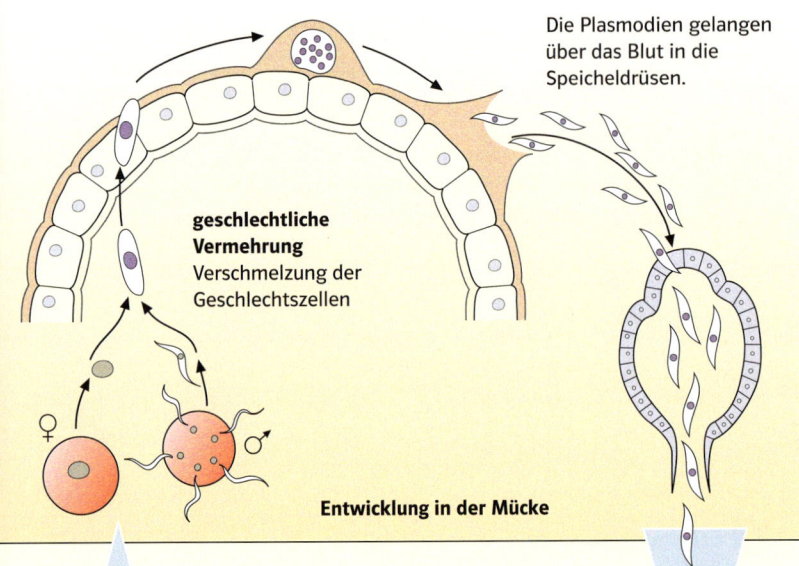

Die Plasmodienzelle durchbricht die Darmwand und teilt sich.

Die Plasmodien gelangen über das Blut in die Speicheldrüsen.

geschlechtliche Vermehrung
Verschmelzung der Geschlechtszellen

Entwicklung in der Mücke

Beim Stechen nimmt die Mücke die Geschlechtszellen auf.

Beim Stich werden die Plasmodien auf den Menschen übertragen.

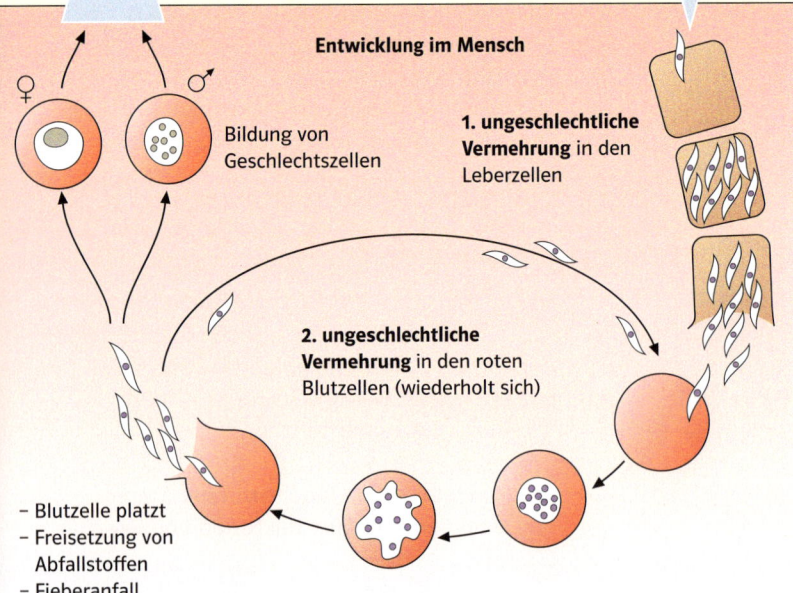

Entwicklung im Mensch

Bildung von Geschlechtszellen

1. ungeschlechtliche Vermehrung in den Leberzellen

2. ungeschlechtliche Vermehrung in den roten Blutzellen (wiederholt sich)

– Blutzelle platzt
– Freisetzung von Abfallstoffen
– Fieberanfall

1 Die Malaria-Erreger wechseln bei ihrer Entwicklung zwischen Mensch und Mücke. Man nennt dies Wirtswechsel.

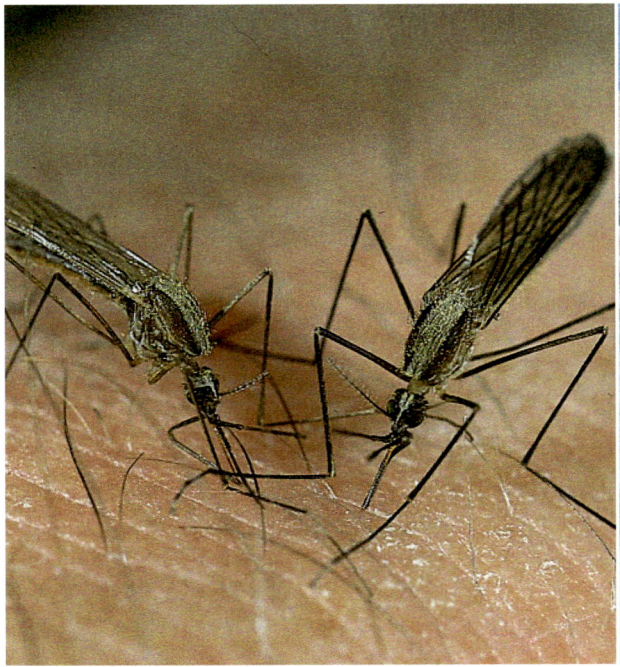

2 Anopheles-Mücken können Malaria übertragen.

3 Moskitonetze schützen vor Stechmücken.

Abfallstoffe frei. Diese verursachen die typischen Krankheitssymptome: Fieber, Schüttelfrost und Schweißausbrüche. Die Erreger befallen immer wieder neue rote Blutzellen. Sticht nun eine Anopheles-Mücke einen Malaria-Infizierten, nimmt sie mit dem Blut auch die Plasmodien auf. Diese vermehren sich geschlechtlich in der Mücke und wandern in deren Speicheldrüsen (▷ B1). Beim nächsten Stich können sie einen weiteren Menschen infizieren. (► System, S. 210/211)

Trickreiche Wandlungen

Während ihrer Entwicklung verändern die Erreger immer wieder die Antigene auf ihrer Oberfläche. Obwohl unser Körper Antikörper bildet, gelingt es ihm deshalb nicht, die Erreger unschädlich zu machen. Gegen die Malaria-Erreger gibt es vorbeugende Medikamente. Sie verringern das Risiko zu erkranken erheblich.

Wer in fremde Länder reist, sollte sich frühzeitig nach Impfempfehlungen erkundigen und entsprechend impfen lassen.

Die Malaria tropica ist eine sehr gefährliche Krankheit. Jedes Jahr sterben mehr als eine Million Menschen daran.

AUFGABEN

1 ○ Malaria wird auch Sumpffieber genannt. Erläutere den Zusammenhang.

2 ○ Beschreibe die Entwicklung des Malaria-Erregers im Menschen und in der Anopheles-Mücke mit eigenen Worten.

3 ◒ a) Stelle den Infektionsweg und die Entwicklung des Malaria-Erregers auf einem Plakat dar.
b) Beschreibe anhand des Plakates die Bedeutung dieser Entwicklungsart für die Verbreitung des Erregers.

4 ◒ Informiere dich im Internet, für welche Länder eine Malaria-Vorbeugung empfohlen wird, und berichte.

5 ◒ Liste Maßnahmen auf, die geeignet sind, Mücken fernzuhalten.

6 ● Erkläre, warum der Körper Malaria-Erreger nicht so leicht unschädlich machen kann.

Epidemien und Pandemien

Der „Schwarze Tod" wütet in Europa

Mitte des 14. Jahrhunderts brach in Europa die **Pest** aus. Überträger des Pest-Bakteriums waren Ratten. Schwarze Beulen und Flecken bei den Erkrankten führten zum Namen **„Schwarzer Tod".** Innerhalb von fünf Jahren starb etwa ein Drittel der europäischen Bevölkerung.

Epidemie oder Pandemie?

Erkranken in einer Region etwa zur gleichen Zeit sehr viele Menschen an derselben Infektionskrankheit, spricht man von einer **Epidemie**. Im Gegensatz dazu ist eine **Pandemie** nicht auf eine bestimmte Region beschränkt. Bei einer Pandemie erkranken weltweit nacheinander sehr viele Menschen an derselben Krankheit.

Das Dengue-Fieber

Während noch vor fünfzig Jahren das **Dengue-Fieber** vor allem in Afrika und Südostasien vorkam, ist es inzwischen in mehr als 100 Ländern verbreitet (▷ B 1).

2 Ebola-Station

Weltweit erkranken jährlich etwa 50 Millionen Menschen an dieser Krankheit. Immer mehr Reisende kehren mit einer Dengue-Infektion nach Hause zurück.

Ebola – ein tödliches Virus

Das **Ebola-Virus** befindet sich in den Körperflüssigkeiten der Erkrankten. Sie bluten aus allen Körperöffnungen und sind – auch nach ihrem Tod – hochansteckend. Ebola hat eine Sterblichkeitsrate von bis zu 90 Prozent. Nur strenge Isolierungs- und Hygienemaßnahmen können diese Epidemie eindämmen. Flughunde, die verzehrt werden, gelten als Überträger.

Epidemien und Pandemien sind Infektionskrankheiten, an denen zur gleichen Zeit sehr viele Menschen erkranken.

AUFGABEN

1 ○ Vergleiche Epidemie und Pandemie.

2 ◑ Beschreibe den Infektionsweg des Dengue-Virus (▷ B 1).

3 ● Erkläre, welche medizinischen und kulturellen Maßnahmen im Kampf gegen Ebola wirken.

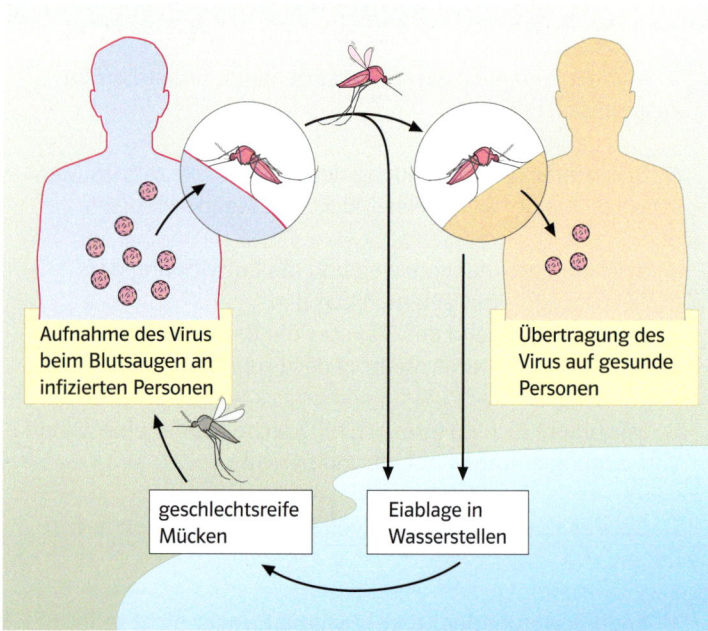

Aufnahme des Virus beim Blutsaugen an infizierten Personen

Übertragung des Virus auf gesunde Personen

geschlechtsreife Mücken

Eiablage in Wasserstellen

1 Infektionsweg des Dengue-Virus

Ferntourismus

Gefährliche Mitbringsel

Wer in weit entfernte Gebiete der Erde reist, muss sich bewusst sein, dass man sich dort mit Erregern infizieren kann, die es bei uns nicht gibt. Nach einer Infektion kann die Erkrankung noch vor Ort ausbrechen oder erst, wenn man wieder in seinem Heimatland ist. Dort können Infizierte – schon während der Inkubationszeit oder nach Ausbruch der Krankheit – weitere Personen anstecken.

MERS – Middle East Respiratory Syndrome

Dieses Syndrom ist eine durch Viren verursachte Infektion der Atemwege. Sie ist erst seit 2012 bekannt. MERS kann leicht wie eine Erkältung, aber auch tödlich verlaufen. Sie ist bisher ausschließlich auf der arabischen Halbinsel verbreitet. Vermutlich sind Dromedare die Wirtsorganismen der Viren. Die Übertragung auf den Menschen erfolgt durch Tröpfcheninfektion bei engem Kontakt mit Dromedaren. Ursprünglich stammt das Virus von der Fledermaus.

SARS– schweres akutes respiratorisches Syndrom

Ebenfalls Viren verursachten 2002/2003 beinahe eine SARS-Pandemie. Diese Infektion trat erstmals in Asien auf. Aktuell sind keine Krankheitsfälle bekannt. Erregerquelle war eine in Südchina vorkommende Schleichkatze. Sie ist bei vielen Asiaten als Nahrungsmittel beliebt.

Gut vorbereitet verreisen

Wer eine Reise in ein subtropisches oder tropisches Land plant, sollte sich über die dort vorkommenden Erkrankungen informieren. Webseiten der Bundesregierung und des Robert Koch-Instituts halten alle wichtigen Verhaltensregeln bereit.

Die Globalisierung des Tourismus und des Handels führen zur Verbreitung von bisher regional begrenzten Krankheiten.

1 Flughafen: Drehkreuz für Fernreisen

2 Dromedare können auch Träger von Infektionskrankheiten sein.

AUFGABEN

1 ○ Nenne Gründe für die weltweite Verbreitung von früher regional begrenzten Krankheiten.

2 ◔ Vergleiche in einer Tabelle MERS und SARS.

3 ● Recherchiere auf der Webseite des Auswärtigen Amtes die aktuellen reisemedizinischen Hinweise und berichte.

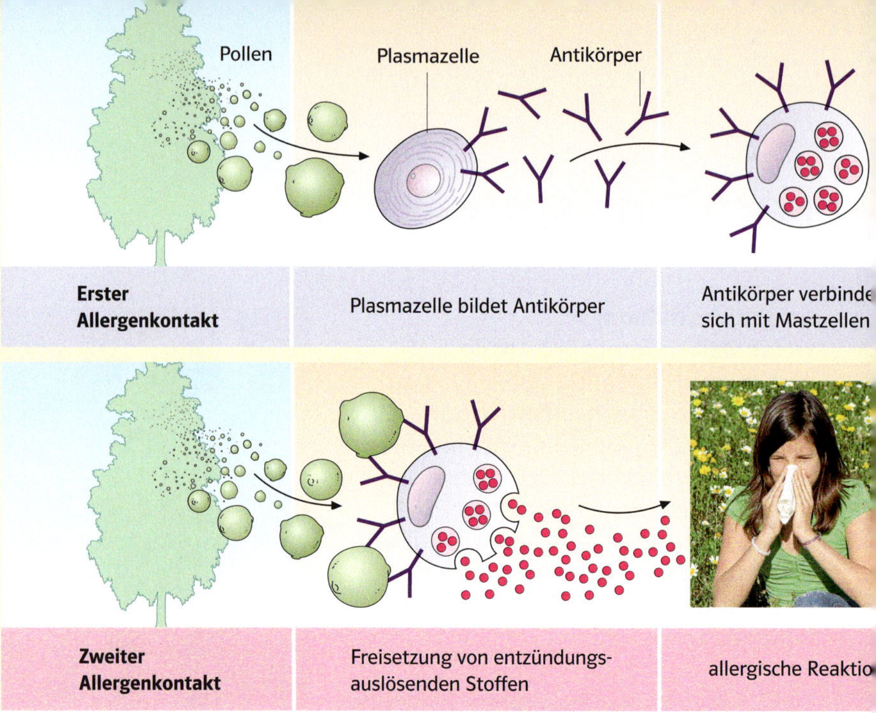

Diagram (top)

	Pollen	Plasmazelle	Antikörper	
Erster Allergenkontakt		Plasmazelle bildet Antikörper		Antikörper verbinde[n] sich mit Mastzellen
Zweiter Allergenkontakt		Freisetzung von entzündungs- auslösenden Stoffen		allergische Reaktio[n]

1 Inhalator: Hilfe bei allergischem Asthma   **2** Allergische Reaktion

Allergien

Übereifriges Abwehrsystem

Normalerweise reagiert unser Immunsystem nur auf körperfremde Substanzen, die gefährlich sind, wie beispielsweise auf Krankheitserreger. Manchmal greifen die Zellen des Immunsystems aber auch harmlose Stoffe aus der Umwelt an, z. B. Pollen oder Hausstaub. Eine solche Überreaktion des Immunsystems nennt man **Allergie**.

Stoffe, die eine Allergie auslösen können, werden als **Allergene** bezeichnet (▷ B 3). Sie gelangen mit der Atemluft, der Nahrung oder bei direktem Hautkontakt in unseren Körper. Genau wie Krankheitserreger, rufen Allergene eine **Abwehrreaktion** des Körpers hervor.

Allergische Reaktionen

Allergene wie Pollen lösen beim ersten Kontakt noch keine sichtbare Reaktion aus. Allerdings hat das Immunsystem schon reagiert und Antikörper gegen dieses Allergen gebildet. Diese **spezifischen Antikörper** setzen sich auf der Oberfläche von bestimmten Zellen des Immunsystems, den **Mastzellen**, fest (▷ B 2).
(► Struktur und Funktion, S. 212/213)

Die Mastzellen enthalten Stoffe, die Entzündungen auslösen. Beim zweiten Kontakt mit demselben Allergen werden diese freigesetzt und es kommt zur **allergischen Reaktion**. Dabei treten z. B. die typischen „Heuschnupfen"-Symptome auf: Die

Stoffe auf Tierhaaren

Blütenpollen

Wirkstoffe in Medikamenten

Kot der Hausstaubmilben

verschiedene Metalle und Legierungen

Wespen- und Bienengift

3 Häufige Allergene

Schleimhäute schwellen an, Juckreiz tritt auf, die Bronchien verengen sich. In schweren Fällen kommt es zu **Asthma** (▷ B1).

Auf der Suche nach den Ursachen

Warum heute immer mehr Menschen Allergien haben oder bekommen, ist noch nicht eindeutig geklärt. Eine mögliche Ursache ist z. B. die Zunahme von Schadstoffen in der Luft. Aber auch veränderte Ernährungsgewohnheiten oder seelische Belastungen können Allergien hervorrufen. Oft sind gerade die Menschen Allergiker, die sehr auf Hygiene bedacht sind. Zudem gibt es Allergien, die erblich bedingt sind.

Ein Test bringt Klarheit

Bei vielen allergischen Reaktionen ist erst einmal nicht klar, durch welche Stoffe sie ausgelöst werden. Auf welche Allergene Betroffene reagieren, können Ärztinnen und Ärzte mithilfe von **Allergietests** feststellen.

Allergien vorbeugen

Je nachdem, welche Allergie vorliegt, gibt es unterschiedliche Behandlungsmöglichkeiten. Vermindern lassen sich die allergischen Reaktionen natürlich am besten, wenn man das Allergen meidet. Hausstaub-Allergiker sollten ihre Räume häufiger säubern und auf Teppiche oder Vorhänge verzichten. Menschen mit einer Pollenallergie können sich informieren, wann die Allergie auslösenden Pollen besonders stark in der Luft zu finden sind (▷ B4). In dieser Zeit sollten sie dann den Aufenthalt im Freien vermeiden. Doch nicht jedes Allergen kann gemieden werden. Daher wurden Medikamente entwickelt, die man vorbeugend einnehmen kann.

Manche Allergien kann man auch mit einer **Desensibilisierung** behandeln. Dabei setzt man sich in regelmäßigen Abständen genau dem Allergen aus, das bekämpft werden soll, und erhöht langsam die Dosis. Auf diese Weise gewöhnt sich der Körper langsam an das Allergen.

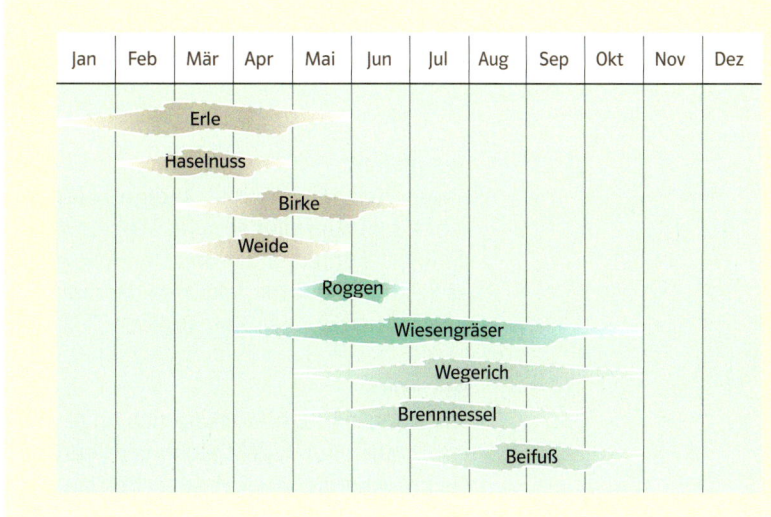

4 Pollenflugkalender

Eine Allergie ist eine Überreaktion des Immunsystems auf harmlose Stoffe aus der Umwelt. Diese Stoffe nennt man Allergene.

AUFGABEN

1 ○ Nenne die typischen Heuschnupfen-Symptome.

2 ○ Beschreibe, wie eine Desensibilisierung durchgeführt wird.

3 ◖ Erstelle eine Präsentation zu einer Allergie deiner Wahl und führe sie deiner Klasse vor.

4 ◖ In unserer Gesellschaft gibt es immer mehr Lebensmittelallergien.
a) Recherchiere, wogegen der Körper jeweils allergisch reagiert.
b) Erfasse in einer Tabelle, wie diese Allergien behandelt werden.

5 ● Führe bei deinen Freunden und Bekannten eine Umfrage durch:
a) „Welche Allergien treten bei euch auf?", „In welchem Alter kam es zum ersten Mal zu einer allergischen Reaktion?"
b) Stelle die Ergebnisse jeweils in einem Diagramm dar.

6 ● a) Erkläre die fett gedruckten Fachbegriffe im Text mit eigenen Worten.
b) Ergänzt euer Lernplakat (► S.13) mit diesen Begriffen.

Zusammenfassung

Gesundheit

Gesundheit wird als vollständiges, körperliches, geistiges und soziales Wohlbefinden definiert. Für jeden der drei Bereiche gibt es Schutz- und Risikofaktoren, die man zum Teil selbst beeinflussen kann.

Bakterien

Bakterien sind Einzeller, die sich ungeschlechtlich durch Zellteilung vermehren. Als Krankheitserreger verursachen sie u.a. Scharlach und Tetanus. Antibiotika töten sie ab oder verhindern ihre Vermehrung.

Viren

Viren werden nicht zu den Lebewesen gezählt, da sie keine Kennzeichen des Lebendigen zeigen. Sie bestehen nur aus Erbmaterial in einer Eiweißhülle und nutzen Wirtszellen, um sich zu vermehren. Durch Viren werden viele Krankheiten hervorgerufen, z.B. Grippe und Windpocken.

Das Immunsystem

Gelangen Krankheitserreger in den Körper, werden sie vom Immunsystem bekämpft. Dabei unterscheidet man zwei Formen der Immunreaktion: Bei der unspezifischen Abwehr richten sich Fresszellen gegen Eindringlinge jeglicher Art. Bei der spezifischen Abwehr werden Antikörper gebildet, die genau zum Krankheitserreger passen. Die entstehenden Antigen-Antikörper-Komplexe werden von Fresszellen zerstört.

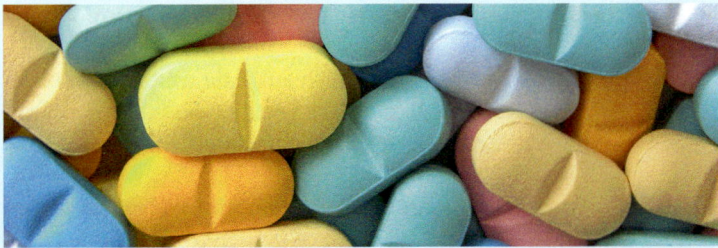

1 Medikamente können helfen.

Passive und aktive Immunisierung

Bei der passiven Immunisierung werden einer erkrankten Person Antikörper gegen den Krankheitserreger gespritzt. Dadurch kommt es schnell zu einer wirksamen Bekämpfung der Erreger. Bei der aktiven Immunisierung werden einer gesunden Person abgeschwächte bzw. abgetötete Erreger gespritzt. Das Immunsystem bekämpft die Erreger und bildet Gedächtniszellen. Diese ermöglichen eine schnelle Bekämpfung der Erreger bei einer Zweitinfektion.

Das HI-Virus und AIDS

Das HI-Virus wird vor allem durch Sexual- oder Blutkontakte übertragen. Im Körper befällt es die T-Helferzellen und zerstört sie. Dadurch wird das Immunsystem stark geschwächt. Das letzte Stadium einer HIV-Infektion nennt man AIDS.

Allergien

Eine Allergie ist eine Überreaktion des Immunsystems, das dann harmlose Substanzen wie Krankheitserreger bekämpft. Allergene, z.B. Pollen, können Rötungen, Juckreiz, das Anschwellen der Schleimhäute und sogar Asthma hervorrufen.

Epidemie und Pandemie

Epidemien, z.B. das Dengue-Fieber, treten gehäuft innerhalb einer begrenzten Region auf. Pandemien wie AIDS oder die Pest sind nicht regional beschränkt, sondern weltweit verbreitet.

Hygiene

Das Wort „Hygiene" stammt aus dem Griechischen und bedeutet so viel wie „Sauberkeit". Ob beim Umgang mit Lebensmitteln oder mit dem eigenen Körper: Sauberkeit verhindert oder vermindert das Übertragungsrisiko von Krankheitserregern.

AUFGABEN

1 ○ Vergleiche in einer Tabelle Bakterien und Viren miteinander.
Zeige auf, wie sie sich voneinander unterscheiden.

👍 Super! ❓ ► S.16/17, 22/23, 38/39

2 ○ Nenne Unterschiede zwischen einer Epidemie und einer Pandemie.

👍 Super! ❓ ► S.42

3 ○ Zähle Übertragungswege von HI-Viren auf.

👍 Super! ❓ ► S.34/35

4 ○ Liste in einer Tabelle Allergene auf und gib an, auf welchem Weg sie in den Körper gelangen.

👍 Super! ❓ ► S.44/45

5 ◐ Fertige eine Skizze zur Immunreaktion an und erkläre anhand dieser Skizze, wie der Körper Krankheitserreger abwehrt.

👍 Super! ❓ ► S.28/29

6 ◐ Erläutere anhand von Bild 3 den Verlauf einer HIV-Infektion. Verwende Fachbegriffe.

👍 Super! ❓ ► S.34/35

7 ◐ Erläutere den Begriff „allergische Reaktion" und beschreibe deren Ablauf.

👍 Super! ❓ ► S.44/45

8 ● Interpretiere Bild 2.

👍 Super! ❓ ► S.21, 22/23

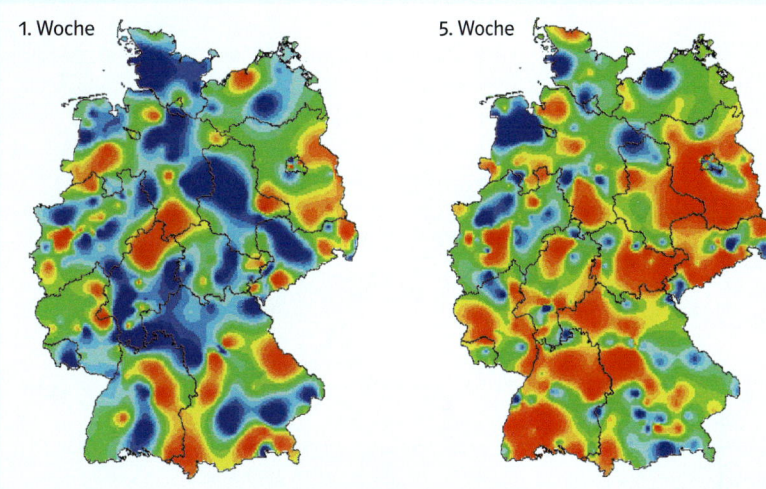

1. Woche   5. Woche

2 Influenza-Ausbreitung im Jahr 2017 (Quelle: RKI)
(blau: normal / grün: leicht erhöht / rot: stark erhöht)

9 ● Erstelle ein Diagramm, in dem du die Anzahl der körpereigenen Antikörper nach einer aktiven bzw. passiven Immunisierung darstellst.

👍 Super! ❓ ► S.30/31

10 ● Erläutere Schutz- und Risikofaktoren für deine Gesundheit, die durch die Schule bedingt sind.

👍 Super! ❓ ► S.12

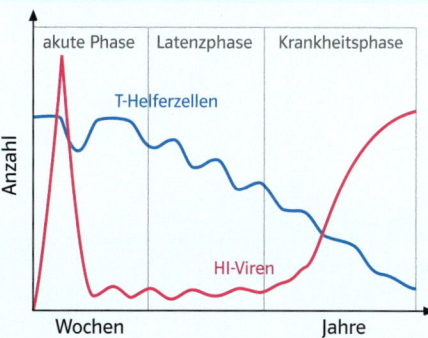

3 Verlauf einer HIV-Infektion

2 Ökologie

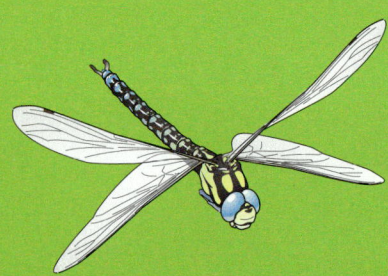

- Warum ist es in der Stadt wärmer als auf dem Land?

- Gibt es wirklich Füchse in der Stadt?

- Können Libellen stechen?

- Was meint man eigentlich mit dem Begriff „nachhaltig"?

- Warum werden manche Seen im Sommer grün?

Wege in die Ökologie

Bei einer Fahrt durch unser Land siehst du Wälder, Wiesen, Äcker, Seen und Flüsse, aber auch Dörfer und Städte. Überall wachsen Pflanzen und leben Tiere.

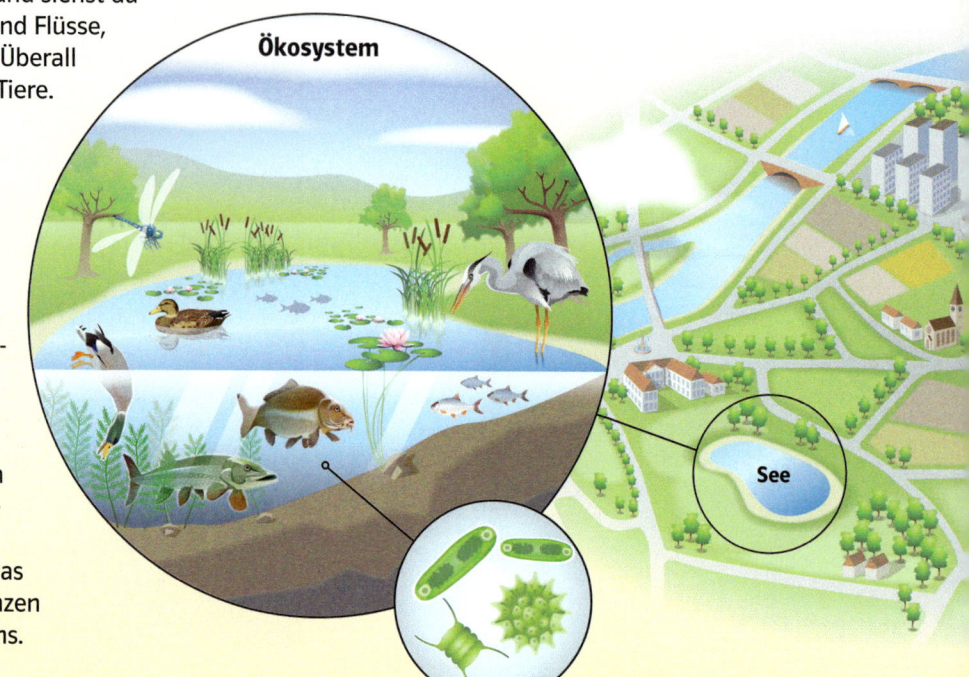

Ökosystem

See

A Wälder, Seen, Städte usw. nennen die Biologen „Ökosysteme". Ein Ökosystem besteht aus einem Lebensraum und den Pflanzen und Tieren, die in diesem speziellen Ökosystem leben.
Die **Ökologie** untersucht das Zusammenleben der Pflanzen und Tiere eines Ökosystems.

B Stellt man sich ein Ökosystem ohne Lebewesen vor, bleibt nur noch der **unbelebte Lebensraum** übrig. Diesen nennt man **Biotop**.

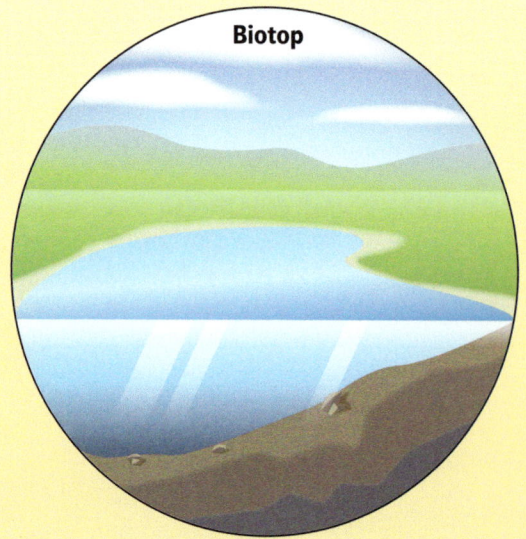

Biotop

C Die Pflanzen und Tiere eines Ökosystems bilden eine **Lebensgemeinschaft**: die **Biozönose**.

Biozönose

Abiotische Umweltfaktoren

Wasserbeschaffenheit
– Säuregehalt
– Sauerstoffgehalt
– Temperatur
– Salzgehalt

Klimatische Bedingungen
– Temperatur
– Niederschlag
– Wind
– Licht

Geografische Lage
– Gebirgssee
– See im Flachland

Biotische Umweltfaktoren

Konkurrenten
– um Nahrung
– um Lebensraum
– bei der Fortpflanzung

Fressfeinde
– Hecht
– Fischreiher
– Greifvogel
– Mensch

Nahrungsangebot
– Wasserpflanzen
– Wasserinsekten
– Schnecken und Würmer

E Auf die Lebewesen in einem Ökosystem wirken unterschiedliche Einflüsse aus der Umwelt ein. Umwelteinflüsse, die von anderen Lebewesen ausgehen, nennt man **biotische Umweltfaktoren**; Einflüsse aus der unbelebten Umwelt sind die **abiotischen Umweltfaktoren**.

D Die Lebewesen in einem Ökosystem stehen miteinander in **Beziehung**.

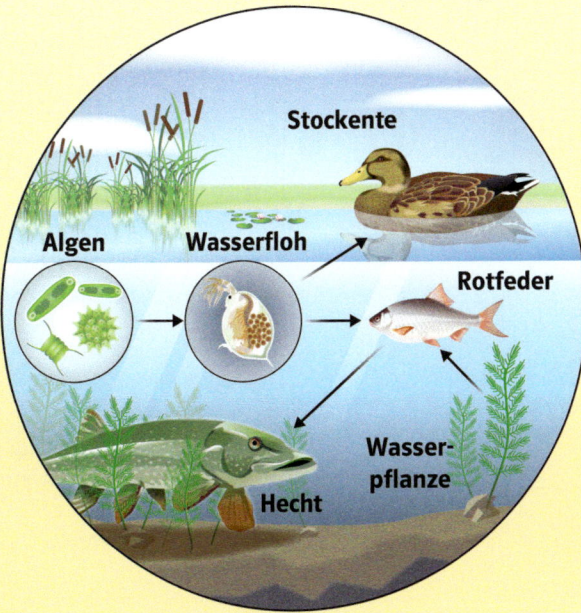

Stockente
Algen
Wasserfloh
Rotfeder
Wasserpflanze
Hecht

Die Ökologie untersucht das Zusammenleben von Pflanzen und Tieren in einem Ökosystem. Ökosysteme bestehen aus Biotop und Biozönose.

AUFGABEN

1 ○ Beschreibe, womit sich die Ökologie beschäftigt.

2 ○ Erläutere die Begriffe „Ökosystem", „Biotop" und „Biozönose" schriftlich mit eigenen Worten.

3 ◐ Beschreibe am Beispiel eines Karpfen die Wechselbeziehungen zwischen einem Lebewesen und seiner Umwelt.

4 ● Entwirf mithilfe der Abbildungen ein Schaubild für ein Ökosystem deiner Wahl, z. B. eine Wiese oder einen Wald.

Pflanzen am und im See

Pflanzen, die im und am See vorkommen, sind an die dort herrschenden Lebensbedingungen angepasst. Die abiotischen Umweltfaktoren verändern sich jedoch mit zunehmender Wassertiefe. Vom Ufer bis in die Mitte des Sees kann man deshalb **unterschiedliche Zonen** mit jeweils typischen Pflanzen finden.
(► System, S. 210/211)

Bruchwaldzone

Je näher man an ein Gewässer herankommt, desto feuchter wird der Boden. Bei hohem Wasserstand ist er häufig überflutet. Bei Trockenheit zieht sich das Wasser zurück. Diesen Bereich, in dem Bäume wie Erlen und Weiden wachsen, nennt man **Bruchwaldzone** (▷ B 1). Am Boden wachsen häufig Sumpfdotterblumen und Seggen. Alle Pflanzen sind an die gelegentlichen Überflutungen angepasst.

Röhrichtzone

Nach der Bruchwaldzone folgt die **Röhrichtzone** (▷ B 1). Charakteristisch für diese Zone sind das bis zu 4 m hoch wachsende Schilf und der Rohrkolben. Diese sind durch stark verzweigte Erdstängel tief im schlammigen Boden verankert. Die meist hohlen und biegsamen Stängel sind durch Knoten verdickt. Die eher länglichen Blätter der Röhrichtpflanzen sind besonders

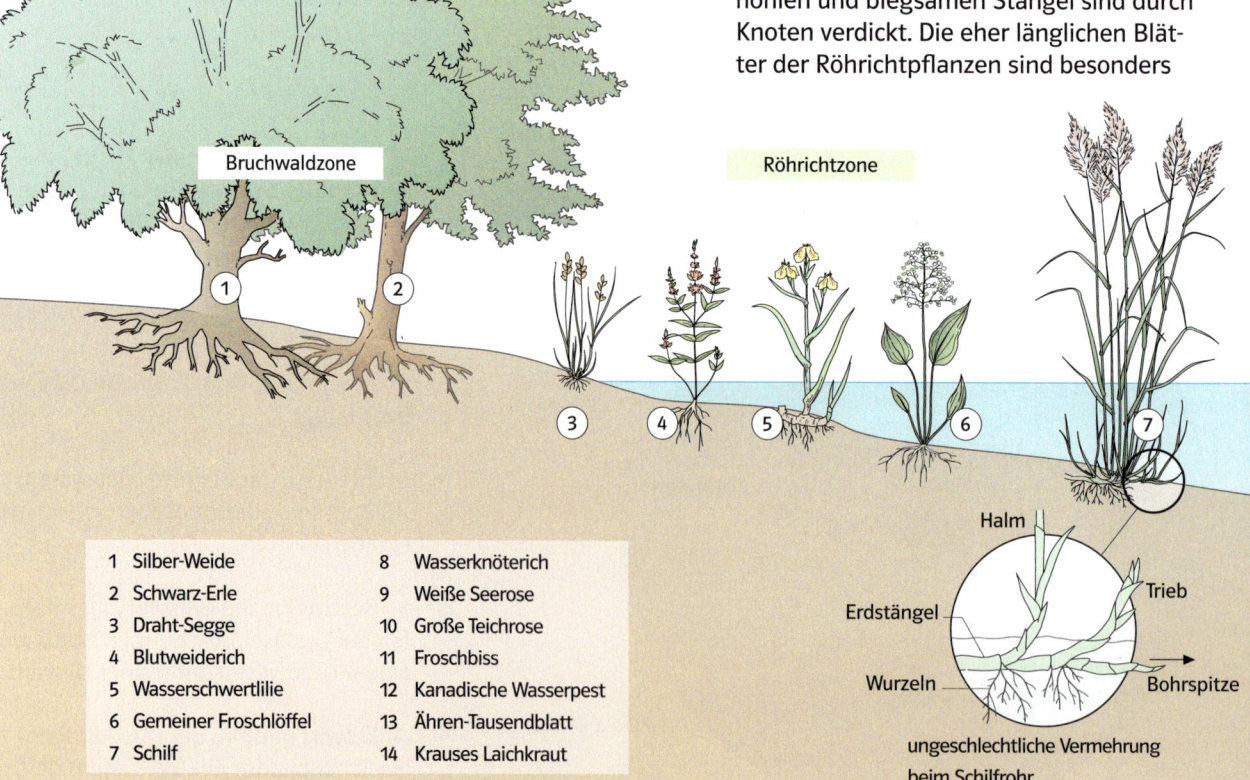

Bruchwaldzone

Röhrichtzone

1	Silber-Weide	8	Wasserknöterich
2	Schwarz-Erle	9	Weiße Seerose
3	Draht-Segge	10	Große Teichrose
4	Blutweiderich	11	Froschbiss
5	Wasserschwertlilie	12	Kanadische Wasserpest
6	Gemeiner Froschlöffel	13	Ähren-Tausendblatt
7	Schilf	14	Krauses Laichkraut

Halm
Trieb
Erdstängel
Wurzeln
Bohrspitze

ungeschlechtliche Vermehrung beim Schilfrohr

1 Typische Pflanzen an und in einem See

reißfest. Aufgrund dieser Angepasstheiten halten Rohrkolben und Schilf auch hohen Wellen und starken Winden stand.

Schwimmblattzone

Zwei typische Vertreter der **Schwimmblattzone** sind die Weiße Seerose und die Gelbe Teichrose. Diese Pflanzen besitzen große Blätter mit luftgefülltem Gewebe. Dadurch schwimmen sie auf der Wasseroberfläche. Die Spaltöffnungen für den Gasaustausch liegen auf der Blattoberseite. Die Blätter und Blüten sind über lange, biegsame Stiele mit einem Erdstängel im Seegrund verankert. Einige Pflanzen, z. B. der Froschbiss oder die Wasserlinse, schwimmen frei auf der Wasseroberfläche (▷ B 1).

Tauchblattzone

Zur Mitte des Sees hin befinden sich die Pflanzen oft vollständig unter Wasser. Daher nennt man diesen Bereich **Tauchblattzone** (▷ B 1). Die hier wachsenden Pflanzen nehmen über die gesamte Blattoberfläche Wasser, Mineralstoffe und Kohlenstoffdioxid auf. Typische Pflanzen dieser Zone sind Wasserpest, Laichkraut und Tausendblatt. (▶ Struktur und Funktion, S. 212/213)

Vom Ufer bis zur Seemitte lassen sich verschiedene Zonen unterscheiden. Die Pflanzen an und in einem See sind an die dort herrschenden Lebensbedingungen angepasst. Erdstängel, hohle und biegsame Stiele sowie Schwimmblätter ermöglichen ihnen ein Leben auf und unter Wasser.

AUFGABEN

1 ○ Beschreibe die verschiedenen Zonen eines Sees.

2 ○ Fertige zu jeweils zwei Pflanzen jeder Zone einen Steckbrief an.

3 ⊖ Erläutere, welche abiotischen Faktoren die Ausbildung der verschiedenen Zonen bewirken.

4 ⊖ Häufig besitzen Pflanzen der Tauchblattzone fein zerschlitzte Blätter. Erläutere die Gründe dafür.

5 ● Erkläre, wie sich die Zonierung eines Sees verändert, wenn der Seeboden durch Einschwemmungen und Ablagerungen immer höher wird. Begründe deine Antwort.

6 ● Gerät Schilfrohr bei starken Überschwemmungen ganz unter Wasser, füllt sich das Durchlüftungsgewebe mit Wasser. Erkläre, welche Folgen das für die Pflanzen haben könnte.

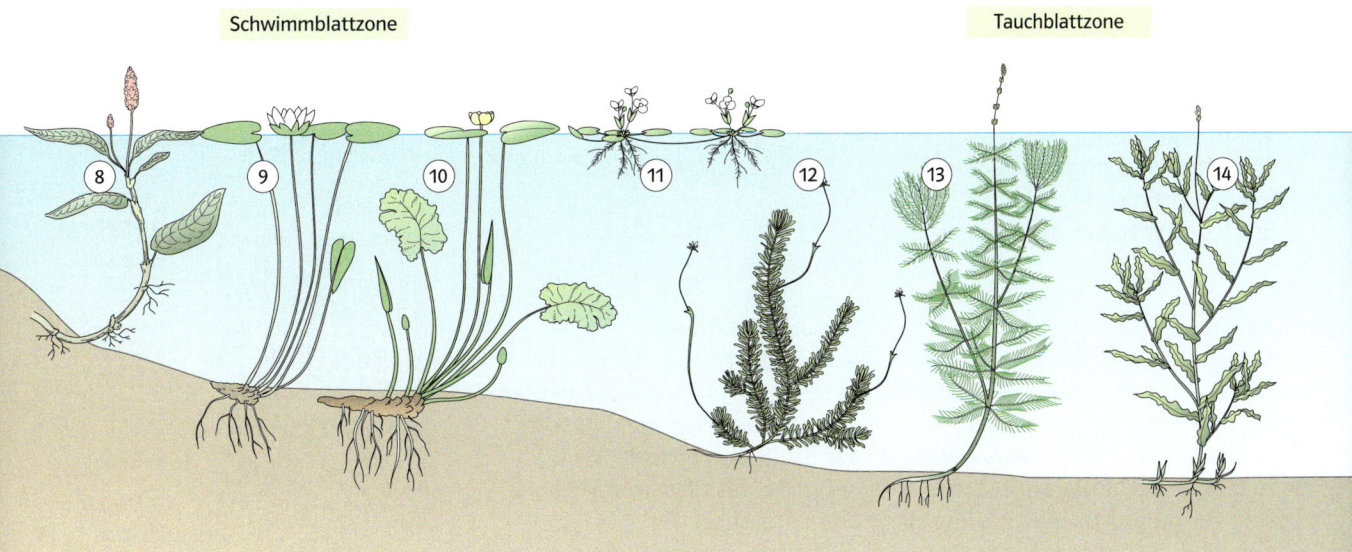

Schwimmblattzone | Tauchblattzone

8   9   10   11   12   13   14

Angepasstheiten bei Seerosen

1 Seerosenblätter schwimmen.

Wie alle Seerosengewächse, sind auch die Weiße Seerose und die Gelbe Teichrose in Deutschland **geschützt**. Verwendet daher nur Pflanzen aus dem Schulteich oder aus einer Gärtnerei. Aber **Vorsicht**: Die Pflanzen sind **giftig**! Deswegen müsst ihr bei den Versuchen **Einweghandschuhe** tragen.

1 Auf Biegen und Brechen
Material
Einweghandschuhe, dünner Ast, Seerosenstiel, scharfes Messer

Versuchsanleitung
Schneide vorsichtig (!) mit dem Messer je ein ca. 10 cm langes Stück des Seerosenstiels und des Astes ab.

Aufgaben
1. Vergleiche die Querschnitte von Seerose und Aststück. Notiere die Unterschiede.
2. Versuche, Ast und Seerosenstiel zu biegen (nicht brechen!). Stelle eine Vermutung an, welcher Vorteil sich hieraus für Seerosen ergibt. Bild 1 kann dir dabei helfen.

2 Durchlässig – ja oder nein?
Material
Einweghandschuhe, Seerosenstiel mit Blatt, Schere, Stück Gummischlauch, (Glas-)Wanne, Wasser

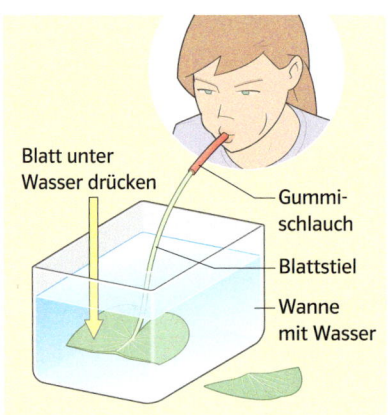

2 Zu Versuch 2

Versuchsanleitung
a) Fülle die Wanne mit Wasser.
b) Schneide ein Stück des Blattes ab und stecke auf den Blattstiel das Stück Gummischlauch.
c) Drücke das Blatt in der Wanne unter Wasser.
d) Puste durch den Gummischlauch in den Blattstiel.

Aufgabe
1. Notiere deine Beobachtungen. Erkläre, welche Angepasstheit der Seerose deutlich wird.

3 Beschichtet – unbeschichtet
Material
Blatt einer Seerose, Pipette, Kerzenwachs (z. B. Teelicht), Papiertaschentuch, Wanne mit Wasser

Versuchsanleitung
a) Tropfe mit der Pipette jeweils etwas Wasser auf das Taschentuch und das Wachs.
b) Wiederhole den Versuch mit dem Seerosenblatt.

Aufgaben
1. Beschreibe deine Beobachtungen aus a) und b).
2. Stelle einen Zusammenhang zwischen deinen Beobachtungen aus a) und b) her.
3. Wie bei den Schwimmblattpflanzen, sind auch die Blätter von Landpflanzen mit einer Kutikula beschichtet (▷ B 3). Vergleiche deren Funktion bei den Blättern von Schwimmblatt- und Landpflanzen.

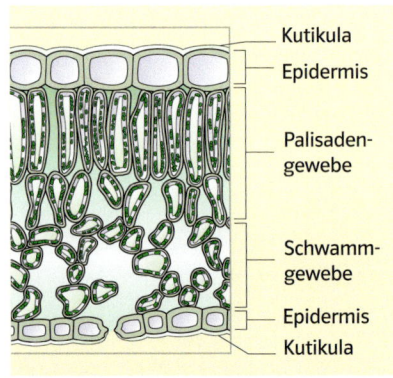

3 Blattquerschnitt einer Landpflanze

Kutikula
Epidermis
Palisadengewebe
Schwammgewebe
Epidermis
Kutikula

Leben im Wasser

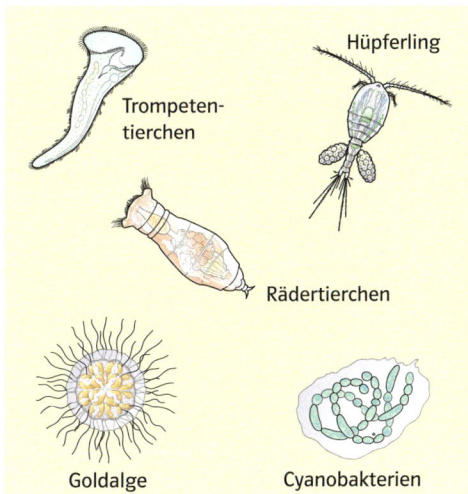

Hüpferling
Trompeten-
tierchen
Rädertierchen
Goldalge
Cyanobakterien

1 Phyto- und Zooplanktonorganismen

2 Algenteppich

Ein Teppich aus Algen

Vor allem während heißer Sommer kannst du auf Seen grüne, watteartige Flächen sehen (▷ B 2). Sie entstehen, wenn sich **Algen** durch die intensive Sonneneinstrahlung und den hohen Mineralstoffgehalt des Wassers stark vermehren.

Mikroskopisch kleine Welt

Ziehst du an einem solchen **Algenteppich** ein feinmaschiges Netz durch das Wasser, bleiben viele winzige Lebewesen darin hängen. Erst unter dem Mikroskop kannst du diese Kleinstlebewesen genauer erkennen. Sie schweben frei im Wasser und werden hauptsächlich durch die Wasserströmung bewegt. Daher nennt man diese Lebewesen **Plankton** (von griech. planktos: „Umhergetriebener"). Verschiedene Angepasstheiten ermöglichen den Planktonarten das Schweben im Wasser (▷ B 1). (► Struktur und Funktion, S. 212/213)

Phytoplankton und Zooplankton

Man unterscheidet zwischen pflanzlichem Plankton, dem **Phytoplankton**, und tierischem Plankton, dem **Zooplankton**. Zum Zooplankton zählen Rädertierchen,

Wimpertierchen und Kleinkrebse (► S. 56). Zum Phytoplankton gehören z. B. Cyanobakterien und Kieselalgen.

Phytoplankton ist lebensnotwendig für alles Leben auf der Erde: Es bildet den größten Teil des gesamten Sauerstoffs der Luft. Zudem stehen Phytoplankton-Organismen am Anfang vieler Nahrungsketten (► S. 64).

Im Wasser schwebendes Plankton ist die Nahrungsgrundlage für viele Tiere im Wasser. Man unterscheidet zwischen Phytoplankton und Zooplankton.

AUFGABEN

1 ○ Nenne je zwei Organismen des Phyto- und des Zooplanktons.

2 ◑ Skizziere einen Planktonorganismus in dein Heft und beschrifte ihn.

3 ● Stelle Vermutungen an, welche Angepasstheiten den Planktonorganismen das Schweben im Wasser ermöglichen (▷ B 1). Überprüfe deine Vermutungen z. B. mithilfe des Internets.

Kleinstlebewesen im Wasser

Cyanobakterien (▷ B 1)

Cyanobakterien betreiben Fotosynthese. Wegen ihrer blaugrünen
Färbung wurden sie früher „Blaual-
gen" genannt, es sind aber Bakterien. Bakterien sind viel kleiner
als die Einzeller des Phyto- und
Zooplanktons und haben keinen
Zellkern. Deshalb bilden sie eine
eigene Plankton-Gruppe.

Kieselalgen (▷ B 2)

Die Zellwände der einzelligen Kie-
selalgen sind durch eingelagertes
Siliciumdioxid glasartig und hart.
Sie bestehen aus zwei Teilen, die
wie bei einer Schachtel ineinander
passen. Man findet verschiedene
Formen der Kieselalgen in allen
Gewässern. Manche schweben im
Wasser, andere besiedeln Steine
oder Wasserpflanzen. Die frei
Schwebenden gehören zum Phy-
toplankton. Kieselalgen betreiben
Fotosynthese.

Amöben (▷ B 3)

Amöben sind Einzeller ohne feste
Form. Sie bewegen sich fort, indem
sie das Cytoplasma an verschiedenen Stellen ausstülpen. Dadurch
entstehen Scheinfüßchen. Das rest-
liche Cytoplasma des Zellkörpers
wird nachgezogen. Die meisten
Amöben sind kleiner als 1 mm. Es
gibt aber auch Arten, die bis zu
5 mm groß werden.

Süßwasserpolyp (▷ B 4)

Süßwasserpolypen halten sich mit
ihrer Fußscheibe am Untergrund
fest. Sie sind schlauchförmig und
bestehen aus zwei Zellschichten.
Berührt ein Beutetier eine Nessel-
zelle, schießt sie einen winzigen,
mit Widerhaken versehenen Pfeil
ab. Der hält das Beutetier wie mit
einer Harpune fest. Mit den Tenta-
keln befördert der Süßwasserpolyp
die Beute zum Mund. Im Inneren
des Polypen wird sie verdaut.

Rädertierchen (▷ B 5)

Rädertierchen sind kleiner als der
Süßwasserpolyp, aber viel komplizierter aufgebaut. Die Zellen
sind stärker spezialisiert und zu
Geweben und Organen zusammen-
geschlossen. Beispielsweise haben
Rädertierchen ein Verdauungs-
system und Muskeln. Die Mund-
öffnung ist von einem Kranz aus
Borsten umgeben, die Nahrung aus
dem Wasser filtern.

Wasserfloh (▷ B 6)

Wasserflöhe sind sehr kleine Krebse. Ihr Körper ist von einem Chitin-
panzer umgeben. Sie bewegen sich
ruckartig im Wasser fort, indem sie
mit ihren Antennen schlagen. Die
Beine dienen der Atmung und der
Nahrungsaufnahme. Sie bewegen
sich ständig und strudeln Wasser
und damit Sauerstoff zum Körper.
Feine Borsten an den Beinen filtern Plankton aus dem Wasser.

Wir untersuchen Plankton

Planktonorganismen sind ein wichtiges Kennzeichen für die Qualität eines Gewässers (▶ S.78/79). Daher gehört zu jeder Gewässeruntersuchung auch eine mikroskopische Untersuchung des Planktons.

1 Plankton „fischen"
Mithilfe eines Planktonnetzes kannst du Kleinstlebewesen in einem Gewässer fangen und anschließend untersuchen (▷ B 1).

Material
Gewässerprobe, Becherglas (ca. 250 ml), Planktonnetz

Versuchsanleitung
a) Fülle ca. 50 ml aus dem Gewässer entnommenes Wasser in das Becherglas.
b) Ziehe das Planktonnetz einige Male im Gewässer langsam hin und her.
c) Stülpe das Netz vorsichtig um und gib den Inhalt in das Becherglas.
d) Halte das Becherglas gegen das Licht und kontrolliere, ob du Plankton erkennen kannst.
e) Mikroskopiere eine Wasserprobe mit Plankton.

Aufgaben
1. Bestimme mithilfe eines Bestimmungsbuches mindestens drei Planktonorganismen.
2. Fertige zu jedem dieser Lebewesen eine genaue Zeichnung an.

2 Hüpfende Wasserflöhe
Material
Hohes, schmales Glas, klares Wasser, Wasserflöhe (▷ B 56.6), Lupe

1 Mit dem Planktonnetz fischt man Plankton.

Versuchsanleitung
a) Fülle das hohe, schmale Glas mit klarem Wasser.
b) Bringe vorsichtig Wasserflöhe in das Glasgefäß ein.
c) Beobachte, wie sich die Wasserflöhe im Wasser fortbewegen.

Aufgabe
1. Schreibe in deinem Heft auf, wie sich Wasserflöhe fortbewegen.

3 Wir bauen einen „Plankter"
Viele Planktonorganismen verfügen über weit abstehende Körperanhänge. Mit dem folgenden Modellversuch kannst du den Nutzen dieser Körperanhänge erforschen.

Material
Glasgefäß, Wasser, Knetmasse, kleine Federn

Versuchsanleitung
a) Fülle das Glasgefäß mit Wasser.
b) Forme aus der Knetmasse eine runde Kugel mit einem Durchmesser von ca. 1–2 cm.

c) Stecke die Federn mit dem spitzen Federkiel voran in gleichmäßigen Abständen in die Knetkugel (▷ B 2).
d) Stecke so viele Federn hinein, bis die Knetkugel im Wasser „schwebt".

2 Modell eines Plankters

Aufgaben
1. Beschreibe die Funktion der Schwebe-Einrichtungen für Planktonorganismen.
2. Plankton heißt übersetzt „Umhergetriebenes". Erläutere dies mithilfe des Versuchs. Beobachte dazu eine Weile das Modell des Plankters im Wasser.

1 Wasserläufer nutzen die Oberflächenspannung des Wassers.

2 Der Gelbrandkäfer lebt als Raubtier unter Wasser.

Vielfalt in Gewässern

In und an Gewässern lebt eine Vielzahl von Pflanzen- und Tierarten. Diese Artenvielfalt von Lebewesen in einem Ökosystem nennt man **Biodiversität**. Das bedeutet so viel wie „biologische Vielfalt". Biodiversität äußert sich auch in unterschiedlichen Lebensweisen, z. B. bei der Atmung. (► Struktur und Funktion, S. 212/213)

Leben auf der Wasseroberfläche
Die Wasseroberfläche verhält sich wie eine straff gespannte Folie. **Wasserläufer** (▷ B 1) sind Landwanzen, die diese **Oberflächenspannung** nutzen, um sich über das Wasser zu bewegen. Dabei berühren die Enden der beiden hinteren Beinpaare die Wasseroberfläche. Wasserabweisende Härchen an den Beinen verhindern zu tiefes Eintauchen. Das vordere Beinpaar ist kürzer und dient dem Ergreifen von Beutetieren.

Wie alle Insekten atmet auch der Wasserläufer Sauerstoff aus der Luft. Über feine Röhrchen, die **Tracheen**, gelangt die Atemluft in den Körper.

Luftvorrat unter Wasser
Der **Gelbrandkäfer** (▷ B 2) ist ebenfalls ein Insekt. Er lebt als Räuber unter Wasser und frisst Kaulquappen und kleine Fische. Seinen Luftvorrat nimmt er beim Tauchen unter den Flügeldecken mit. Ist er verbraucht, muss der Käfer kurz auftauchen (▷ B 4). Die **Wasserspinne** baut zwischen Wasserpflanzen ein Netz, unter dem sie eine Luftblase platziert. Die Luft holt sie mithilfe feiner Härchen am Hinterleib von der Wasseroberfläche. Spitzschlammschnecken können sich von unten an die Wasseroberfläche hängen und so Bakterien an der Wasseroberfläche abweiden. Sie sind **Lungenschnecken**. Beim Atmen füllen sie einen Hohlraum im Mantel unter ihrem Schneckenhaus mit Luft.

Mit dem Schnorchel unter Wasser
Viele Insektenlarven haben ein **Atemrohr** am Hinterleib (▷ B 4). Sie hängen dicht unter der Wasseroberfläche. Über das Atemrohr holen sie Luft zum Atmen von der Wasseroberfläche.

Nicht nur Fische haben Kiemen

Kiemen sind stark durchblutet und ständig vom Wasser umspült. Dabei wird Sauerstoff aus dem Wasser ins Blut aufgenommen und Kohlenstoffdioxid abgegeben. Bei Fischen liegen die Kiemen geschützt unter den Kiemendeckeln.

Auch junge Kaulquappen haben Kiemen (▷ B 4). Später werden die Kiemen zurückgebildet und die Tiere atmen mithilfe von Lungen. Dann müssen sie allerdings zum Atmen auftauchen.

Eintagsfliegenlarven haben Kiemenanhänge seitlich am Hinterleib (▷ B 4).

Kiemen als Filter

Muscheln benutzen ihre Kiemen nicht nur zum Atmen, sondern **filtern** mit ihnen auch Nahrungsteilchen aus dem Wasser. Dazu stülpen sie einen schlauchförmigen Fortsatz aus, saugen Wasser an und leiten es zu den Kiemen. Mit dem Wasser gelangt auch die Nahrung in die Muschel.

In unseren stehenden Gewässern kommt die **Teichmuschel** vor (▷ B 3). Sie wird bis zu 10 cm lang und kann bis zu 40 Liter Wasser pro Tag filtern.

Atmen durch die Haut

Bei der **Hautatmung** wird Sauerstoff direkt über die Haut aufgenommen. Man findet sie vor allem bei kleinen Lebewesen, wie z. B. Wasserwürmern und Polypen. Auch viele Lurche können über die Haut atmen, haben aber zusätzlich Lungen.

3 Teichmuschel

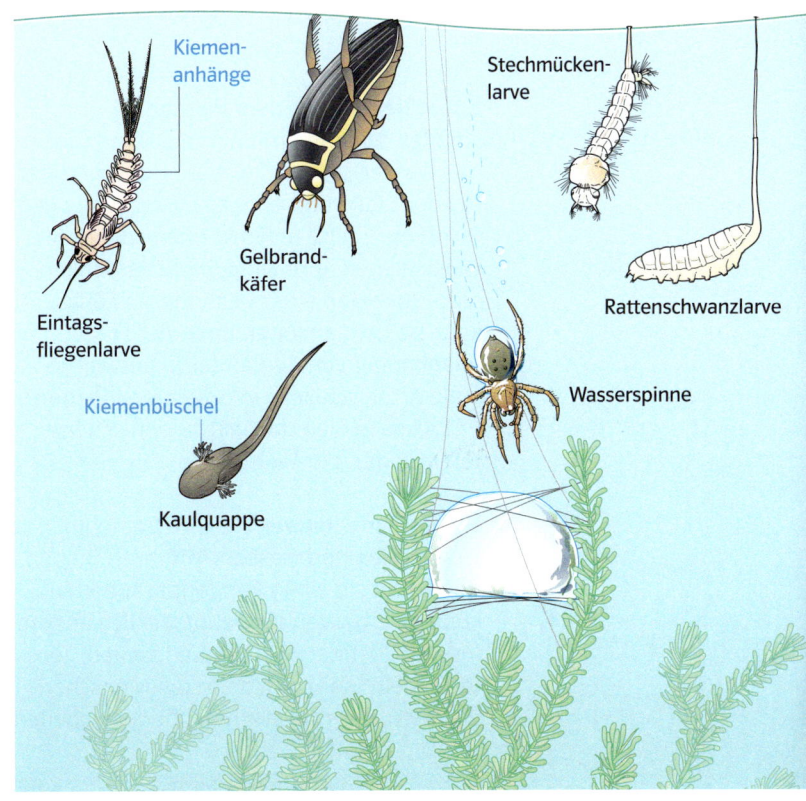

4 Tiere mit besonderen Atemstrategien

Wassertiere können den im Wasser gelösten Sauerstoff mit unterschiedlichen Organen aufnehmen. Das führt in einem Gewässer zu einer großen Vielfalt an Arten. Diese biologische Vielfalt nennt man Biodiversität.

AUFGABEN

1 ○ Nenne fünf Wassertiere und beschreibe, wie sie atmen.

2 ○ Beschreibe die Doppelfunktion der Kiemen von Muscheln.

3 ◑ Erkläre, warum sich Stechmückenlarven immer dicht unter der Wasseroberfläche aufhalten.

4 ◑ Wende den Begriff „Biodiversität" auf die Tiere in einem Gewässer an.

5 ● Erkläre, von welchen Faktoren die Biodiversität in einem Ökosystem abhängt.

Libellen – schillernde Jäger

Kunstflieger über dem Wasser

Libellen schießen mit bis zu 50 km/h über das Wasser, „stehen" wie ein Hubschrauber auf der Stelle und ändern blitzschnell die Richtung. Einige Arten können sogar rückwärts fliegen. Ihre Flugkünste verdanken diese **Insekten** einer besonderen Fähigkeit: Sie können jeden ihrer vier Flügel unabhängig von den anderen bewegen. Viele Arten schillern in prächtigen Farben – Libellen zählen deshalb zu den schönsten Insekten der Welt.

Libellen sind **Räuber**, die ihre Beute im Flug fangen und fressen. Mit ihren Beinen, mit denen sie einen Fangapparat bilden können, erbeuten sie hauptsächlich andere Insekten. Früher wurden die Libellen „Teufelsnadeln" genannt, denn die Menschen glaubten, dass sie stechen können. Libellen besitzen jedoch keinen Stechapparat und sind für uns ganz ungefährlich.

Akrobatische Paarung

Während der **Paarungszeit** sieht man manchmal, wie sich zwei Tiere herzförmig zusammenschließen. Diese typische Paarungsfigur nennt man **Paarungsrad** (▷ B 2). Dabei begattet das Männchen das Weibchen. Anschließend legt das Weibchen die befruchteten Eier an Wasserpflanzen oder einfach im Wasser ab (▷ B 3).

Leben im Wasser und in der Luft

Aus den Eiern schlüpfen **Larven**, die den ausgewachsenen Libellen im Körperbau schon ähneln (▷ B 4). Libellenlarven leben räuberisch im Wasser. Ist ein Beutetier in der Nähe, schnellt die **Fangmaske** am Unterkiefer hervor und packt das Opfer.

1 Libelle

2 Paarungsrad

6 Libelle lässt sich trocknen.

5 Libelle schlüpft.

Je nach Libellenart, dauert das Larvenstadium zwischen drei Monaten und fünf Jahren. Während des Wachstums **häuten** sich Libellenlarven mehrfach. Ein Puppenstadium, wie z. B. bei den Schmetterlingen, gibt es jedoch nicht. Am Ende der Larvenzeit verlassen die Larven das Wasser und klettern zum Schlüpfen auf einen Pflanzenstängel. Dort platzt die **Larvenhülle** und die fertig entwickelte Libelle schiebt sich langsam aus der Larvenhülle heraus (▷ B 5). Sie kann aber noch nicht sofort fliegen. Zuerst müssen die feinen Flügel gedehnt, getrocknet und gefestigt werden (▷ B 6). Dann beginnt das kurze Leben in der Luft. Die meisten Libellenarten leben nur wenige Wochen bis Monate.
(► Entwicklung, S. 214/215)

Libellen sind gefährdet
Libellen und ihre Larven stellen hohe Ansprüche an ihren Lebensraum. Sie können nur dort leben, wo sie passende abiotische und biotische Umweltfaktoren vorfinden. Libellenlarven sind z. B. auf saubere, sauerstoffreiche Gewässer angewiesen. Verschlechtert sich der Zustand des Gewässers, verschwinden die Larven nach kurzer Zeit. In verschmutzten, sauerstoffarmen Gewässern kommen sie nicht vor.

Das Vorkommen, die Häufigkeit oder das Fehlen der Tiere zeigt also den **Zustand** eines Gewässers an. Libellen und ihre Larven gehören daher zu den **Zeigerorganismen** (► S. 78/79).

Durch die Verschmutzung von Gewässern, durch Umweltgifte, Trockenlegung von Feuchtgebieten und durch Bebauung wurden die Lebensräume vieler Libellenarten zerstört. Derzeit gibt es 81 Libellenarten in Deutschland. Davon sind 60 % **gefährdet** und über 10 % vom Aussterben bedroht.
(► System, S. 210/211)

Libellen sind geschickte Jäger. Ihre Larven leben und entwickeln sich in sauberen, sauerstoffreichen Gewässern. Libellen und ihre Larven sind Zeigerorganismen. Viele Libellenarten sind gefährdet.

3 Libelle bei der Eiablage

4 Larve einer Libelle

AUFGABEN

1 ○ Beschreibe anhand der Abbildungen die Entwicklung einer Libelle und gib für jedes Entwicklungsstadium den Lebensraum an.

2 ○ Beschreibe mithilfe des Textes die Einzigartigkeit der Libellen.

3 ◒ Erkläre, weshalb Libellenlarven als Zeigerorganismen bezeichnet werden.

4 ◒ Begründe, warum es sich bei der Entwicklung der Libellen um eine unvollständige und nicht um eine vollständige Metamorphose handelt.

5 ● a) Führt mit Experten verschiedener Naturschutzverbände Interviews zum Thema „Libellen in Gefahr?"
b) Plant und entwickelt mithilfe eurer gesammelten Informationen ein Projekt „Schutzmaßnahmen für Libellen".

Ein Referat planen und halten

1 Eine Libelle in ihrem Lebensraum

Du hast den Auftrag bekommen, ein Referat über ein Tier deiner Wahl im Ökosystem See zu halten. Du möchtest über Libellen berichten (▷ B 1). Hier erhältst du wichtige Tipps, wie du bei der Vorbereitung eines solchen Referates vorgehen kannst.

2 Verschiedene Informationsquellen nutzen

Der erste Überblick

Verschaffe dir zunächst einen Überblick über mögliche Schwerpunkte deines Themas. Grenze dann das Thema klar ein. Wähle dazu vier bis fünf Aspekte.

Informationen zusammentragen

Beginne rechtzeitig damit, Informationen und Materialien zu deinem Thema zu sammeln. Bedenke dabei: Nicht alle Informationen, die du im Internet findest, sind richtig und/oder für dein Referat geeignet. Benutze daher auch ein Lexikon, Fachbücher oder dein Biologiebuch (▷ B 2).
Notiere zu allen gesammelten Informationen den genauen Fundort – auch Quelle genannt. Vielleicht findest du auch interessante Fotos oder Filme, die deinen Vortrag anschaulich machen.

Den „roten Faden" festhalten

Hast du dich ausreichend über dein Thema informiert, solltest du

überlegen, wie du dein Referat aufbauen möchtest:
– Wähle einen Titel, der die Aufmerksamkeit deiner Zuhörerinnen und Zuhörer weckt.
– Begründe in deiner Einleitung die Wahl deines Themas. Beschränke dich im anschließenden Hauptteil auf die ausgewählten Aspekte.
Zum Beispiel:
– Libellen sind Flugkünstler
– Fortpflanzung von Libellen
– Entwicklung von der Larve zum ausgewachsenen Tier
– Gefährdung der Libellen

Fasse die wichtigsten Informationen am Ende des Referates kurz und übersichtlich zusammen. Gib alle von dir genutzten Bücher, Lexika, Zeitschriften sowie die besuchten Internetseiten an.

Der interessante Hauptteil

Der wichtigste Abschnitt deines Referates ist der Hauptteil. Überlege, wie du jeden Unterpunkt mit zusätzlichen Hilfsmitteln interessant und verständlich machen kannst. Große Bilder veranschaulichen dein Referat. Sehr schön ist es auch, wenn du während des Vortrages ein Tafelbild zu den wichtigsten Informationen erstellst. Einfacher wird dies, wenn du die Begriffe vorher auf festen Karton schreibst und diese dann mit Magneten an der Tafel festheftest. Falls du einen spannenden Filmausschnitt gefunden hast, kannst du auch diesen einsetzen. Achte darauf, Fachausdrücke an die Tafel zu schreiben und kurz zu erläutern.

Vorbereiten eines „Handouts"

Erstelle für deine Zuhörerinnen und Zuhörer ein „Handout" zu deinem Referat (▷ B 3). Ein „Handout" ist eine Zusammenfassung der wichtigsten Inhalte deines Referates. Die Zusammenfassung muss in einfach verständlichen, aber fachlich richtigen Worten verfasst werden. Schreibe das „Handout" mit dem Computer und kopiere es dann für deine Klasse und deine Lehrerin oder deinen Lehrer. Du kannst auch ein Arbeitsblatt erstellen.

Übung macht den Meister

Wenn du noch wenig Erfahrung mit Referaten hast, wirst du vermutlich aufgeregt sein. Meist spricht man dann zu schnell, gestikuliert zu stark oder steht zu steif da. Um die nötige Sicherheit zu gewinnen, kannst du deinen Vortrag z. B. vor einem Spiegel üben.

Du kannst das Referat auch einem Freund, einer Freundin oder deinen Eltern vortragen. Eine gute Möglichkeit ist es auch, sein Übungsreferat mit dem Smartphone zu filmen. Beim Ansehen überlegst du, was du verbessern kannst.

Das Referat halten

Achte bei deinem Vortrag darauf, dass du die Aufmerksamkeit deiner Klasse hast. Folgende Tipps können dir dabei helfen:
– Stelle dich gerade hin. Setze während des Referates deine Hände und Arme ein, verstecke sie nicht in den Hosentaschen.
– Sprich laut und deutlich. Ganz wichtig ist es, die Zuhörerinnen und Zuhörer anzuschauen.
– Sorge für Abwechslung, indem du deine Stimmlage änderst.

– Nutze zusätzlich zum OH-Projektor auch die Tafel, ein Flipchart oder den Beamer.
– Lies dein Referat nicht vor, sondern notiere dir die wichtigsten Informationen auf Karteikarten. Lies die Stichpunkte aber nicht ab.
– Rede nicht zu lange. Man kann nur 10 – 15 Minuten ohne Pause konzentriert zuhören.
– Beteilige die Zuhörerinnen und Zuhörer an deinem Referat.

AUFGABEN

1 ○ Beschreibe mit eigenen Worten, wie du bei der Vorbereitung eines Referates vorgehst.

2 ◐ Bereite zu einem frei gewählten Thema aus dem Kapitel „Ökologie" ein Referat vor. Gehe entsprechend der Anleitung vor.

Referat zum Thema
Libellen
von Anitram Lemmon

1. Libellen sind Flugkünstler
- fliegen sehr schnell
- ändern ihre Flugrichtung – manche fliegen sogar rückwärts
- können auf der Stelle fliegen
- Befruchtung und Jagd in der Luft

2. Die Fortpflanzung von Libellen
- geschlechtliche Fortpflanzung
- Bildung eines Paarungsrades – das Männchen ergreift das Weibchen entweder am Kopf oder an der Vorderbrust
- Männchen besitzen Begattungsapparat an der Unterseite des Hinterleibs
- nach der Befruchtung legen die Libellenweibchen Eier ab
- Weibchen paaren sich häufig mit unterschiedlichen Männchen

3. Die Entwicklung von Libellen
- aus den Eiern schlüpfen Larven
- Larven leben im Wasser – manche Arten leben mehrere Jahre als Larve
- Larven müssen sich sehr oft häuten (7- bis 15- mal)
- es gibt kein Puppenstadium
- unvollständige Verwandlung (Metamorphose)

4. Die Gefährdung der Libellen
- von etwa 80 Arten in Deutschland stehen 45 auf der „Roten Liste"
- rund 20 % sind vom Aussterben bedroht
- mindestens zwei Arten sind in Deutschland schon ausgestorben
- Gund: Trockenlegung oder Verschmutzung von Gewässern

Quellen:
1. Prisma Biologie 9/10 Baden-Württemberg, Ernst Klett Verlag S. 60/61
2. http://de.wikipedia.org/wiki/Libellen, „Zugriff am 25.05.2018"
3. Bellmann, H (2010): Der Kosmos Libellenführer. Alle Arten Mitteleuropas, Kosmos Verlag
4. Hunger, H. u. Schiel, F.-J. (2006): Rote Liste der Libellen Baden-Württembergs und der Naturräume, Stand November 2005 (Odonata).

3 Ein „Handout" für deine Klasse

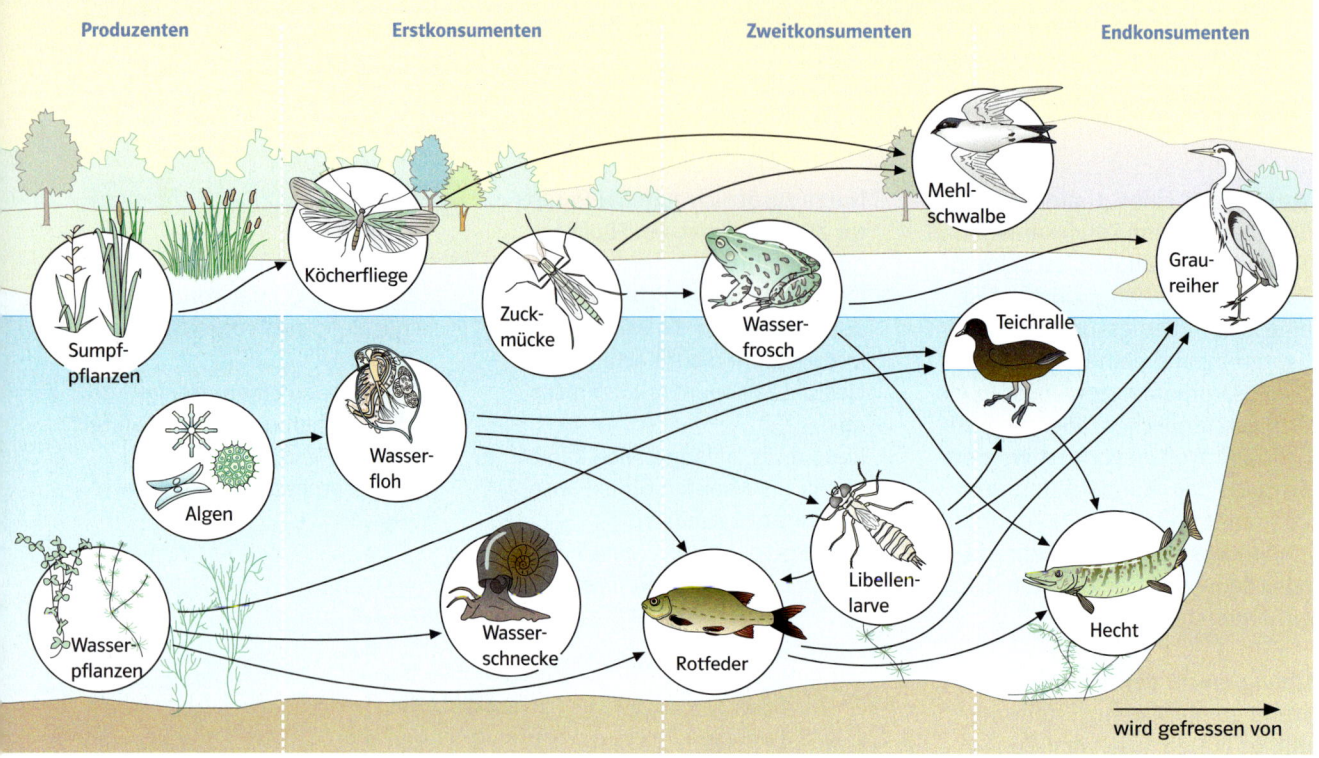

Mehl-
schwalbe

Grau-
reiher

Köcherfliege

Zuck-
mücke

Wasser-
frosch

Teichralle

Sumpf-
pflanzen

Wasser-
floh

Algen

Libellen-
larve

Hecht

Wasser-
pflanzen

Wasser-
schnecke

Rotfeder

wird gefressen von

1 Das Nahrungsnetz im See

Nahrungsbeziehungen im See

Nahrungsketten

Grüne Pflanzen produzieren mithilfe des Sonnenlichts energiereiche Nährstoffe. Das gilt auch für die Pflanzen im Gewässer. Man nennt sie deshalb **Produzenten**. Die Produzenten sind die Nahrung von Pflanzenfressern, z. B. von Wasserflöhen (▷ B 1). Pflanzenfresser sind Erstkonsumenten und dienen anderen **Konsumenten**, z. B. der Rotfeder, als Nahrung. Die Rotfeder wird schließlich vom Graureiher gefressen. Der Graureiher ist der Endkonsument dieser **Nahrungskette**. (▶ System, S. 210/211)

Nahrungsnetz

Der Graureiher frisst aber nicht nur Rotfedern, sondern auch Frösche und Insektenlarven. Ebenso gehören Wasserflöhe nicht nur zur Nahrung von Rotfedern, sondern auch von anderen kleinen Fischen – und Rotfedern fressen auch Wasserpflanzen.

Die Lebewesen im See gehören also mehreren Nahrungsketten an. Die Nahrungsketten sind vielfach miteinander verknüpft: Man spricht von einem **Nahrungsnetz**.

Die Lebewesen im Ökosystem See sind durch Nahrungsketten und Nahrungsnetze miteinander verbunden.

AUFGABEN

1 ○ Nenne mithilfe von Bild 1 drei Nahrungsketten des Sees.

2 ◐ Begründe, warum man die Rotfeder zugleich als Erstkonsument und Zweitkonsument bezeichnen kann.

3 ● Stelle Vermutungen an, welche Folgen das Fehlen von Endkonsumenten im Ökosystem See hätte.

Räuber und Beute

Wechselnde Nahrungsangebote

In vielen Gewässern findet man die Rotfeder, die sich u. a. von Wasserflöhen ernährt. Gibt es genügend Wasserflöhe, kann sie sich stark vermehren. Gibt es aber viele Rotfedern, so verringert sich allmählich der Bestand an Wasserflöhen. Die Rotfedern haben jetzt weniger Nahrung für sich und ihre Jungen: Ihre Anzahl verringert sich. Nun kann sich der Bestand an Wasserflöhen wieder erholen.

Die Räuber-Beute-Beziehung

Es besteht also eine **Wechselbeziehung** zwischen dem „Räuber" Rotfeder und der „Beute" Wasserfloh. Je mehr Wasserflöhe es in einem Gewässer gibt, desto mehr Rotfedern können dort leben. Je mehr Rotfedern es gibt, desto weniger Wasserflöhe findet man nach einiger Zeit in dem Gewässer. Diese Wechselbeziehung kann man in einem **Regelkreisschema** darstellen (▷ B 1).

So einfach ist das nicht!

Bild 1 zeigt nur eine Modellvorstellung, also ein vereinfachtes Abbild der Wirklichkeit. In der Natur ist alles viel komplizierter. Lebewesen gehören immer mehreren Nahrungsketten an. Außerdem wirken auch abiotische Faktoren wie Wasserqualität und Temperatur auf die Lebewesen.

In einem intakten Ökosystem gleicht sich die Anzahl von Räubern und Beute aus.

AUFGABEN

1 ○ Beschreibe mithilfe von Bild 1 die Räuber-Beute-Beziehung zwischen Rotfeder und Wasserfloh.

2 ◕ Stelle die Räuber-Beute-Beziehung von Rotfeder und Hecht als Grafik dar.

3 ● Erkläre, warum die Wirklichkeit komplizierter ist als das Modell in Bild 1.

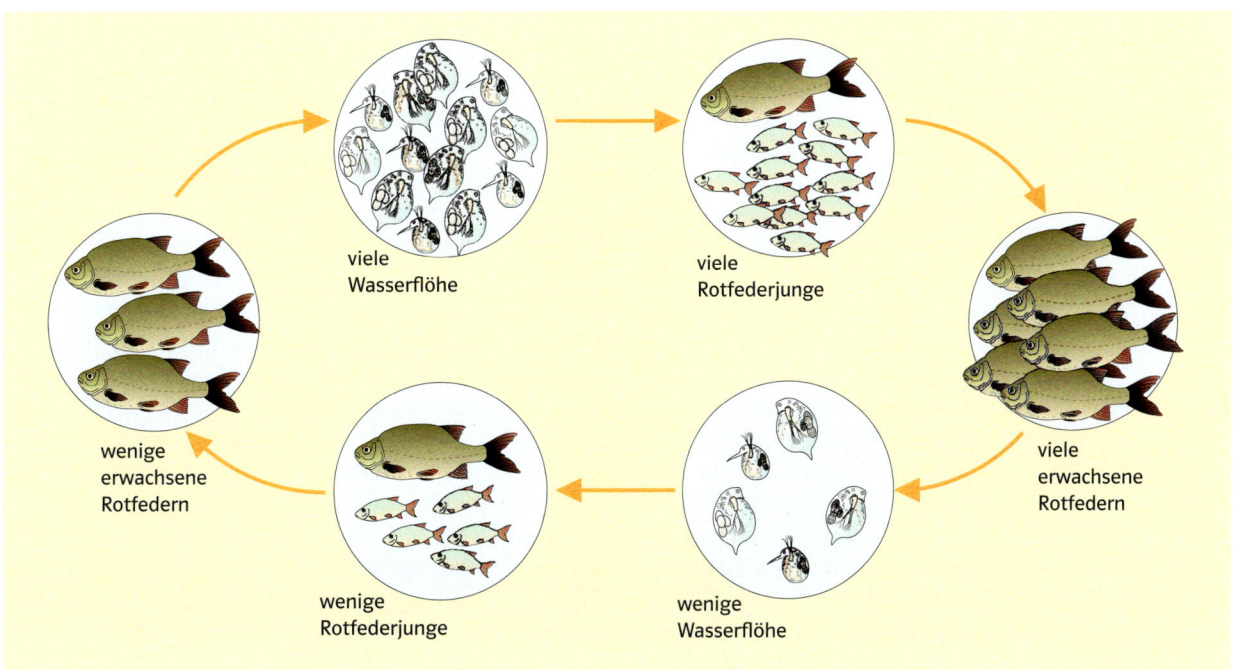

viele Wasserflöhe

viele Rotfederjunge

viele erwachsene Rotfedern

wenige Wasserflöhe

wenige Rotferjunge

wenige erwachsene Rotfedern

1 Räuber-Beute-Beziehung im See

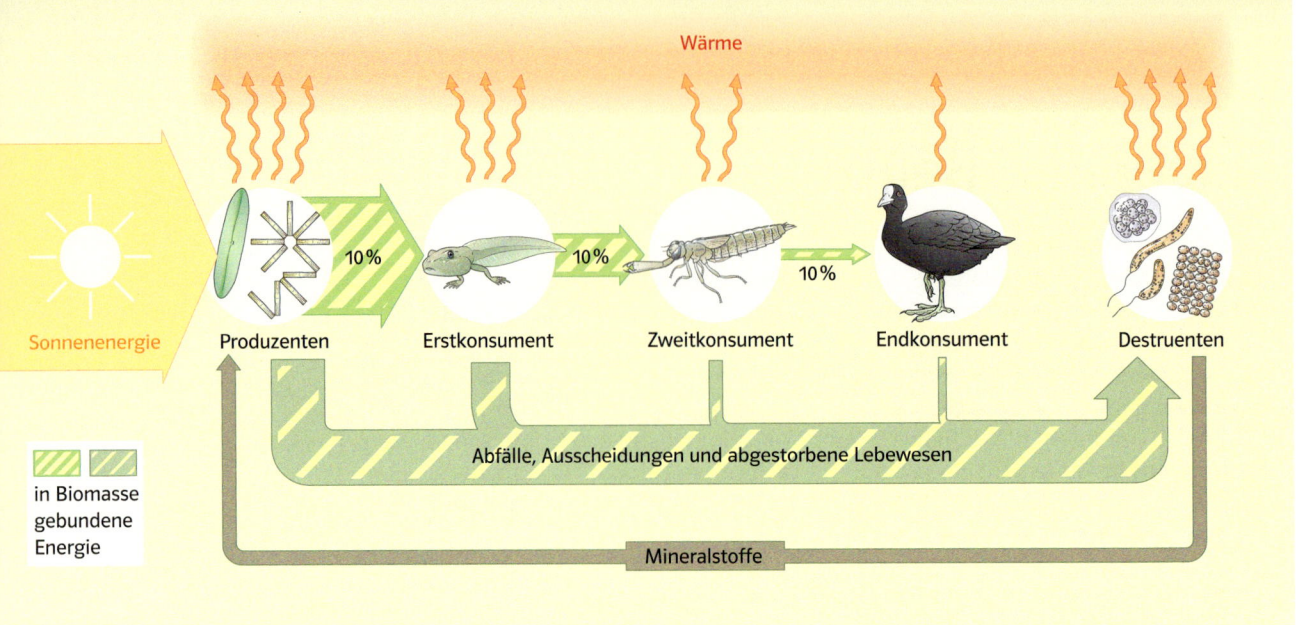

Wärme

Sonnenenergie

Produzenten 10% Erstkonsument 10% Zweitkonsument 10% Endkonsument Destruenten

Abfälle, Ausscheidungen und abgestorbene Lebewesen

Mineralstoffe

in Biomasse gebundene Energie

1 Stoffkreislauf und Energiefluss

Stoffkreislauf und Energiefluss

Pflanzen nutzen die Sonnenenergie

Pflanzen produzieren bei der Fotosynthese Glucose, die sie als Stärke speichern können. Sie können aus Glucose aber auch andere Nährstoffe bilden, z. B. Fette oder Proteine. Mithilfe dieser Stoffe wachsen sie, nehmen an Masse zu und sind damit die Nahrungsgrundlage für die anderen Lebewesen in einem Gewässer: Pflanzen sind **Produzenten** (▷ B 1). Die gesamte Masse der Produzenten in einem Ökosystem bezeichnet man auch als die **Biomasse** der Produzenten. Algen, Schilf und Seerosen bilden somit den größten Teil der Biomasse eines Sees. (▶ System, S. 210/211)

Tiere leben von pflanzlicher Biomasse

Die Tiere in einem Gewässer ernähren sich von der Biomasse der Pflanzen. Man bezeichnet sie deshalb als **Konsumenten**. Erstkonsumenten verzehren Pflanzen und versorgen sich so mit Nährstoffen, die sie zum Aufbau ihres eigenen Körpers benötigen. Über Nahrungsketten wird die Biomasse der Erstkonsumenten an die nachfolgenden Konsumenten weitergegeben.

Destruenten nutzen Abfallstoffe

Viele Produzenten leben nicht sehr lange. Die Konsumenten scheiden Kot aus und auch sie sterben irgendwann. Die Überreste der Pflanzen und Tiere sinken auf den Boden des Gewässers. Dort werden diese Abfallstoffe von **Destruenten**, vor allem Bakterien, zersetzt. Diese nutzen die noch in den Überresten enthaltenen Nährstoffe für ihre Lebensvorgänge.

Die Stoffe im Kreislauf

Durch die Tätigkeit der Destruenten werden die energiereichen Nährstoffe zu energiearmen Mineralstoffen abgebaut. Die Pflanzen nehmen diese Mineralstoffe über ihre Wurzeln auf und erzeugen neue Nährstoffe. Diese stehen dann wieder den Tieren zur Verfügung (▷ B 1). Die Stoffe befinden sich in einem ständigen **Kreislauf**.

Energie fließt

Mit Ausnahme weniger Bakterien (▶ S. 56) sind Pflanzen die einzigen Lebewesen, die **Sonnenenergie** zum Aufbau von körpereigenen Stoffen nutzen können. In der pflanzlichen Biomasse steckt also Sonnenenergie. Wie alle Lebewesen, benötigen aber auch Pflanzen Energie für die Aufrechterhaltung ihres Stoffwechsels. Diese beziehen sie aus dem Abbau der Stoffe, die sie mithilfe der Fotosynthese herstellen.

Fressen Erstkonsumenten wie die Kaulquappe (▷ B1) Pflanzenteile, nehmen sie die darin enthaltene Energie auf. Sie können aber nur etwa 10 % dieser Energie für den Aufbau der eigenen Biomasse nutzen. 90 % benötigen sie für ihren Stoffwechsel und die Bewegung. Dabei wird ein großer Teil der Energie in **Wärmeenergie** umgewandelt und an die Umgebung abgegeben. Die Weitergabe von Energie ist an die Weitergabe von Nährstoffen gebunden. Man spricht von einem **Energiefluss** (▷ B1).

Im Gegensatz zu den Stoffen, die sich in einem ständigen Kreislauf befinden, ist die abgestrahlte Energie für die Lebewesen nicht mehr nutzbar. Um ihren Energiebedarf zu decken, müssen Erstkonsumenten deshalb wesentlich mehr Pflanzenmasse aufnehmen, als es ihrer eigenen Biomasse entspricht.
In ähnlicher Weise gilt das für alle Stufen der Nahrungskette: Von den Produzenten bis zu den Endkonsumenten nehmen die Biomasse und die verfügbare Energie von Stufe zu Stufe ab. Dies lässt sich als **Biomassenpyramide** veranschaulichen (▷ B3).

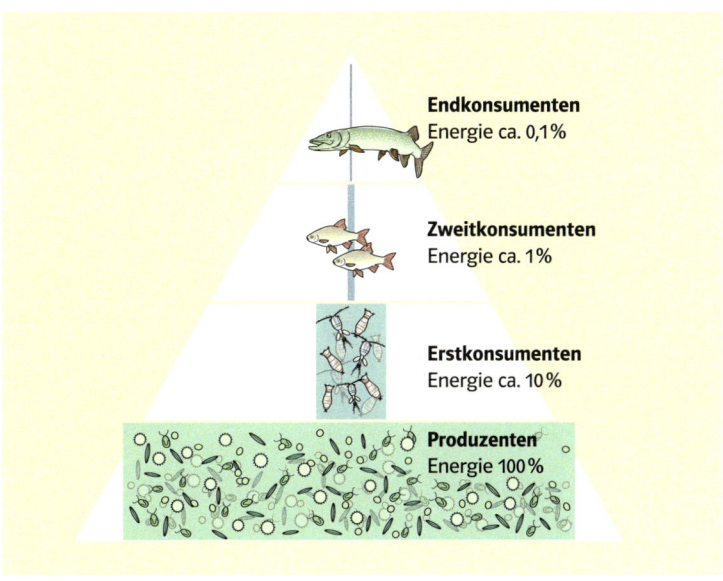

3 Die Biomassenpyramide

In einem Ökosystem befinden sich die Stoffe in einem Kreislauf. Mit der Nahrung wird Energie von einer Ernährungsstufe zur nächsten weitergegeben. Der größte Teil der Energie wird bei Stoffwechselvorgängen in Wärmeenergie umgewandelt und in die Umgebung abgestrahlt. Man spricht von Energiefluss.

AUFGABEN

1 ○ Beschreibe die Aufgabe der Produzenten, Konsumenten und Destruenten im Stoffkreislauf eines Gewässers (▷ B1).

2 ○ Erläutere, warum die Sonne der „Motor" des Stoffkreislaufes ist.

3 ◒ „Der Graureiher lebt von Pflanzen." Erkläre diese Aussage.

4 ◒ Erläutere, warum man von einer Biomassenpyramide spricht.

5 ● Begründe am Beispiel einer Nahrungskette, warum man statt von „Energieverbrauch" von „Energieumwandlung" sprechen sollte.

6 ● Kormorane fressen ausschließlich Fische. Beurteile, ob es in einer natürlichen Landschaft zu viele Kormorane geben kann.

2 Grünalgen wie Schraubenalgen sind Produzenten.

Ökologische Nischen der Wasservögel

1 Die **Stockente** taucht nicht, sondern gründelt am Gewässerboden nach Essbarem. Mit ihrem Schnabel rupft sie Pflanzenteile ab und drückt dabei aufgenommenes Wasser durch die Hornleisten des Seihschnabels nach draußen. Wie in einem Küchensieb bleibt die Nahrung, z.B. Weichtiere, Larven und kleine Frösche, darin hängen.

2 Im Frühling und Sommer kann man am Seeufer **Graugänse** bei der Nahrungssuche beobachten. Sie ernähren sich hauptsächlich von kurzen Gräsern und Kräutern. Nur selten suchen sie ihre Nahrung auf der Wasseroberfläche oder gründelnd im See. In der kalten Jahreszeit weiden die Tiere auf abgeernteten Getreidefeldern.

3 **Graureiher**, umgangssprachlich auch Fischreiher genannt, sind häufig an unseren Seen zu sehen. Dort staksen sie ganz ruhig durch das seichte Wasser, beugen langsam den Kopf und stechen dann mit ihrem Schnabel blitzschnell nach kleinen Fischen, Molchen, Schlangen und Wasserinsekten. Ihre Beute verschlingen sie im Ganzen.

4 Die schwarzen, in der Sonne blau metallisch glänzenden **Kormorane** sind Fischfresser. Auf der Jagd tauchen sie von der Wasseroberfläche geradlinig nach unten, verfolgen den Fisch und erbeuten ihn mit dem Schnabel. An der Wasseroberfläche verschlingen sie ihre Beute.

5 Der **Drosselrohrsänger** bevölkert das dichte Schilf und Ufergebüsch von Seen, Mooren und Flüssen. Mit seinem langen, schmalen und spitzen Schnabel erbeutet er Insekten, deren Larven, Spinnen und Weichtiere.

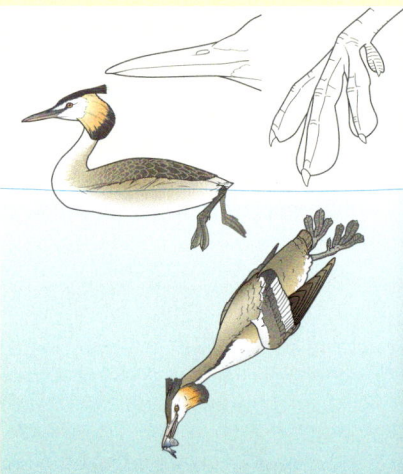

6 Der **Haubentaucher** ist ein Unterwasserjäger. Bei einem Tauchgang kann er bis zu einer Minute unter Wasser bleiben. Dabei fängt er kleine Fische, Krebse und Wasserinsekten. Seine Zehen sind nicht mit Schwimmhäuten verbunden, sondern haben lappenartige Verbreiterungen.

1 Steckbriefe verschiedener Wasservögel

Nur keinen Streit!

Wenn du dir die Zeit nimmst und dich eine Zeit lang an einen See setzt, kannst du u.a. verschiedene Vogelarten beobachten. Wie können hier so viele Arten anscheinend ohne Probleme zusammen leben?

Einer der Gründe ist, dass die einzelnen Vogelarten ihre Nahrung an unterschiedlichen Orten suchen. Auch beim Nestbau gehen sich die Tiere aus dem Weg, da jede Art an speziellen Stellen brütet. Dadurch wird **Konkurrenz** zwischen den verschiedenen Arten vermieden. Biologen sagen dazu: Die Vögel am See bilden verschiedene **ökologische Nischen**.

Die ökologische Nische

Mit dem Begriff „Nische" ist aber nicht ein bestimmter Ort gemeint, an dem sich eine Tierart aufhält. Vielmehr wird die Nische durch alle biotischen und abiotischen Umweltfaktoren bestimmt. Die Nahrungsquellen, Brutplätze und Fressfeinde bestimmen demzufolge genauso die ökologische Nische wie beispielsweise das Licht und die Temperatur.

Zeigt her eure Füße ...

Die verschiedenen Vogelarten unterscheiden sich nicht nur durch ihre Größe oder Farbe. Betrachtest du die Abbildungen auf dieser Seite, erkennst du, dass sowohl die **Schnäbel** als auch die **Füße** der Vögel unterschiedlich gestaltet sind (▷ B 1; B 2). Jede Vogelart ist auf bestimmte Nahrungsquellen spezialisiert. Für die unterschiedlichen Ernährungsweisen sind bestimmte **Angepasstheiten** erforderlich, wie zum Beispiel unterschiedliche Schnabel- und Fußformen.
(► Struktur und Funktion, S. 212/213)

In einem Ökosystem bilden die unterschiedliche Arten jeweils eigene ökologische Nischen. Unter dem Begriff „ökologische Nische" versteht man die Gesamtheit aller Umweltfaktoren, die für das Überleben einer Art notwendig sind.

Teichrohrsänger · Blässralle · Uferschnepfe · Höckerschwan

2 Zu Aufgabe 5

AUFGABEN

1 ○ Nenne Faktoren, die eine ökologische Nische bestimmen.

2 ○ Beschreibe die Schnabel- und Fußformen der abgebildeten Vogelarten genau.

3 ◐ Begründe anhand der Steckbriefe und der verschiedenen Schnabel- und Fußformen, inwieweit die Tiere an ihre jeweilige Ernährungsform angepasst sind.

4 ◐ Erläutere anhand der Schnabel- und Fußformen den Zusammenhang von Struktur und Funktion.

5 ● a) Erstelle mithilfe von Bild 2 Steckbriefe zu Teichrohrsänger, Blässralle, Uferschnepfe und Höckerschwan.
b) Begründe, welche unterschiedlichen ökologischen Nischen von diesen Vogelarten gebildet werden.

Der See im Jahresverlauf

Die jahreszeitlichen Veränderungen an einem See erkennt man vor allem an den Pflanzen. Das Wasser scheint immer gleich zu sein. Im Wasserkörper spielen sich jedoch tiefgreifende Veränderungen ab.

So ändern sich die Wassertemperatur und der Nährstoffgehalt im Wechsel der Jahreszeiten. „Motoren" dieser Veränderungen sind die Sonne und der Wind.

1 Frühjahr
Die Sonne erwärmt das kalte Wasser nur langsam. An der Wasseroberfläche breiten sich Algen aus. Sie sind die Nahrungsgrundlage für viele Tiere im See. Deshalb nennt man diese obere Schicht **Nährschicht**. Bei der Fotosynthese der Algen entsteht Sauerstoff. Ist es windig, durchmischt sich das Oberflächen- mit dem Tiefenwasser, es kommt zur **Zirkulation**. Dadurch gelangen Sauerstoff und Nährstoffe aus der oberen Schicht nach unten.

2 Sommer
Die Sonne erwärmt in einem tiefen See nur das Oberflächenwasser. Bereits wenige Meter unter dieser Schicht fällt die Wassertemperatur sprunghaft ab. Ab ca. 15 m Tiefe beträgt sie auch im Sommer nur 4 °C. Diese Temperaturschichtung bleibt den Sommer über stabil, weil wärmeres Wasser leichter ist als kälteres. Man nennt diesen Zustand **Stagnation**.

3 Herbst
Im Herbst kühlt der See ab. Winde durchmischen den Wasserkörper. Infolge der **Zirkulation** wirbeln Mineralstoffe vom Seeboden in die oberen Schichten und Sauerstoff gelangt zum Seegrund.

4 Winter
Kühlt das Wasser unter 4 °C ab, schwimmt es oben. Gefriert es, bildet das Eis eine Deckschicht. Sie verhindert eine Zirkulation des Wasserkörpers: Es herrscht **Winterstagnation**. Die Wassertiere überwintern im 4 °C warmen Wasser am Seegrund. Ihr Stoffwechsel ist verlangsamt.

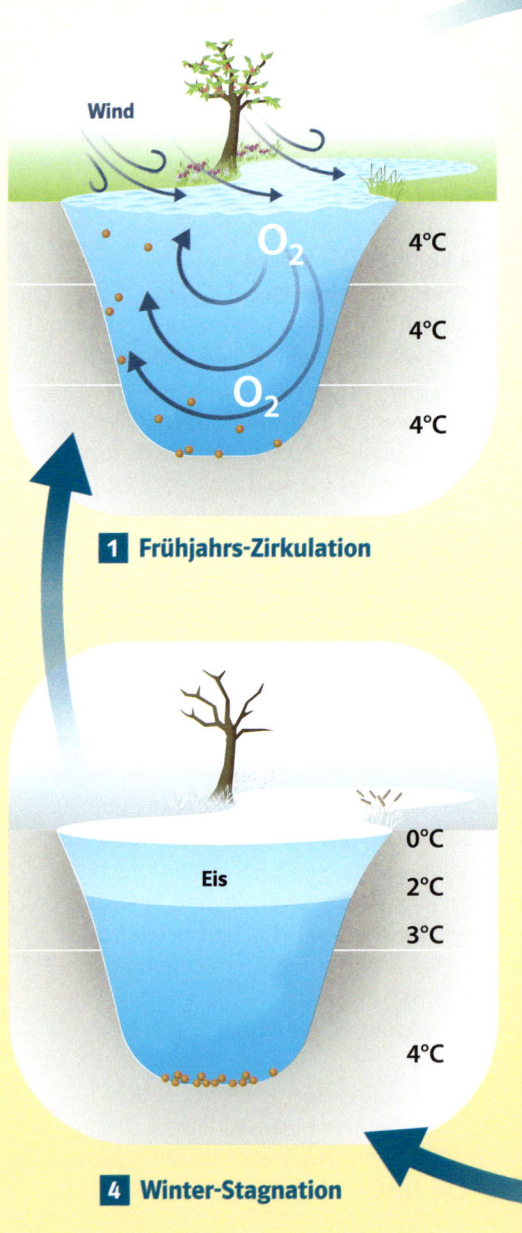

Wind

O_2

4 °C

4 °C

O_2

4 °C

1 Frühjahrs-Zirkulation

Eis

0 °C

2 °C

3 °C

4 °C

4 Winter-Stagnation

Stoffkreislauf im See

In der von Licht durchfluteten Nährschicht des Sees leben Produzenten. Von ihnen ernähren sich die Konsumenten. Sterben die Produzenten und Konsumenten ab, sinken ihre Überreste zu Boden. Davon leben die Destruenten. Auch sie benötigen Sauerstoff. Deshalb nennt man den Seegrund **Zehrschicht**. Beim Abbau der Abfälle entstehen Mineralstoffe und Kohlenstoffdioxid. Durch die Zirkulation des Wassers gelangen die Mineralstoffe in das Oberflächenwasser.

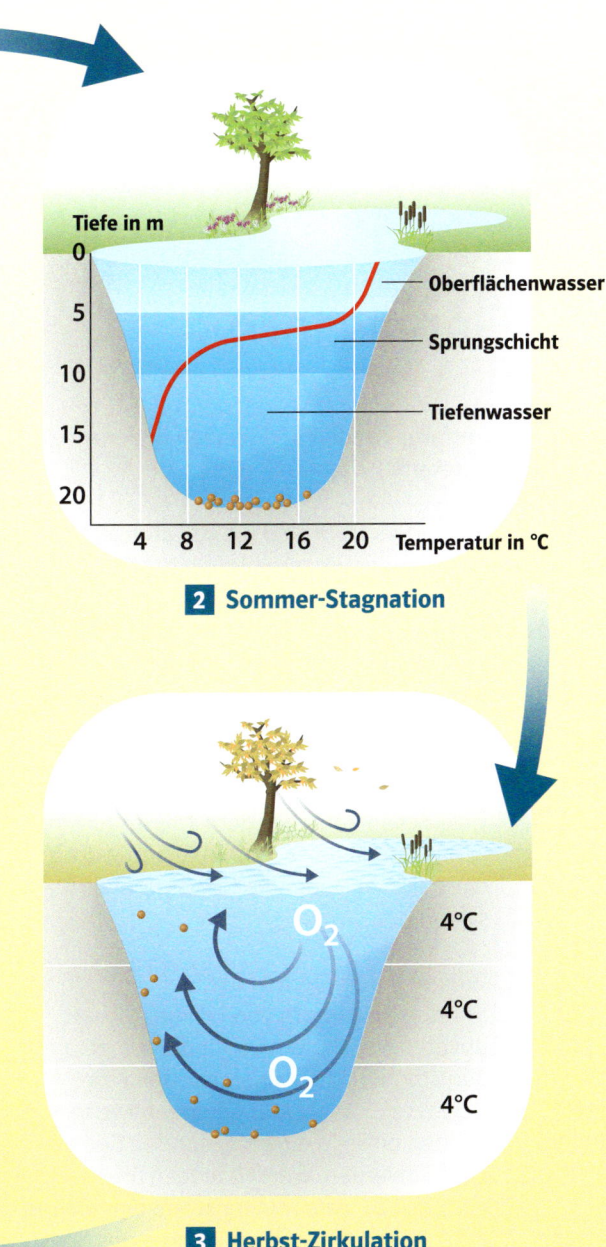

2 Sommer-Stagnation

3 Herbst-Zirkulation

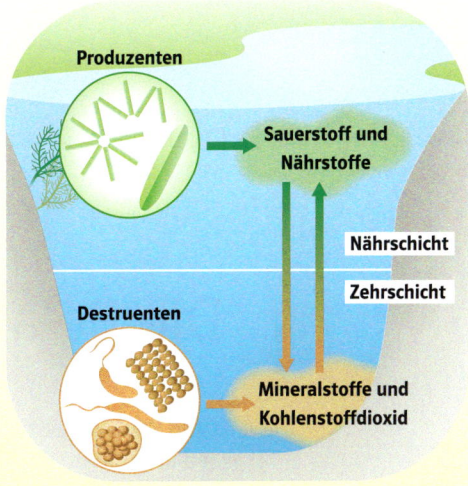

Im Sommer und Winter liegt im See eine stabile Temperaturschichtung vor. Sie behindert den Stoffaustausch zwischen den Wasserschichten. Die Frühjahrs- und Herbstwinde sorgen für ein Durchmischen des Wasserkörpers.

AUFGABEN

1 ○ Beschreibe, wie sich ein See im Jahreslauf ändert.

2 ◓ Vergleiche in einer Tabelle die Sauerstoff- und Mineralstoffkonzentration des Oberflächen- und Tiefenwassers für die Jahreszeiten Frühjahr/Herbst und Sommer.

3 ◓ Erkläre, wieso es zur Ausbildung einer Sprungschicht kommt.

4 ● Vergleiche den Stoffkreislauf im See mit dem eines Waldes.

1 Ausbringen von Gülle auf einem Feld

2 Auch Müll belastet unsere Gewässer.

Die Belastung von Gewässern

Dem Wasser geht´s dreckig

Wo immer wir Menschen Wasser nutzen – ob im Haushalt, in der Industrie oder in der Landwirtschaft –, wird es **verschmutzt**. Besonders gefährlich ist es, wenn dabei Schadstoffe in Gewässer eingeleitet werden. (► Entwicklung, S. 214/215)

Vom Acker ins Wasser

Zur Steigerung der Erträge bringen Landwirte **Pflanzenschutzmittel**, **Gülle** und **Kunstdünger** auf die Felder (▷ B 1). Pflanzenschutzmittel sind Giftstoffe, die Schädlinge von den Nutzpflanzen fernhalten oder abtöten. Dünger und Gülle enthalten Mineralsalze, z. B. **Phosphate** und **Nitrate**, die das Pflanzenwachstum steigern. Regen wäscht die Salze und Giftstoffe aus. Sie gelangen in Bäche, Flüsse oder Seen und gefährden diese Ökosysteme. Durch das Versickern der Schadstoffe wird außerdem das **Grundwasser** belastet, aus dem wir größtenteils unser **Trinkwasser** gewinnen.

Gefährliche Abwässer

Die **Industriebetriebe** sind zwar gesetzlich verpflichtet, ihre **Abwässer** zu reinigen. Die Schadstoffe können aber oft nicht ganz entfernt werden und bleiben in den eingeleiteten Abwässern.

Besonders stark sind die **privaten Haushalte** an der Verunreinigung der Gewässer beteiligt. In Deutschland verbraucht jede Person im Durchschnitt etwa 121 l Wasser pro Tag. Ein Großteil davon gelangt als Abwasser mit Toilettenabfällen, Waschmittel- und Medikamentenrückständen, Essensresten und vielen anderen Stoffen in die Kanalisation. Kläranlagen können viele Schadstoffe aus dem Wasser filtern. Schwer abbaubare Stoffe bleiben jedoch darin und belasten die Gewässerökosysteme.

Düngung am falschen Ort

Mit den Abwässern von Landwirtschaft, privaten Haushalten und Industrie gelangen ständig auch Mineralstoffe in die Gewässer. Bis zu einer gewissen Menge können diese in einem gesunden See abgebaut werden. Werden jedoch über längere Zeit zu viele Mineralstoffe eingeleitet, führt das zu einer **Überdüngung** des Sees. Diesen Zustand nennt man **Eutrophierung** (▷ B 3).

Wenn ein See „umkippt"

Infolge der Eutrophierung wachsen immer mehr Tiere und Pflanzen im See heran. Je mehr Lebewesen es gibt, umso mehr Organismen sterben aber auch ab und sinken auf den Grund. Dort können die Destruenten diese großen Mengen an totem, organischem Material jedoch nicht mehr vollständig abbauen. Nach einer gewissen Zeit wird der Sauerstoff knapp, da ihn die Destruenten bei den Abbauprozessen verbraucht haben. Jetzt zersetzen solche Bakterien, die ohne Sauerstoff leben können, die toten Organismen. Dabei entstehen übelriechende **Faulgase** und **Faulschlamm** (▷ B 3).

Die Faulschlammschicht am Boden wird immer dicker, das Wasser wird trüb. Es gibt kaum noch grüne Pflanzen, die Fotosynthese betreiben und Sauerstoff abgeben können. Durch den **Sauerstoffmangel** sterben die meisten Lebewesen ab. Es können nur noch Organismen überleben, die ohne Sauerstoff auskommen. Man sagt, der See ist **„umgekippt"**. (► System, S. 210/211)

Gelangen über einen langen Zeitraum zu viele Mineralsalze in einen See, kommt es zur Eutrophierung. Infolgedessen kommt es zu Sauerstoffmangel und der See „kippt um".

AUFGABEN

1 ○ a) Nenne die Verursacher, durch die unsere Gewässer verschmutzt werden.
b) Gib an, welche Schadstoffe in deren Abwässern jeweils enthalten sind.

2 ◓ Beschreibe mit eigenen Worten die Schritte, die zum „Umkippen" eines Sees führen.

3 ◓ Formuliere eine Vermutung, wie wir durch unser Freizeitverhalten ein Gewässer, z. B. einen Badesee, belasten.

4 ● Erkläre, weshalb die Konsumenten an der Spitze der Nahrungspyramide (z. B. Raubfische oder der Mensch) durch Schadstoffe im Wasser besonders gefährdet sind.

5 ● Recherchiere, zu welchem Anteil Haushalte, Landwirtschaft und Industrie das Wasser verschmutzen. Erstelle ein Kreisdiagramm.

3 Eutrophierung und „Umkippen" eines Sees

1 Bach am Wegrand

2 Waldbach

Der Bach – ein Fließgewässer

Der Bach wird zum Fluss

Bäche sind typische Fließgewässer-Öko-systeme. Einem **Quellbach** fließt im weite-ren Verlauf immer mehr Wasser zu. Er wird breiter und tiefer, bis er zu einem **Fluss** wird. Alle Fließgewässer münden letztlich ins Meer.

Die Strömungsgeschwindigkeit

Der wichtigste abiotische Faktor für das Ökosystem Bach ist die **Strömungsge-schwindigkeit**. Auch die Wassermenge spielt ein Rolle. Durch Regen und Schnee-schmelze kann die Wassermenge schnell ansteigen. Damit erhöht sich auch die Strömungsgeschwindigkeit. Je schneller das Wasser fließt, desto stärker kommen die Bestandteile am Bachgrund in Bewe-gung. Sand, Geröll und Gestein werden mit der Strömung vorwärts geschoben. Dadurch verändern sich mehrmals im Jahr das Bachbett und die Uferregion.

Weichboden und Hartboden

In Bereichen mit starker Strömung besteht der Bachgrund vorwiegend aus Felsen und unterschiedlich großen Steinen. Dieser steinige Bachgrund bildet den **Hartboden**

(▷ B 5). An einer Biegung des Baches oder hinter einem Felsbrocken verringert sich die Strömungsgeschwindigkeit. Hier kön-nen sich Sand und kleinere Steine am Bachgrund ablagern. Dieser sandige Bach-boden heißt **Weichboden** (▷ B 3).
Mit Hart- und Weichboden entstehen im Bach zwei verschiedene Lebensräume, in denen ganz unterschiedliche Organismen leben. (► System, S. 210/211)

An die Strömung angepasst

In den einzelnen Abschnitten eines Bach-laufs herrschen jeweils bestimmte abio-tische Faktoren. Daher können in den unterschiedlichen Bereichen auch nur solche Organismen leben, die an die jewei-ligen Umweltbedingungen angepasst sind. Im Hartboden-Bereich mit starker Strö-mung leben z. B. Schnecken, die sich am Untergrund festsaugen und sich gleitend fortbewegen. So verringert sich das Risiko, mit der Strömung mitgerissen zu werden. Andere Organismen widerstehen der Strömung, indem sie sich eng an die Steine am Untergrund pressen oder sich festsit-zende Wohnröhren bauen. In Bereichen mit geringer Strömung graben sich die

Tiere häufig im sandigen Grund ein. Dort finden sie auch ihre Nahrung.

Sauerstoff im Wasser

Der im Wasser gelöste Sauerstoff ist für viele Organismen lebenswichtig. Der **Sauerstoffgehalt** im Wasser ist aber von der Wassertemperatur abhängig. In kalten, schnell fließenden Gewässern ist der Sauerstoffgehalt wesentlich höher als in warmen, stehenden Gewässern. Im Vergleich mit dem Sauerstoffgehalt der Luft ist die Sauerstoffmenge im Wasser aber viel geringer. Im Wasser lebende Tiere haben daher sehr wirkungsvolle **Atmungsorgane** entwickelt. Die Kiemenanhänge einiger Insektenlarven haben im Verhältnis zu ihrem Körper eine riesige Oberfläche (▷ B 4). (▶ Struktur und Funktion, S. 212/213)

Mineralsalze und Gewässergüte

Für das Pflanzenwachstum spielt u. a. auch die **Konzentration** der im Wasser gelösten **Salze** eine große Rolle: Nitrate, Ammoniumsalze und vor allem Phosphate geben wichtige Hinweise darauf, ob und wie stark ein Gewässer belastet ist. Damit kann man auch Aussagen über die **Gewässergüte** machen (▶ S. 78/79).

Bäche sind Ökosysteme mit unterschiedlichen Lebensräumen. Diese werden durch abiotische Umweltfaktoren bestimmt. In den verschiedenen Biotopen können nur Organismen leben, die an die jeweiligen Umweltbedingungen angepasst sind.

AUFGABEN

1 ○ Gib an, welche abiotischen Faktoren das Leben im Bach bestimmen.

2 ○ Erläutere, wodurch sich der Sauerstoffgehalt im Wasser verändert.

3 ◒ Erkläre, weshalb direkt an der Quelle eines Baches nur sehr wenige Tiere leben können.

4 ◒ a) Suche nach Abbildungen eines Karpfens und einer Forelle, auf denen die Tiere ganz dargestellt sind.
● b) Begründe anhand der Körperformen der beiden Fischarten, welcher von beiden im Ökosystem Bach seinen Lebensraum hat.

5 ● a) Suche in einem Bestimmungsbuch nach fünf Tierarten aus unterschiedlichen Bereichen eines Baches.
b) Stelle in einer Tabelle zusammen, auf welche Weise sie an die jeweilige Strömungsgeschwingkeit angepasst sind.

3 Weichboden

4 Eintagsfliegenlarve

5 Hartboden

Wir untersuchen einen Bach

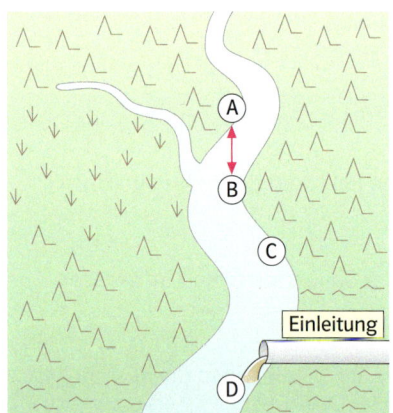

1 Bachkartierung

1 Kartierung
Material
Papier, Bleistift

Versuchsanleitung
Zeichnet nach Vorlage von Bild 1 eine Karte des Bachabschnittes, den ihr untersuchen wollt. Achtet dabei auch auf Einleitungen und Zuflüsse.

Aufgabe
1. Markiert in der Karte mehrere Stellen, an denen ihr eure Untersuchungen durchführen wollt.

2 Wassertiefe
Material
Meterstab, Gummistiefel

Versuchsanleitung
Steckt den Meterstab an den Messstellen jeweils einmal am Rand und einmal in der Bachmitte bis zum Grund.

Aufgabe
1. Lest die Werte ab und tragt sie in eine Tabelle ein.

3 Fließgeschwindigkeit
Material
Driftkörper (z. B. Holzklotz oder Laubblatt), Stoppuhr, 10 m-Maßband, Markierungsband

Versuchsanleitung
a) Messt entlang des Ufers eine 10 m lange Strecke ab. Markiert Beginn und Ende deutlich mithilfe des Markierungsbandes.
b) Werft den Driftkörper vor dem Startpunkt in die Mitte des Baches.
c) Stoppt die Zeit, die der Driftkörper vom Startpunkt bis zum Endpunkt benötigt (▷ B 2).
d) Wiederholt den Versuch an den anderen Messstellen aus Versuch 1.

Aufgaben
1. Notiert die Ergebnisse.
2. Begründet mögliche Unterschiede der Fließgeschwindigkeiten an den unterschiedlichen Messstellen.

4 Sauerstoff und Temperatur
Material
Thermometer, Sauerstoff-Messgerät oder Testkit

Versuchsanleitung
a) Messt die Luft- und die Wassertemperatur an den verschiedenen Messstellen.
b) Tragt die Werte in eine Tabelle ein.
c) Bestimmt nach Anleitung des Testkits oder des Sauerstoff-Messgerätes den Sauerstoffgehalt des Wassers am Bachgrund der Probestellen.

Aufgaben
1. Vergleicht die jeweiligen Werte, die ihr an den unterschiedlichen Messstellen erfasst habt.
2. Erstellt mithilfe eines Tabellen-Kalkulationsprogramms unterschiedliche Diagramme, z. B.:

2 Messen der Fließgeschwindigkeit

3 Zeigerorganismen in einem Bach

Kriebelmückenlarve · Eintagsfliegenlarve · Wasserseelchen · Bachflohkrebs · Zuckmückenlarve · Schlammfliegenlarve · Flussnapfschnecke · Steinfliegenlarve · Köcherfliegenlarve · Wasserassel

– Vergleich der unterschiedlichen Werte an den Messstellen,
– Sauerstoffkonzentration im Wasser in Abhängigkeit von der Temperatur.
3. Erläutert die Zusammenhänge zwischen gemessener Sauerstoffkonzentration, Temperatur und Fließgeschwindigkeit.

5 Nitrate und Phosphate

Zum Nachweis von einigen farblosen, in Wasser gelösten Stoffen gibt es spezielle Testkits. Sie funktionieren oft wie folgt: Man gibt das zu untersuchende Wasser auf einen Teststreifen. Je nach Konzentration des untersuchten Stoffes färbt sich der Teststreifen. Anhand einer Farbkarte lässt sich die genaue Konzentration bestimmen.

Material
Testkit für Phosphat und Nitrat

Versuchsanleitung
Ermittelt an den verschiedenen Probestellen mithilfe der Testkits den Nitrat- und Phosphatgehalt des Wassers.

Aufgaben
1. Notiert die Ergebnisse.

2. Gebt mithilfe der Tabelle den Belastungsgrad des Wassers an den Probestellen an:

Art der Belastung	mg/l Nitrat	mg/l Phosphat
unbelastet	< 0,1	< 0,03
mäßig belastet	< 5,0	> 0,5
stark belastet	> 5,0	> 0,5

4 Zu Versuch 5, Aufgabe 2

6 Zeigerorganismen sammeln

Zum Sammeln von Organismen solltet ihr euch gruppenweise auf die verschiedenen Messpunkte aufteilen. Jede Gruppe führt Protokoll über die gefundenen Organismen.

Material
Gummistiefel, 1 größeres engmaschiges Sieb, Lupe, weiße Wanne, Pinsel, Pinzette, Papier, Stifte, Bestimmungsbuch

Versuchsanleitung
a) Nehmt einige mittelgroße Steine aus dem Wasser. Haltet dabei das Sieb stromabwärts direkt hinter den Stein, um die Tiere einzufangen.

b) Nehmt die Steine aus dem Wasser und untersucht die Unterseite nach dort anhaftenden Tieren. Streift sie mit dem Pinsel ab und sammelt sie in der Wanne.
c) Zieht das Sieb entgegen der Strömung am Boden entlang. Auch hier können sich Tiere befinden.

Aufgaben
1. Bestimmt die gesammelten Tiere mithilfe des Bestimmungsbuches und Bild 3. Bringt sie anschließend wieder an den Fundort zurück.
2. Stellt einen Zusammenhang zwischen den gefundenen Organismen, der Strömungsgeschwindigkeit und der Wasserqualität am jeweiligen Fundort her.

5 Abstreifen von Tieren mit Pinsel

Selbstreinigung und Gewässergüte

Zu viel Schmutz für Bäche und Flüsse

In naturbelassenen Fließgewässern fließt klares, sauberes und sauerstoffreiches Wasser. Das Pflanzenwachstum ist gering, da nur wenige Mineralstoffe im Wasser gelöst sind. Werden aber dauerhaft Abwässer und damit Schadstoffe eingeleitet, trübt sich das Wasser und beginnt unangenehm zu riechen (▷ B 1).

Mit und ohne Sauerstoff

Mit den Abwässern gelangen neben Kot, Urin und Speiseresten auch Reste von abgestorbenen Lebewesen in das Gewässer. Diese Stoffe können von Schlammröhrenwürmern (▷ B 2) oder bestimmten Bakterien abgebaut werden. Für ihre Abbautätigkeit benötigen die Organismen Sauerstoff. Dadurch wird der im Wasser gelöste Sauerstoff verbraucht und der Sauerstoffgehalt im Wasser nimmt ab. Lebewesen, die auf einen höheren Sauerstoffgehalt angewiesen sind, werden verdrängt oder sterben ab. Nun vermehren sich Bakterien, die ohne Sauerstoff leben können. Es kommt zu **Fäulnisprozessen**, bei denen **Faulgase** und **Faulschlamm** entstehen (▶ S. 72/73). Nur noch wenige Organismen können hier überleben, für die meisten Lebewesen sind die Bedingungen lebensfeindlich.

Das Fließgewässer reinigt sich selbst

Mit zunehmender Entfernung von der Abwassereinleitung verringert sich die Menge an Schadstoffen. Das Wasser wird wieder klarer und der Sauerstoffgehalt nimmt zu. Nun können sich Wimpertierchen, wie z. B. das Schlammglockenbäumchen, ansiedeln. Diese ernähren sich von Bakterien und sind selbst die Nahrungsgrundlage für Kleinkrebse (▷ B 3) und Insektenlarven. Destruenten am Boden erhöhen durch ihre Abbautätigkeit den Mineralstoffgehalt des Wassers. So wachsen nun auch wieder Algen und Wasserpflanzen, die Sauerstoff produzieren. Der Sauerstoffgehalt nimmt weiter zu, sodass auch Fische auftreten. Diesen „Säuberungsprozess" des Fließgewässers nennt man **Selbstreinigung**. (▶ System, S. 210/211)

Grenzen der Selbstreinigung

Die Selbstreinigung funktioniert bei natürlichen Flussläufen recht gut. Wurde das Fließgewässer aber begradigt, erhöht sich die Fließgeschwindigkeit. Dadurch finden gerade die Lebewesen, die für die Selbstreinigung notwendig sind, keinen geeigneten Lebensraum. Werden zusätzlich noch Abwässer eingeleitet, kann die Selbstreinigung völlig versagen.

1 Abwassereinleitung

2 Schlammröhrenwürmer

3 Bachflohkrebs

Güte-klasse	Grad der organischen Belastung	wichtige Zeigerorganismen		Fische	
I	unbelastet bis sehr gering belastet	Steinfliegenlarven, Flussperlmuschel		Bachforelle	
I — II	gering belastet	Köcherfliegenlarven, Steinfliegenlarven, Strudelwürmer, Erbsenmuschel		Äsche, Bachforelle	
II	mäßig belastet	Flussnapfschnecken, Eintagsfliegenlarven, Köcherfliegenlarven, Bachflohkrebse		Barbe, Äsche, Hecht, Nase, Flussbarsch	
II — III	kritisch belastet	Egel, Schnecken, Moostierchen, Kleinkrebse, Grünalgenkolonien		Aal, Karpfen, Schleie, Brachsen	
III	stark verschmutzt	Wasserasseln, Rollegel, Wimpertierchen-kolonien, Schwämme		Schleie, Plötze, Kaulbarsch	
III — IV	sehr stark verschmutzt	Zuckmückenlarven, Schlammröhren-würmer, Wimpertierchen			
IV	übermäßig verschmutzt	Schmutzpantoffeltierchen, Schwefelbakterien, Geißeltierchen, Wimpertierchen			

4 Gewässergüteklassen und Zeigerorganismen

Wasserqualität und Güteklassen

Sauberes Wasser ist für uns und die meisten Organismen lebensnotwendig. Deshalb muss die **Wasserqualität** unserer Gewässer regelmäßig kontrolliert und bewertet werden. Für die Bewertung wurden spezielle **Güteklassen** eingeführt, die den Zustand bzw. die Belastung eines Fließgewässers beschreiben (▷ B 4). Je nach Zustand eines Gewässers kommen dort nur ganz bestimmte Tier- und Pflanzenarten vor. Sie zeigen z. B. an, ob das Gewässer sauerstoffreich oder sauerstoffarm ist. Solche Lebewesen bezeichnet man als **Zeiger-** oder **Indikatororganismen**.

Verschmutzte Fließgewässer können sich selbst reinigen. Güteklassen geben den Grad der Belastung an, Indikatororganismen den Zustand eines Fließgewässers.

AUFGABEN

1 ○ Beschreibe, wie die Selbstreinigung eines Fließgewässers funktioniert.

2 ○ Gib an, welche Zeigerorganismen eine gute bis sehr gute Wasserqualität bzw. eine schlechte Wasserqualität anzeigen.

3 ◔ Erkläre, warum sich die Begradigung eines Fließgewässers nachteilig auf die Selbstreinigung auswirkt.

4 ◔ Stelle eine begründete Vermutung an, ob in einem Fließgewässer verschiedene Gewässergüteklassen vorkommen können.

5 ● a) Ordne nach eigenem Ermessen ein Fließgewässer in deiner Region einer Güteklasse zu.
b) Überprüfe anhand einer Gewässergütekarte deines Bundeslandes deine Vermutung.
c) Finde eine Erklärung für mögliche Abweichungen.

Eine Stadt – viele Lebensräume

1 Großstadt

Eine Stadt – viele Ökosysteme

Städte und Siedlungen bieten den Lebewesen ganz unterschiedliche Lebensbedingungen. In einer Stadt gibt es Parks, Hecken, Teiche, Wiesen, Mauern und Gebäude. Diese städtischen Bereiche lassen sich gut mit Lebensräumen außerhalb der Stadt vergleichen, z. B. mit einem Wald oder einem See; Mauern und Gebäude kann man mit Felsen gleichsetzen. Ähnlich wie ein Mosaik, ist eine Stadt aus vielen kleinen Ökosystemen zusammengesetzt. Aufgrund dieser Vielfalt an Lebensräumen ist es möglich, dass die **Biodiversität** an Pflanzen und Tieren in der Stadt so hoch ist, manchmal sogar höher als im Umland.

Seit Beginn der Industrialisierung ziehen immer mehr Menschen in die **Städte**. Im Jahr 2008 lebten weltweit erstmals mehr Menschen in Städten als auf dem Land. Auch bei uns gab es diese „Landflucht", in deren Folge große Flächen überbaut wurden, die vorher mit Wiesen und Wäldern bedeckt waren. Dadurch wurden viele Lebensräume zerstört, gleichzeitig entstanden in den Städten neue Lebensräume für Pflanzen und Tiere. So findet man z. B. in Berlin heute rund 20 000 verschiedene Pflanzen- und Tierarten. Das sind mehr Arten, als in einem Buchenwald vorkommen.

Zwischen den kleinen Ökosystemen in der Stadt bestehen **wechselseitige Beziehungen**. So brüten Vögel in einer Mauer, suchen aber im Park nach Nahrung. Pflanzensamen werden im Fell von Tieren oder durch den Wind vom Park zum benachbarten Teich gebracht. Weil die einzelnen Lebensräume in der Stadt so eng beieinander liegen und sich gegenseitig stark beeinflussen, kann man auch die gesamte Stadt als **eigenständiges Ökosystem** bezeichnen (▷ B 3). Das „Ökosystem Stadt" hat auch neue, spezielle Eigenschaften, z. B. ein eigenes **Stadtklima** (▶ S. 82). (▶ System, S. 210/211)

Abiotische Umweltfaktoren

Beschaffenheit
– hell/dunkel
– Erde, Steinboden
– Beton, Asphalt

Klimatische Bedingungen
– Temperatur
– Luftfeuchtigkeit, Wasser
– Wind

Lage
– Gebäude, Park
– Innenstadt, Stadtrand

Biotische Umweltfaktoren

Konkurrenten
– um Nahrung
– um Lebensraum
– bei der Fortpflanzung

Fressfeinde
– Katze
– Hund
– Fuchs

Nahrungsangebot
– Essensreste, Abfall
– Pflanzen, Aas

2 Lebewesen stehen in Wechselbeziehungen mit ihrer Umwelt.

Biotop

Biozönose

Ökosystem

3 Biotop und Biozönose bilden ein Ökosystem.

Einfluss verschiedener Faktoren

Wie bei einem See, so wirken auch auf die Lebewesen in der Stadt verschiedene **Umweltfaktoren** ein (► S. 50/51).

Die **biotischen Umweltfaktoren** lassen sich auch in der Stadt in Konkurrenten, Fressfeinde und Nahrungsangebot einteilen. Eine Meise im Stadtpark kann z. B. von einem Marder erbeutet werden, im Garten von einer Katze. Ähnliches gilt für die **abiotischen Umweltfaktoren**. Ein Regenwurm hat z. B. im feuchten Boden gute Bedingungen, auf geteerten Wegen ist es zu trocken.

In der Stadt gibt es unterschiedliche Biotope mit ihren Biozönosen. Sie bilden verschiedene Ökosysteme, zwischen denen wechselseitige Beziehungen bestehen. Das führt zu einer hohen Biodiversität.

AUFGABEN

1 ○ Zähle fünf verschiedene Lebensräume in der Stadt auf.

2 ○ Erläutere, wie es zu der hohen Artenvielfalt in einer Stadt kommt.

3 ◒ Beschreibe Wechselbeziehungen innerhalb des Ökosystems Park mit eigenen Worten (▷ B 3).

4 ● Von dem griechischen Philosophen ARISTOTELES stammt der Satz: „Das Ganze ist mehr als die Summe seiner Teile". Erläutere diese Aussage für das Ökosystem Stadt.

5 ● Beschreibe für deinen Schulort möglichst viele Lebensräume und ordne jedem Biotop je zwei Pflanzen- und Tierarten zu.

6 ● Ersetze in Bild 2 die Ratte durch ein Tier aus Bild 3 und ändere die abiotischen und biotischen Umweltfaktoren entsprechend ab.

Klima und Boden in der Stadt

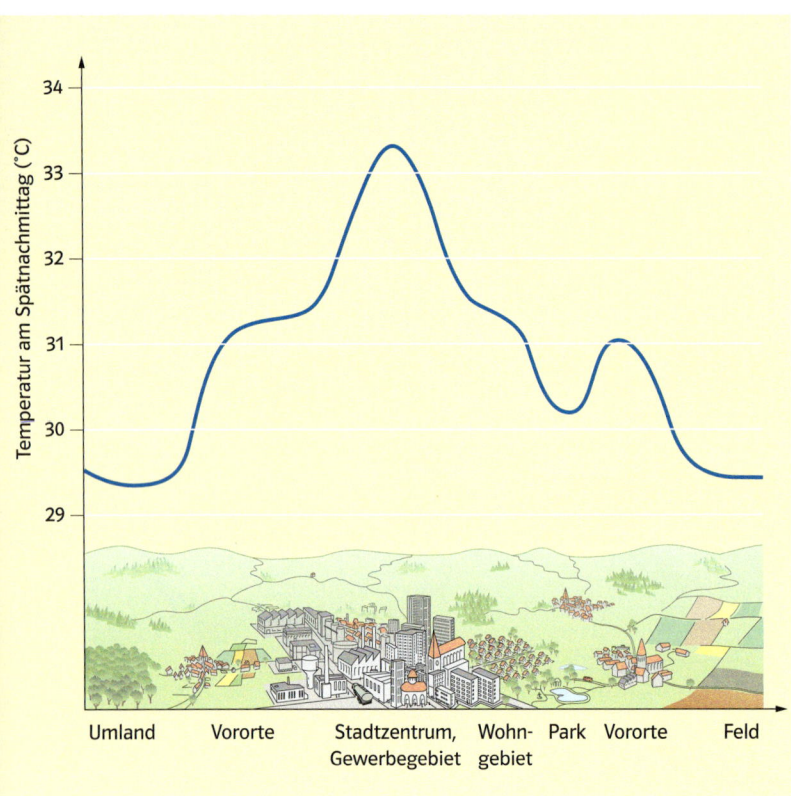

Temperatur am Spätnachmittag (°C)

Umland | Vororte | Stadtzentrum, Gewerbegebiet | Wohngebiet | Park | Vororte | Feld

1 Wärmeinseleffekt in einer Stadt

An sonnigen Tagen ist es bei Windstille in einer Stadt oft sehr heiß. Die Temperatur kann bis zu 10 °C höher sein als im unbebauten Umland. Städte haben offensichtlich ihr eigenes **Klima**.

Städte sind Wärmeinseln

Die Steine der Häuser und der Asphalt der Straßen heizen sich bei hoher Sonneneinstrahlung stark auf. Sie speichern die Sonnenenergie und geben sie als Wärme in der kühleren Nacht an die Umgebung ab. In der Stadt gibt es auch nur wenig kühlenden Wind, weil die Gebäude meist sehr hoch sind. Der Wind kann also nicht über den Boden hinwegstreichen. In dicht bebauten Gebieten fehlt zudem die Kühlung, die bei der Verdunstung von Wasser durch die Blätter der Bäume entsteht. Fabriken,

Autos und vor allem die Heizungen in den Häusern geben zusätzliche Wärme ab. Das alles führt dazu, dass Städte „**Wärmeinseln**" sind (▷ B 1). Zudem entstehen schädliche Gase, die die Luft zusätzlich mit Kohlenstoffmonooxid, Stickstoffoxiden und Schwefeldioxid belasten.

Boden und Wasser sind belastet

Auch die **Bodenversiegelung** trägt dazu bei, dass in einer Stadt ein besonderes Klima herrscht. Große Flächen sind überwiegend bebaut, betoniert, gepflastert oder von Asphalt überzogen. Das Niederschlagswasser kann daher nicht im Boden versickern, sondern fließt an der Oberfläche ab. Unterirdisch verlaufende Kanäle leiten das Wasser zur nächsten Kläranlage. Die Pflanzen in der Stadt können dieses Wasser nicht für sich nutzen.

Zusätzlich sind die Böden oft durch Schadstoffe aus Haushalten, Fabriken und Verkehrsmitteln belastet. Bodenorganismen finden hier keine optimalen Lebensbedingungen und können nicht für den Abbau natürlicher Abfälle sorgen.

In einer Stadt herrscht ein anderes Klima als im unbebauten Umland: Höhere Temperaturen, geringere Luftfeuchtigkeit und Windgeschwindigkeit machen die Städte zu Wärmeinseln.

AUFGABEN

1 ○ Beschreibe mithilfe von Bild 1 den Wärmeinseleffekt einer Stadt.

2 ◐ Sammelt Ideen, wie man das Versickern von Regenwasser im Boden ermöglichen könnte.

3 ● Überlege dir Maßnahmen, wie man das Klima in einer Stadt verbessern könnte, und erläutere deine Vorschläge.

Wir erforschen unsere Stadt

1 Staubbelastung

Wählt auf einem Stadtplan fünf Punkte aus. Wo vermutet ihr die höchste Staubbelastung?

Material

Stadtplan, durchsichtige Klebestreifen, kariertes Papier, Lupe

Versuchsanleitung

a) Sucht an den fünf Orten je einen Baum oder Strauch aus.
b) Klebt jeweils in Augenhöhe einen Klebestreifen auf die Oberseite eines Laubblattes.
c) Zieht ihn ab, klebt ihn auf das Papier und notiert daneben den Untersuchungsort.
d) Betrachtet die fünf Klebestreifen mit der Lupe und vergleicht sie miteinander.

1 Zu Versuch 1

Aufgaben

1. Zählt die Anzahl der Staubteilchen pro 1 cm².
2. Ordnet die Streifen nach der Stärke der Staubbelastung und erstellt ein entsprechendes Säulendiagramm.
3. Vergleicht die Ergebnisse mit eurer Vermutung.

2 Verdichtung und Versiegelung

Material

Drei Bechergläser (mind. 250 ml), Gartenerde, Knetgummi, Gießkanne, Wasser, Lineal (30 cm lang)

Versuchsanleitung

a) Befüllt die drei Bechergläser mit der gleichen Menge Gartenerde und drückt sie in zwei Gläsern fest.
b) Legt in eines der Bechergläser über die fest gedrückte Gartenerde eine ca. 0,5 cm dicke Schicht aus Knetgummi.
c) Das dritte Becherglas befüllt ihr nur mit lockerer Erde (▷ B 2).

2 Untersuchung der Bodendichte

d) Gießt in alle drei Bechergläser die gleiche Menge Wasser.
e) Messt mit dem Lineal nach 30 min, wie viel Wasser noch in jedem Becherglas über dem Boden steht.
f) Wiederholt die Messung am nächsten Tag.

Aufgaben

1. Erläutert, welche Bedeutung das Ergebnis für den Wasserhaushalt der Bäume in einer Stadt hat.

2. Erklärt, warum das Wasser auch über versiegelten Böden nicht endlos lange stehen bleibt.

3 Klima in der Stadt

Material

Digitalthermometer mit Hygrometer, Windmessgerät (▷ B 3)

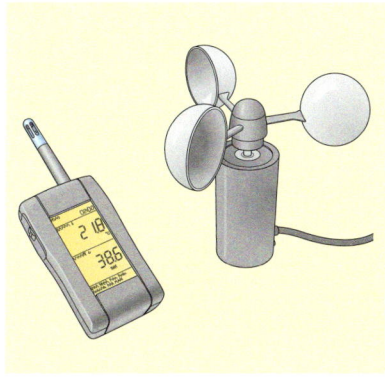

3 Messgeräte

Versuchsanleitung

a) Führt an verschiedenen Stellen in der Stadt zur gleichen Zeit mit den Geräten Messungen zur Luftfeuchtigkeit, Temperatur und Windgeschwindigkeit durch (▷ B 3).
b) Wiederholt diese Messungen zu verschiedenen Tageszeiten und bei unterschiedlichen Wetterlagen.
c) Notiert die gemessenen Werte in einer Tabelle.

Aufgaben

1. Erstellt jeweils ein Säulendiagramm für die Luftfeuchtigkeit, die Temperatur und die Windgeschwindigkeit.
2. Vergleicht eure Ergebnisse innerhalb der Klasse.

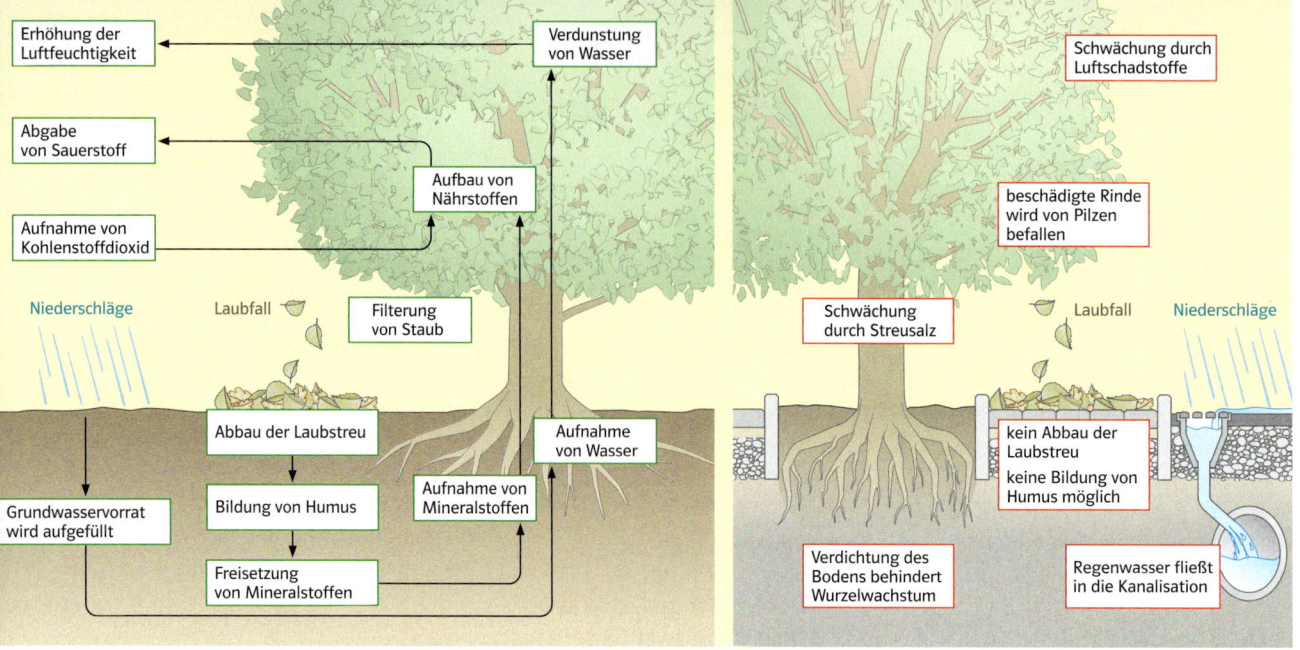

Erhöhung der
Luftfeuchtigkeit

Verdunstung
von Wasser

Schwächung durch
Luftschadstoffe

Abgabe
von Sauerstoff

Aufbau von
Nährstoffen

beschädigte Rinde
wird von Pilzen
befallen

Aufnahme von
Kohlenstoffdioxid

Niederschläge   Laubfall   Filterung
von Staub

Schwächung
durch Streusalz

Laubfall   Niederschläge

Abbau der Laubstreu

Aufnahme
von Wasser

kein Abbau der
Laubstreu

keine Bildung von
Humus möglich

Grundwasservorrat
wird aufgefüllt

Bildung von Humus

Aufnahme von
Mineralstoffen

Freisetzung
von Mineralstoffen

Verdichtung des
Bodens behindert
Wurzelwachstum

Regenwasser fließt
in die Kanalisation

1 Leistungen und Probleme von Straßenbäumen

Straßenbäume sind wichtig

An heißen Sommertagen ist es wohltuend, sich unter einen großen, schattigen Baum zu setzen. Die Luft ist hier kühler und frischer. Doch warum ist das so?

Straßenbäume verbessern das Stadtklima
Bäume haben eine große Bedeutung für das Klima (▷ B1). Ein etwa 25 m hoher Straßenbaum kann am Tag bis zu mehrere hundert Liter Wasser über seine Blätter verdunsten. Dadurch kühlt die Luft in seiner näheren Umgebung um bis zu 3 °C ab. Derselbe Baum gibt auch lebensnotwendigen Sauerstoff nach außen ab. An seinen Blättern bleiben Staubteilchen haften, die bei Regen abgespült werden. So belasten sie nicht die Luft.

Straßenbäume haben es schwer
Doch die Bäume in einer Stadt leben unter schwierigen Bedingungen (▷ B1). Durch die **Bodenversiegelung** können ihre Wurzeln nur wenig Wasser aufnehmen (► S.82/83). Bauarbeiten beschädigen Wurzeln und Rinde zusätzlich. Dies hat eine mangelnde Versorgung mit Wasser

und Mineralstoffen zur Folge. Zudem sind Straßenbäume anfällig für **Pilzbefall** und können erkranken. Auch Trockenheit, Streusalz im Winter, Hundefäkalien und Autoabgase beeinträchtigen die Bäume erheblich. Viele schädigende Einflüsse zusammen können sogar den Tod eines Baumes zur Folge haben. (► System, S.210/211)

Straßenbäume haben für das Klima in der Stadt eine große Bedeutung. Sie senken die Temperatur, erhöhen die Luftfeuchtigkeit und säubern die Luft.

AUFGABEN

1 ○ Nenne wichtige Gründe für das Anpflanzen von Straßenbäumen.

2 ◑ Erläutere, welchen schädigenden Einflüssen Straßenbäume ausgesetzt sind (▷ B1).

3 ● Entwickelt in Gruppenarbeit Maßnahmen, die die Gesunderhaltung der Straßenbäume fördern.

Symbiosen – Partner fürs Leben

Flechten

An Baumstämmen, auf Ästen oder Steinen kannst du krustenartige Überzüge sehen (▷ B 2). Das sind Flechten, eine Verbindung von Pilzen und grünen Algen. Der Pilz umhüllt mit seinen kräftigen Hyphen die zarten Algen (▷ B 1). Er fängt Regentropfen aus der Luft auf und leitet sie zu den Algen im Inneren der Flechte weiter. Die Algen betreiben wiederum Fotosynthese. Der Pilz ernährt sich von einem Teil der Fotosyntheseprodukte. Solche Partnerschaften zu gegenseitigem Nutzen nennt man Symbiose. Die Symbiose von Pilz und Alge kann durchaus gestört werden. Flechten nehmen alle Stoffe, die sie zum Leben brauchen, aus der Luft und dem Regen auf. Sie reagieren sehr empfindlich auf Luftverschmutzungen und zeigen eine schlechte Luftqualität an. Flechten dienen daher als Bioindikatoren.

Kein Baum ohne Pilz

Wer oft Pilze sammelt, weiß: In der Nähe von Birken findet man Birkenpilze. Sie bilden mit dem Baum eine Zweckgemeinschaft. Manche Pilzhyphen umspinnen z. B. die Wurzelspitzen eines Baumes, sodass diese verdickt aussehen. Diese Verbindung heißt Mykorrhiza (▷ B 3). Der Pilz nimmt mit seinem weit verzweigten Pilzgeflecht,

2 Flechten wachsen auf Bäumen.

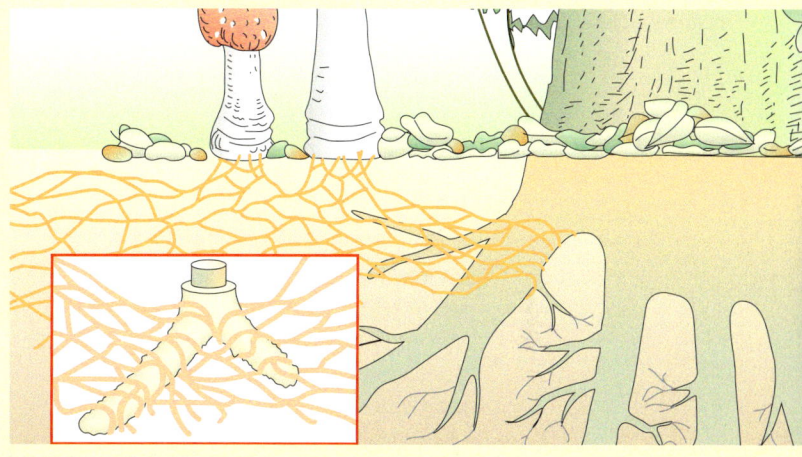

3 Mykorrhiza-Wurzel

dem Mycel, Wasser und Mineralstoffe aus dem Boden auf und leitet sie der Baumwurzel zu. Im Gegenzug entnimmt der Pilz über seine Hyphen dem Baum Nährstoffe.

AUFGABEN

1 ◔ Vergleiche Flechte und Mykorrhiza-Wurzel in einer Tabelle miteinander.

2 ● Definiere den Begriff „Bioindikator" allgemein. Erläutere, ob er Vorteile gegenüber Messgeräten hat.

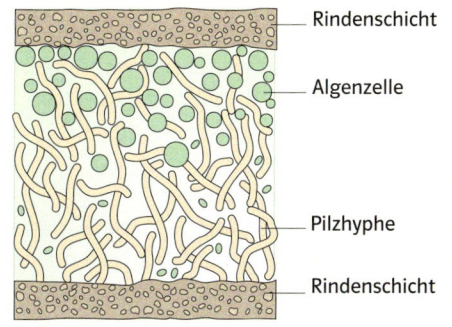

Rindenschicht

Algenzelle

Pilzhyphe

Rindenschicht

1 Schnitt durch eine Flechte, schematisch

85

1 Ruderalfläche – zwischen alten Gleisen entsteht ein neuer Lebensraum.

2 Selbst zwischen Trittsteinen wachsen Pflanzen.

Kulturfolger und Neubürger

Wo sich heute unsere Städte ausbreiten, gab es früher nur Wald. Um Siedlungen, Wiesen und Felder anzulegen, rodeten die Menschen Wälder und zerstörten so die natürlichen Lebensräume.

3 Ein etwas ungewöhnlicher Nistplatz

Wildpflanzen als Kulturfolger

Einige Pflanzenarten haben diese Umwandlung ihres ursprünglichen Lebensraumes überstanden. Sie wachsen heute auf nicht mehr genutzten Flächen, z. B. alten Gleisanlagen, stillgelegten Fabriken sowie unbebauten Grundstücken. Solche Flächen nennt man **Ruderalflächen** (▷ B 1). Der Boden dieser Flächen wird durch Müll, Kot und sonstige Abfälle mit Mineralstoffen gedüngt. Deshalb finden verschiedene Pflanzenarten dort gute Lebensbedingungen. Auch in den Ritzen zwischen Pflastersteinen siedeln sich Pflanzen an (▷ B 2).

Anpassen oder flüchten

Manche Tiere, z. B. Kaninchen, Haussperling und Ratte, konnten sich an die neuen Lebensbedingungen gut anpassen und ökologische Nischen bilden (▶ S. 68/69). Man nennt diese Lebewesen **Kulturfolger**.

Städte und Dörfer bieten ihnen gute Lebensbedingungen. Oft leben Kulturfolger eng mit Menschen und Haustieren zusammen. Konnten sich Tiere nicht an die neuen Lebensbedingungen anpassen, wanderten sie ab. Es sind **Kulturflüchter.**

Kulturfolger ändern ihr Verhalten

Viele Kulturfolger verhalten sich in der Stadt anders als in ihrem ursprünglichen Lebensraum. Lebt das Eichhörnchen im Wald, kann man es nur selten aus der Nähe beobachten, es flüchtet sofort. Im Stadtpark hingegen verliert es seine Scheu und bettelt sogar um Futter.
Für eine Meise kann ein Briefkasten als Ersatz für eine Bruthöhle in einem Baum dienen (▷ B 3).

Aus aller Herren Länder

In die Städte gelangten – unbeabsichtigt oder gewollt – auch viele Pflanzen und Tiere aus anderen Regionen der Erde. So fühlt sich auf Gleisanlagen der Schmetterlingsflieder wohl. Er stammt ursprünglich aus China. Ebenfalls aus China stammt der Chinesische Götterbaum, der unsere heimischen Baumarten verdrängt (▷ B 4). An Gewässern kann man häufig die Nilgans sehen, deren Heimat Afrika ist (▷ B 5). Sie verhält sich anderen Wasservögeln gegenüber aggressiv und verdrängt diese aus ihrem Lebensraum. Auch frei

lebende Papageien sind in der Stadt keine Seltenheit mehr. Der Halsbandsittich, ursprünglich in Afrika und Asien beheimatet, bevölkert inzwischen viele Innenstädte. Diese erst in den letzten Jahrzehnten eingeschleppten Tiere finden offenbar in den Städten alles, was sie zum Überleben brauchen. Man nennt sie **Neubürger**.

Kulturfolger sind Lebewesen, die mit den Lebensbedingungen in der Stadt gut zurechtkommen. Neubürger gelangten erst in den letzten Jahrzehnten in die Städte.

AUFGABEN

1 ○ Erläutere den Begriff „Kulturfolger" mit eigenen Worten.

2 ○ Zähle Gründe auf, weshalb manche Ruderalflächen reich an Mineralstoffen sind.

3 ◐ Diskutiert Pro und Contra der Fütterung von Wildtieren in der Stadt.

4 ◐ Erläutere, welche Gefahren von Neubürgern ausgehen können.

5 ● Der Waschbär ist ebenfalls ein Neubürger. Bereite ein Referat vor, in dem du erläuterst, wie er an das Leben in der Stadt angepasst ist.

6 ● Formuliere eine Vermutung, wie sich die steigenden Temperaturen in den Städten auf die „Neubürger" auswirken könnten.

4 Chinesischer Götterbaum

5 Nilgans

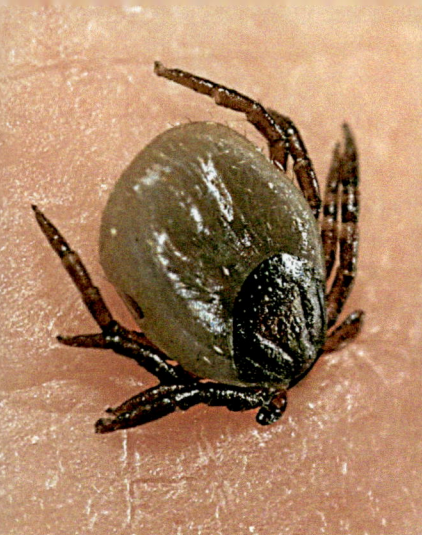

1 Zecke vor dem Saugen   **2** Mundwerkzeug der Zecke (530 x vergr.)   **3** Zecke nach dem Saugen

Parasiten – Leben auf Kosten anderer

Wenn Katzen von ihren Streifzügen durch die Gärten, den Stadtpark oder den nahe gelegenen Wald zurückkehren, kommt es vor allem im Frühjahr und Sommer immer wieder vor, dass sich in ihrer Haut eine **Zecke** festgesetzt hat (▷ B 1).

Zecken – blutsaugende Parasiten

Zecken sind kleine **Spinnentiere**, die an Waldrändern, in Hecken oder auf Wiesen leben. Streift ein Säugetier im Vorbeigehen den Strauch, das Gebüsch oder den Grasbüschel, auf dem eine Zecke sitzt, krabbelt das Spinnentier auf sein „Opfer".
Dort sucht sich die Zecke dann eine gut durchblutete, dünne Hautstelle und ritzt sie mit ihren **Mundwerkzeugen** auf. In der kleinen Wunde hält sich die Zecke mit einem zungenartigen, mit Widerhaken versehenem Mundwerkzeug fest (▷ B 2).

Während die Zecke Blut saugt, kann ihre Masse um das 100- bis 200-Fache ansteigen (▷ B 3). Das „Opfer" bekommt davon nichts mit, denn die Zecke hat beim Stich mit ihrem Speichel ein **Betäubungsmittel** abgegeben. Damit das Blut beim Saugen nicht gerinnt, sondern flüssig bleibt, enthält der Speichel außerdem ein **gerinnungshemmendes Mittel**.

Parasiten schädigen ihre Wirte

Zecken sind **Parasiten**. Parasiten leben auf Kosten anderer. Das bedeutet, dass sie – anders als bei den Partnern in einer Symbiose – keinerlei „Gegenleistung" für das andere Lebewesen erbringen. Diese Lebensform gibt es sowohl im Tier- als auch im Pflanzenreich. Parasiten entziehen ihrem **Wirt** Stoffe, die sie für ihre Ernährung oder Entwicklung brauchen. Dadurch **schädigen** sie den Wirt, töten ihn aber nicht. (► System, S. 210/211)

Zecken sind Krankheitsüberträger

Mit dem Speichel der Zecke können Krankheitserreger wie Viren und Bakterien in das Blut des Wirtes gelangen. Ein gefährliches Virus ruft bei rund 10 % der infizierten Menschen die **Frühsommer-Hirnhautentzündung (FSME)** hervor. Gegen diese Virusinfektion ist eine aktive Immunisierung möglich (► S. 30/31).

Mit dem Speichel von 30 bis 35 % aller Zecken kann auch der Erreger der **Borreliose**, ein Bakterium, übertragen werden. Oft bildet sich innerhalb von vier Wochen eine ringförmige Rötung um die Einstichstelle, **Wanderröte** genannt. Spätestens dann bekommt man ein Antibiotikum verschrieben.

Der Fuchsbandwurm

Füchse sind heutzutage zunehmend auch im Stadtgebiet anzutreffen. Wie ihre waldbewohnenden Verwandten können auch sie mit dem **Fuchsbandwurm** befallen sein. Dieser ca. 4 mm lange Parasit lebt im Erwachsenenstadium im Dünndarm des **Endwirtes** Fuchs, aber auch im Darm von Hund und Katze, wenn sie infizierte Mäuse gefressen haben.

Anders als Fuchs, Katze oder Hund sind die Nagetiere die **Zwischenwirte** für die Larven des Fuchsbandwurms. Die Mäuse nehmen die Eier des Fuchsbandwurms mit der Nahrung auf. In ihrer Leber entwickelt sich dann die Bandwurm-Larve zur **Finne**. Frisst nun der Fuchs eine infizierte Maus, schließt sich der Kreislauf: Im Darm des Fuchses entwickelt sich die Finne zum geschlechtsreifen Bandwurm (▷ B 4).

Außen- und Innenparasiten

Die **Zecke** setzt sich außen auf der Haut ihres Wirtes fest. Sobald sie vollgesaugt ist, fällt sie wieder ab. Die Zecke ist ein **Außenparasit**. Als Spinnentier muss sie sich während ihrer Entwicklung mehrfach häuten. Das erste Larvenstadium lebt beispielsweise auf einer Maus. Nach der ersten Häutung sucht die Zecke ein größeres Wirtstier. Nach einer weiteren Häutung ist sie geschlechtsreif.

Der **Fuchsbandwurm** ist ein **Innenparasit** mit einem **Wirtswechsel**. Die Larven und der geschlechtsreife Wurm leben in unterschiedlichen Wirten. Nehmen wir Menschen jedoch mit Beeren oder Pilzen Fuchsbandwurm-Eier auf, wird die weitere Entwicklung des Parasiten unterbrochen: Der Mensch ist ein **Fehlwirt** (▷ B 4).

Parasiten leben von anderen Organismen. Sie schwächen ihren Wirt allmählich, töten ihn aber nicht. Die Zecke ist ein Außenparasit ohne Wirtswechsel. Der Fuchsbandwurm ist ein Innenparasit mit Wirtswechsel.

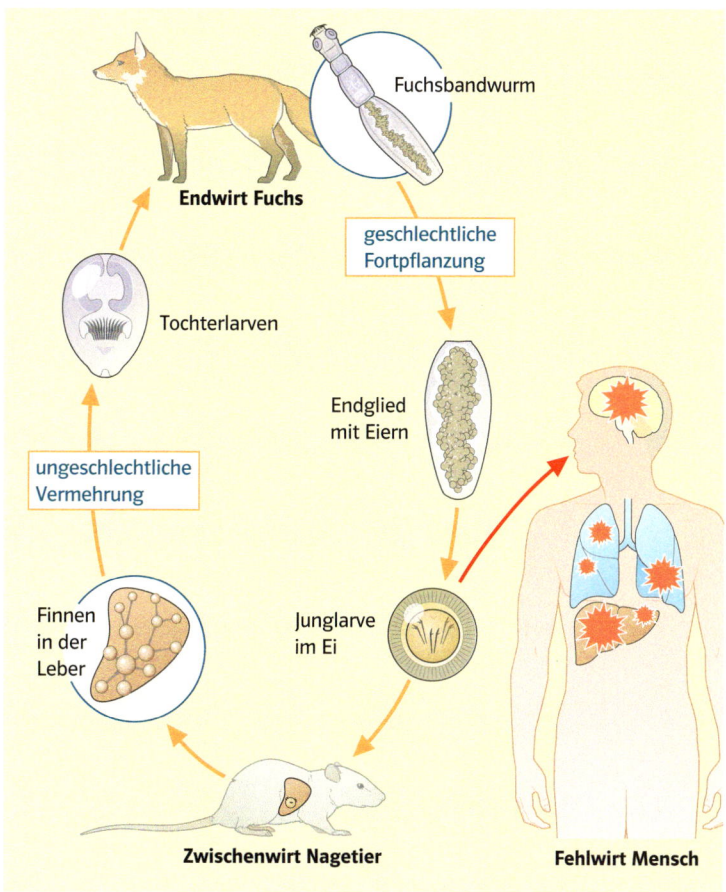

4 Entwicklungszyklus des Fuchsbandwurms

AUFGABEN

1 ○ Beschreibe den Unterschied zwischen Außen- und Innenparasit.

2 ◐ Stelle Parasitismus und Symbiose einander gegenüber und suche nach jeweils einem weiteren Beispiel.

3 ◐ Vergleiche die Entwicklungszyklen von Zecke und Fuchsbandwurm.

4 ◐ Erläutere die Begriffe Räuber, Beute, Parasit, Wirt, Zwischenwirt und Fehlwirt.

5 ● Stelle eine Vermutung an, warum die Stadtkerne von Großstädten bislang „wurmfrei" sind, obwohl es dort Füchse gibt.

6 ● Informiere dich darüber, wie man in Baden-Württemberg den Fuchsbandwurm bekämpft, und berichte.

Nahrungsbeziehungen in der Stadt

Gestörtes Gleichgewicht

Das natürliche Verhältnis von Produzenten und Konsumenten ist in der Stadt nicht ausgeglichen. Im Vergleich mit einem natürlichen Ökosystem, z. B. einem Wald, gibt es in der Stadt viel zu wenige Produzenten, um alle Konsumenten ernähren zu können. Dafür ist die Anzahl der Erst-, Zweit- und Endkonsumenten zu hoch (▷ B1).

Abfälle – eine zusätzliche Nahrungsquelle

Die Stadt bietet vielen Tieren jedoch eine zusätzliche Nahrungsquelle: den **Müll**. Weggeworfene Lebensmittel sind für viele Tiere ein gefundenes Fressen.

Und nicht nur Erst- und Zweitkonsumenten ernähren sich von den Abfällen. Auch Endkonsumenten wie Waschbären, Wildschweine und Füchse haben die Nahrungsquelle „Müll" für sich entdeckt. Immer mehr dieser Wildtiere zieht es in die Vorstädte, wo sie sich aus Mülltonnen und Kompostanlagen bedienen.

Bei den Nahrungsbeziehungen besteht in der Stadt ein Ungleichgewicht zwischen Produzenten und Konsumenten: Es gibt zu wenige Produzenten, um die vielen Konsumenten ernähren zu können.

AUFGABEN

1 ○ Beschreibe, wie sich die Nahrungsbeziehungen in der Stadt von den natürlichen unterscheiden.

2 ◒ Erkläre, wieso in einer Stadt so viele Konsumenten leben können.

3 ● Stelle eine Vermutung darüber an, wie sich eine vom Menschen verlassene Stadt entwickeln würde. Zeichne ein Bild dazu in dein Heft.

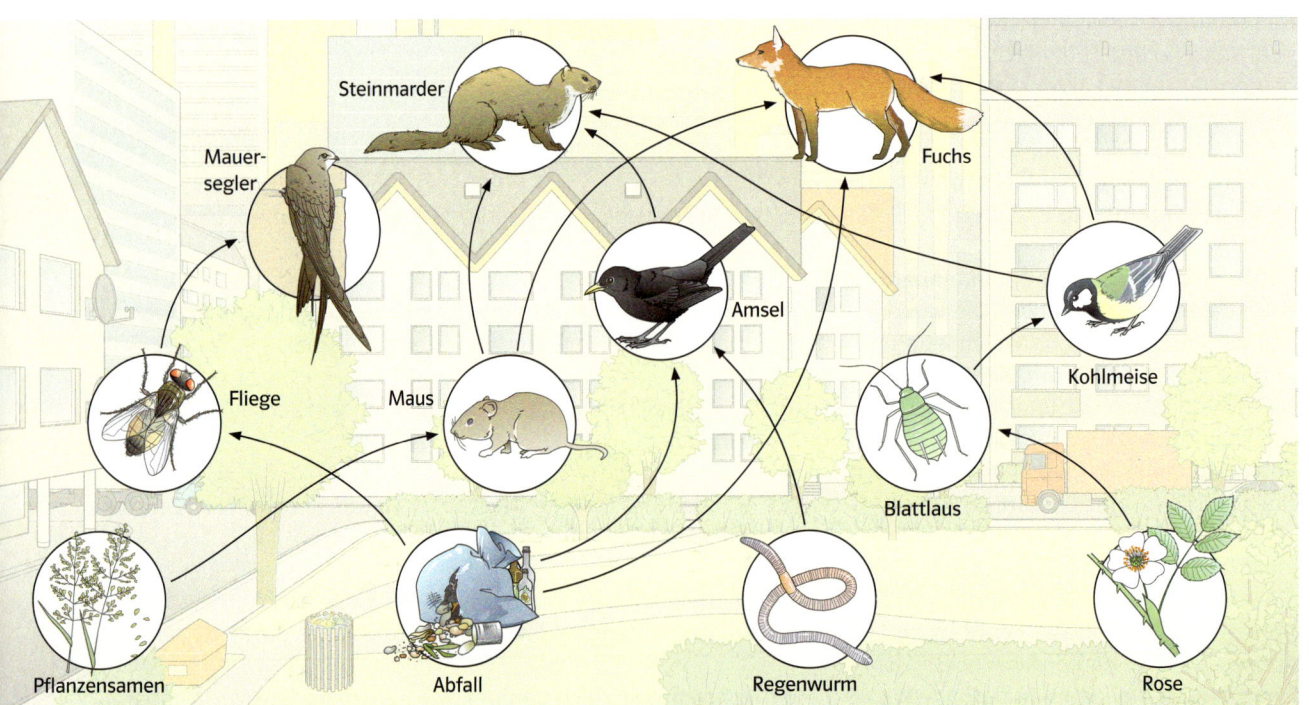

1 Das Nahrungsnetz in der Stadt

Die Biomassenpyramide in der Stadt

Die Biomassenpyramide steht kopf

Möchte man für die Stadt eine Biomassenpyramide (► S. 67, B 3) erstellen, stößt das
auf gewisse Schwierigkeiten: Nimmt man
ausschließlich die städtischen Produzenten
als Basis der Pyramide, so fällt diese sehr
schmal aus. Auf der Ebene der Primär- und
Sekundärkonsumenten wird die Pyramide
dann breiter. Bei den Endkonsumenten
verschmälert sie sich wieder.

Konsument Mensch

In den Nahrungsbeziehungen der Stadt
(► S. 90, B 1) fehlt eine wesentliche Konsu-
menten-Gruppe: die Menschen. Wir lassen
uns nur schwer in eine solche Biomassenpyramide einfügen. Als „Allesesser"
können wir uns auf verschiedenen Ebenen
der Konsumenten in den Nahrungsbeziehungen einordnen, denn wir sind sowohl
Primär- als auch Endkonsumenten.

Keine Basis, kein Kreislauf

Abgesehen von ein wenig Gemüse, Obst
und vielleicht ein paar Eiern reicht jedoch
das Angebot an Nahrungsmitteln, die im
Ökosystem Stadt produziert werden, nicht
für unsere Ernährung. Die Produzenten, die
letztlich Grundlage aller unserer Nahrungsmittel sind, wachsen im Wesentlichen auf
Äckern und Feldern außerhalb der Stadt.
Ob pflanzlich oder tierisch: Unsere Lebensmittel werden also außerhalb der Stadt
erzeugt, manche sogar auf anderen Kontinenten, und müssen in die Stadt gebracht
– „importiert" – werden. Somit reicht die
Basis der „Biomassenpyramide Stadt" weit
in andere Ökosysteme hinein.

Auch die Beseitigung der Nahrungsabfälle
erfolgt – trotz vieler zusätzlicher tierischer
Konsumenten – nicht vollständig in der
Stadt. Die Entsorgung findet in Kompos-
tier- und Biovergärungsanlagen oft weit

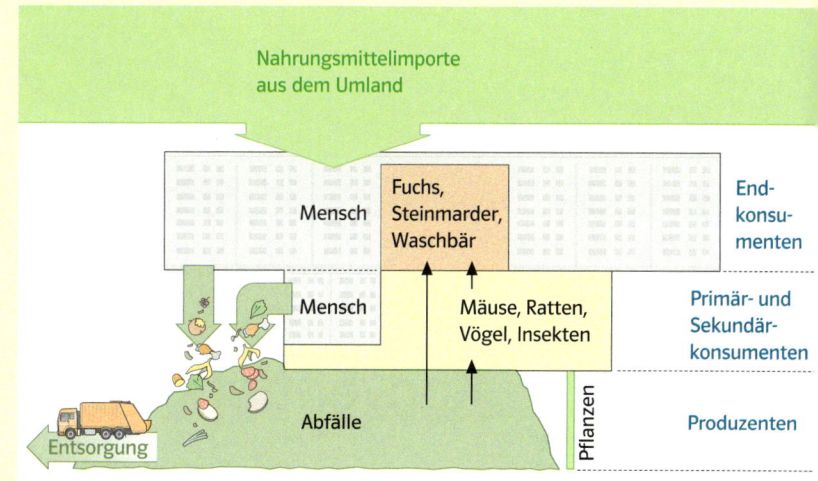

1 Die „verkehrte" Biomassenpyramide

weg vom Entstehungsort statt. Im Ökosystem Stadt gibt es deshalb keinen vollständigen Stoffkreislauf.

Ohne eigenen Stoffkreislauf und eine
eigene, breite Basis ist die Stadt kein unab-
hängiges, autarkes Ökosystem – sie ist von
anderen Ökosystemen abhängig.

AUFGABEN

1 ⊖ Erläutere die Aussage von Bild 1 und
   beschreibe die Rolle des Menschen
   darin.

2 ⊖ Vergleiche die Biomassenpyramide
   (▷ B 1) mit der Biomassenpyramide auf
   Seite 67. Erkläre und begründe Gemein-
   samkeiten und Unterschiede.

3 ● „Eigentlich gibt es in der Stadt zwei
   „Ökosysteme", die sich an wenigen
   Stellen überschneiden." Begründe diese
   Aussage.

1 Konventionelle Landwirtschaft: Monokultur

Konventionell oder ökologisch?

In Deutschand werden rund 53% der Fläche landwirtschaftlich genutzt. Darauf sollen Nahrungsmittel für knapp 83 Millionen Menschen erzeugt werden, von denen viele in der Stadt wohnen. Wir können uns schon lange nicht mehr selbst versorgen, sondern sind auf **Importe** von Nahrungsmitteln angewiesen.

Die konventionelle Landwirtschaft

Die meisten Menschen wollen möglichst billige Nahrungsmittel. Deshalb mussten Landwirte ihre **Anbau**- und **Wirtschaftsweise** der steigenden Nachfrage anpassen. Das geht nur mit einer immer stärkeren **Intensivierung** und **Technisierung** der Betriebe.

Viele Bauernhöfe wurden deshalb zu Unternehmen umgestaltet, die mit teuren Hightech-Maschinen arbeiten. Das lohnt sich nur in möglichst großen Betrieben. Landwirte heute brauchen neben dem Wissen um Nutzpflanzen und -tiere viel technisches Wissen und Können.
95% aller Bauernhöfe wirtschaften **konventionell**. Die meisten haben sich zudem auf Viehhaltung oder auf Ackerbau spezialisiert.

Konventioneller Ackerbau

Die heutigen Nutzpflanzen liefern wesentlich höhere Erträge als früher (► S. 146). In reinen Ackerbaubetrieben werden oft nur eine oder zwei Pflanzenarten angebaut. Diese **Monokulturen** beanspruchen die Mineralstoffe des Bodens einseitig (▷ B 1). Um dennoch einen ausreichend hohen Ertrag zu erwirtschaften, sind große Mengen an **Dünger** erforderlich (► S. 94/95). Auch müssen vermehrt **Pflanzenschutzmittel** eingesetzt werden, da Monokulturen gegenüber Schädlingen sehr anfällig sind. (► Entwicklung, S. 214/215)

Konventionelle Viehhaltung

Die **Viehhaltung** ist ebenfalls hoch spezialisiert. In den Betrieben wird meist nur eine Tierart, vor allem Schweine, Milchkühe oder Hühner, in großer Stückzahl gehalten. Bei dieser Form der **Massentierhaltung** können sich in den Ställen leicht Krankheiten ausbreiten, die mit Medikamenten behandelt werden müssen.

Meist reicht das auf den eigenen Feldern angebaute Futter für die Versorgung des Viehs nicht aus und es muss teures Spezialfutter zugekauft werden.

Ökologische Landwirtschaft

Immer mehr Verbraucher und auch Landwirte selbst lehnen die konventionelle Landwirtschaft ab. Sie wollen wenig künstlich erzeugte Dünger und Pflanzenschutzmittel einsetzen und durch eine möglichst **artgerechte Tierhaltung** für mehr Tierwohl sorgen (▷ B 2). Dadurch sinkt die Anfälligkeit der Tiere gegen Krankheiten, sodass weniger Medikamente gegeben werden müssen. Diese Form der Landwirtschaft nennt man **ökologische Landwirtschaft**. Sie versucht, möglichst im Einklang mit der Natur zu wirtschaften.

Ökologischer Ackerbau

Beim ökologischen Ackerbau behandelt man den Boden möglichst schonend. Der Einsatz schwerer Maschinen wird vermieden und gedüngt wird nur mit **Mist** und **Gülle**, die im eigenen Betrieb anfallen. Zusätzlich nutzt man die **Gründüngung**: Man baut Pflanzen an, die später auf dem Feld verrotten und untergepflügt werden. Dadurch wird der Boden mit Nitraten angereichert. Zugleich verbessert die Gründüngung die Lebensbedingungen der Bodenlebewesen, da sie den natürlichen Abbauvorgängen entspricht. Meist werden Pflanzensorten angebaut, die gegen Schädlingsbefall **resistent** sind. Treten dennoch Schädlinge auf, bekämpft man sie mit nicht synthetisch hergestellten Pflanzenschutzmitteln.

Die Verbraucher entscheiden

„Ökobauernhöfe", wie sie oft genannt werden, haben einen höheren Arbeitsaufwand als konventionell arbeitende Betriebe. Deshalb sind diese Höfe kleiner als in der konventionellen Landwirtschaft. Infolgedessen sind Produkte aus dem ökologischen Landbau in der Regel teurer als die aus konventionellen Betrieben. **Öko-Produkte** enthalten weniger Schadstoffe und werden umweltschonend hergestellt. Die Verbraucher müssen sich also entscheiden: Wollen sie möglichst billige Produkte, deren Herkunft und Erzeugung nicht so

2 Schweinehaltung in einem Öko-Betrieb

wichtig sind. Oder sind sie bereit, mehr Geld für Lebensmittel auszugeben – und wählen ökologisch erzeugte Bioprodukte.

Die konventionelle Landwirtschaft arbeitet mit Produktionsmethoden, die hohe Erträge bringen sollen.
Die ökologische Landwirtschaft erwirtschaftet weniger, setzt dafür aber auf artgerechte Tierhaltung und abwechslungsreichen Anbau.

AUFGABEN

1 ○ Stelle die Unterschiede zwischen konventioneller und ökologischer Landwirtschaft in einer Tabelle dar.

2 ○ Erkläre, was der Begriff „Gründüngung" bedeutet.

3 ◐ Erläutere, warum die Betriebe in der konventionellen Landwirtschaft größer sind als Biobetriebe.

4 ◐ Beschreibe, was eine „ökologische Landwirtschaft" auszeichnet.

5 ● „Tierwohl" ist inzwischen ein anerkannter Begriff, für den es ein eigenes Tierwohlsiegel geben soll. Informiere dich und berichte.

6 ● Stelle die Zusammenhänge zwischen Verbraucherverhalten und Art der Landwirtschaft her. Erläutere sie an einem Beispiel aus dem Pflanzenanbau und einem aus der Tierhaltung.

Pflanzen brauchen Mineralstoffe

Wer einen Schrebergarten hat, weiß: Will man viel Gemüse und Obst ernten, muss man düngen. Ohne ausreichende Düngung gedeiht auch im Blumentopf keine Pflanze. Das gilt erst recht für die Landwirtschaft.

Dünger enthalten Mineralstoffe

Pflanzen benötigen zum Wachsen und Blühen **Mineralstoffe**, die sie, in Wasser gelöst, mit ihren Wurzeln aus dem Boden aufnehmen. Die meisten Dünger sind Verbindungen mit Kalium, Calcium und Magnesium. Stickstoff liegt in Düngern in Form von **Nitraten** und Phosphor als **Phosphat** vor. Bei den verschiedenen Stoffwechselvorgängen bauen Pflanzen die Mineralstoffe in ihre Substanz ein.

Mineralstoffe aus dem Boden

Die von den Pflanzen benötigten Mineralstoffe stammen aus zwei Quellen: Zum einen werden bei der **Verwitterung** aus dem Gestein im Untergrund des Boden ständig Mineralstoffe freigesetzt. Zum anderen sind es die Abfälle der Pflanzen und Tiere. Sie werden von den Destruenten zersetzt und schließlich von Bakterien bis in ihre kleinsten Bausteine abgebaut (► S. 66). Diesen Prozess nennt man **Mineralisierung**. In einem natürlichen Ökosystem stehen so den Pflanzen immer ausreichend Mineralstoffe zur Verfügung.

Die Ernte unterbricht den Kreislauf

Bei der Ernte werden dem Acker oder auch dem Gartenboden entweder die ganzen Pflanzen oder nur die Früchte entzogen (▷ B1). Damit fehlt den Destruenten im Ackerboden die Nahrung. Sie können nicht mehr für den „Nachschub" an Mineralstoffen sorgen. Der **natürliche Stoffkreislauf** (► S. 96) ist unterbrochen.

Ausgleich durch Düngung

Fehlende Mineralstoffe müssen durch Düngung ersetzt werden. Hierbei gibt es zwei grundsätzlich verschiedene Wege. In der Landwirtschaft verwendet man meist Dünger, der industriell hergestellt wurde. Dieser enthält die von den Pflanzen benötigten Mineralstoffe in ausreichender Menge und in der richtigen Zusammensetzung. Dieser **Mineraldünger** ist wasserlöslich, sodass die Pflanzen die Mineralstoffe im feuchten Boden sofort aufnehmen können.

Die zweite Düngerform sind Mist oder Gülle. Weil diese aus den Ausscheidungen von Tieren und Stroh bestehen, bezeichnet man sie als **organische Dünger** (► S. 93). Organische Dünger müssen im Boden erst noch von den Destruenten zersetzt und in Mineralstoffe überführt werden; sie sind also zunächst Nahrung für die

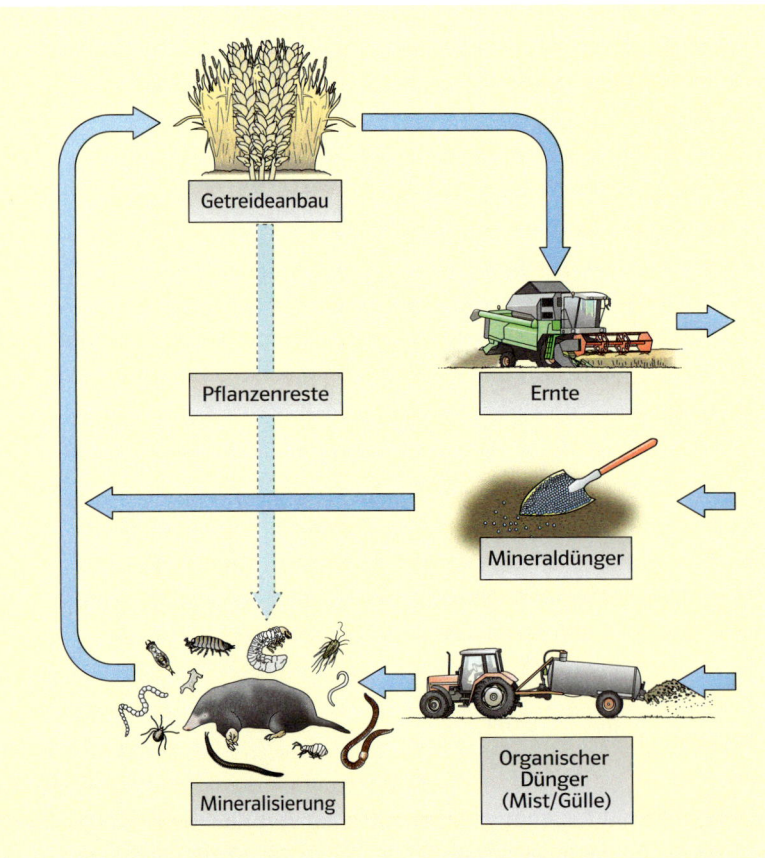

1 Der Stoffkreislauf auf einem Acker

Getreideanbau

Pflanzenreste

Ernte

Mineraldünger

Mineralisierung

Organischer Dünger (Mist/Gülle)

2 Justus von Liebig (1803–1873)

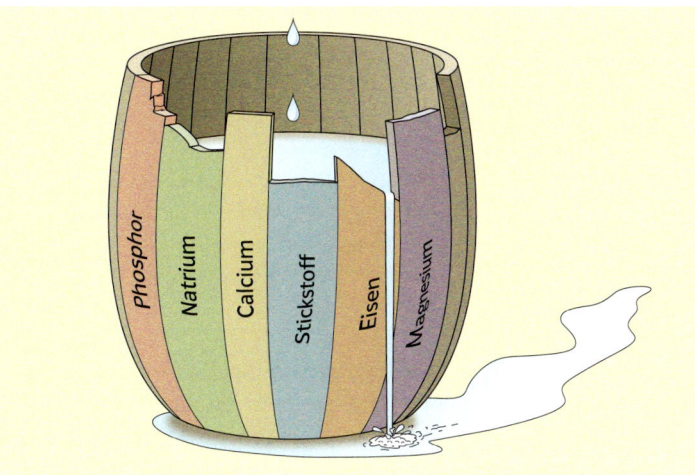

3 Gesetz vom Minimum: Beispiel Mineralstoffe

Bodenlebewesen. Mit organischem Dünger wird der natürliche Stoffkreislauf nachgeahmt.

Das „Gesetz vom Minimum"

Unerfahrene Gärtner denken fälschlicherweise, dass viel Dünger hohe Erträge bringt – und sind dann enttäuscht, dass manche Pflanze trotzdem weder blüht noch Früchte trägt. Das kann u. a. daran liegen, dass die Pflanzen neben den genannten Mineralstoffen noch **Spurenelemente** benötigen, z. B. Eisen, Kupfer oder Bor. Diese müssen nur in geringsten Mengen im Dünger vorkommen – ohne sie fehlt den Pflanzen jedoch etwas Wichtiges.

Diesen Zusammenhang erkannte der deutsche Chemiker Justus von Liebig und bezog in seine Überlegungen auch die abiotischen Faktoren (▶ S. 50/51) mit ein, z. B. das Licht. Von Liebig formulierte seine Erkenntnisse im „**Gesetz vom Minimum**" (▷ B 3): Das Wachsen und Gedeihen einer Pflanze wird von demjenigen **Wachstums- faktor** bestimmt, bei dem die Pflanze einen Mangel hat. Das kann ein Mineralstoff sein, der in zu geringer Konzentration vorliegt, aber auch fehlendes Wasser oder zu wenig Licht. Dieser **Minimumfaktor** kann aber nicht dadurch ausgeglichen werden,

dass stattdessen ein anderer Faktor im Übermaß zugegeben wird.

Pflanzen benötigen Mineralstoffe zum Wachsen und Gedeihen. Fehlende Mineral- stoffe führen zu Mangelerscheinungen. Das „Gesetz vom Minimum" besagt, dass der Wachstumsfaktor, der unterhalb der benötigten Menge vorliegt, das gesamte Wachstum einer Pflanze bestimmt.

AUFGABEN

1 ○ Beschreibe die Anreicherung des Bodens mit Mineral- stoffen mithilfe von Bild 1.

2 ○ a) Formuliere das „Gesetz vom Minimum" mit eigenen Worten.
b) Veranschauliche es an einem Beispiel.

3 ◐ Erkläre, warum beim Düngen die Aussage „Viel hilft viel" nicht gilt.

4 ◐ Vergleiche die unterschiedlichen Formen der Düngung in einer Tabelle.

5 ● Erläutere, warum eine Überdüngung schädlich für den Boden ist.

6 ● Gilt das Gesetz vom Minimum auch für Tiere und Menschen? Überlege und begründe.

Stoffkreisläufe

Pflanzen erzeugen Biomasse, die über Nahrungsketten an alle Lebewesen in einem Ökosystem verteilt wird. Doch woher nehmen die Produzenten die benötigten Ausgangsstoffe?

Der Kreislauf der Stoffe

Alle Abfallstoffe in einem Wald, z. B. das Falllaub, abgebrochene Äste, die

Ausscheidungen von Tieren oder deren Kadaver, gelangen auf den Boden. Dort macht sich ein Heer von Zersetzern, die Destruenten, über die Abfälle her (▷ B 1). Diese enthalten noch wertvolle Nährstoffe und Energie, welche die Destruenten für sich nutzen können.

Beim Abbau der Abfälle werden nach und nach die Mineralstoffe freigesetzt. Die Pflanzen nehmen mit ihren Wurzeln die in Wasser gelösten Mineralstoffe auf und bauen sie in ihre Biomasse ein.

Dieser Kreislauf der Stoffe findet in einem ungestörten Ökosystem auf einem begrenzten Raum statt. Man spricht daher auch von einem „lokalen Stoffkreislauf".

Kohlenstoff und Sauerstoff

Das Element Kohlenstoff (C) ist ein wichtiger Bestandteil der Lebewesen. Er kommt in allen Substanzen vor, aus denen Lebewesen bestehen.

Die Pflanzen nehmen den Kohlenstoff in Form von Kohlenstoffdioxid (CO_2) aus der Luft auf und bauen ihn in ihre Biomasse ein. Über die Nahrungskette gelangt der Kohlenstoff danach in alle anderen Organismen.

Auch Sauerstoff (O) ist ein wichtiger Bestandteil der Substanzen, aus denen Lebewesen bestehen. Die Pflanzen bilden Sauerstoff bei der Fotosynthese und geben ihn an die Luft ab (▷ B 2). Menschen, Tiere, Pilze und viele Bakterien benötigen diesen Sauerstoff für die Atmung.

Zellatmung

In den Organismen muss der Sauerstoff zu jeder Zelle gelangen, denn dort wird er für die Energiegewinnung benötigt. Fast alle

Sonnenlicht

CO_2

O_2

Produzenten

Zweitkonsumenten

Erstkonsumenten

Endkonsumenten

Laubfall

Ausscheidungen

Kadaver

Mineralstoffe und Wasser (H_2O)

Destruenten

1 Der Kreislauf der Stoffe

Lebewesen gewinnen Energie durch die Zellatmung. Dabei ensteht Kohlenstoffdioxid. Es entweicht in die Atmosphäre, von wo es die Pflanzen wieder aufnehmen. Damit ist auch der Kohlenstoffkreislauf geschlossen (▷ B 2).

Kohlenstoff- und Sauerstoffkreislauf

Die Weitergabe von Kohlenstoff und Sauerstoff ist eng miteinander gekoppelt (▷ B 2). Bei der Fotosynthese wird der Sauerstoff erzeugt, den alle Organismen für die Zellatmung benötigen. Auf der anderen Seite verwerten die Pflanzen bei der Fotosynthese das Kohlenstoffdioxid, das bei der Zellatmung aller Organismen entsteht. Einzelne Abschnitte des Kohlenstoff- und Sauerstoffkreislaufs laufen in der Luft ab.

Der Stickstoff

Das Element Stickstoff (N) benötigen alle Lebewesen zum Aufbau von Proteinen und Nucleinsäuren (► S. 116). Stickstoff ist gasförmig und macht 80 % der Luft aus. Dieser „Luftstickstoff" ist für die Pflanzen jedoch nicht unmittelbar verwertbar. Die meisten Pflanzen können Stickstoff nur in Form von Stickstoffverbindungen, z. B. Nitraten, aufnehmen. Diese Verbindungen entstehen durch die Tätigkeit von Bakterien im Boden.

Über ihre Wurzeln nehmen die Pflanzen die in Wasser gelösten Nitrate auf. Sie bilden mit dem Stickstoff Proteine, die ebenfalls über die Nahrungsketten verteilt werden.

Nur wenige Pflanzen, beispielsweise die Schmetterlingsblütengewächse, können den Stickstoff in der Luft nutzen. Sie leben in Symbiose mit Bakterien, die in knöllchenartigen Wucherungen an den Wurzeln der Pflanzen leben. Diese Knöllchenbakterien wandeln den Stickstoff der Luft in Verbindungen um, die die Pflanzen verwerten können. Schmetterlingsblütengewächse brauchen deshalb keine zusätzliche Stickstoffdüngung.

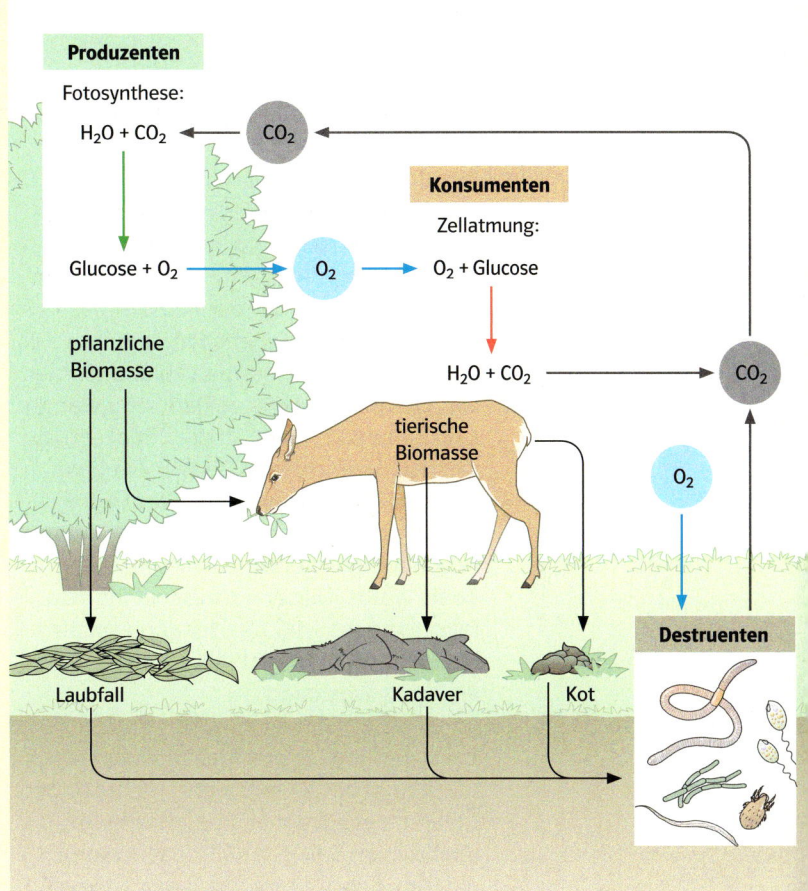

2 Kohlenstoffkreislauf

AUFGABEN

1 ⊖ Erkläre die Aussage: „In der Natur geht nichts verloren."

2 ⊖ Erläutere Bild 2 mit eigenen Worten.

3 ⊖ Beschreibe den Kohlenstoffkreislauf als Geschichte mit einem Kohlenstoffatom als Hauptperson.

4 ⊖ Erkläre wichtige Unterschiede zwischen dem Stoffkreislauf und dem Kohlenstoffkreislauf.

5 ● Begründe, warum Wälder die Erhöhung des Kohlenstoffdioxidgehalts der Luft vermindern können.

6 ● Setze den Textabschnitt über den Stickstoff in eine Zeichnung zum Stickstoffkreislauf um.

Kohle, Erdöl und Erdgas

Gespeicherte Sonnenenergie

Kohle, Erdöl und Erdgas sind **fossile Energieträger**. Der Begriff „fossil" deutet darauf hin, dass sie vor langer Zeit entstanden sind. Dort, wo heute Steinkohle abgebaut wird, standen vor rund 300 Millionen Jahren Wälder aus riesigen Schachtelhalmen und Baumfarnen. Bei der Fotosynthese speicherten sie **Sonnenenergie** in ihrer Biomasse. Die Wälder starben ab und wurden von Gestein verschüttet. Dadurch gelangte kein Sauerstoff mehr an die Pflanzenreste, weshalb sie nicht vollständig abgebaut wurden. Zunächst entstand **Torf** (▷ B 1), der unter dem enormen Druck der darauf liegenden Ablagerungen allmählich zu Kohle wurde. Diesen Prozess nennt man **Inkohlung** (▶ S. 167). In der Kohle ist also letztlich 300 Millionen Jahre alte Sonnenenergie gespeichert

Erdöl und Erdgas aus Kleinstlebewesen

Wie in den heutigen Ozeanen, lebte in den Meeren der Karbonzeit bereits **Phytoplankton** (▶ S. 56, S. 170/171). Wie heute, nutzten die winzigen Algen auch damals die Sonnenenergie zur Fotosynthese. Ihre Biomasse wurden vom Zooplankton gefressen (▶ S. 55). Die Überreste der Kleinstlebewesen sanken auf den Meeresboden

(▷ B 2). War das Meer sehr tief, gab es am Grund nur wenig oder keinen Sauerstoff mehr. In diesem sauerstoffarmen Wasser konnte das Plankton nicht vollständig zu Mineralstoffen abgebaut werden. Nach und nach wurde es von Schlamm, Sand, Kies und anderen **Sedimenten** bedeckt und die Schicht versteinerte. Durch weitere Ablagerungen nahmen Druck und Temperatur zu. Es bildeten sich **Erdöl** und **Erdgas** und sammelte sich in Hohlräumen des Gesteins an.

Die in Kohle, Erdöl und Erdgas enthaltene Energie ist Sonnenergie, die vor Millionen Jahren durch Fotosynthese in der Biomasse gebunden wurde.

AUFGABEN

1 ○ Erkläre, warum in Erdgas und Erdöl ebenfalls Sonnenenergie steckt.

2 ◓ Beschreibe die Entstehung von Kohle, Erdgas und Erdöl mithilfe von Bild 1 und Bild 2.

3 ● Begründe, warum wir mit fossilen Energieträgern sparsam umgehen sollten. Denke dabei auch an das Klima.

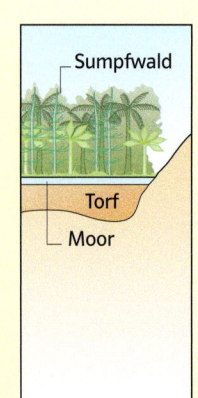 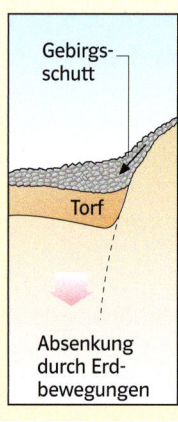 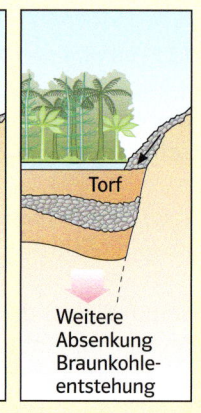

1 Entstehung von Kohle

 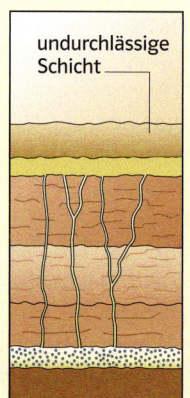 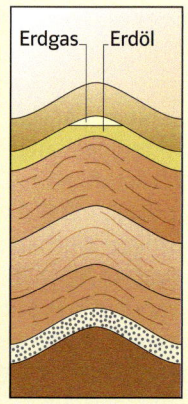

2 Entstehung von Erdgas und Erdöl

Probleme durch fossile Brennstoffe

Die fossilen Brennstoffe lagern oft an schwer zugänglichen Stellen. Da sie immer noch zu den wichtigsten Energieträgern gehören, werden große Risiken in Kauf genommen, um sie zu gewinnen. (► System, S. 210/211)

Kohle

Die jüngste Kohlensorte ist die **Braunkohle**, die „erst" im Tertiär (► S. 170/171) vor 60 Mio. Jahren entstand. Braunkohle liegt nahe unter der Oberfläche und wird deshalb im **Tagebau** gewonnen (▷ B 2). Beim Abbau entstehen riesige Kraterlandschaften. In diesen Gruben muss ständig Grundwasser abgepumpt werden, sodass der Grundwasserspiegel in der Region sinkt. Es dauert lange, bis stillgelegte Tagebauflächen **rekultiviert** werden können. **Steinkohle** liegt meist in mehreren 100 Metern Tiefe. Hier besteht die Gefahr, dass sich der Erdboden metertief absenkt oder die leeren Stollen einbrechen.

Erdöl und Erdgas

Erdöl wird für die Herstellung von Treibstoff und einer Vielzahl von Produkten gebraucht. Deshalb sucht und erschließt man ständig weitere Lagerstätten. Viele von ihnen liegen auf dem Meeresgrund. Beim Umfüllen des Öls auf den Bohrinseln kommt es immer wieder zu Unfällen und großen Umweltkatastrophen (▷ B 1).

2 Braunkohle-Tagebau

Erdgas kann in Gestein eingeschlossen sein, aus dem es nicht entweichen kann. Deshalb wurde das umstrittene **Fracking** entwickelt. Dabei leitet man Chemikalien in das Gestein, um es durchlässig zu machen und das Erdgas daraus zu lösen. Die eingesetzten, giftigen Chemikalien können jedoch das Grundwasser verunreinigen.

Gefahren für das Klima

Bei der Verbrennung fossiler Brennstoffe werden große Mengen an CO_2 frei und reichern sich vermehrt in der Atmosphäre an. Dieses Kohlenstoffdioxid ist eine der Ursachen für den **Treibhauseffekt**.

Förderung, Transport und Verbrennung fossiler Brennstoffe führen immer wieder zu schweren Umweltkatastrophen.

AUFGABEN

1 ○ Zähle für jeden der fossilen Brennstoffe eine Gefährdung auf, die von ihm ausgeht.

2 ◒ Recherchiere fünf Katastrophen, die im Zusammenhang mit der Gewinnung und dem Transport von Erdöl stehen.

3 ● Erkläre, warum beim Verbrennen fossiler Brennstoffe CO_2 frei wird.

1 Brand der Bohrinsel Deepwater Horizon

Schädliche Emissionen

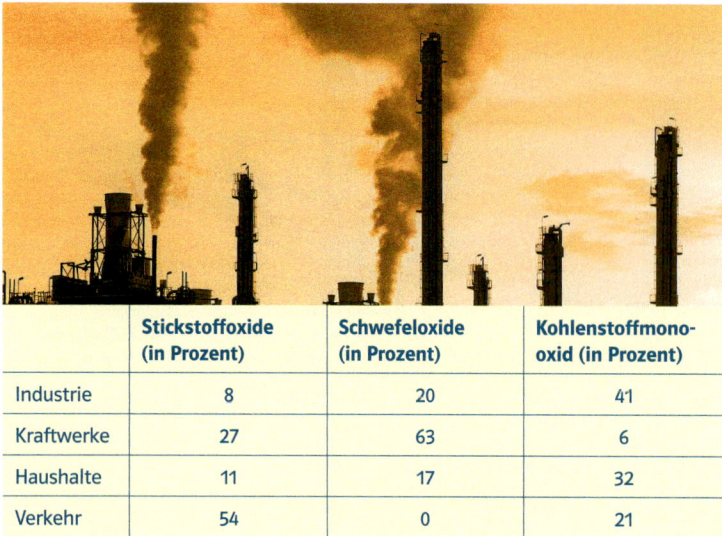

	Stickstoffoxide (in Prozent)	Schwefeloxide (in Prozent)	Kohlenstoffmono-oxid (in Prozent)
Industrie	8	20	41
Kraftwerke	27	63	6
Haushalte	11	17	32
Verkehr	54	0	21

1 Verursacher von Luftschadstoffen

Die fossilen Energieträger werden in vielen Bereichen genutzt: in Kraftfahrzeugen, Kraftwerken, Industriebetrieben und in Haushalten. Bei ihrer Verbrennung wird die in ihnen enthaltene chemische Energie in **Wärmeenergie** umgewandelt.

Schädliche Abgase
Bei der Verbrennung entstehen neben Kohlenstoffdioxid (CO_2) noch weitere Verbindungen. Da sie vom jeweiligen Entstehungsort entweichen, nennt man solche Stoffe **Emissionen**. Dieser Begriff leitet sich vom lateinischen Wort „emittere" ab, was so viel wie „hinausschicken, ausstoßen" bedeutet.

Wie sich diese Emissionen zusammensetzen, hängt davon ab, was verbrannt wird und woher der Rohstoff stammt. Bei der Verbrennung von Kohle und schwerem Heizöl enthalten die Abgase viel **Schwefeldioxid** (SO_2). Aus dem Auspuff der Autos entweichen das giftige **Kohlenstoffmonooxid** (CO) und **Stickstoffoxide** (NO_x). Letztere sind vor allem in den Emissionen von Dieselmotoren enthalten.

Reinigung der Abgase
Da die meisten Abgase giftig und umweltschädlich sind, muss ihre Menge möglichst gering gehalten werden. Deshalb wurden verschiedene Methoden der **Abgasreinigung** entwickelt.
Schon im Jahr 1984 beschloss die Bundesregierung, dass in jedes Kraftfahrzeug ein **Katalysator** eingebaut werden muss. Katalysatoren können einen Teil der Emissionen in weniger schädliche Abgase umwandeln.

Industriebetriebe und Kraftwerke müssen die **Rauchgase entschwefeln**, bevor sie durch den Schornstein in die Luft geblasen werden. Auch in Haushalten wird regelmäßig die Heizungsanlage auf ihren Schadstoffausstoß hin geprüft. Trotz aller Bemühungen wird die Abgasreinigung jedoch immer unvollständig bleiben.

Auswirkungen auf die Umwelt
Die Abgase haben nicht nur Auswirkungen auf Menschen, Tiere und die Vegetation. Sie sind auch an den weltweiten **Klimaveränderungen** beteiligt.
(► System, S. 210/211)

Bei der Verbrennung fossiler Energieträger entstehen Schadstoffe. Ihre Abgabe in die Luft nennt man Emission.

AUFGABEN

1 ○ Nenne zwei Verfahren, durch die Emissionen verringert werden können.

2 ◓ Informiere dich, was man unter dem Treibhauseffekt versteht, und berichte.

3 ● Stelle eine begründete Vermutung an, welche Auswirkungen der erhöhte Gehalt der Luft an Kohlenstoffdioxid und Stickstoffoxiden auf Pflanzen haben könnte.

Die Biosphäre

Die Erde – der blaue Planet
Der größte Teil der Erde ist von Wasser bedeckt. Die Meere sind jedoch keine einheitliche Wasserfläche. In ihnen kann man verschiedene Ökosysteme unterscheiden, z. B. die flachen Schelfmeere an den Küsten oder die bis über 11 000 m tiefe Tiefsee.

Ein Flickenteppich aus Ökosystemen
An Land können wir die Ökosysteme leichter gegeneinander abgrenzen. Wälder, Wiesen, Hochgebirge, Steppen, Wüsten unterscheiden sich ganz deutlich durch den Pflanzenwuchs. Selbst die Wälder sind nicht einheitlich, wenn man an unsere Laub- und Nadelwälder oder die tropischen Regenwälder denkt. Die Ökosysteme sind nicht scharf gegeneinander abgegrenzt. Es gibt jeweils Übergangszonen.

Viele Ökosysteme — eine Biosphäre
Trotz aller Verschiedenheit hängen aber alle Ökosysteme zusammen und auch voneinander ab. Sie bilden eine Biosphäre. Der Begriff bedeutet so viel wie „das belebte Himmelsgewölbe".

Dünn wie eine Seifenblase
Über alle Ökosysteme erstreckt sich eine gemeinsame Lufthülle, die Erdatmosphäre. Sie reicht bis 10 000 km in die Höhe. In den unteren Schichten, der Tropo- und der Stratosphäre, spielt sich unser Klima ab. Die Biosphäre umgibt in einer rund 20 km dicken Schicht den Erdball (▷ B 1). Gemessen am Erdradius von 6371 km ist das nur eine hauchdünne Membran.

Wir Menschen greifen heute massiv in die Ökosysteme und das Klima ein, z. B. durch die Verbrennung fossiler Energieträger und dem Ausstoß schädlicher Emissionen (► S. 98 – 100). Das wirkt sich auf die gesamte Biosphäre aus und wir gefährden den Bestand unseres Planeten.

AUFGABEN

1 ◒ Erläutere die Aussage von Bild 1.

2 ● Beschreibe, wie sich die Zerstörung der Regenwälder auf die gesamte Biosphäre auswirkt.

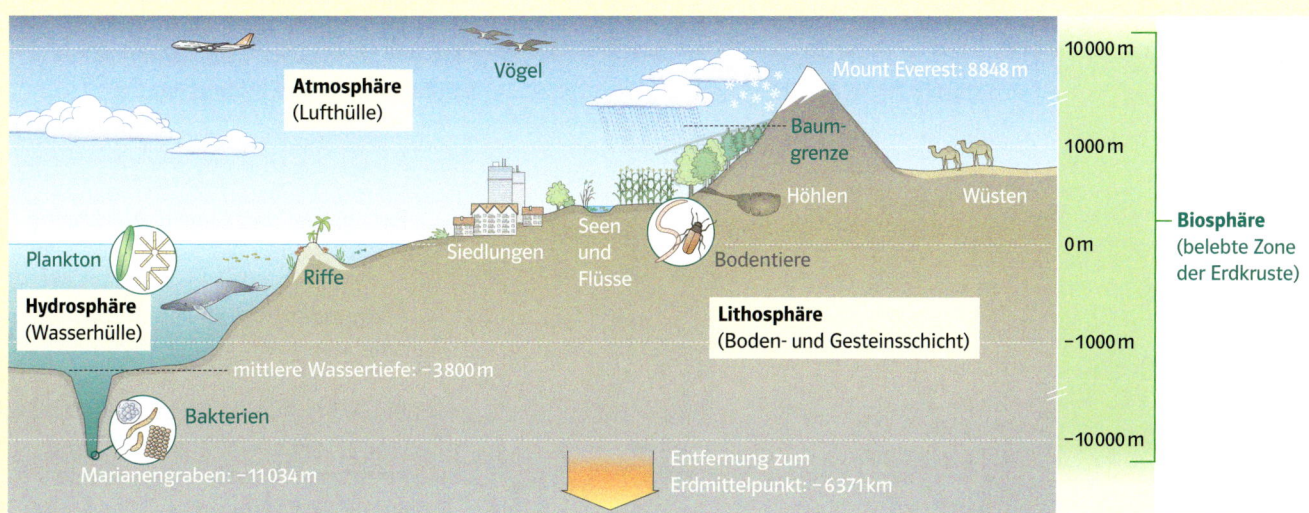

1 Biosphäre – ein schmaler Gürtel

Nachhaltigkeit

1 Der Erhalt einer intakten Natur ist für uns alle unverzichtbar.

Nachhaltigkeit

Der Begriff „Nachhaltigkeit" ist schon alt. Der Forstbeamte HANS VON CARLOWITZ prägte ihn bereits 1713. Er erkannte, dass

man weit vorausdenken muss, wenn man Wälder nachhaltig nutzen will.

Heute spricht man nicht nur in der Forstwirtschaft von **Nachhaltigkeit**. Unsere Rohstoffe werden knapp. Die wachsende Weltbevölkerung braucht mehr Nahrungsmittel und Platz. Damit auch zukünftige Generationen noch eine lebensfreundliche Erde vorfinden, müssen wir nachhaltig denken, planen und wirtschaften.

Die drei Säulen der Nachhaltigkeit

Nachhaltigkeit bezieht sich nicht nur auf den Erhalt der natürlichen Umwelt und damit der **ökologischen Grundlagen**. Die wirtschaftliche Entwicklung eines Landes, die **Ökonomie**, müssen wir ebenfalls berücksichtigen. Bei den Bemühungen um Nachhaltigkeit muss man darauf achten, dass wir sozial verträglich handeln und keine Bevölkerungsgruppe benachteiligen. Das könnte den sozialen Frieden gefährden. (► Entwicklung, S. 214/215)

Nachhaltigkeit muss auf den drei Säulen **Ökologie**, Ökonomie und **soziale Verträglichkeit** beruhen (▷ B 2).

Nachhaltigkeit bedeutet die Sicherung der Lebensgrundlage künftiger Generationen. Ökologie, Ökonomie und soziale Verträglichkeit sollen im Einklang stehen.

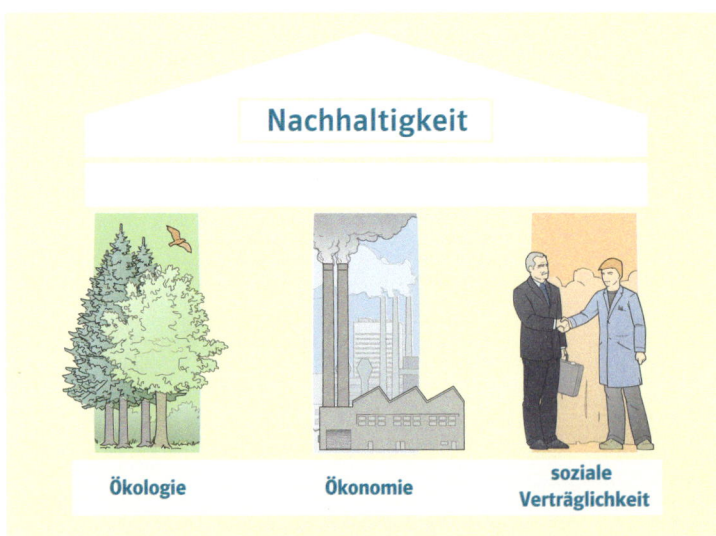

2 Die drei Säulen der Nachhaltigkeit

AUFGABEN

1 ○ Beschreibe den Begriff „Nachhaltigkeit" mit eigenen Worten.

2 ◔ Erkläre das Drei-Säulen-Modell am Beispiel einer Windparkanlage.

3 ● Ein Anstoß für die heutige Beschäftigung mit der „Nachhaltigkeit" ging von der Umweltkonferenz in Rio de Janeiro 1992 aus. Berichte dazu in einem Referat.

Der Ökologische Fußabdruck

Alles, was wir im Alltag benutzen oder konsumieren, benötigt zu seiner Herstellung und Entsorgung Rohstoffe und Energie. Die Bereitstellung dieser Ressourcen kann man als Fläche veranschaulichen: Für die Produktion von 1 kg Gemüse braucht man z. B. 0,95 m^2 Ackerland und muss 10 Megajoule (= 2,38 Mkcal) Energie aufwenden. Diese Energiemenge entspricht weiteren 1,41 m^2 Fläche. Die insgesamt „verbrauchte" Fläche Land bezeichnet man anschaulich als **Ökologischen Fußabdruck**. Es ist nicht möglich, jeden Verbrauch in eine genaue Fläche umzurechnen. Der Ökologische Fußabdruck gibt nur eine ungefähre Vorstellung.

Wir leben auf zu großem Fuß
Die Ermittlung des Ökologischen Fußabdrucks berücksichtigt mehrere Lebensbereiche (▷ B 1). Jedem Menschen steht eine Fläche von 1,8 ha zur Verfügung. In Deutschland „verbrauchte" im Jahr 2016 jedoch jeder von uns durchschnittlich 5,4 ha. Würden alle Menschen so leben wie wir Deutschen, benötigten wir 2,5 Erden. Wir haben aber nur diesen einen Planeten. (► System, S. 210/211)

Mit intelligenten Schritten voran
Vor allem die Menschen in den Industrieländern leben „über ihre Verhältnisse", d. h. wir leben auf Kosten von anderen. Wir müssen deshalb unser Leben so einrichten, dass alle Menschen die gleichen Chancen haben. Wir müssen neue, intelligente Lösungen für die Nutzung der Ressourcen finden. So nutzen wir anstelle fossiler Energieträger immer mehr **erneuerbare Quellen** und entwickeln Geräte, die weniger Strom benötigen. Auch ein Umdenken bei der Ernährung könnte helfen, indem wir z. B. den Fleischkonsum einschränken.

Der Ökologische Fußabdruck ist ein anschauliches Bild für den Verbrauch von Rohstoffen und Land.

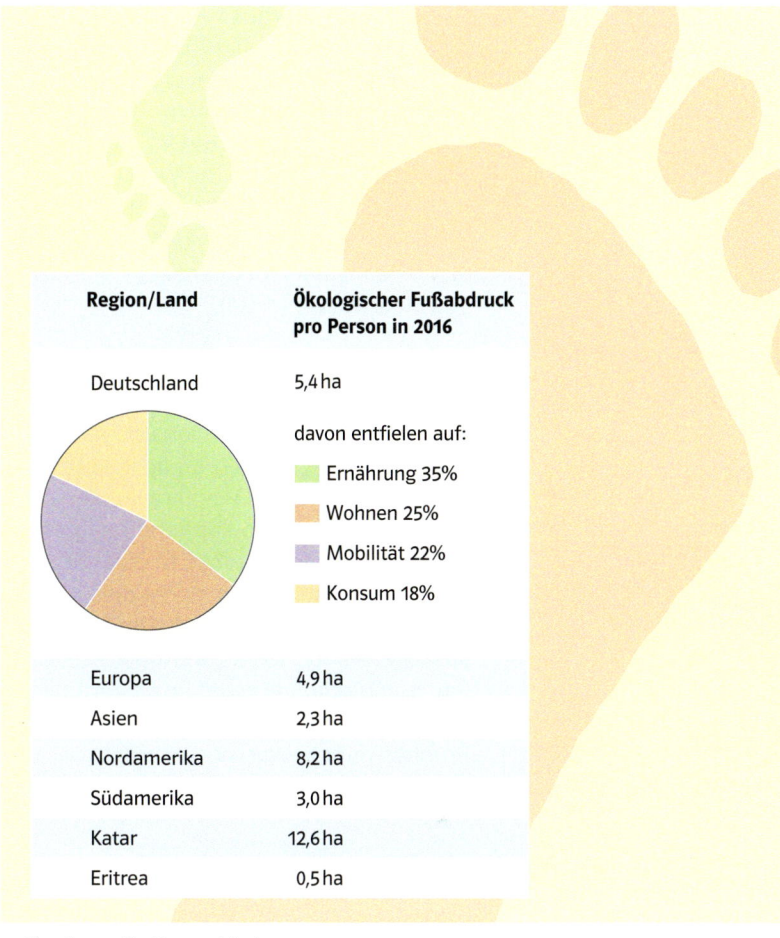

Region/Land	Ökologischer Fußabdruck pro Person in 2016
Deutschland	5,4 ha

davon entfielen auf:

- Ernährung 35%
- Wohnen 25%
- Mobilität 22%
- Konsum 18%

Europa	4,9 ha
Asien	2,3 ha
Nordamerika	8,2 ha
Südamerika	3,0 ha
Katar	12,6 ha
Eritrea	0,5 ha

1 Es gibt große Unterschiede.

AUFGABEN

1 ○ Erläutere, was man mit dem Begriff „Ökologischer Fußabdruck" aussagen möchte.

2 ◒ Erstelle mithilfe von Bild 1 eine Liste, wie du deinen Ökologischen Fußabdruck verkleinern könntest.

3 ● Errechne deinen Ökologischen Fußabdruck mithilfe von Fußabdruck-Rechnern im Internet und vergleiche ihn mit den Durchschnittswerten.

Wasser ist kostbar

Mangel trotz Überfluss

Zwei Drittel der Erdoberfläche sind von Wasser bedeckt. Trotzdem wird Wasser immer mehr zur Mangelware. Wir können nur einen geringen Teil des Wasservorrats nutzen, denn nur 2,6 % der Wasservorkommen der Erde sind **Süßwasser**. Das größte Teil davon liegt gefroren vor. Die restlichen 97,4 % des Wasservorkommens sind salziges **Meerwasser** (▷ B 1).

Unser täglich Wasser

Fließendes, sauberes Wasser ist für uns selbstverständlich. Jeder von uns verbraucht im Durchschnitt täglich 121 Liter Wasser. Ende der 1980er-Jahre lag der **Wasserverbrauch** pro Kopf und Tag in Deutschland noch bei 140 l. In einer Stadt mit 120 000 Einwohnern macht diese Einsparung täglich 2 280 000 Liter Wasser aus. Ein verändertes Umweltbewusstsein hat also Wirkung gezeigt. Im Gegensatz zu vielen Regionen der Erde haben wir kein Problem mit der Wasserversorgung.

„Unsichtbares" Wasser

Wir verbrauchen aber viel Wasser dort, wo wir es gar nicht sehen. Die genannten 121 l Wasser pro Tag und Person geben nur den Verbrauch zum Waschen, Trinken oder für die Toilette wieder. In Wirklichkeit sind es jedoch rund 4 000 l Wasser, die jedem zugerechnet werden müssen. Über zwei Drittel, also der größte Teil davon, sind in der Herstellung der Produkte, die wir täglich nutzen, versteckt. Da wir dieses Wasser nicht sehen können, spricht man von **virtuellem Wasser** (▷ B 2).

Für die Herstellung eines Baumwoll-T-Shirts verbraucht man z. B. 2 000 l Wasser, für eine Jeans bis zu 11 000 l. Da Textilien oft in Entwicklungsländern hergestellt werden, die sowieso schon unter Wassermangel leiden, wird dieses wichtige Lebensmittel noch knapper. Das in der Fabrikation eingesetzte Wasser geht zwar nicht verloren, muss aber aufwendig gereinigt werden, damit man es wieder verwenden kann.

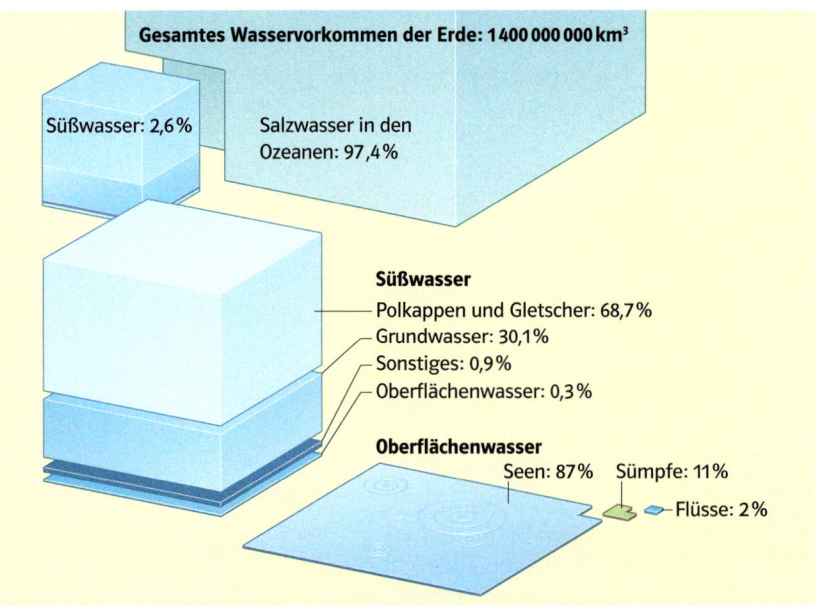

Gesamtes Wasservorkommen der Erde: 1 400 000 000 km³

Süßwasser: 2,6 %

Salzwasser in den Ozeanen: 97,4 %

Süßwasser
- Polkappen und Gletscher: 68,7 %
- Grundwasser: 30,1 %
- Sonstiges: 0,9 %
- Oberflächenwasser: 0,3 %

Oberflächenwasser
Seen: 87 % Sümpfe: 11 %
Flüsse: 2 %

1 Weltweit verfügbares Wasser

Geschätzter Verbrauch **virtuellen Wassers** für die Erzeugung ausgewählter Produkte

um … zu erzeugen	braucht man durch-schnittlich Liter Wasser:
1 kg Rindfleisch	15 455
1 kg Käse	5 000
1 Liter Milch	1 000
1 kg Tomaten	184
1 kg Sojabohnen	2 517
1 Hamburger	2 453
1 Jeans	11 000
1 Fahrrad	5 000
1 Auto (ca. 1500 kg)	400 000
1 Computer (PC)	20 000
1 Mikrochip	32

2 Wasserverbrauch zur Herstellung von Produkten

Fatna läuft täglich mit ihrem Eimer zur Wasserstelle außerhalb ihres Dorfes. Die Wasserstelle ist nur ein Loch im Boden, das sich in der Regenzeit mit Wasser füllt. Dieses reicht aber nicht über die gesamte Trockenzeit, sodass im April kein Wasser mehr da ist. Manchmal ist das Wasser auch so stark verunreinigt, dass die Menschen durch dieses Wasser krank werden.

Anders als Fatna lebt Nabou in einem Dorf mit einem nahe gelegenen Brunnen. Viele Menschen aus der Umgebung seines Dorfes gehen oft bis zu 10 km, um aus diesem Brunnen Wasser zu holen. Rund sieben Liter Wasser verbraucht ein Mensch in seinem Dorf durchschnittlich pro Tag.

3 Vor allem Kinder leiden unter dem Mangel an sauberem Trinkwasser.

Weniger Wasser für mehr Menschen

Schon jetzt sind viele Menschen von **Trinkwasserknappheit** betroffen (▷ B 3). Trinkwasser ist auf der Erde nicht gleich verteilt. In Asien, wo derzeit über 60 % der Weltbevölkerung leben, steht weniger als die Hälfte des als Trinkwasser nutzbaren Wassers der Erde zur Verfügung. Weltweit haben heute über 800 Millionen Menschen keinen Zugang zu sauberem Trinkwasser. Man schätzt, dass bis zum Jahr 2050 mehr als 3,5 Millionen Menschen nicht genug Wasser zum Leben haben werden.

Die Dürre nimmt zu

Weltweit fließen knapp 70 % des Trinkwassers in die Landwirtschaft. Bei Trinkwasserknappheit fällt dann die Bewässerung der Felder aus. Das verringert die Ernteerträge. Fallen zusätzlich noch die Regenzeiten aus, verdorrt die gesamte Vegetation und das Vieh verdurstet. Es kommt zur **Versteppung** und die **Wüsten** weiten sich aus.

Versalzung

Zur Steigerung der landwirtschaftlichen Erträge setzt man immer mehr Dünger und Wasser ein. In warmen Ländern ist die **Verdunstung** sehr hoch. Wenn Wasser aus dem Boden verdunstet, bleiben die darin gelösten Düngestoffe an der Bodenoberfläche zurück. Sie bilden dort eine **Salzkruste**, die man nur mit noch mehr Wasser wieder auflösen könnte. Dieses Wasser steht aber nicht zur Verfügung. Derart versalzene Böden sind für die Landwirtschaft verloren. Das Salz verdirbt zudem das Grundwasser, sodass man die Brunnen nicht mehr nutzen kann. (► System, S. 210/211)

**Von den großen Wasservorräten der Erde kann nur ein kleiner Bruchteil für Trinkwasserzwecke genutzt werden.
Wir verschwenden viel virtuelles Wasser zur Erzeugung von Produkten.**

AUFGABEN

1 ○ Erkläre den Begriff „virtuelles Wasser".

2 ○ Erläutere, in welchen Ländern die Versalzung der Böden zum Problem wird.

3 ◒ Manche Fachleute sagen voraus, dass es Kriege um Wasser geben könnte. Erkläre diese Vermutung.

4 ● Überlege dir Einsparungen in deinem Wasserverbrauch – vor allem beim Verbrauch von virtuellem Wasser.

5 ● „Eine vegetarische Ernährungsweise hilft, den weltweiten Wasserverbrauch zu mindern." Bewerte diese Aussage.

Auto und Fahrrad im Vergleich

1 Mit dem Fahrrad unterwegs

Radfahren hat viele Vorteile

Die Zahl der jungen Menschen, die heute ausschließlich mit dem Auto unterwegs sind, hat in den letzten Jahren abgenommen – und das nicht nur, weil sie kein Auto haben. Sich mit dem **Fahrrad** fortzubewegen ist nicht nur billiger als Autofahren, es bietet auch etliche Vorteile. Tägliches Radfahren ist gesund und hält den Körper fit. Die Leistungsfähigkeit des Herz-Kreislauf- und des Atmungssystems wird gestärkt. Man kommt in der Stadt mit dem Rad fast überall hin und findet auch meist in der Nähe seines Ziels einen Abstellplatz.

Gute Umweltbilanz

Das Fahrrad ist dem Auto noch in einem anderen Punkt haushoch überlegen: in der **Umwelt-** oder **Ökobilanz**. Darunter versteht man alle Auswirkungen, die ein Produkt, seine Herstellung oder eine Aktivität auf die Umwelt haben. Die Herstellungskosten des Fahrrads sind wesentlich geringer als die des Autos (► S.104, B 2). Auch beim

Unterhalt hat das Fahrrad die deutlich bessere Ökobilanz aufzuweisen. Das zeigen z. B. der **Energieverbrauch** und der **CO_2-Ausstoß**. Ein moderner Verbrennungsmotor in einem Mittelklasseauto verbraucht ungefähr 5 Liter Kraftstoff auf 100 km. Das entspricht einer Energiemenge von 187 Megajoule (MJ). Ein Fahrradfahrer verbraucht dafür nur etwa 18 MJ.

Der große Vorteil des Fahrrads ist, dass es kein CO_2 ausstößt. Bei Autos der Mittelklasse liegt der CO_2-Ausstoß bei rund 100 bis 200 g/km, je nach Einstellung des Motors. Dazu kommen noch die schädlichen Emissionen (► S.100). Radfahrer verursachen auch keinen Stau, sondern gelangen ohne verkehrsbedingten Stopp an ihr Ziel.

Radfahrer sind auf dem Vormarsch

Natürlich kann man Auto und Fahrrad nicht in allen Punkten vergleichen. Das gilt z. B. für lange Strecken oder die Transportleistung beider Fahrzeuge. Trotzdem entschließen sich aufgrund der vielen Vorteile auch zunehmend Berufstätige, mit dem Rad zur Arbeit zu fahren. Immer mehr Kommunen investieren daher in eine gute **Infrastruktur** für Radfahrer. Das hilft nicht nur den Menschen, sondern auch der Umwelt.

Das Fahrrad hat aus ökologischen und gesundheitlichen Gründen viele Vorteile.

AUFGABEN

1 ○ Erkläre, was man unter einer Umweltbilanz versteht.

2 ◔ Vergleiche Vor- und Nachteile der Nutzung von Fahrrad, Auto und öffentlichen Verkehrsmitteln für den Schulweg.

3 ● a) Erkundet die aktuelle Situation für Radfahrer in eurem Wohnort.
b) Erstellt einen Katalog mit Verbesserungsvorschlägen.

Nachhaltig handeln

Regional einkaufen (▷ B 1)

Viele unserer Lebensmittel und auch andere Produkte werden irgendwo auf der Welt erzeugt. Ihr Transport zu uns verursacht hohe Kosten und belastet die Umwelt. Produkte, die in der Region erzeugt werden, haben wesentlich kürzere Wege und die Lebensmittel sind deshalb frischer. Mit dem Kauf regionaler Erzeugnisse unterstützt man zudem heimische Betriebe.

Fairtrade (▷ B 2)

„Fairtrade" bedeutet, dass die Erzeuger für ihre Ware einen angemessenen Preis bekommen, von dem sie leben können. Fairer Handel ist also eine direkte und wirksame Hilfe für die Produzenten. Solange bei den meist ökologisch erzeugten Produkten bestimmte Standards eingehalten werden, ist deren Abnahme garantiert.

Nachhaltige Produkte (▷ B 3)

Viele Textilien, elektronische Geräte und andere Artikel sind so billig, dass sich eine Reparatur nicht lohnt und sie bei der geringsten Störung entsorgt werden. Für nachhaltig erzeugte Produkte nutzt man nachwachsende Rohstoffe. Sie sind teurer, aber qualitativ besser und haltbarer als Billigprodukte. Das schont Ressourcen, setzt aber voraus, dass man nicht immer den neuesten Trend haben kann.

Upcycling (▷ B 4)

Beim Upcycling werden Abfallprodukte oder scheinbar nutzlose Stoffe in neuwertige Produkte umgewandelt. So kann man z. B. aus Euro-Paletten Möbel für den Garten herstellen. Alte Jeans bekommen einen aktuellen Schnitt und werden mit modischen Accesoires wieder topaktuell.

Plastiktüte – nein danke! (▷ B 5)

Jährlich werden Millionen von Plastiktüten verteilt. Weggeworfene Tüten landen im Boden und im Wasser, wo sie nur sehr langsam abgebaut werden. Vor allem für Wassertiere ist der viele Plastikmüll schädlich. Deshalb soll in der EU bis zum Jahr 2025 der durchschnittliche Verbrauch von derzeit 198 auf 40 Plastiktüten pro Jahr gesenkt werden.

Carsharing (▷ B 6)

Viele Menschen verzichten aus den unterschiedlichsten Gründen auf ein eigenes Auto. Stattdessen sind sie Mitglied bei einem Carsharing-Anbieter und mieten sich bei Bedarf dort ein Fahrzeug. So teilt man sich ein Auto mit anderen, aber bleibt umweltschonender mobil. Carsharing erfordert jedoch eine vorausschauende Planung.

Zusammenfassung

Ökosystem See

Ein See ist ein Ökosystem. Es besteht aus einem Lebensraum, dem Biotop, und einer Lebensgemeinschaft, der Biozönose. Abiotische und biotische Umweltfaktoren beeinflussen die Biozönose. Die Pflanzen gliedern einen See in verschiedene Zonen. Pflanzen wie die Seerose (▷ B 1) sind in ihrem Bau an die jeweilige Zone angepasst.

Biodiversität im Gewässer

Auch die Tierwelt eines Sees ist gut an das Biotop angepasst, z. B. durch spezielle Atemtechniken. Das Plankton zeigt mit seinen Schwebefortsätzen ebenfalls gute Angepasstheiten an das Leben im Wasser. Vögel können im Ökosystem See unterschiedliche ökologische Nischen ausbilden. Das trägt insgesamt zur hohen Artenvielfalt bzw. Biodiversität bei, die wir in gesunden Gewässern antreffen.

Stoffkreislauf und Energiefluss im See

Algen betreiben Fotosynthese. Zusammen mit dem Plankton bilden sie die Nahrungsgrundlage der Primär-, Sekundär- und Endkonsumenten im See. Destruenten bauen die Abfälle am Gewässerboden zu Mineralstoffen ab. Damit schließt sich der Stoffkreislauf. Mit der Nahrung wird von einer zu nächsten Ernährungsstufe Energie weitergegeben. Dort kann sie jedoch nur zu einem kleinen Teil genutzt werden. Der größte Teil wird als Wärme abgestrahlt. Der See durchläuft einen Zyklus, der von den Jahreszeiten abhängt. Im Jahresverlauf ändern sich Sauerstoff- und Mineralstoffgehalt des Wasser.

Gewässer sind bedroht

Landwirtschaft, Industrie und Haushalte verschmutzen die Gewässer. Werden zu viele Mineralstoffe in ein Gewässer eingeleitet, kippt es um. Der Zustand eines Gewässers lässt sich mithilfe von Zeigerorganismen erkennen.

Ökosystem Stadt

Im Ökosystem Stadt bildet sich ein eigenes Stadtklima aus. Es gibt es viele Ersatzlebensräume, in denen Kulturfolger leben können. Die Nahrungsbeziehungen in der Stadt sind jedoch auf den Import von Lebensmitteln aus dem Umland angewiesen.

Pflanzen brauchen Mineralstoffe

Pflanzen können nur wachsen, wenn sie ausreichend mit Mineralstoffen versorgt sind. Nach dem Gesetz vom Minimum bestimmt der Stoff, der in der geringsten Menge vorkommt, das Gedeihen einer Pflanze.

Überleben in der Biosphäre

Die Gesamtheit aller Ökosysteme unseres Planeten nennt man Biosphäre. Wir gefährden sie durch schädliche Emissionen, durch das Verbrennen fossiler Brennstoffe und einen zu großen ökologischen Fußabdruck. Um unsere Umwelt zu erhalten, müssen wir nachhaltig denken und wirtschaften.

1 Seerosen besiedeln die Schwimmblattzone.

AUFGABEN

1 ○ a) Zeichne die Zonen eines Sees und beschrifte sie mit den entsprechenden Fachbegriffen.
b) Gib mindestens zwei typische Pflanzenarten zu jeder Zone an.

👍 Super! ❓ ► S. 52/53

2 ○ Fertige ein Plakat an, auf dem du die Leistungen und Probleme von Straßenbäumen in der Stadt darstellst.

👍 Super! ❓ ► S. 84

3 ○ Beschreibe Vorgänge, bei denen Kohlenstoffdioxid freigesetzt wird.

👍 Super! ❓ ► S. 99, 100

4 ○ Nenne die Bedeutung der Mineralstoffe für die Pflanze.

👍 Super! ❓ ► S. 94/95

5 ○ Erläutere wichtige Angepasstheiten der Seerose an ihren Lebensraum.

👍 Super! ❓ ► S. 53/54

6 ◐ Erläutere, warum Haubentaucher und Stockente (▷ B 2, B 3) im Ökosystem See nebeneinander existieren können.

👍 Super! ❓ ► S. 68/69

7 ◐ Begründe anhand des Ökosystems See, warum in einem Stoffkreislauf keine Stoffe verloren gehen.

👍 Super! ❓ ► S. 66/67

8 ◐ Nenne Gründe dafür, warum an größeren Gewässern in der Stadt manchmal mehr Wasservögel überwintern als in der freien Landschaft.

👍 Super! ❓ ► S. 80/81, 82

9 ◐ Erkläre, warum die Produkte aus der konventionellen Landwirtschaft günstiger sind als die von ökologisch geführten Betrieben.

👍 Super! ❓ ► S. 92/93

10 ● Erläutere in einer Tabelle fünf Beispiele nachhaltigen Handelns.

👍 Super! ❓ ► S. 102 – 106

11 ● Erkläre, warum einem Endkonsumenten in der Nahrungskette nur noch so wenig Energie zur Verfügung steht.

👍 Super! ❓ ► S. 66/67

12 ● In Städten halten viele Menschen Haustiere wie Hunde oder Katzen. Überlege, ob und wie diese auf die Nahrungsbeziehungen der Stadt Einfluss haben. Begründe deine Meinung.

👍 Super! ❓ ► S. 90/91

2 – 3 Stockente und Haubentaucher

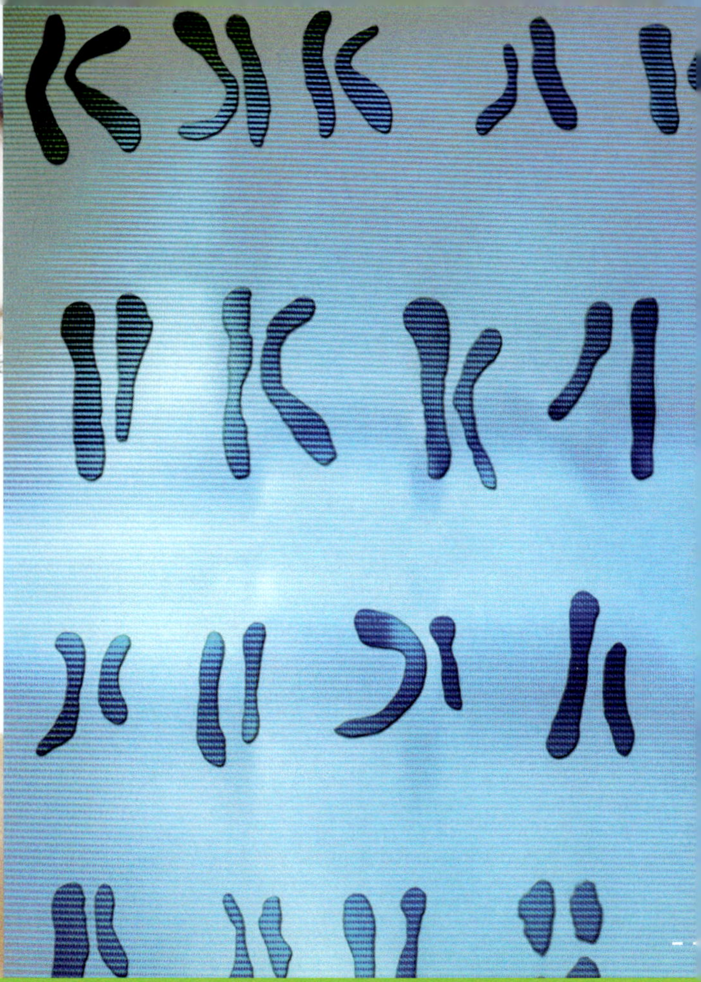

3 Genetik

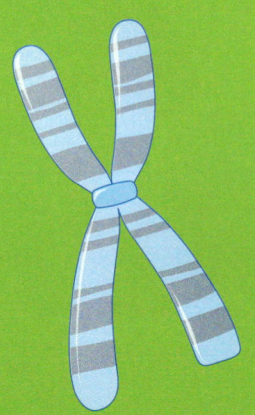

- Was ist ein genetischer Fingerabdruck?

- Woraus besteht unser Erbmaterial?

- Wie wird das Geschlecht bestimmt?

- Wie kommt es zu genetisch bedingten Krankheiten?

- Wie erkenne ich, ob ein Lebensmittel gentechnisch verändert wurde?

Zellkern und Chromosomen

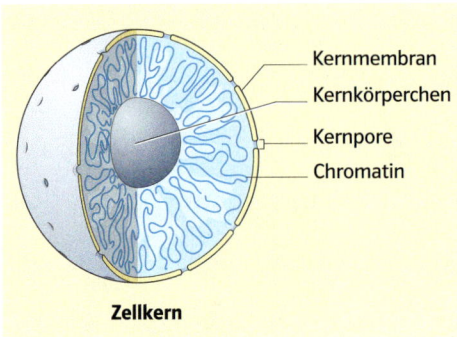

Kernmembran
Kernkörperchen
Kernpore
Chromatin

Zellkern

1 Aufbau des Zellkerns

Der Zellkern
Betrachtet man eine Zelle unter dem Mikroskop, erkennt man meist deutlich den großen **Zellkern** – er nimmt etwa ein Zehntel des Raumes der Zelle ein. Er ist die Steuerzentrale der Zelle und für die Ausbildung bestimmter Merkmale, z. B. der Augenfarbe, verantwortlich. Er ist von einer **Kernmembran** umschlossen. Die zahlreichen **Kernporen** darin ermöglichen den Stoffaustausch mit dem Zellplasma. Färbt man den Zellkern an, wird ein ungeordnetes Knäuel fadenförmiger Strukturen sichtbar, das **Chromatin**.

Die DNA – Träger der Erbinformation
Das Chromatin besteht aus Proteinen und der **Desoxyribonucleinsäure**, abgekürzt DNS oder **DNA** (von engl. acid = Säure). Die DNA ist die **Erbsubstanz**. Sie ist dicht um die Proteine gewickelt. Auf einzelnen Abschnitten der DNA finden sich die „Bauanleitungen" für bestimmte Stoffe, die gebildet werden sollen. Diese Abschnitte nennt man **Gene**. Die Gesamtheit aller Gene ist unser Erbgut, man bezeichnet es als **Genom**.
(► Struktur und Funktion, S. 212/213)

Das Chromatin wird zu Chromosomen
Meistens sieht man im Zellkern nur ein dichtes Knäuel von Chromatin. In diesem Zustand arbeitet die Zelle: Die verschiedenen Wachstums- und Entwicklungsvorgänge laufen ab. Deswegen bezeichnet man das Chromatin auch als die **Arbeitsform** der Erbsubstanz.
Kurz vor Beginn einer Zellteilung verdichtet sich das Chromatin. Jetzt erkennt man unterschiedlich große, X-förmige Strukturen: die **Chromosomen** (▷ B 2).

Feinbau eines Chromosoms
Jedes Chromosom besteht aus zwei identischen **Chromatiden**. Die beiden Chromatiden sind am **Centromer** miteinander verbunden. Nur in dieser kompakten Form kann die Erbinformation bei einer Zellteilung gleichmäßig auf die zwei neu entstehenden Zellen verteilt werden

Chromosom

Chromatid — — Centromer

DNA

2 Feinbau eines Chromosoms

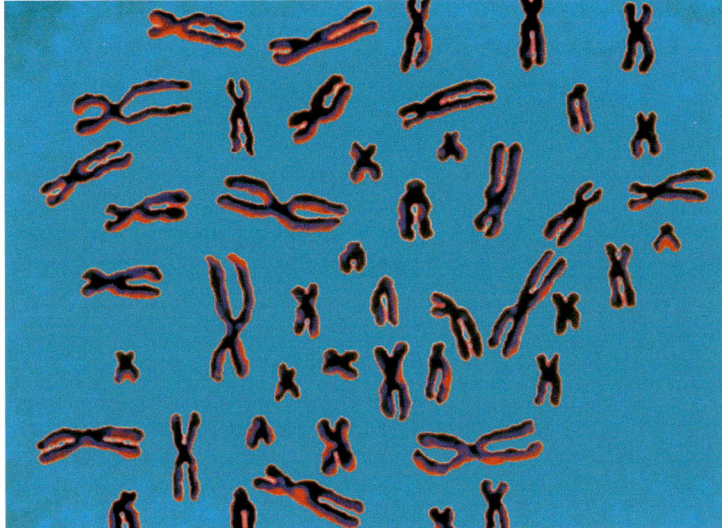

3 Chromosomen unterscheiden sich in Form und Größe.

4 Karyogramm einer Frau

(► S.120/121). Daher bezeichnet man die Chromosomen als die **Transportform** der Erbsubstanz.

Karyogramme

In den Zellkernen aller Tier- und Pflanzenarten befindet sich eine bestimmte Anzahl von Chromosomen. Anzahl, Form und Größe der Chromosomen sind für jede Art typisch, sodass man daran die Art bestimmen kann. Dafür werden die Chromosomen angefärbt und digitale Aufnahmen von ihnen erstellt (▷ B 3). Am Computer werden die einzelnen Chromosomen dann ausgeschnitten und nach Größe und Form sortiert. So entsteht ein geordnetes Bild aller Chromosomen einer Zelle. Ein solches Bild nennt man **Karyogramm** (▷ B 4).

Chromosomensätze

Der Zellkern einer Körperzelle des Menschen enthält 46 Chromosomen. Dabei fällt auf, dass jedes Chromosom doppelt vorkommt. Körperzellen haben zwei Chromosomensätze: Sie sind **diploid** ($2n = 46$). Dagegen enthalten die Keimzellen, also Spermien und Eizellen, nur einen einfachen, **haploiden Chromosomensatz** mit 23 Chromosomen ($n = 23$).

Der Zellkern enthält das Erbgut eines Lebewesens, das Genom. Es besteht aus Chromatin, das aus DNA und Proteinen besteht. Im Chromatin sind alle Informationen für den Bauplan eines Lebewesens enthalten. Die Informationen sind auf einzelnen Abschnitten der DNA, den Genen, gespeichert. Vor der Zellteilung verdichtet sich das Chromatin zu Chromosomen.

AUFGABEN

1 ○ Erläutere den Unterschied zwischen haploiden und diploiden Zellen.

2 ○ Beschreibe, wie ein Karyogramm angefertigt wird.

3 ◐ Fasse Aussehen und Aufgabe der Chromosomen in eigenen Worten zusammen.

4 ◐ Erstelle ein DIN-A3-Plakat, auf dem alle fett gedruckten Fachbegriffe dieser Doppelseite erklärt werden.

5 ● Die Anzahl der Chromosomen eines Chromosomensatzes wird mit dem Buchstaben „n" beschrieben.
Erkläre die beiden Angaben $n = 23$ und $2n = 46$.

6 ● Stelle eine Vermutung an, warum jedes Chromosom aus zwei identischen Hälften, den Chromatiden, aufgebaut ist.

Chromosomen-Modell

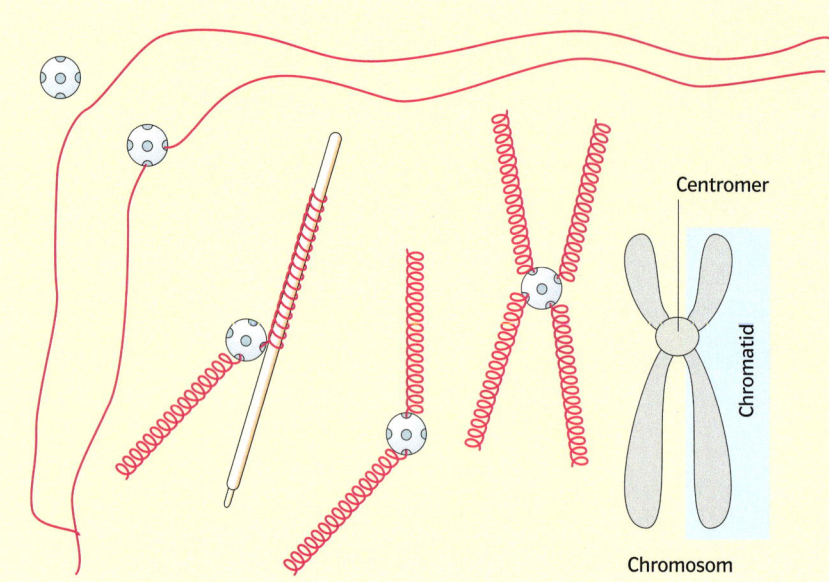

1 Ein Chromosomenmodell bauen

Den Aufbau eines Chromosoms kannst du dir mit einfachen Mitteln mithilfe eines Modells klarmachen.

1 Ein Chromosomen-Modell bauen

Material
2–3 Meter Basteldraht, großer Druckknopf, Bleistift, Papier, Schere

Versuchsanleitung
a) Schneide vom Draht vier ca. 50 cm lange Stücke ab.
b) Verbinde je zwei dieser Drahtstücke mit einem Teil des Druckknopfes.
c) Wickle die Drahtstücke um den Bleistift – auf diese Weise erhältst du Spiralen.
d) Drücke die beiden Teile des Druckknopfes zusammen.

Aufgaben
1. Ordne die einzelnen Teile deines Chromosomen-Modells der Wirklichkeit zu.
2. Bild 1 zeigt dir das Vorgehen:
a) Ordne den einzelnen Abbildungen die Begriffe Arbeitsform und Transportform zu.
b) Vergleiche die Vorgänge in einer lebenden Zelle (▶ S.120/121) mit deinem Vorgehen beim Bau des Modells. Erkläre deren Bedeutung für eine Zelle.
c) Erkläre, welche Bestandteile des Chromatins und eines Chromosoms in deinem Modell nicht berücksichtigt werden.

2 Chromosomen-Modelle vergleichen

In den Naturwissenschaften stehen einem verschiedene Modelle zur Verfügung. Möchte man den Aufbau einer Zelle verdeutlichen, greift man zu einem Strukturmodell. Um allerdings bestimmte Vorgänge in einer Zelle zu zeigen, benötigt man ein Funktionsmodell.

Material
Geschenkband, 4 Pfeifenputzer, 3 Stoffkugeln, Wäscheklammer, Papier, Schere, Wollfäden, Lakritzschlangen

Versuchsanleitung
Erstelle mit den dir zur Verfügung stehenden Materialien verschiedene Modelle. Sie sollen folgende Voraussetzungen erfüllen:
Dein Modell zeigt ...
a) ausschließlich ein Chromosom,
b) ein Chromosom, bestehend aus zwei identischen Chromatiden,
c) ein Chromosom, bestehend aus zwei identischen Chromatiden, die durch ein Centromer miteinander verbunden sind,
d) einen Chromatinfaden.

Aufgaben
1. Bewerte die Aussagekraft deiner Modelle und vergleiche mit der Wirklichkeit.
2. Ordne deine Modelle die Begriffe Strukturmodell und Funktionsmodell zu.

AUFGABEN

1 ○ Nenne allgemeine Unterschiede zwischen einem Modell und dem Original.

2 ◕ Erkläre, wofür man in der Naturwissenschaft Modelle verwendet.

History: Die Entdeckung der DNA

Chromosomen werden sichtbar

Um das Jahr 1880 untersuchte der deutsche Forscher WALTHER FLEMMING Zellen von verschiedenen Lebewesen. Ihm gelang es als Erstem, die Chromosomen sichtbar zu machen. Allerdings wusste er noch nichts über deren Funktion.

Erbmaterial liegt auf den Chromosomen

Anfang des 20. Jahrhunderts entdeckte man, dass die Chromosomen über die Keimzellen an die Nachkommen weitergegeben werden. Damit lag die Vermutung nahe, dass sie die Träger des Erbmaterials sind. Der Biologe THOMAS HUNT MORGAN glaubte anfangs nicht, dass die Chromosomen etwas mit der Vererbung zu tun haben. Doch später überzeugte er sich selbst vom Gegenteil: Durch zahlreiche Experimente mit Taufliegen wies er in den Jahren 1910–1915 nach, dass das Erbmaterial für bestimmte Merkmale auf den Chromosomen liegt.

Die Entdeckung der DNA

Weitere Forschungen zeigten, dass die Chromosomen vor allem aus Proteinen und DNA bestehen. Zunächst hielt man die Proteine für die Erbsubstanz. Das nur aus vier verschiedenen Bausteinen bestehende DNA-Molekül schien den Wissenschaftlern zu einfach gebaut. 1944 gelang OSWALD AVERY der Nachweis, dass doch die DNA die Erbsubstanz ist.

Ein Nobelpreis für die Struktur

Erst im Jahr 1953 fand man heraus, wie die DNA zusammengesetzt ist. Es gelang erstmals, ein zutreffendes Modell vom DNA-Molekül zu erstellen. MAURICE WILKINS, JAMES WATSON und FRANCIS CRICK erhielten 1962 für ihre bahnbrechenden Forschungen den Nobelpreis.

Die Forschungsarbeit von ROSALIND FRANKLIN spielte eine entscheidende Rolle bei der Aufklärung der DNA-Struktur. FRANKLIN verstarb jedoch bereits vier Jahre vor der Preisverleihung und konnte deshalb nicht mehr geehrt werden.

AUFGABEN

1 ⊝ a) Erstelle mithilfe der Informationen des Textes eine Zeitleiste, in der die „Meilensteine der Geschichte" bei der Entdeckung der DNA darstellt sind.
b) Recherchiere im Internet und ergänze deine Zeitleiste.

2 ● Begründe, warum es erst im 20. Jahrhundert gelingen konnte, die Struktur der DNA aufzuklären.

1 – 4 JAMES WATSON, FRANCIS CRICK, MAURICE WILKINS und ROSALIND FRANKLIN

Aufbau der DNA

Betrachtet man das Modell der **DNA**, erkennt man eine lange, in sich gewundene Strickleiter. Die zwei äußeren Stricke der Leiter bestehen aus **Zuckermolekülen** und **Phosphat**. Die Sprossen der Leiter werden von vier unterschiedlichen **Basen** gebildet. Man nennt diese Strickleiter-Struktur die **DNA-Doppelhelix**.

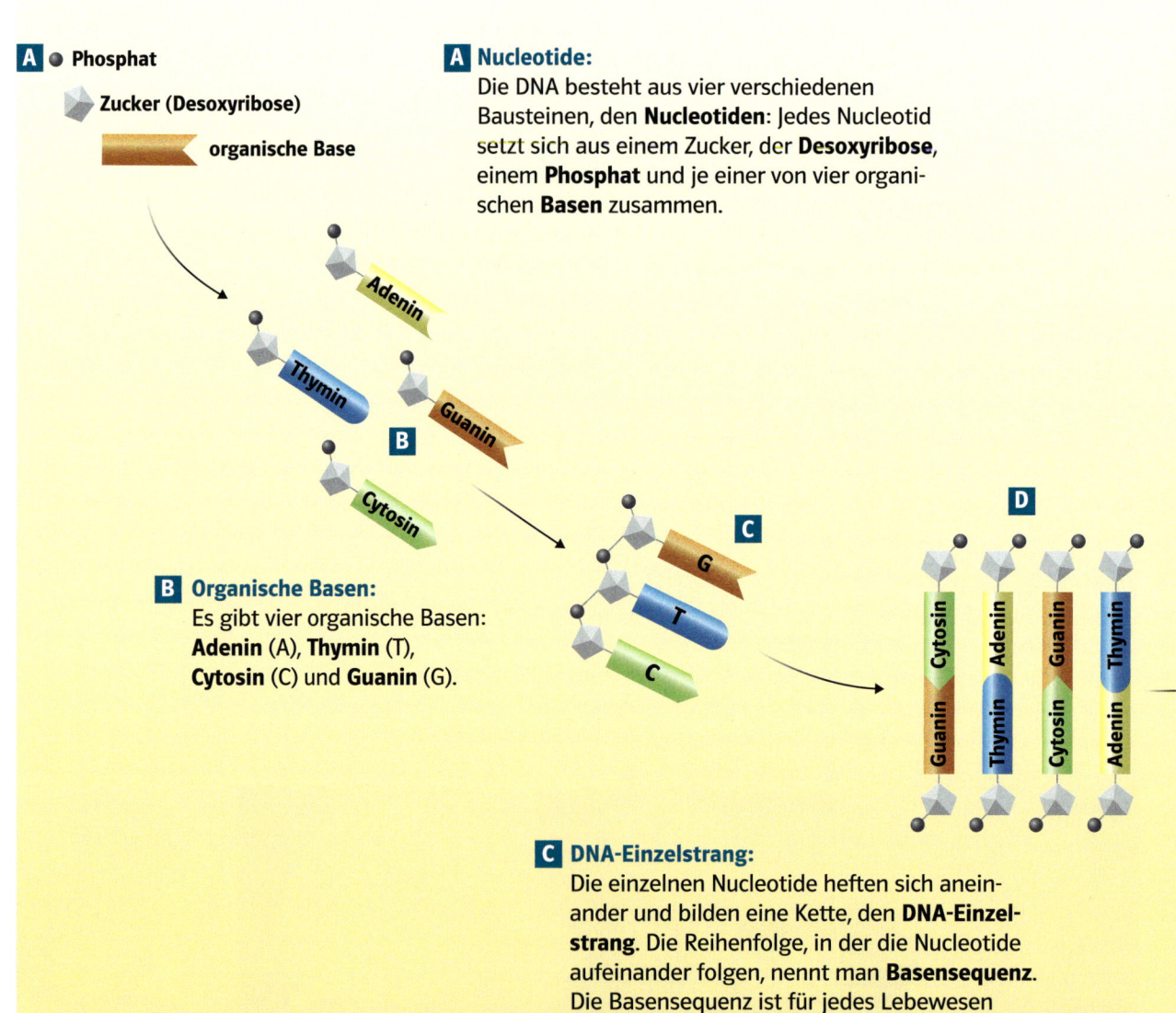

A ● Phosphat

◆ Zucker (Desoxyribose)

▬ organische Base

A Nucleotide:
Die DNA besteht aus vier verschiedenen Bausteinen, den **Nucleotiden**: Jedes Nucleotid setzt sich aus einem Zucker, der **Desoxyribose**, einem **Phosphat** und je einer von vier organischen **Basen** zusammen.

B Organische Basen:
Es gibt vier organische Basen: **Adenin** (A), **Thymin** (T), **Cytosin** (C) und **Guanin** (G).

C DNA-Einzelstrang:
Die einzelnen Nucleotide heften sich aneinander und bilden eine Kette, den **DNA-Einzelstrang**. Die Reihenfolge, in der die Nucleotide aufeinander folgen, nennt man **Basensequenz**. Die Basensequenz ist für jedes Lebewesen individuell. Man bezeichnet sie daher als genetischen Fingerabdruck.

E DNA-Doppelstrang:
Die DNA liegt als Doppelhelix vor. Das heißt, sie besteht aus zwei komplementären DNA-Einzelsträngen. Diese winden sich spiralförmig zum **DNA-Doppelstrang**. Beim Menschen besteht dieser aus etwa drei Milliarden Basenpaaren.

Die DNA besitzt eine Doppelhelix-Struktur. Sie setzt sich aus vier verschiedenen Nucleotiden zusammen. Die Abfolge der Basenpaare, die Basensequenz, bestimmt die Erbinformation.

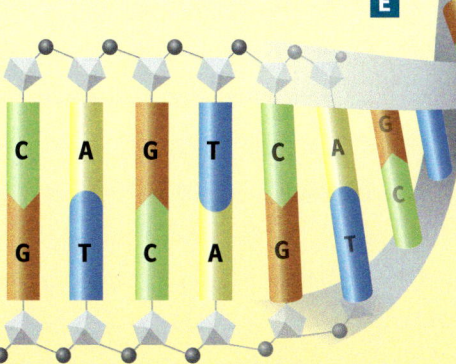

D Komplementäre Basen:
Die Basen, die zusammen ein Paar bilden, nennt man **komplementäre Basen**. Komplementär zueinander sind die Basen Adenin und Thymin sowie Cytosin und Guanin. Diese **Basenpaare** spielen eine wichtige Rolle bei der Verdopplung der DNA.

AUFGABEN

1 ○ Beschreibe den allgemeinen Aufbau eines Nucleotids.

2 ○ Ein einzelner DNA-Strang hat die folgende Basen-Reihenfolge: A-C-A-G-G-C-T. Ergänze den komplementären Strang.

3 ◒ Die Struktur der DNA wird mit einer in sich verdrehten Strickleiter verglichen. Erkläre dieses Modell.

4 ◒ In einem Experiment vergleicht man den genetischen Fingerabdruck eineiiger Zwillinge. Zu welchem Ergebnis kommt man? Begründe.

5 ● Bei der Analyse der DNA einer menschlichen Zelle stellt man fest, dass sie zu 30 % aus Adenin besteht. Berechne in Prozent die Anteile der weiteren Basen Thymin, Guanin und Cytosin.

DNA-Extraktion

1 Zu Versuchsschritt a)

2 Zu Versuchsschritt c)

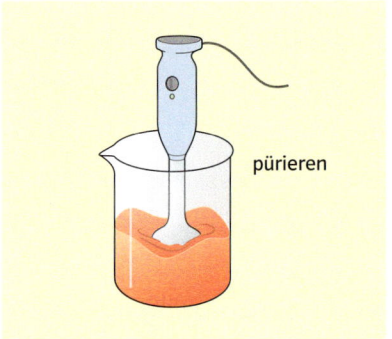

3 Zu Versuchsschritt d)

1 DNA-Extraktion

Die DNA, die Erbsubstanz, befindet sich gut geschützt im Zellkern der Zelle. Um sie „herauszuziehen" – zu extrahieren –, sind mehrere Arbeitsschritte notwendig.

Material
Schutzbrille, 2 Bechergläser (500 ml), 1 Reagenzglas, Holzstab, Gabel oder Pürierstab, Trichter mit Rundfilter, Messer, Schneidebrett, 10 ml Spülmittel, 3 g Kochsalz, 100 ml Wasser, 20 ml Spiritus/Ethanol (gekühlt), eine Frucht (zum Beispiel eine Tomate).

Versuchsanleitung
Zerschneide zunächst die Frucht mit dem Messer in kleine Würfel.
a) Gib die Fruchtstücke in ein Becherglas und zerdrücke sie vorsichtig mit der Gabel, sodass ein Fruchtbrei entsteht.
b) Gib 10 ml Spülmittel in das Becherglas und füge 3 g Salz hinzu.
c) Fülle dann das Gemisch unter Rühren mit 100 ml Wasser auf.
d) Wenn du einen Pürierstab hast, püriere nun das Gemisch ungefähr 5 Sekunden lang.

Ansonsten kannst du mit einer Schere das Gemisch weiter zerkleinern. Lasse den Ansatz für ca. 10 – 15 Minuten stehen.
e) Filtriere anschließend mit dem Filter die festen Reste durch den Trichter ab.
f) Fülle ca. zwei Fingerbreit dieser Lösung in das Reagenzglas und gieße vorsichtig und langsam 20 ml Spiritus darauf. Beobachte.
g) Mithilfe des Holzstabs kannst du an der Grenzlinie der beiden Flüssigkeiten die DNA als weißen Faden herausziehen.

Aufgaben
1. Protokolliere deine Versuchsbeobachtungen.
2. Die DNA befindet sich gut geschützt im Zellkern. Nenne die Membranen, welche die DNA umgeben.
3. Um die DNA aus den Zellen und Zellkernen zu extrahieren, sind mehrere Arbeitsschritte nötig. Begründe, welche deiner Arbeitsschritte (a – f) dies bewirkten.
4. Bei Arbeitsschritt e) wird das Gemisch filtriert. Begründe dieses Vorgehen.

4 Zu Versuchsschritt e)

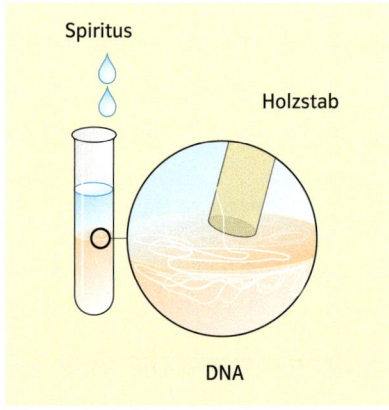

5 Zu Versuchsschritt f) und g)

Spülmittel  Spiritus/Ethanol

Verdopplung der DNA

Neue Zellen eines vielzelligen Organismus entstehen durch **Zellteilung**. Jede dieser neuen Zellen erhält eine Kopie unserer DNA. Das bedeutet, dass die DNA vor jeder Zellteilung originalgetreu verdoppelt werden muss.

Bei der Verdopplung der DNA trennen Enzyme den Doppelstrang in Einzelstränge auf und ergänzen diese durch passende Nucleotide. So entstehen zwei identische DNA-Doppelstränge.

Aus eins mach zwei

Viele Helferproteine, die **Enzyme**, beginnen an mehreren Abschnitten gleichzeitig mit der Verdopplung der DNA. Dies geschieht, während die Zelle wächst und arbeitet. Zunächst **entspiralisiert** Enzym A die Doppelhelix (▷ B 1). Im nächsten Schritt trennt Enzym B die beiden Stränge der Länge nach voneinander. Enzym C unterstützt und stabilisiert die dabei entstandenen Einzelstränge. Enzym D ergänzt nun die komplementären **Nucleotide** (► S. 116/117). So entstehen aus den beiden Einzelsträngen zwei identische Doppelstränge. Im letzten Schritt **spiralisiert** Enzym E die beiden Doppelstränge wieder zur **Doppelhelix-Struktur**. Die DNA einer Zelle wurde nun vollständig kopiert.

Reparaturenzyme kontrollieren den gesamten Vorgang und bessern fehlerhafte Bereiche aus.

AUFGABEN

1 ○ Erstelle ein Ablaufdiagramm, in dem die wesentlichen Schritte der Verdopplung der DNA dargestellt sind.

2 ◕ Erkläre die Bedeutung der Verdopplung der DNA für ein vielzelliges Lebewesen.

3 ● Das menschliche Erbgut besteht aus ca. drei Milliarden Basenpaaren. Pro Sekunde kopieren die beteiligten Enzyme etwa 50 Nucleotide.
a) Berechne, wie lange es dauern würde, das gesamte Genom des Menschen an einem Stück zu kopieren.
b) Begründe mithilfe deiner Berechnung, warum das Genom an mehreren Stellen gleichzeitig kopiert wird.

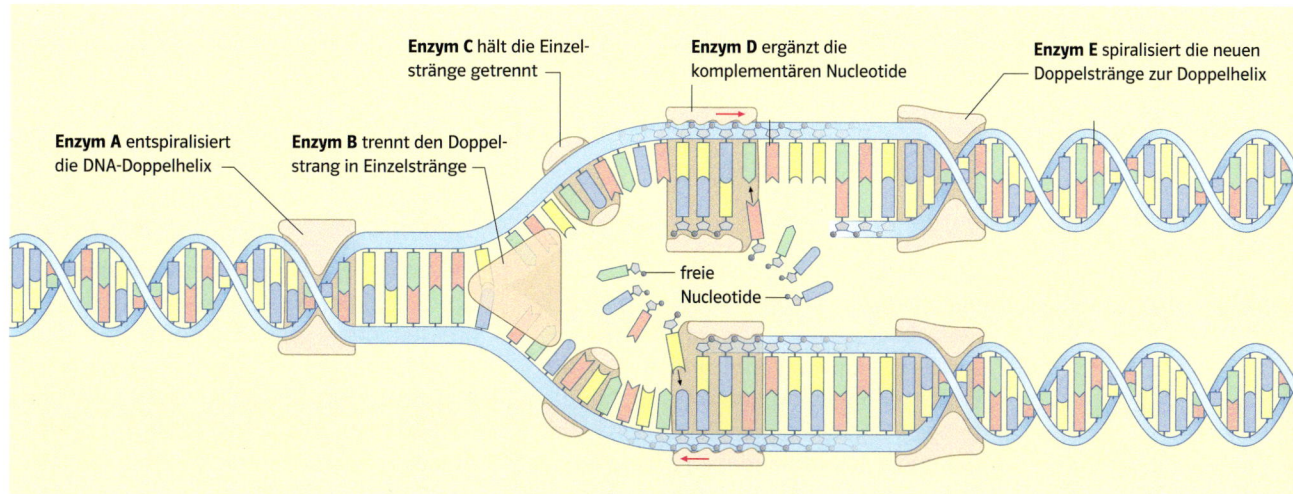

Enzym C hält die Einzelstränge getrennt

Enzym D ergänzt die komplementären Nucleotide

Enzym E spiralisiert die neuen Doppelstränge zur Doppelhelix

Enzym A entspiralisiert die DNA-Doppelhelix

Enzym B trennt den Doppelstrang in Einzelstränge

freie Nucleotide

1 Verdopplung der DNA

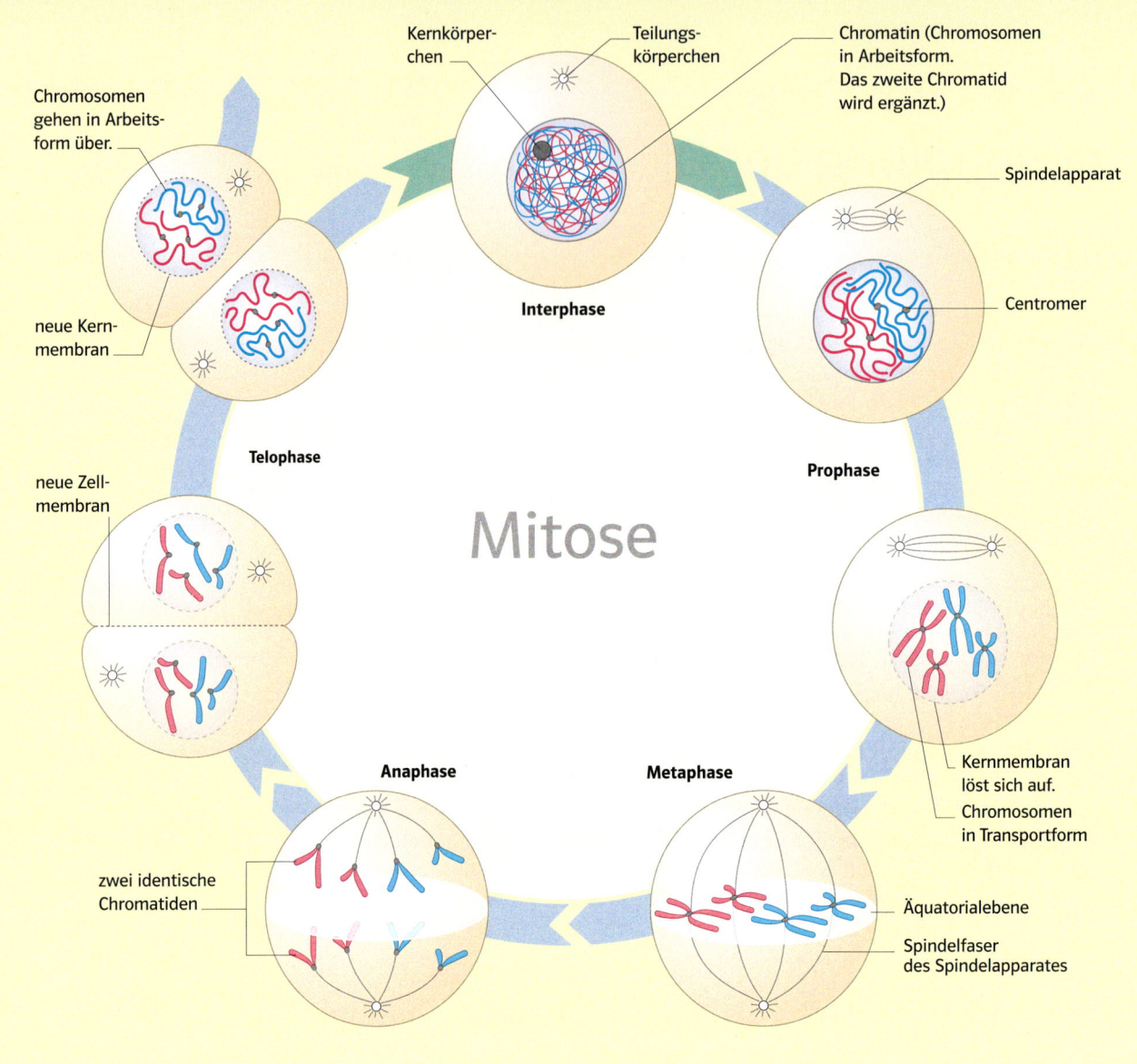

Kernkörper-chen

Teilungs-körperchen

Chromatin (Chromosomen in Arbeitsform. Das zweite Chromatid wird ergänzt.)

Chromosomen gehen in Arbeits-form über.

neue Kern-membran

Interphase

Spindelapparat

Centromer

neue Zell-membran

Telophase

Prophase

Mitose

Kernmembran löst sich auf.

Chromosomen in Transportform

zwei identische Chromatiden

Anaphase

Metaphase

Äquatorialebene

Spindelfaser des Spindelapparates

1 Die verschiedenen Phasen der Mitose

Die Mitose

Neue Zellen werden gebildet

In deinem Körper werden ständig neue Zellen gebildet. Sie werden zum Wachstum, zur Reparatur von Verletzungen oder als Ersatz für abgestorbene Zellen benötigt. Dabei gehen alle neuen Zellen durch **Zellteilungen** aus vorhandenen Zellen hervor. Eine teilungsfähige Zelle durchläuft einen Kreislauf aus Arbeits- und Teilungsphasen.

Diesen Kreislauf nennt man **Zellzyklus**. Die Zeit, in der die Zelle wächst und arbeitet, nennt man **Interphase** (▷ B 2). Während dieser Zeit findet auch die Verdopplung der DNA statt (▶ S. 119). Am Ende der Interphase liegt die DNA in zweifacher Ausführung im Zellkern vor. Nun stellt die Zelle ihre Aktivitäten ein und bereitet sich auf die Zellteilung vor.

Damit jede der beiden **Tochterzellen** eine Kopie des Erbguts erhält, kommt es vor jeder Zellteilung zu einer **Kernteilung**. Diese nennt man **Mitose**.

Ablauf der Mitose

Die Mitose gliedert sich in vier Phasen: Die Prophase, die Metaphase, die Anaphase und die Telophase (▷ B 1).

Zu Beginn der **Prophase** verdichtet sich das Chromatin im Zellkern zur Transportform (► S. 112/113). Man erkennt die Chromosomen mit jeweils zwei identischen Chromatiden. Die Kernmembran löst sich auf.

Im späteren Verlauf der Mitose muss die Zelle die Erbinformation gleichmäßig auf beide Tochterzellen verteilen. An dieser speziellen Aufgabe ist das **Teilungskörperchen** beteiligt. Zunächst verdoppelt es sich.

Zwischen den beiden Teilungskörperchen bilden sich feine Proteinfasern, der **Spindelapparat**. Eines der Teilungskörperchen wandert zur gegenüberliegenden Seite der Zelle. Beide bilden die **Pole** des Spindelapparates.

Während der **Metaphase** ziehen die Fasern des Spindelapparates die Chromosomen in die Zellmitte, die **Äquatorialebene**.

In der **Anaphase** werden die Chromosomen am Centromer getrennt. Jedes Chromatid ist eine exakte Kopie eines Teils der DNA. Die Spindelfasern ziehen jeweils ein Chromatid in Richtung der beiden Teilungskörperchen. So befindet sich nun an beiden Zellpolen jeweils das vollständige Erbmaterial.

Den Abschluss der Kernteilung bildet die **Telophase**. Der Spindelapparat löst sich auf. Um jeden neuen Kern bildet sich eine Membran, die Chromatiden entspiralisieren sich und die Erbsubstanz liegt wieder in der Arbeitsform vor. In der Äquatorialebene bildet sich eine neue Zellmembran.

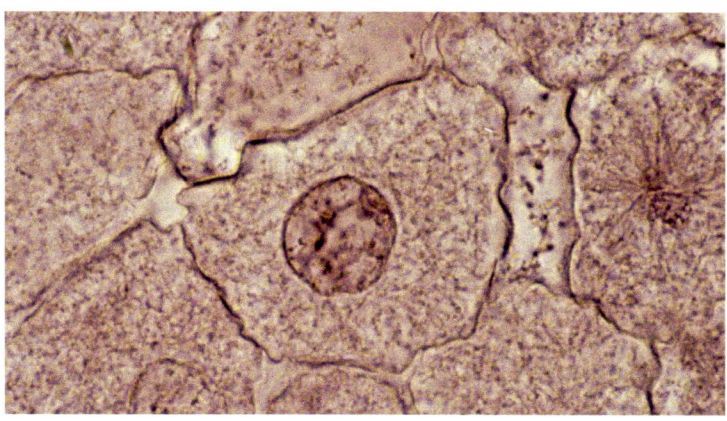

2 Chromatin im Zellkern während der Interphase

Die Zellteilung ist abgeschlossen. Es sind zwei neue Zellen entstanden. Beide besitzen den gleichen Chromosomensatz, also dieselbe Erbinformation wie die Ausgangszelle, aus der sie entstanden sind.

Nun geht die Zelle wieder in die **Interphase** über und der Zellzyklus beginnt erneut. (► System, S. 210/211)

Die Mitose ist die Kernteilung. Auf die Kernteilung folgt die Zellteilung. Das Ergebnis der Mitose sind zwei Tochterzellen mit zwei gleichen Chromosomensätzen.

AUFGABEN

1 ○ Nenne die zwei Abschnitte, in die das Leben einer Zelle gegliedert ist.

2 ○ Nenne die Aufgabe des Teilungskörperchens.

3 ◕ Beschreibe die Notwendigkeit von Zellteilungen in unserem Körper.

4 ◕ Erstelle ein Flussdiagramm, das die wesentlichen Schritte der Mitose darstellt.

5 ◕ a) Schneide aus Papier zwei identische Chromosomen aus. Stelle mit diesem einfachen Modell die Vorgänge während der Pro-, Meta- und Anaphase nach. Tipp: Halte deine Schere griffbereit.
● b) Entwirf ein weiteres Modell, mit dem sich auch der übrige Teil des Zellzyklus darstellen lässt.

Vom Gen zum Merkmal

Betrachtest du deine Mitschülerinnen und Mitschüler, erkennst du sofort einige auffällige Unterschiede, z. B. die Farbe ihrer Haare oder ihrer Augen. Für die Ausprägung dieser sichtbaren Merkmale sind Proteine verantwortlich.

Von der DNA zum Protein
Proteine sind Riesenmoleküle. Sie bestehen aus einer bestimmten Anzahl von Bausteinen, die in einer festgelegten Abfolge ein Protein ergeben. Diese Bausteine nennt man **Aminosäuren**.
Im menschlichen Körper gibt es 20 verschiedene Aminosäuren. In welcher Abfolge sie miteinander verknüpft werden, ist durch die Reihenfolge der Basen auf der DNA festgelegt (► S. 116/117). Den Vorgang der Proteinherstellung nennt man **Proteinbiosynthese**.

Eine Kopie wird erstellt
Die Proteinbiosynthese findet an den **Ribosomen** statt. Diese liegen im Zellplasma, die DNA aber im Zellkern. Wie gelangt nun die Information von der DNA zu den Ribosomen?
Zunächst wird eine Kopie von einem Gen hergestellt (► S. 112/113). Diesen Vorgang nennt man **Transkription** (▷ B 1). Sie läuft ähnlich ab wie die Verdopplung der DNA (► S. 119). Es ensteht eine **Ribonucleinsäure**, kurz **RNA**. Ihr Aufbau ähnelt dem der DNA, die RNA ist aber **einzelsträngig**. Statt der Desoxyribose enthält sie den Zucker **Ribose**, statt der Base Thymin die Base **Uracil**.

Die Kopie dient als Bote
Die RNA, die bei der Transkription entsteht, gelangt als „Bote" durch die Kernporen

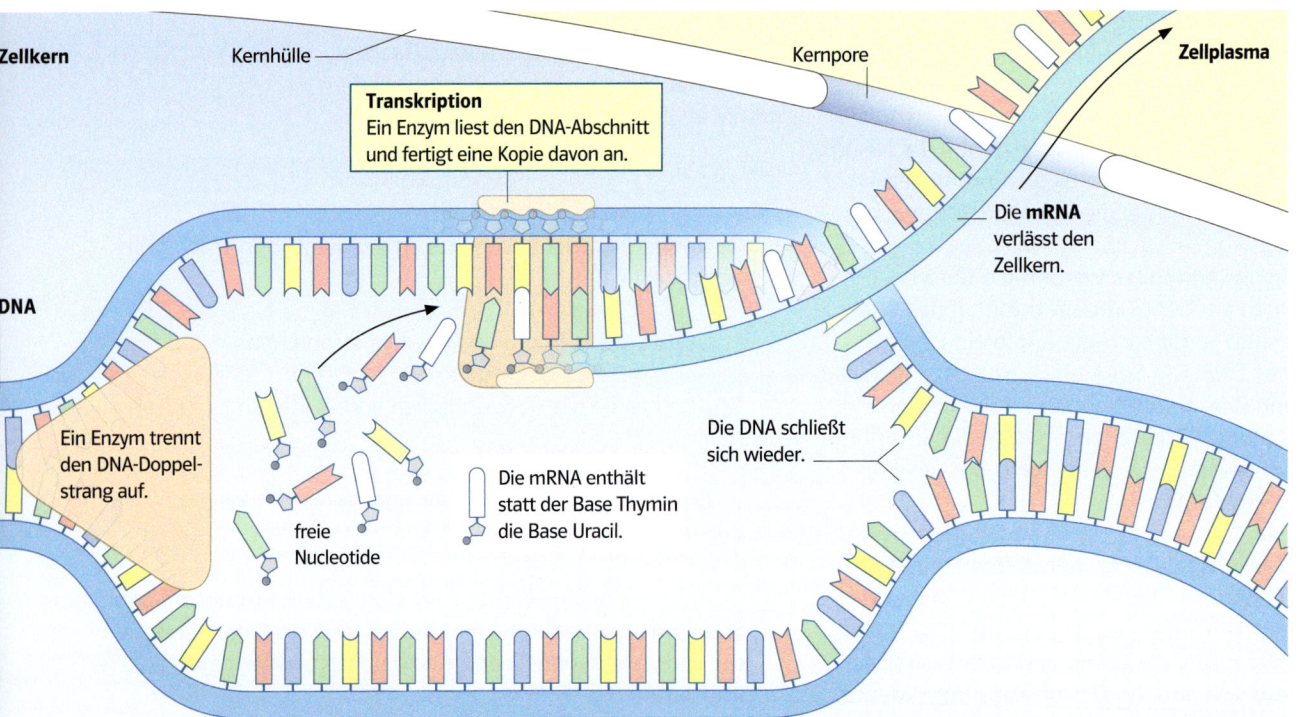

1 Bei der Transkription wird die DNA in mRNA umgeschrieben.

ins Zellplasma (▷ B1). Daher nennt man sie auch Boten-RNA oder **messenger-RNA**, kurz **mRNA**.

Die „Message" kommt an

Die mRNA transportiert die Anleitungen zur Herstellung eines bestimmten Proteins zu den Ribosomen. Dort wird die Information übersetzt. Diesen Vorgang nennt man **Translation** (▷ B2). Dabei stehen jeweils drei Basen für eine der insgesamt 20 Aminosäuren. Die Folge von drei Basen nennt man **Basentriplett**.

Die Bausteine werden geliefert

Im Zellplasma befindet sich eine weitere Form von RNA: die **transfer-RNA**, kurz **tRNA**. Sie hat die Aufgabe, die Basentripletts zu erkennen und die zugehörigen Aminosäuren zu den Ribosomen zu transportieren. Dabei gibt es für jede der 20 Aminosäuren eine bestimmte tRNA. Die unterschiedlichen tRNA-Moleküle passen wie ein Schlüssel zum Schloss zu den entsprechenden Basentripletts der mRNA. (► Struktur und Funktion, S.212/213)

Die Kette wächst

Die Ribosomen umschließen die mRNA und wandern darauf entlang (▷ B2). Die tRNA dockt kurz an das passende Basentriplett der mRNA an und gibt ihre Aminosäure ab. Diese wird im Ribosom an die Kette der bereits vorhandenen Aminosäuren angeknüpft. Anschließend rückt das Ribosom auf der mRNA eine Stelle weiter. Nun kann die nächste tRNA andocken und ihre Aminosäure abgeben. Die leere tRNA verlässt das Ribosom und wird wieder mit einer Aminosäure beladen. Auf diese Weise entsteht nach und nach eine lange Aminosäurekette. Sie verlässt das Ribosom und verknäult sich zu einem fertigen Protein.

Proteine ermöglichen den Aufbau von Stoffen, wie z. B. den des Farbstoffs Melanin. Auf diese Weise bewirken sie die Ausprägung von Merkmalen, z. B. die unterschiedliche Färbung unserer Augen und Haare.

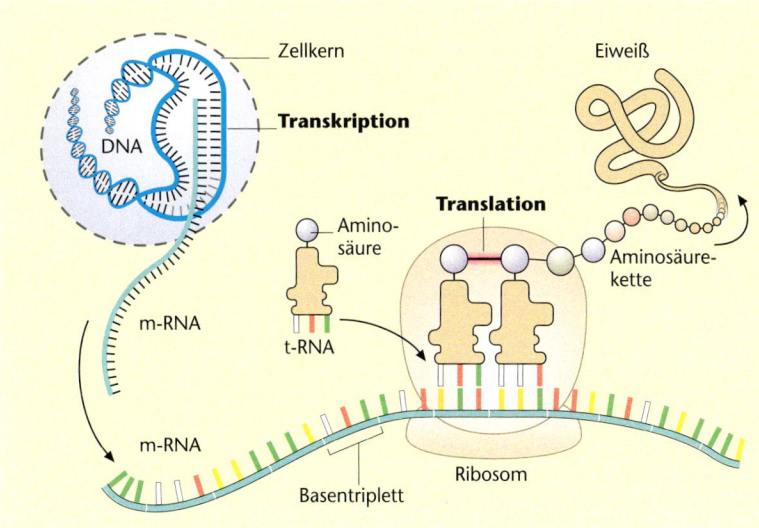

2 Bei der Translation wird die Basen-Abfolge der mRNA in die Aminosäure-Abfolge eines Proteins übersetzt.

Die Proteinbiosynthese setzt die Erbinformation eines Gens in ein Merkmal um: Bei der Transkription erstellt die Zelle eine Abschrift der DNA, die mRNA. Bei der Translation wird die mRNA in eine Aminosäurekette übersetzt. Die tRNA erkennt die Basentripletts und transportiert die zugehörigen Aminosäuren zu den Ribosomen.

AUFGABEN

1 ○ Erläutere die Rolle der Ribosomen bei der Proteinbiosynthese.

2 ○ Beschreibe den Zusammenhang zwischen der Reihenfolge der Basen eines Gens und der Zusammensetzung eines Proteins.

3 ○ Erkläre die Begriffe „Transkription" und „Translation".

4 ⊖ Erläutere die Funktion der mRNA.

5 ⊖ Fasse die Schritte von der DNA zum Protein schriftlich zusammen.

6 ● Gegeben ist der Abschnitt eines Gens: AAG-CCA-TGC. Erstelle – wie bei der Transkription – eine entsprechende Abschrift dieses Gens.

1 Albinismus

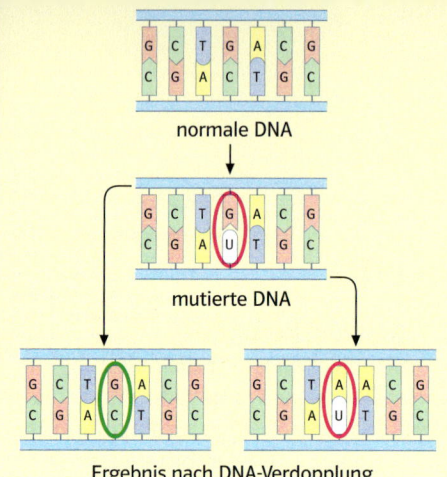

normale DNA

mutierte DNA

Ergebnis nach DNA-Verdopplung

2 Folgen einer Genmutation

Mutationen

Ein sichtbarer Unterschied

Menschen haben ganz unterschiedliche Hautfarben. Dafür ist ein brauner Farbstoff, das **Melanin**, verantwortlich. Es wird von den **Pigmentzellen** in der obersten Hautschicht eingelagert und schützt uns vor den gefährlichen UV-Strahlen. Bei manchen Menschen können die Pigmentzellen jedoch kein Melanin produzieren. Sie haben sehr helle Haut, weißblondes Haar und hellblaue oder rötlich schimmernde Augen. Die Betroffenen leiden an der Erbkrankheit **Albinismus**. Die Ursache ist eine Veränderung im Erbgut, eine **Mutation**.

Kleine Veränderung – große Wirkung

Ersetzt du in einem Smiley nur ein Zeichen, z. B. von „ :-) " zu „ :-(", bekommt es eine ganz andere Bedeutung. Bei einer **Genmutation** geschieht etwas Ähnliches: Eine Base wird durch eine andere ausgetauscht. Dadurch kann die Aminosäuresequenz für ein Protein verändert werden (▶ S.122/123). Menschen mit Albinismus haben eine Genmutation, die dazu führt, dass ein Enzym zur Herstellung von Melanin seine Funktion verliert.

Andere Formen von Mutationen

Ist nicht nur ein einzelnes Gen, sondern sind ganze DNA-Abschnitte eines Chromosoms betroffen, spricht man von einer **Chromosomenmutation**. Sind zu viele oder zu wenige Chromosomen vorhanden, handelt es sich um eine **Genommutation**. Die Folge sind Erkrankungen wie das Down-Syndrom (▶ S.129).

Mutagene erzeugen Mutationen

Mutationen können **spontan** auftreten. Sie können aber auch durch verschiedene Umwelteinflüsse hervorgerufen werden, die man **Mutagene** nennt. Dazu gehören unterschiedliche Chemikalien, radioaktive Strahlung und UV-Strahlen.

Mutationen sind Veränderungen im Erbgut. Es können einzelne Gene, Chromosomen oder das ganze Genom betroffen sein.

AUFGABEN

1 ○ Nenne die Ursache für die Erbkrankheit Albinismus.

2 ◔ Vergleiche die verschiedenen Arten von Mutationen.

3 ● Erläutere die Konsequenzen einer Mutation in einer Körperzelle zu der in einer Keimzelle.

Sommer, Sonne – Hautkrebs?

Wie uns die Sonne gefährlich wird
Urlaub und Sonne. Am liebsten würdest du dich den ganzen Tag an den Strand legen und von der Sonne bräunen lassen. Doch Vorsicht! Ohne ausreichenden Schutz durch Kleidung oder Sonnencreme dringen die UV-Strahlen tief in die Haut ein. Dort schädigen sie die DNA in den Zellen. Die meisten Schäden können durch Reparaturenzyme (▶ S.119) beseitigt werden. Gelingt dies aber nicht, können sich die Zellen zu Hautkrebs verändern. Die Zellen wachsen dann sehr schnell und teilen sich unkontrolliert – es entstehen Tumore.

Der schwarze Hautkrebs
Sind die Melanin bildenden Pigmentzellen betroffen, entsteht ein Melanom (▷ B 1). Dieser schwarze Hautkrebs verursacht die meisten Hautkrebs-Todesfälle. In Deutschland erkranken jährlich ca. 265 000 Menschen an Hautkrebs, davon mehr als 30 000 Personen an schwarzem Hautkrebs. Von diesen sterben etwa 3 000 pro Jahr. Melanome können sehr schnell größer werden. Sie bilden häufig weitere Tumore – Metastasen – im ganzen Körper.

Sonne und mehr Risikofaktoren
Hautkrebs entsteht u. a. durch zu intensive UV-Belastung. Je mehr Sonnenbrände man hatte, vor allem in jungen Jahren, desto höher ist die Wahrscheinlichkeit, später Hautkrebs zu bekommen. Daneben spielen aber auch genetische Veranlagungen eine Rolle: Ein heller Hauttyp sowie viele oder große Muttermale vergrößern das Risiko, an Hautkrebs zu erkranken ebenso wie Fälle von Hautkrebs in der Familie.

Der ABCD-Check
Wird Hautkrebs früh erkannt, ist er meist heilbar. Ob jemand Hautkrebs hat, kann nur eine Hautärztin oder ein Hautarzt

 **A**symmetrie
Wie ist die Grundform?

rund und symmetrisch   asymmetrisch

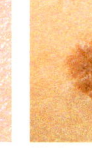

Muttermal   **Melanom**

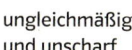 **B**egrenzung
Wie sehen die Ränder aus?

regelmäßig und scharf   ungleichmäßig und unscharf

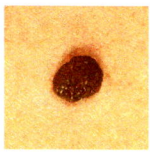 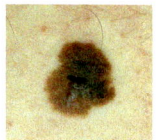

Muttermal   **Melanom**

Color
Wie viele Farben sind zu sehen?

eine Farbe   mehrere Farben

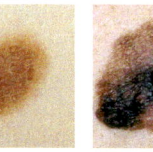

Muttermal   **Melanom**

Dynamik
Verändert sich plötzlich der Gesamteindruck?

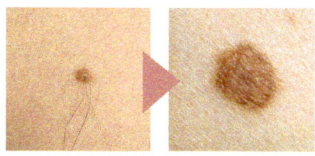

Melanom

1 Mit dem ABCD-Check lassen sich Veränderungen erkennen.

feststellen. Mit dem ABCD-Test (▷ B 1) kann man aber selbst Hautveränderungen entdecken und sie gezielt untersuchen lassen.

AUFGABEN

1 ◔ Erläutere, für welche Menschen das Hautkrebs-Risiko besonders hoch ist.

2 ◔ Informiere dich über die verschiedenen Hauttypen. Leite davon Empfehlungen für deinen individuellen Sonnenschutz ab.

3 ● Minderjährigen ist der Besuch von Solarien verboten. Sammelt Argumente für und gegen dieses Verbot und führt eine Pro-Contra-Diskussion durch.

Die Meiose

Keimzellen sind besondere Zellen

Spermium und Eizelle bezeichnet man als **Keimzellen**. Bei der Befruchtung verschmelzen ihre Zellkerne miteinander, es entsteht eine **Zygote**. Sie ist, wie alle Körperzellen, diploid. Die Keimzellen sind jedoch haploid (► S. 112/113). Damit sich der Chromsomomensatz nicht bei jeder Befruchtung verdoppelt, wird bei der Bildung der Keimzellen der Chromosomensatz halbiert. Dies geschieht bei der **Meiose**.

Reduktionsteilung und Reifeteilung

Die Meiose besteht aus zwei Teilungen: der **1. Reifeteilung** und der **2. Reifeteilung**.

In der 1. Reifeteilung findet die Halbierung des doppelten Chromosomensatzes statt. Deshalb nennt man diesen Vorgang auch **Reduktionsteilung**. Die 2. Reifeteilung läuft genauso ab wie eine Mitose (► S. 120/121).

Prophase I

Jedes Chromosom besteht aus zwei deutlich sichtbaren Chromatiden. Immer zwei Chromosomen, die in Größe und Gestalt gleich sind, lagern sich zu Paaren zusammen. Diese Chromosomenpaare nennt man **homologe Chromosomen**. Am Ende der Prophase I bilden sich die Spindelfasern. Die Kernmembran löst sich auf.

Metaphase I

Die Chromosomen lagern sich in der Zellmitte, der Äquatorialebene, an.

Anaphase I

Die Spindelfasern ziehen die Chromosomen zu den Polen. Die homologen Chromosomen werden dabei voneinander getrennt. Die Chromatiden werden nicht voneinander getrennt. Im Unterschied zur Mitose werden in der Anaphase I ganze Chromosomen verteilt. Die Verteilung von

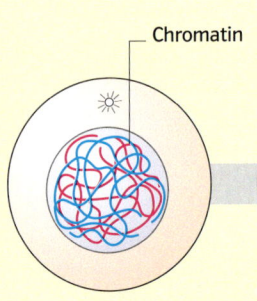 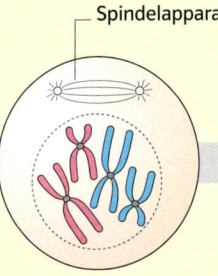 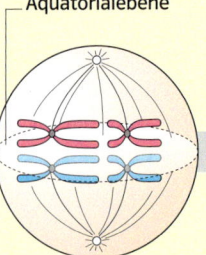 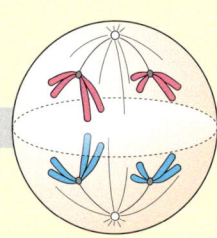 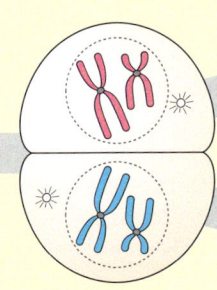

Chromatin   Spindelapparat   Äquatorialebene

Meiose

1. Reifeteilung (Reduktionsteilung)				
	Prophase I	**Metaphase I**	**Anaphase I**	**Telophase I**
Urkeimzelle im Hoden mit doppeltem (diploidem) Chromosomensatz	Das Chromatin nimmt die Transportform an. Die Kernmembran löst sich auf.	Die homologen Chromosomenpaare richten sich an der Äquatorialebene aus.	Die homologen Chromosomenpaare werden getrennt.	Die Kernmembranen werden gebildet, und die Zelle teilt sich.

1 Ablauf der Meiose am Beispiel der Spermienbildung

väterlichen und mütterlichen Chromosomen geschieht hierbei rein zufällig.

Telophase I

An den Polen sammelt sich jeweils ein einfacher Chromosomensatz. An jedem Pol wird eine Kernmembran gebildet. Die Zelle teilt sich. Eine Interphase findet nicht statt.

Die 2. Reifeteilung

Nach der Reduktionsteilung findet in beiden Tochterzellen die 2. Reifeteilung statt. Der Ablauf entspricht der Mitose (▶ S. 120/121), bei der die Chromatiden eines jeden Chromosoms getrennt werden. Die Keimzellen sind nun **haploid** und enthalten beim Menschen je 23 Chromosomen.

Die Bildung von Spermien und Eizellen

Beim Mann entwickeln sich aus einer **Urkeimzelle** vier gleich große Spermien. Bei der Frau entsteht aus der **Ureizelle** eine sehr große Zelle, die eigentliche Eizelle.

Daneben entstehen drei sehr kleine Zellen, die aber später absterben.

Während der Meiose wird in der ersten Reifeteilung der doppelte Chromosomensatz halbiert. Die entstandenen Zellen teilen sich in einer zweiten Reifeteilung wie bei einer Mitose.

AUFGABEN

1 ○ Erkläre, warum bei der Bildung der Keimzellen der doppelte Chromosomensatz halbiert werden muss.

2 ○ Beschreibe den Unterschied zwischen 1. und 2. Reifeteilung.

3 Sieh dir Bild 1 aufmerksam an.
   ◒ a) Decke die Beschriftung ab und schreibe zu jeder dargestellten Phase einen kurzen Text.
   ● b) Schließe das Buch und zeichne anhand deines Textes passende Bilder. Öffne das Buch wieder und vergleiche.

4 ● Stelle Gemeinsamkeiten und Unterschiede von Meiose und Mitose tabellarisch gegenüber.

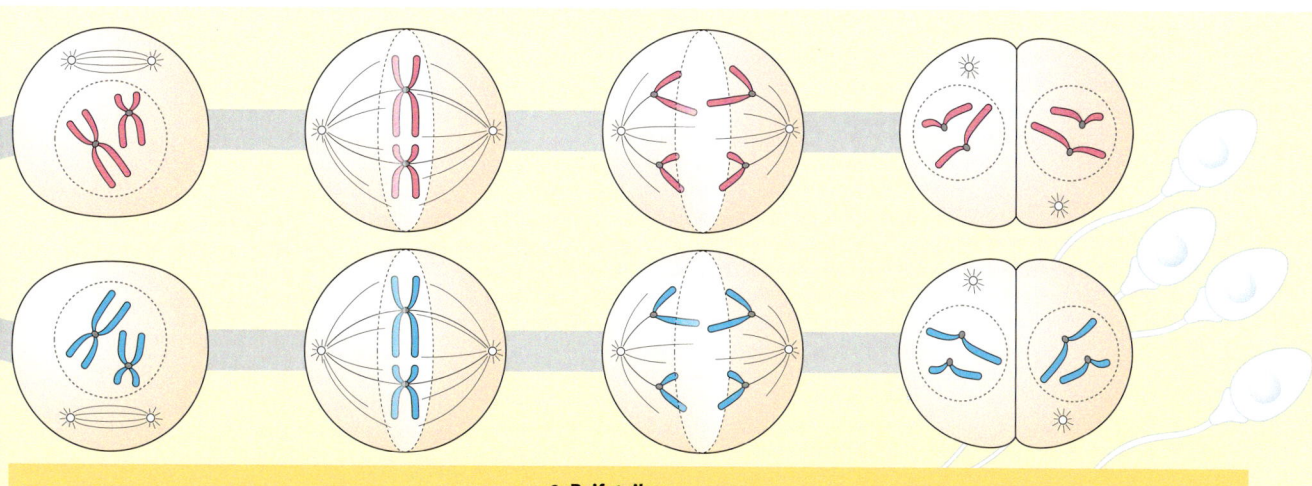

2. Reifeteilung			
Prophase II	**Metaphase II**	**Anaphase II**	**Telophase II**
Zwei Tochterzellen mit haploidem Chromosomensatz sind entstanden. Die Kernmembranen lösen sich auf.	Die Chromosomen werden an der Äquatorialebene ausgerichtet.	Die Chromatiden werden voneinander getrennt.	Es entstehen insgesamt vier Tochterzellen. Sie verfügen über einen haploiden Chromosomensatz. Jedes Chromosom besteht nur noch aus einem Chromatid.

Vererbung des Geschlechts

Junge oder Mädchen?

Schwangere werden oft gefragt: „Wird es ein Junge oder ein Mädchen?" Meist kann man das schon vor der Geburt auf einem Ultraschallbild erkennen. Doch wann und wie wird das Geschlecht des Kindes festgelegt? Um diese Frage zu klären, muss man die Karyogramme (► S. 113) eines Mannes und einer Frau miteinander vergleichen (▷ B 1). Dabei fällt ein deutlicher Unterschied auf: Frauen besitzen zwei relativ große **X-Chromosomen** (XX), Männer haben nur ein X-Chromosom und ein sehr kleines **Y-Chromosom** (XY). Auf diesem befindet sich ein Gen, welches das männliche Geschlecht bestimmt. Die X- und Y-Chromosomen nennt man **Geschlechtschromosomen**. Alle übrigen Chromosomen bezeichnet man als **Körperchromosomen**.

In Karyogrammen gibt es dafür eine Kurzschreibweise: Man nennt zunächst die Anzahl der Körperchromosomen und dann die Geschlechtschromosomen. Frauen haben somit den sogenannten **Karyotyp** 44, XX und Männer den Karyotyp 44, XY.

Vererbung des Geschlechts

Da Keimzellen haploid sind, gibt es zwei Typen von Spermienzellen: 22, X und 22, Y. Eizellen haben immer den Karyotyp 22, X. Gelangt ein Spermium mit 22, X in die Eizelle, entsteht ein Mädchen. Trifft ein Spermium mit 22, Y auf die Eizelle, entsteht ein Junge. Das Geschlecht des Kindes wird bei der Befruchtung also allein durch das Spermium bestimmt (▷ B 1).

Die Kombination der Geschlechtschromosomen X und Y legt bei der Befruchtung das Geschlecht des Menschen fest. Der Karyotyp lautet 44, XX für weiblich und 44, XY für männlich.

AUFGABEN

1 ○ In früheren Zeiten wurden in vielen Herrscherhäusern Frauen verstoßen, die nur Mädchen und keine männlichen Thronfolger zur Welt brachten. Erläutere, warum das eine Fehlentscheidung war.

2 ◒ Erkläre, warum etwa gleich viele Mädchen und Jungen geboren werden.

3 ● Stelle begründete Vermutungen an, welche Folgen eine Mutation in dem geschlechtsbestimmenden Gen des Y-Chromosoms haben könnte.

| Karyogramm der Mutter | Karyogramm des Vaters |

Karyotyp (Eltern)	44, XX		44, XY
Keimzellen	22, X 22, X		22, Y 22, X
Karyotyp (Kinder)	44, XY 44, XX		44, XY 44, XX

1 Karyogramme (oben) und Vererbung des Geschlechts

Fehler bei der Meiose

Fehler bei der Vererbung des Geschlechts

Nicht alle Menschen verfügen über zwei Geschlechtschromosomen. Männer mit dem **Klinefelter-Syndrom** haben ein zusätzliches X-Chromosom (44, XXY). Ihre Hoden sind unterentwickelt. Deswegen sind sie oft unfruchtbar. Weitere Symptome sind spärlicher Bartwuchs und eine überdurchschnittliche Körpergröße.

Im Gegensatz dazu fehlt Frauen mit dem **Turner-Syndrom** ein X-Chromosom (44, X0). Sie entwickeln keine funktionsfähigen Eierstöcke. Weitere Symptome sind Kleinwuchs und Organschäden.

Wenn falsch verteilt wird

Die Ursache für diese Syndrome ist eine Fehlverteilung der Chromosomen während der Meiose: Während der 1. Reifeteilung werden die homologen Chromosomen nicht getrennt. Dadurch entsteht eine Keimzelle, in der das Chromosom doppelt vorliegt – und eine andere, in der es fehlt. Das Gleiche geschieht, wenn während der 2. Reifeteilung die Chromatiden nicht voneinander getrennt werden (▷ B 2).

Wird eine Zelle mit einem doppelten Chromosom befruchtet, entsteht eine **Trisomie**.

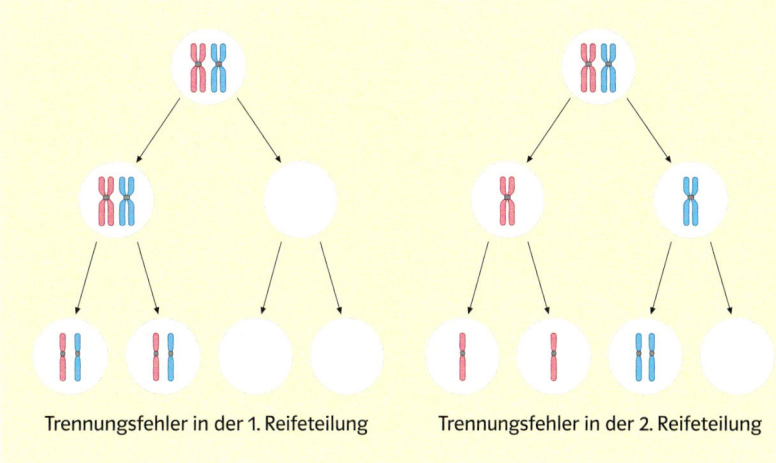

Trennungsfehler in der 1. Reifeteilung   Trennungsfehler in der 2. Reifeteilung

2 Trennungsfehler bei der Meiose

Wird eine Zelle befruchtet, in der ein Chromosom fehlt, entsteht eine **Monosomie**.

Das Down-Syndrom

Ein Beispiel für die falsche Verteilung von Körperchromosomen ist das **Down-Syndrom** (▷ B 1) – auch **Trisomie 21** genannt, da bei den Betroffenen das 21. Chromosom dreifach vorliegt. Menschen mit Down-Syndrom haben oft Organfehlbildungen, die aber heute gut behandelt werden können. Die geistigen Beeinträchtigungen lassen sich durch gezielte Förderung beeinflussen.

Verteilungsfehler bei der Meiose führen zu einer Veränderung der Chromosomenanzahl.

AUFGABEN

1 ○ Beschreibe mithilfe von Bild 2, wie es zur Trisomie 21 kommen kann.

2 ◐ Nenne die Phase der Meiose, in der der Verteilungsfehler passiert.

3 ● Erkläre, warum Monosomien der Körperchromosomen fast immer zum Absterben der Zygote führen.

1 Kinder mit Down-Syndrom

1 ROLF „BOBBY" BREDERLOW

2 Arbeiten mit Behinderung

Leben mit Behinderung

Ein Schauspieler und Maler

Wie alle Menschen, haben auch Menschen mit Behinderung eine eigene Persönlichkeit und individuelle Stärken und Schwächen. Menschen mit dem Down-Syndrom z. B. lernen zwar langsamer, aber mit der richtigen Förderung sind viele zu besonderen Leistungen fähig. Ein Beispiel dafür ist BOBBY BREDERLOW (▷ B 1), der durch zahlreiche Film- und Fernsehauftritte bekannt wurde. BREDERLOW arbeitet in einer Behinderten-Werkstatt. In der Freizeit lernt er Texte, malt Bilder und spielt am Computer. Er trifft sich gerne mit Freunden und geht auf Partys oder ins Kino. Vor allem aber engagiert sich BREDERLOW für die Gleichstellung von Behinderten in der Gesellschaft. Dafür erhielt er als erster Deutscher mit Down-Syndrom das **Bundesverdienstkreuz**.

Anerkennung ...

Auch für Menschen mit Behinderung ist es wichtig, an der Gesellschaft teilzuhaben. Ein passender **Arbeitsplatz** bietet die Chance dazu. Dabei geht es nicht nur darum, den Lebensunterhalt zu verdienen. Zu arbeiten bedeutet vor allem Selbstständigkeit, Anerkennung und Unabhängigkeit. Viele Betroffene sind aber aufgrund ihrer Behinderung bei der Berufswahl eingeschränkt. Deshalb bieten **Sozialdienste** die Möglichkeit, in speziellen Werkstätten zu arbeiten.

... und Unterstützung

Zahlreiche Menschen engagieren sich beruflich oder ehrenamtlich für Menschen mit Behinderung, z. B. in der Heilerziehungspflege in Behinderten-Wohngruppen oder als Helferin bzw. Helfer bei Sport- und Kulturveranstaltungen. Wer sich für den **Bundesfreiwilligendienst** entscheidet, hat die Möglichkeit, ein Jahr lang in einer sozialen Einrichtung zu arbeiten und dabei viele neue Eindrücke und Erfahrungen zu sammeln.

Menschen mit Behinderung dürfen nicht ausgegrenzt werden. Auch für sie ist es wichtig, an der Gesellschaft teilzuhaben. Spezielle Werkstätten bieten einen passenden Arbeitsplatz.

AUFGABEN

1 ○ Erläutere, warum die Arbeit der Sozialdienste für Menschen mit Behinderung sehr wichtig ist.

2 ◐ Suche im Internet nach Informationen über BOBBY BREDERLOW und erstelle einen Lebenslauf.

3 ● Erörtere, welche besonderen Probleme taubblinde Kinder in der Gesellschaft haben.

Inklusion: Gemeinsam lernen

Die Förderschule

Kinder mit körperlichen oder geistigen Behinderungen werden in Deutschland meist in speziellen Schulen, den Förderschulen, unterrichtet. Dort gehen für diese Schulart ausgebildete Lehrkräfte und Betreuungspersonal auf die besonderen Bedürfnisse der Kinder ein. Die Kinder und Jugendlichen lernen in sehr kleinen Gruppen und werden gezielt gefördert. Je nach Schweregrad der Behinderung benötigen manche Betroffene auch besondere Pflegemaßnahmen, z. B. Wickeln oder Hilfe beim Essen, die sie in der Förderschule erhalten.

Der Unterricht in Förderschulen hat jedoch einen großen Nachteil. Die Kinder und Jugendlichen mit Behinderung haben dort keinen Kontakt zu gleichaltrigen Nichtbehinderten. Auch nach der Schulzeit bleiben Menschen mit Behinderung daher häufig aus der Gesellschaft ausgegrenzt.

Gemeinsam lernen

Im Jahr 2009 hat Deutschland die UN-Behindertenrechtskonvention unterzeichnet. Sie besagt, dass alle Kinder das Recht haben sollen, eine Regelschule zu besuchen. Das Ziel ist, dass behinderte und nicht behinderte Kinder gemeinsam lernen können. Man spricht von Inklusion.

Vom gemeinsamen Unterricht verspricht man sich positive Auswirkungen auf das Sozialverhalten von behinderten und nicht behinderten Kindern. So könnte man Berührungsängste abbauen. Nach Meinung von Fachleuten lernen Kinder mit Behinderungen in den integrativen Schulen mehr. Allerdings hängt dies von der Art der Behinderung ab. Bei manchen Behinderungen ist es für die betroffenen Kinder besser, wenn sie ihren eigenen, für sie geeigneten Unterricht bekommen.

1 Inklusion in der Schule

Ein langer Weg

Auf lange Sicht sollen alle Kinder gemeinsam unterrichtet werden. Bis dieses Ziel in ganz Deutschland verwirklicht werden kann, sind jedoch noch viele Veränderungen notwendig:

– Viele Schulen müssen behindertengerecht umgebaut werden.
– Die Lehrerinnen und Lehrer müssen eine spezielle Ausbildung erhalten.
– Die Anzahl der Schülerinnen und Schüler in den Klassen muss verringert werden.

AUFGABEN

1 ⊖ Informiere dich über die Umsetzung der Inklusionsidee an deiner Schule.

2 ● Recherchiere, ob und wie die Inklusion in anderen Ländern Europas erfolgreich umgesetzt wird.

Die Anfänge der Genetik

Johann Gregor Mendel

1 Johann Gregor Mendel

Johann Gregor Mendel (1822–1884) wuchs in einem kleinen Dorf in Böhmen im heutigen Tschechien auf. Seine Eltern waren einfache Bauern. Bereits in der Dorfschule fiel er durch sehr gute Leistungen auf. Dadurch war es ihm möglich, anschließend das Gymnasium zu besuchen. Nach seiner Schulzeit studierte Mendel im böhmischen Olmütz. Weil er sein Studium nicht mehr finanzieren konnte, brach er es nach drei Jahren ab. Noch im gleichen Jahr trat Gregor Mendel in das Augustinerkloster in Brünn ein, wo er Theologie studierte. Hier begann er 1857 mit seinen ersten naturwissenschaftlichen Versuchen.

Bei seinen Forschungen konzentrierte sich Mendel auf die Arbeit mit der Gartenerbse. Dabei beschränkte er sich zunächst auf die unterschiedlichen Blütenfarben der Erbsenpflanzen. Er führte tausende Kreuzungen durch (▷ B 2) und schrieb alle Beobachtungen ganz genau auf. Dann wertete er diese mathematisch aus. Obwohl er seine Ergebnisse veröffentlichte, erkannte man deren große Bedeutung nicht. Erst 15 Jahre nach seinem Tod befasste man sich wieder mit Mendels Forschungen.

Warum ausgerechnet Erbsen?

Erbsen bestäuben sich selbst. Ihr Pollen wird also nicht durch Wind oder Insekten übertragen. Damit konnte Mendel die Bestäubung der Erbsenpflanzen leicht kontrollieren und steuern. Außerdem erzeugen Erbsen eine Vielzahl an Samen, aus denen sich weitere Generationen ziehen lassen.

Die 1. Mendel´sche Regel

Mendel verwendete für seine Versuche nur Pflanzen, die **reinerbig** waren. D.h., aus rot blühenden Erbsenpflanzen entstehen immer nur rot blühende Erbsenpflanzen. Ebenso entstehen aus weiß blühenden Erbsenpflanzen immer nur weiß blühende.

Mendel kreuzte nun die Pflanzen der Elterngeneration, auch **Parentalgeneration (P)** genannt, miteinander. Eine Erbsenpflanze war weiß blühend und die andere rot blühend. Die Pflanzen der folgenden Generation, die man auch **Filialgeneration (F_1)** nennt, zeigten überraschend nur rote Blüten. Mendel wiederholte seine Versuche und kam immer zum gleichen Ergebnis. Das Merkmal für die rote Blütenfarbe hat sich gegen das Merkmal der weißen Blütenfarbe durchgesetzt. Das Merkmal „rot blühend" ist **dominant**. Das Merkmal „weiß blühend" ist **rezessiv**. Mendel hielt diese Beobachtung in seiner ersten Vererbungsregel fest.

a) Entfernung aller Staubblätter der roten Blüte

b) Übertragung von Pollen der weißen Blüte auf den Stempel der roten Blüte

c) Aussaat der herangereiften Samen

d) Die Kontrolle der ersten Nachkommengeneration ergibt, dass alle rote Blüten besitzen.

2 Kreuzungsversuch von Mendel

3 Rot blühende und weiß blühende Erbsen

Uniformitätsregel: Kreuzt man zwei Individuen einer Art, die sich in einem Merkmal reinerbig unterscheiden, so sind die Nachkommen in der F_1-Generation untereinander alle gleich.

Erbanlagen und Erscheinungsbild
Das Merkmal „Blütenfarbe" der Erbse gibt es in zwei Variationen: rot und weiß. Das heißt, die Gene für die Blütenfarbe unterscheiden sich. Diese unterschiedlichen Ausführungen eines Gens nennt man **Allele**. Sie befinden sich auf dem jeweils gleichen Abschnitt der homologen Chromosomen (► S.126/127).

Die gesamten Erbanlagen, so wie sie auf den Chromosomen verankert sind, nennt man **Genotyp**. Wie MENDEL in seinen Versuchen herausgefunden hatte, kann das Erscheinungsbild – der **Phänotyp** – variieren. Der Phänotyp ist die sichtbare Ausprägung des Genotyps.

Ein Kreuzungsschema schafft Übersicht
MENDELS Erbsenblüten waren in der Parentalgeneration entweder rot oder weiß. In der F_1-Generation waren sie alle einfarbig (uniform) rot. Mit einem **Kreuzungsschema** (▷ B4) kann man diese Vorgänge bei der Vererbung veranschaulichen. In ihm kennzeichnet man die dominanten Allele mit Großbuchstaben, die rezessiven Allele mit Kleinbuchstaben.

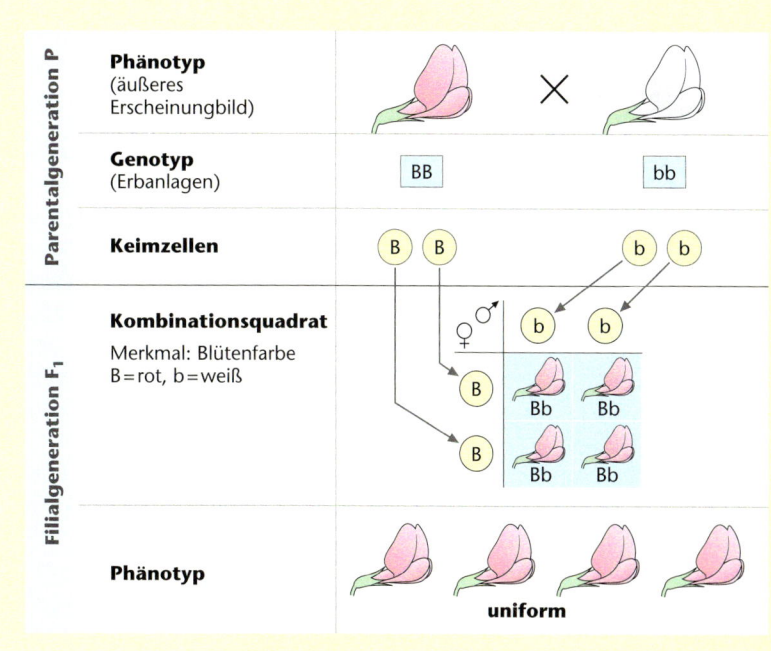

4 Kreuzungsschema zur 1. Mendel´schen Regel (Uniformitätsregel)

JOHANN GREGOR MENDEL formulierte aus den Beobachtungen seiner Erbsenversuche die Uniformitätsregel. Die Filialgeneration zeigt nur das dominante Merkmal.

AUFGABEN

1 ○ Beschreibe mithilfe von Bild 2 MENDELS Vorgehen bei der Bestäubung der Erbsen.

2 ○ Nenne die Vorteile für die Auswahl der Gartenerbse als Versuchsobjekt.

3 ◒ Lege eine Tabelle an, in der du die Fachbegriffe dieser Seite sammelst und erklärst.

4 ◒ Erläutere die Bezeichnung „Uniformitätsregel".

5 ● Erstelle ein Kreuzungsschema: Zwei Mäuse, die für das Merkmal „Farbe" reinerbig sind, werden gekreuzt. Das Merkmal für die Fellfarbe braun ist gegenüber weiß dominant.

6 ● Erläutere, warum in den Pflanzenzellen die Allele doppelt und in den Keimzellen nur einfach vorkommen.

133

Merkmale tauchen wieder auf

Die 2. Mendel'sche Regel

MENDEL hatte festgestellt, dass die aus seiner Kreuzung entstandene F_1-Generation immer rote Blüten besaß. Nun fragte er sich, ob das Merkmal für die weiße Blütenfarbe für immer verschwunden war.

Dazu kreuzte er die Pflanzen der F_1-Generation untereinander. Tatsächlich konnte er in der zweiten Tochtergeneration, der **F_2-Generation**, neben roten Blüten auch wieder weiße Blüten beobachten. MENDEL erkannte ein Verhältnis von 3:1 von rot blühenden zu weiß blühenden Erbsenpflanzen. Aus diesen Ergebnissen formulierte er seine zweite Vererbungsregel.

Spaltungsregel: Kreuzt man die Individuen der F_1-Generation untereinander, so treten in der F_2-Generation die Merkmale der Elterngeneration in einem festen Zahlenverhältnis von 3:1 wieder auf.

Woher kommt die weiße Blütenfarbe?

Obwohl alle Erbsenpflanzen rot blühend sind, tragen sie auch das rezessive Allel „weiß blühend". Der **Genotyp** der F_1-Generation ist also **mischerbig**. Die Keimzellen können entweder das Allel „rot blühend" oder das Allel „weiß blühend" tragen.

Je nachdem, welche Keimzellen nun aufeinander treffen, können drei verschiedene Genotypen für die F_2-Generation entstehen. Kommt darin das dominante Allel „rot blühend" vor, so wird dieses Merkmal ausgeprägt. Die Erbsenpflanze blüht rot. Nur in einem von vier Fällen treffen die beiden rezessiven Allele „weiß blühend" aufeinander. Nur dann entwickeln sich Erbsenpflanzen mit einer weißen Blüte (▷ B1).

Kreuzt man die Pflanzen der F_1-Generation, so treten die Merkmale der Elterngeneration im Zahlenverhältnis 3:1 auf.

AUFGABEN

1 ○ Erläutere, warum MENDEL seine 2. Vererbungsregel „Spaltungsregel" nannte.

2 ◖ MENDEL kreuzte auch Erbsen mit gelber und grüner Samenfarbe. In der F_1-Generation tauchten nur gelbe Erbsen auf:
a) Erstelle ein Kreuzungsschema für die F_1-Generation.
b) Erkläre an einem Kreuzungsschema den Phänotyp der F_2-Generation.

3 ◖ Zwei schwarze Kaninchen werden miteinander gekreuzt. Erkläre, warum ein Viertel der Nachkommen weiß ist.

4 ● Erläutere den Zusammenhang folgender Begriffe: Allel, Merkmal, reinerbig und mischerbig.

1 Kreuzungsschema zur 2. Mendel'schen Regel

Die Vererbung zweier Merkmale

Die 3. Mendel′sche Regel

MENDEL kreuzte reinerbige Erbsenpflanzen, deren Samen sich in Farbe und Form unterschieden. Eine Sorte hatte gelbe und runde Samen. Die andere Sorte hatte grüne und kantige Samen (▷ B 1). Die F_1-Generation erbrachte nur gelbe und runde Samen. Dies entsprach der Uniformitätsregel. Die Merkmale gelb und rund waren demnach dominant. In der F_2-Generation kam es jedoch zu einer Überraschung. Es traten Kombinationen der Merkmale in einem Verhältnis von 9:3:3:1 auf. Die Merkmale „Form" und „Farbe" der Samen werden also unabhängig vererbt. MENDEL formulierte daraus seine dritte Vererbungsregel.

Unabhängigkeitsregel: Kreuzt man zwei Individuen einer Art, die sich in zwei Merkmalen reinerbig unterscheiden, so sind die Nachkommen der F_1-Generation untereinander gleich. In der F_2-Generation zeigen sich jedoch alle möglichen Merkmalskombinationen in einem Verhältnis von 9:3:3:1.

Verschiedene Merkmale können unabhängig voneinander vererbt werden.

AUFGABEN

1. ○ Vergleiche in Bild 1 die Genotypen der F_2-Generation. Finde und benenne die reinerbigen Erbsen.

2. ◐ Erkläre mithilfe des Kreuzungsschemas die Entstehung der neuen Phänotypen.

3. ● Ein Züchter hat schwarze, einfarbige Meerschweinchen und eine rotbraune, gefleckte Rasse. Erläutere an einem Kreuzungsschema, wie er schwarzgefleckte Tiere züchten könnte. Die Merkmale für schwarze Fellfarbe und Einfarbigkeit sind dominant.

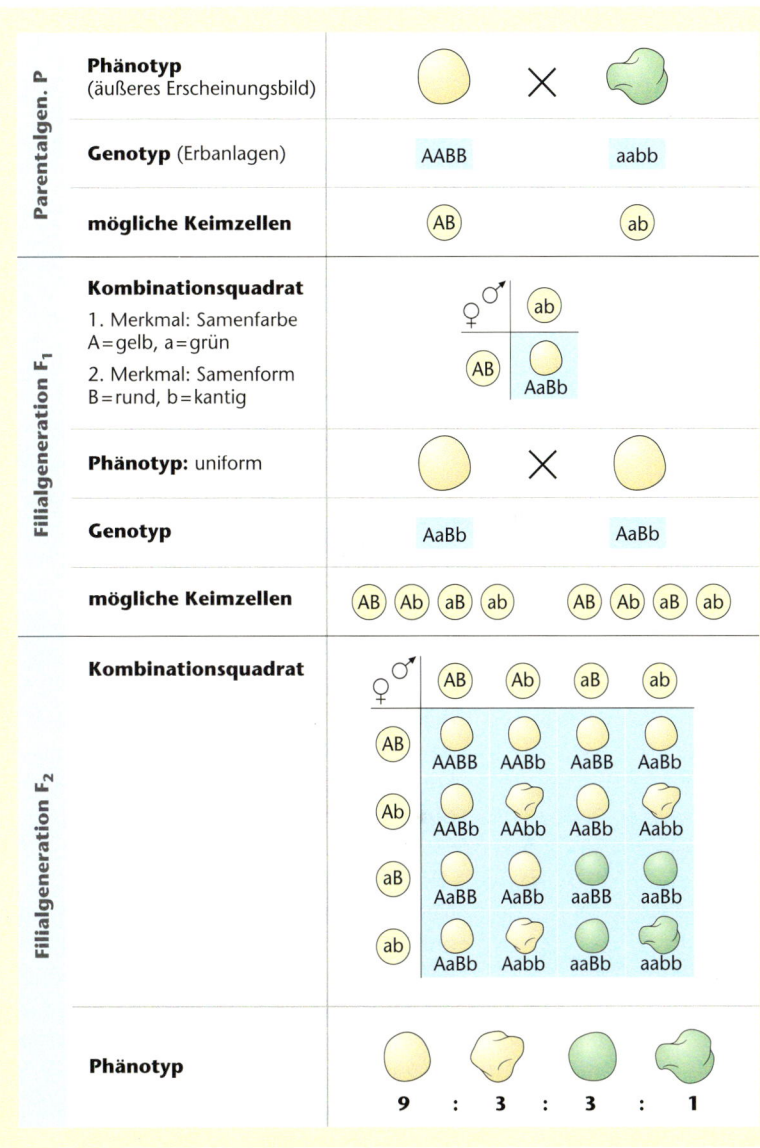

1 Kreuzungsschema zur 3. Mendel′schen Regel (Unabhängigkeitsregel)

2 Erbsen mit zwei verschiedenen Merkmalen

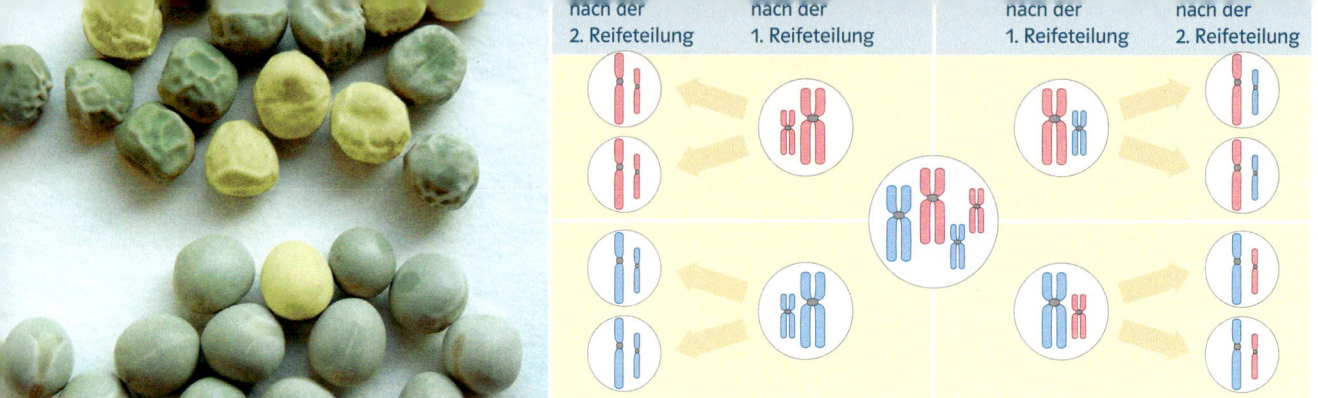

1 Unterschiedliche Erbsensamen

2 Kombinationsmöglichkeiten bei n = 2

Gut kombiniert, Mendel!

Erbse ist nicht gleich Erbse

MENDELS Kreuzungsversuche mit Erbsen, die sich in zwei Merkmalen unterscheiden, zeigten, dass diese Merkmale unabhängig voneinander vererbt werden (▶ S.135). So treten in der F_2-Generation Erbsen mit neuen Merkmalskombinationen auf, die sich sogar im Phänotyp von ihrer Parental- bzw. F_1-Generation unterscheiden: gelb und kantig bzw. grün und rund (▷ B1). Aus dieser Tatsache lässt sich ableiten, dass das genetische Material der Eltern neu kombiniert wird. Man spricht von **Rekombination**.

„Neue" Kombinationen tauchen auf

Nur bei der geschlechtlichen Fortpflanzung entstehen Nachkommen, die sich voneinander und auch von ihren Eltern genetisch unterscheiden. Die Ursache dafür liegt in der **Meiose** (▶ S.126). Hier entstehen durch die zufällige Verteilung der homologen Chromosomen genetisch verschiedene Keimzellen. So ergeben sich bei einem Lebewesen mit zwei Chromosomenpaaren (n = 2) vier verschiedene Kombinationsmöglichkeiten (▷ B2). Bei der Befruchtung kommen diese Chromosomen – und damit die Gene der Eltern – zusammen und werden neu miteinander kombiniert.

Rekombination führt zu Vielfalt

Ein Mensch besitzt 23 Chromosomenpaare und kann somit $2^{23} = 8,39 \times 10^6$ verschiedene Keimzellen bilden. Bei jeder Befruchtung sind theoretisch $(8,39 \times 10^6)^2 = 7 \times 10^{13}$, das sind rund 70 Billionen verschiedene Kombinationen möglich. Zum Vergleich: Zurzeit leben etwa 7,55 Milliarden Menschen auf der Erde.

Diese unvorstellbar große Zahl zeigt, dass die Rekombination die entscheidende Voraussetzung für die **genetische Variabiliät** und **Individualität** innerhalb der Lebewesen einer Art ist.

Bei der geschlechtlichen Fortpflanzung wird das genetische Material der beiden Eltern neu kombiniert. Die Rekombination bewirkt die Variabilität unter den Nachkommen.

AUFGABEN

1 ◒ Fasse den Vorgang der Rekombination mit eigenen Worten zusammen.

2 ◒ Skizziere – analog zu Bild 2 – die Kombinationsmöglichkeiten bei der Bildung von Keimzellen mit drei Chromosomen (n = 3).

3 ● Crossing-over ist eine weitere Ursache für die genetische Variabilität. Informiere dich über diesen Vorgang und verfasse einen kurzen Text.

Der intermediäre Erbgang

Im Jahre 1900 führte der Botaniker CARL CORRENS (1864–1933) ebenfalls Kreuzungsversuche durch. Seine Testpflanzen waren weiß und rot blühende Wunderblumen. CORRENS kannte MENDELS Arbeiten. Daher erwartete er für die 1. Tochtergeneration, dass das dominante Merkmal auftreten würde.

Zu seiner Überraschung erhielt er jedoch weder rote noch weiße Wunderblumen. Alle Pflanzen in der 1. Tochtergeneration blühten rosa.

1 Rot blühende Wunderblume

Nicht dominant – nicht rezessiv

Bei der Wunderblume ist in Bezug auf die Ausprägung Blütenfarbe kein Merkmal dominant oder rezessiv. Die mischerbigen Pflanzen stellen eine Zwischenform dar. Weil die Farbe rosa zwischen den Merkmalen rot und weiß blühend liegt, nennt man diesen Erbgang einen intermediären Erbgang.

Die mischerbigen Wunderblumen bilden weniger roten Farbstoff als reinerbige. So entstehen rosafarbene Blüten.

AUFGABEN

1 ◔ Nenne Unterschiede zwischen einem dominant-rezessiven und einem intermediären Erbgang.

2 ◔ Erkläre, warum ein Züchter von Wunderblumen immer genau weiß, ob seine Pflanzen rein- oder mischerbig sind.

3 ● Eine Hobbygärtnerin möchte rosa blühende Wunderblumen züchten. Sie kreuzt daraufhin mehrere rosafarbene Pflanzen untereinander. Erkläre, welches Ergebnis die Gärtnerin hat.

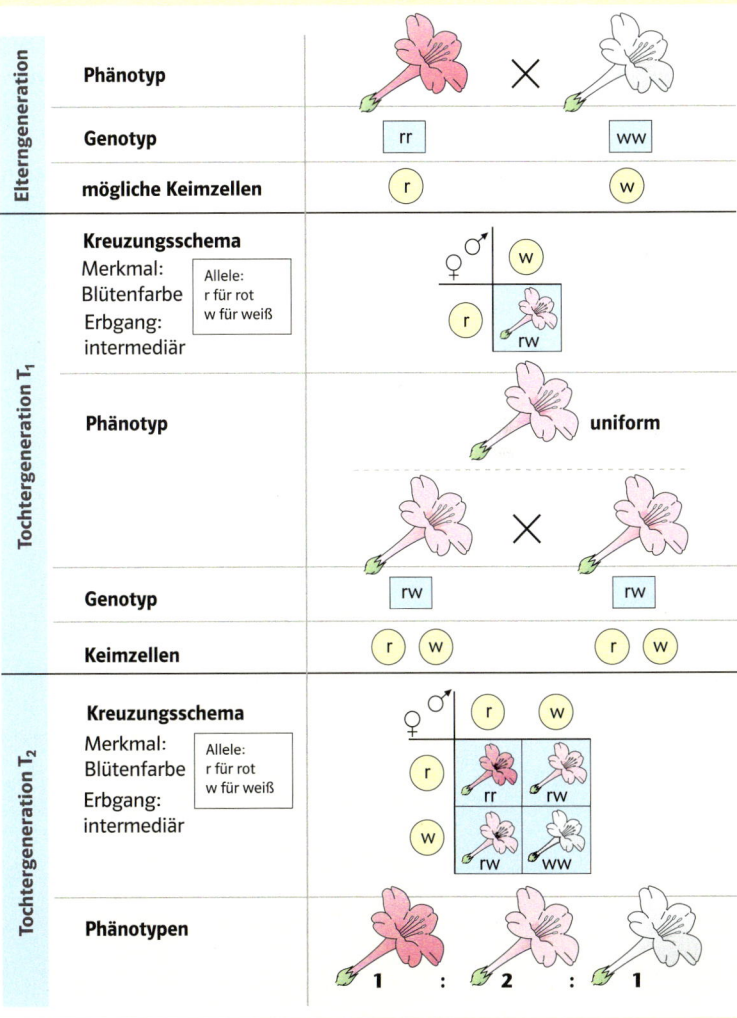

2 Kreuzungsschema eines intermediären Erbgangs

Stammbäume lesen und erstellen

Wer sind meine Vorfahren?

Stammbäume helfen, die Verwandtschaftsbeziehungen in einer Familie nachzuvollziehen. Sie können auch zeigen, von welchen Vorfahren man ein Merkmal geerbt haben könnte.

Stammbäume legt man immer nach einer festen Struktur an. Die ältesten Personen befinden sich ganz oben, die jüngsten Personen ganz unten. Verheiratete verbindet man durch einen Querstrich miteinander. Die gemeinsamen Kinder zweigen von dieser Verbindungslinie nach unten ab. Eine darüber liegende Linie fasst sie zusammen. Friedrich und Margarete sind die ältesten Personen unseres Stammbaums (▷ B1). Sie sind verheiratet und haben zwei Kinder: Christine und Paula.

Möchte man wissen, wer von wem abstammt, verfolgt man einfach die Linien nach oben. Max ist z.B. das Kind von Roland und Christine. Seine Großeltern sind Margarete und Friedrich. Paula ist seine Tante. Von all diesen Personen kann Max Merkmale geerbt haben. Mit seinem Onkel Ingo ist er genetisch nicht verwandt, weil Ingo in die Familie eingeheiratet hat.

Zur Vereinfachung von Stammbäumen legte man eine **Symbolschreibweise** fest. Frauen stellt man als Kreise und Männer als Quadrate dar. Träger von bestimmten Merkmalen kennzeichnet man mit einer Farbe. Bild 2 zeigt den Stammbaum der Familie Müller in der vereinfachten Schreibweise. (► System, S. 210/211)

AUFGABE

1 ○ Erkläre, von welchen Vorfahren Andreas und Sabine Haarfarbe und Locken geerbt haben könnten.

2 ◖ Erstelle einen Stammbaum für deine Familie.

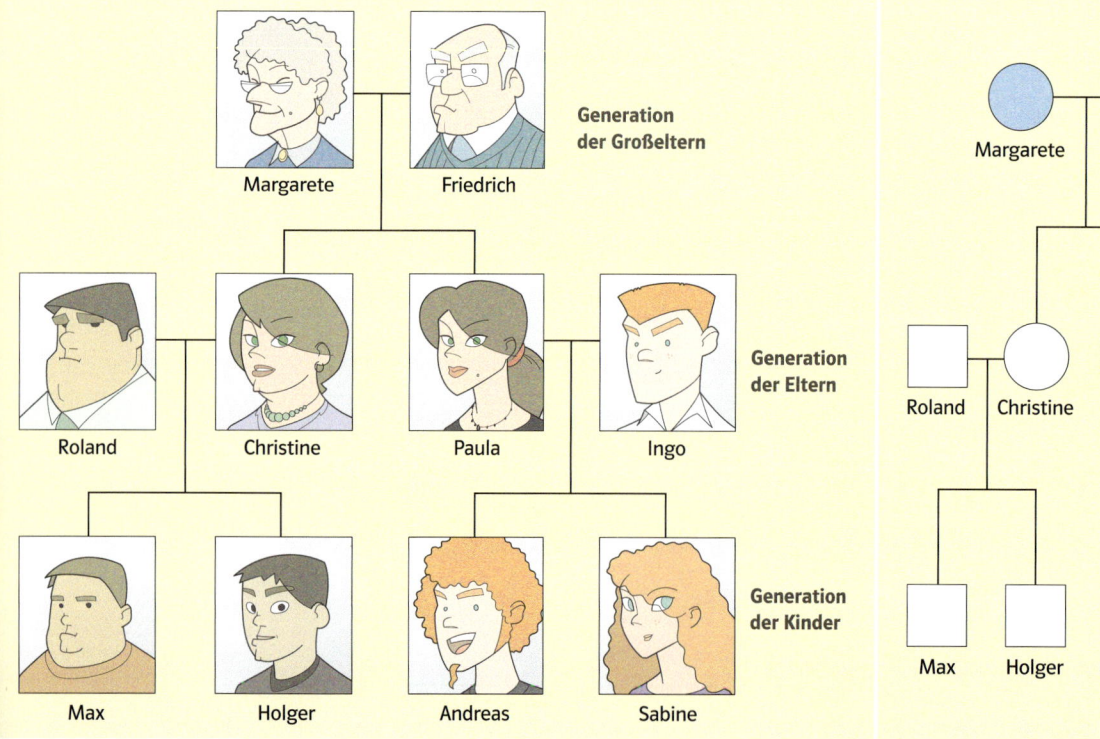

1 Stammbaum der Familie Müller

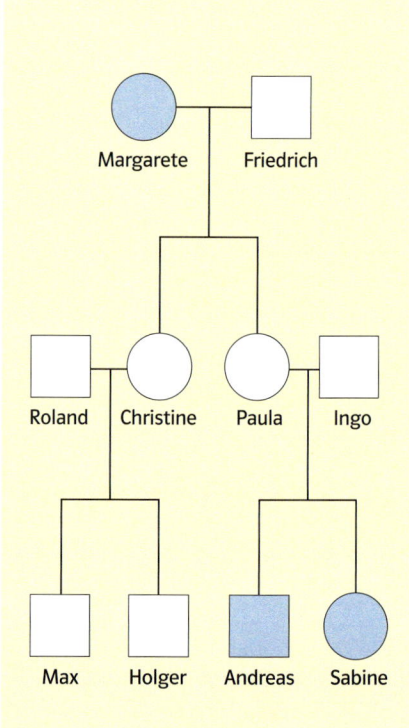

2 Stammbaum in vereinfachter Schreibweise

Wie der Vater, so der Sohn

Gelten MENDELS Regeln auch für uns Menschen?

Man kennt beim Menschen heute Gene für mehr als 2 000 Merkmale, die einen Erbgang nach den Mendel'schen Regeln aufweisen. Ein Merkmal ist das lockige Haar. Lockiges Haar ist gegenüber glattem Haar rezessiv. Es ist jedoch schwierig, den Erbgang von Merkmalen beim Menschen zu verfolgen. Nur von wenigen Familien gibt es Aufzeichnungen über längere Zeiträume, die das Vorkommen bestimmter Merkmale beschreiben.
(► System, S. 210/211)

Viele Merkmale werden von mehr als einem Gen bestimmt. Bei der Augenfarbe sind es mindestens drei Gene. Sie bestimmen die Pigmentierung der Iris und erzeugen so die unterschiedlichen Augenfarben.

Kannst du die Zunge rollen?

Die Fähigkeit, die Zunge rollen zu können, lässt sich üben, sie ist jedoch überwiegend genetisch bedingt. Das Merkmal „Zunge rollen" ist dominant – allerdings nicht immer eindeutig. Im Familien-Stammbaum (▷ B 2) ist der Erbgang vereinfacht dargestellt. Das große „R" bezeichnet das Allel für „Zunge rollen", das kleine „r" das Allel für „Nichtrollen".

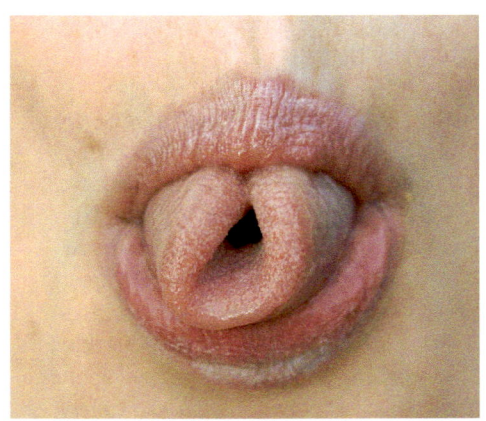

1 Die Zunge rollen kann nicht jeder.

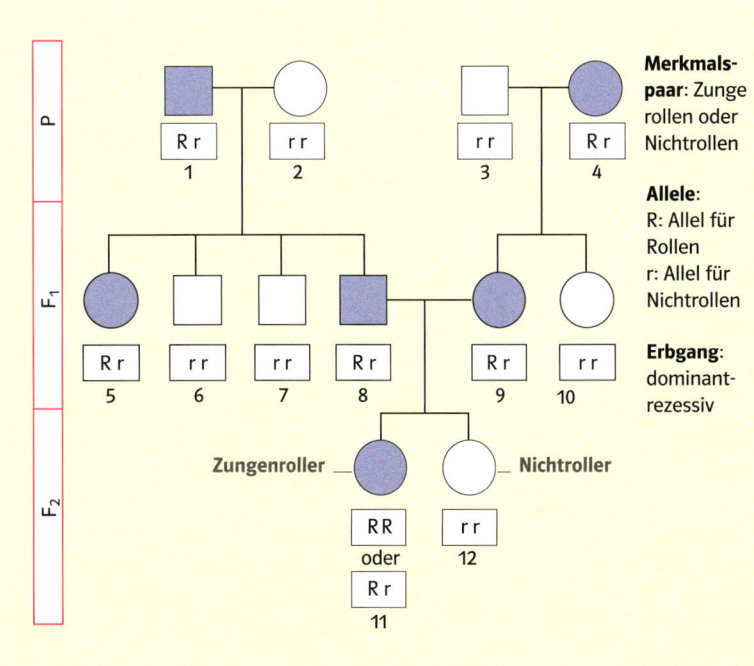

2 Stammbaum mit dem Erbgang des Zungenrollens

Bei vielen Merkmalen gelten auch beim Menschen die Mendel'schen Regeln, z. B. bei der Haarstruktur. Die Fähigkeit, die Zunge rollen zu können, ist ein weiteres, aber nicht ganz eindeutiges Beispiel.

AUFGABEN

1 ○ Betrachte Bild 2 und zähle alle Personen auf, die die Zunge rollen können.

2 ◒ Peters Eltern können beide die Zunge rollen. Er kann es jedoch nicht. Erkläre mithilfe eines Erbgangs, wie dies möglich sein kann.

3 ● Nenne Gründe, warum beim Menschen das Vererben von Merkmalen schwieriger zu erforschen ist als bei der Gartenerbse.

Erbgänge beim Menschen

Muskeln außer Kontrolle

Die ersten Krankheitssymptome treten im Alter von 30 bis 50 Jahren auf. Betroffene verlieren zunehmend die Kontrolle über ihre Muskeln. Die Rede ist von **Chorea Huntington**.

Die Ursache für Chorea Huntington ist ein **Gendefekt** auf dem Chromosom 4. Dieser Defekt erzeugt ein giftiges Protein. Es reichert sich im Körper an und zerstört Nervenzellen im Gehirn. Da sich das defekte Gen auf einem Körperchromosom **(Autosom)** befindet, spricht man von einem **autosomalen Erbgang**. Chorea Huntington wird dominant vererbt. (► Entwicklung, S. 214/215)

Wenn der Schleim nicht richtig fließt

Die **Mukoviszidose** (► B 4) ist eine erbliche Stoffwechselerkrankung. Körpersekrete wie Schweiß oder Speichel enthalten zu wenig Wasser und sind daher dickflüssig. Dies führt zu schweren Funktionsstörungen der Lunge, des Darms sowie der Bauchspeicheldrüse. Ursache für die Mukoviszidose ist ein Gendefekt auf einem Körperchromosom.

Konduktoren sind Merkmalsträger

Auch die Mukoviszidose wird autosomal vererbt. Im Gegensatz zu Chorea Huntington wird der Gendefekt jedoch rezessiv vererbt. Träger des defekten Gens erkranken nur dann, wenn beide homologen Chromosomen betroffen sind (► S. 126/127). Liegt der Gendefekt nur einfach vor, sind diese Personen zwar gesund, können die Krankheit jedoch übertragen. Diese gesunden Merkmalsträger nennt man **Konduktoren**.

Rot-Grün-Sehschwäche

Manche Menschen haben Schwierigkeiten, die Farben Rot und Grün zu unterscheiden. Auffällig ist, dass von dieser Beeinträchtigung fast nur Männer betroffen sind. Die Ursache dafür befindet sich auf dem X-Chromosom. Dieses Chromosom trägt die genetischen Informationen zur Herstellung der entsprechenden Sehpigmente. Die DNA des Y-Chromosoms enthält diese Informationen gar nicht.

Besitzt eine Frau ein defektes Gen, kann das intakte Gen auf dem homologen X-Chromosom den Defekt ausgleichen. Da Männer nur ein X-Chromosom besitzen, kann bei ihnen der Defekt nicht ausgeglichen werden. Gesunde Frauen, die den Gendefekt tragen, sind Konduktorinnen. Da das defekte Gen auf einem Geschlechtschromosom **(Gonosom)** liegt, bezeichnet man diesen Erbgang als **gonosomalen Erbgang**.

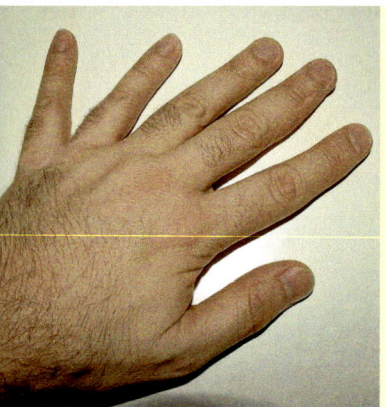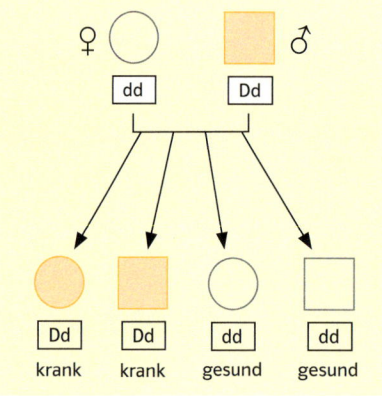

1 Autosomal-dominanter Erbgang: Vielfingrigkeit

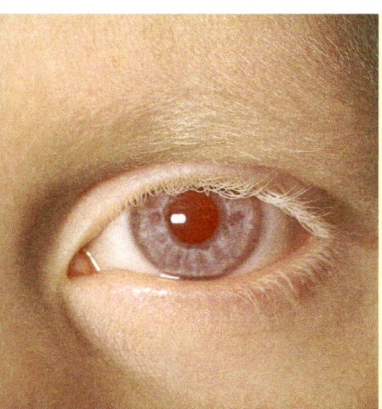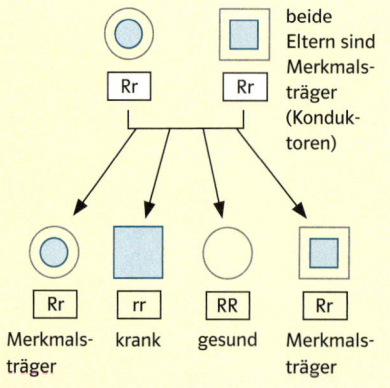

2 Autosomal-rezessiver Erbgang: Albinismus

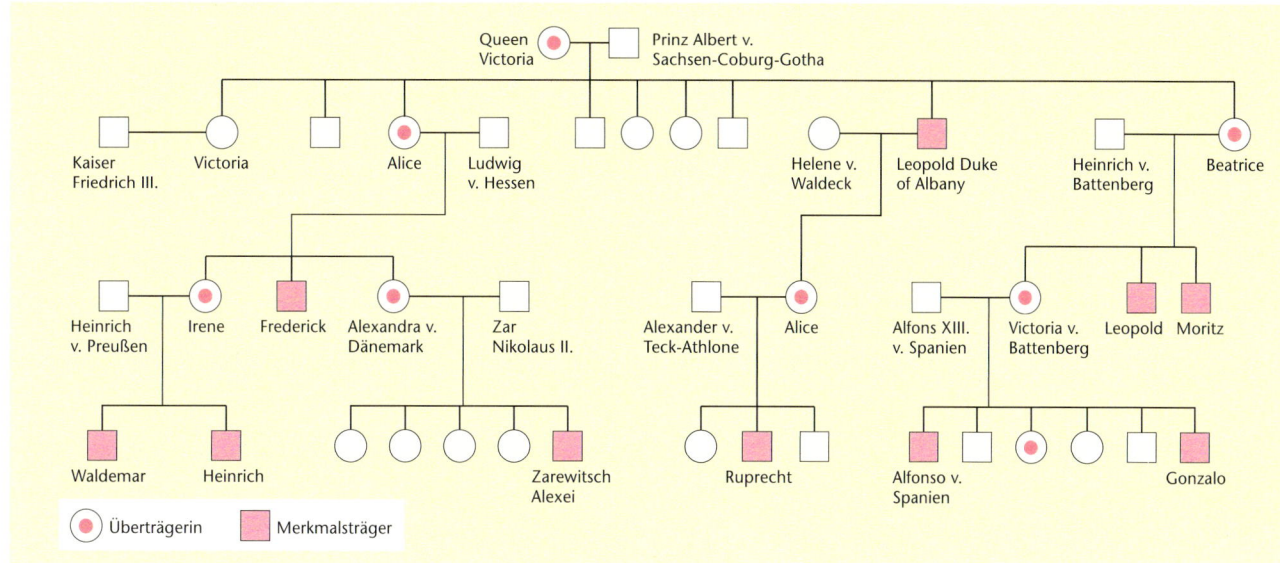

3 Historischer Stammbaum der Bluterkrankheit in europäischen Fürstenhäusern

Bluterkrankheit

Eine Bluterkrankheit liegt vor, wenn Blut länger als 15 Minuten benötigt, um zu gerinnen. Diese Erkrankung betrifft fast nur Männer. Die Gene für die Blutgerinnung liegen auf dem X-Chromosom. Männer können einen vorhandenen Defekt daher nicht ausgleichen. Frauen sind nur dann von der Bluterkrankheit betroffen, wenn sie den Defekt auf beiden X-Chromosomen tragen. Frauen ohne Symptome können

den Gendefekt als Konduktorinnen jedoch besitzen und weitergeben.

Ein autosomaler Erbgang liegt vor, wenn der Gendefekt auf den Körperchromosomen liegt. Befindet sich die genetische Veränderung auf den Geschlechtschromosomen, so bezeichnet man dies als gonosomalen Erbgang.

AUFGABEN

1 ○ Erläutere den Begriff „Konduktorin".

2 ○ Erkläre, warum Männer häufiger an der Bluterkrankheit leiden als Frauen.

3 ◔ Vergleiche einen autosomalen Erbgang mit einem gonosomalen Erbgang.

4 ◔ Werte den Stammbaum für die Bluterkrankheit (▷ B 3) aus.

5 ● In einer Familie können beide Eltern alle Farben sehen. Ihr Sohn kann jedoch Rot und Grün nicht unterscheiden. Erkläre, welche Genotypen die Eltern haben müssen.

6 ● Chorea Huntington kann mithilfe einer Genanalyse sehr früh erkannt werden. Begründe, warum die Entscheidung zu einem solchen Test für die Betroffenen sehr schwierig ist.

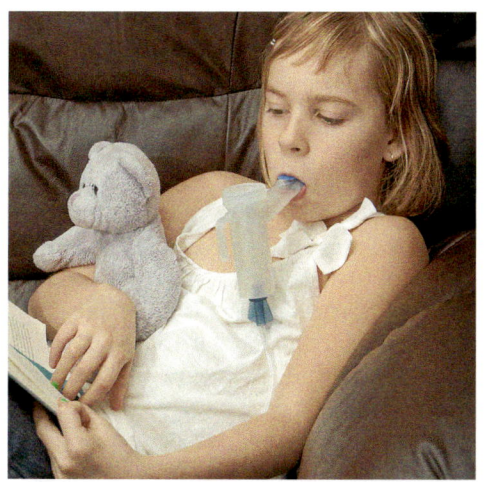

4 Mukoviszidose-Patientin inhaliert Kochsalz-Dämpfe.

Eltern vererben ihre Blutgruppen

Peters Freund hat nach einer Blutuntersuchung erfahren, dass er die Blutgruppe 0 hat. Er weiß, dass sein Vater die Blutgruppe A und seine Mutter die Blutgruppe B hat. Aber wie ist das möglich?

Blutgruppen unterscheiden

Das **AB0-System** kennt vier **Blutgruppen**: A, B, AB und 0 (Null). Dabei sind Strukturen auf der Oberfläche der roten Blutzellen, die **Antigene**, entscheidend (▷ B1).

1 Die Oberflächenstrukturen der roten Blutzellen bestimmen die Blutgruppe.

2 Kreuzungsschema: Vererbung der Blutgruppen

Menschen mit Blutgruppe A haben rote Blutzellen mit dem Antigen A. Bei der Blutgruppe B tragen die roten Blutzellen das Antigen B. Bei Blutgruppe AB sind beide Antigene vorhanden. Menschen mit Blutgruppe 0 haben keine Antigene auf ihren roten Blutzellen.
Ob und welche Antigene gebildet werden, hängt von der DNA ab.

Es gibt drei unterschiedliche Allele für die Blutgruppen A, B und 0. Jeder Mensch besitzt zwei dieser Allele. Sind beide Allele gleich, so ist dieser Mensch für diese Blutgruppe reinerbig. Ein Mensch mit den Allelen AA hat also die Blutgruppe A. Unterscheiden sich die beiden Allele, so sind A und B dominant gegenüber 0.

Bei einer Kombination von A und 0 prägt sich Allel A aus und bildet Antigen A auf den roten Blutzellen: Der Mensch hat die Blutgruppe A, ist aber mischerbig. Treffen die Allele A und B zusammen, werden beide Antigene gebildet. Man sagt, die Allele A und B sind **kodominant**, d.h. beide prägen sich aus. Dieser Mensch hat die Blutgruppe AB. Ein Mensch mit der Blutgruppe 0 muss zweimal das Allel 0 besitzen.

Der Rhesusfaktor

Neben den Antigenen A und B kann auf den roten Blutzellen noch ein weiteres Antigen vorkommen: der **Rhesusfaktor**. 85 % aller Europäer tragen dieses Antigen auf den roten Blutzellen. Man bezeichnet sie als **rhesuspositiv** (Rh⁺). Fehlt der Rhesusfaktor bzw. das Rhesusantigen, spricht man von **rhesusnegativ** (rh⁻). Der Rhesusfaktor wird dominant vererbt.
Im Genotyp ordnet man dem Allel für den Rhesusfaktor ein großes „D" zu. Fehlt dieser, so verwendet man ein kleines „d". Der Rhesusfaktor kann genotypisch reinerbig oder mischerbig vorliegen.
(► Struktur und Funktion, S. 212/213)

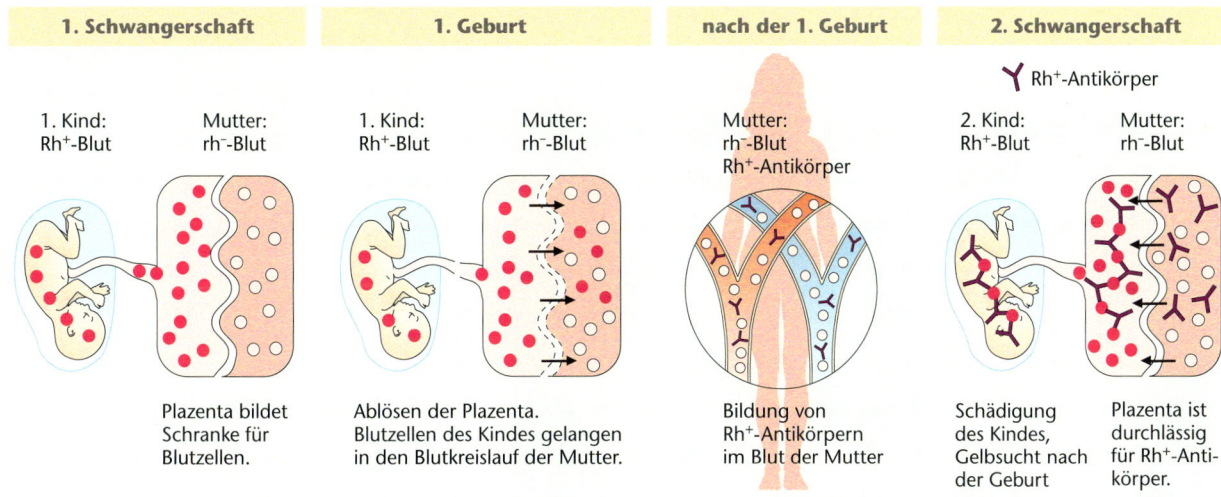

1. Schwangerschaft	1. Geburt	nach der 1. Geburt	2. Schwangerschaft

1. Kind: Rh⁺-Blut — Mutter: rh⁻-Blut
Plazenta bildet Schranke für Blutzellen.

1. Kind: Rh⁺-Blut — Mutter: rh⁻-Blut
Ablösen der Plazenta. Blutzellen des Kindes gelangen in den Blutkreislauf der Mutter.

Mutter: rh⁻-Blut Rh⁺-Antikörper
Bildung von Rh⁺-Antikörpern im Blut der Mutter

Y Rh⁺-Antikörper
2. Kind: Rh⁺-Blut — Mutter: rh⁻-Blut
Schädigung des Kindes, Gelbsucht nach der Geburt
Plazenta ist durchlässig für Rh⁺-Antikörper.

3 Entstehung der Rhesusunverträglichkeit

Antikörper gegen den Rhesusfaktor
Menschen, die rhesusnegativ (rh⁻) sind, bilden **Antikörper** gegen den Rhesusfaktor. Das allerdings nur, wenn ihr Blut mit rhesuspositivem Blut (Rh⁺) in Berührung kommt. Dann bewirken die Antikörper eine **Verklumpung** der roten Blutzellen des rhesuspositiven Blutes.

Entstehung der Rhesusunverträglichkeit
Ist eine rhesusnegative Frau zum ersten Mal schwanger mit einem rhesuspositiven Baby, verläuft die Schwangerschaft normal. Die Plazentaschranke verhindert einen Blutaustausch von Mutter und Kind. Bei der Geburt kommt jedoch das mütterliche Blut mit dem des Kindes in Kontakt. Das Immunsystem der Mutter bildet nun Antikörper gegen den Rhesusfaktor des Kindes. Bei einer zweiten Schwangerschaft mit einem rhesuspositiven Baby gelangen die Antikörper über die Plazentaschranke in den Blutkreislauf des Ungeborenen (▷ B 3). Dort zerstören sie die roten Blutzellen mit lebensbedrohlichen Folgen für das Kind.

Vorbeugende Hilfe
Heute verhindert man die Bildung von Antikörpern, indem man der Mutter direkt nach der Geburt eines rhesuspositiven Kindes Antikörper gegen das Rhesusantigen spritzt. Diese Antikörper zerstören die aufgenommenen roten Blutzellen des Kindes. Das Immunsystem der Mutter bildet dann keine Antikörper.

Die Blutgruppen werden im AB0-System erfasst. Die Allele A und B sind kodominant. Das Allel 0 ist gegenüber A und B rezessiv. Der Rhesusfaktor wird dominant vererbt.

AUFGABEN

1 ○ Erstelle ein Kreuzungsschema, das zeigt, warum Peters Freund die Blutgruppe 0 hat.

2 ○ Nenne alle möglichen Genotypen der Blutgruppen A, B, AB und 0.

3 ◐ Die Mutter hat die Blutgruppe AB, der Vater B. Bestimme alle möglichen Blutgruppen des Kindes.

4 ◐ Begründe, warum ein Vergleich der Blutgruppen für einen Vaterschaftstest nicht ausreicht.

5 ● Erkläre, warum man bei den Blutgruppen von „Antigenen" spricht.

6 ● Eine rhesusnegative Frau bekommt ein Kind von einem rhesusnegativen Mann. Beurteile, ob es zu Komplikationen kommen kann.

Erbanlagen und Umwelt

1 Eineiige Zwillinge

Modifikation

Die Zunahme der **UV-Strahlung** im Früh-jahr regt die Pigmentzellen unserer Haut an, mehr Melanin zu bilden. Im Winter geht diese Bräunung wieder zurück. Die angeborene Hautfarbe kann sich also in einem bestimmten Rahmen verändern. Die UV-Strahlung beeinflusst offenbar die **Aktivität** unserer **Gene**.

Die UV-Strahlung wirkt auch auf Pflanzen. Dies zeigt folgender Versuch: Teilt man junge Löwenzahn-Pflanzen, können sie wieder zu einer vollständigen Pflanze rege-nerieren. Setzt man eine Hälfte im Tiefland und die andere im Hochgebirge ein, stellt man eine unterschiedliche Entwicklung fest (▷ B 3).
Die starke UV-Strahlung im Hochgebirge bremst das Wachstum von Pflanzen. Des-halb erhält man trotz gleichen Erbguts zwei verschieden aussehende Pflanzen. Die Veränderung eines Merkmals durch Umwelteinflüsse nennt man **Modifikation**. Sie ist nicht vererbbar.

Das Aussehen und die Eigenschaften von Pflanzen, Tieren und Menschen hängen offenbar nicht allein von den Genen, son-dern auch von **Umweltfaktoren** ab.

Epigenetik

Mit der Frage, inwiefern bestimmte Umweltfaktoren unser Erbgut beeinflus-sen, beschäftigt sich die **Epigenetik** – ein Spezialgebiet der Genetik. Besonders gut für epigenetische Forschungen eignen sich eineiige Zwillinge: Sie entstehen aus derselben befruchteten Eizelle, sind also genetisch identisch (▷ B 1). Gibt es bei die-sen eineiigen Zwillingen Unterschiede im Aussehen und Verhalten, so können diese nur auf unterschiedlichen Umwelteinflüs-sen beruhen. Das ist z. B. möglich, wenn die Zwillinge lange voneinander getrennt gelebt und unterschiedliche Lebensge-wohnheiten entwickelt haben.

Umweltstabil oder umweltlabil?

Bestimmte Merkmale, z. B. Augenfarbe und Blutgruppe, sind genetisch festgelegt. In diesen Merkmalen stimmen eineiige

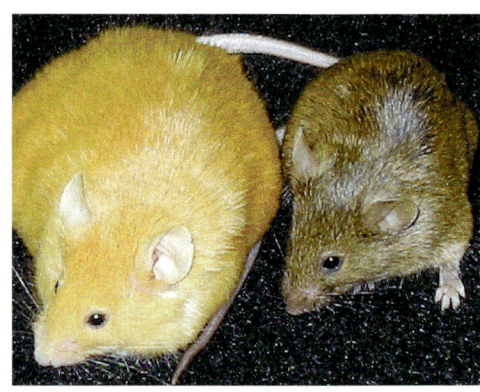

2 Auswirkungen eines „Gen-Schalters"

Zwillinge grundsätzlich überein, egal ob sie zusammen oder getrennt aufwachsen. Merkmale, die sich im Laufe des Lebens nicht verändern, nennt man **umweltstabil**.

Bestimmte Merkmale eines Menschen sind jedoch nur teilweise genetisch bedingt. Äußere Einflüsse, z. B. das soziale Umfeld, sind mit dafür verantwortlich, welche dieser Merkmale ausgeprägt werden, d.h. in Erscheinung treten. Man nennt sie deshalb **umweltlabile** Merkmale.

Was uns Zwillinge verraten

Besonders Zwillinge, die lange getrennt voneinander gelebt haben, unterscheiden sich in epigenetischer Hinsicht stark. Es kommt zum Beispiel häufig vor, dass im Alter nur einer der Zwillinge an Diabetes erkrankt, obwohl beide die Veranlagung dazu tragen. In solchen Fällen liegt es also am Lebensstil des einen Zwillings, dass nur bei ihm die Krankheit ausbricht.

Ein anderes Beispiel für epigenetische Einflüsse ist die Begabung, beispielsweise für Musik. Man geht zwar davon aus, dass Begabungen weitgehend vererbt werden, aber der Einfluss des sozialen Umfelds ist groß. Vor allem positive oder negative Einflüsse während der frühen Kindheit spielen bei der Ausprägung verschiedener Begabungen eine Rolle.

Mäuse liefern eine Erklärung

Auf der Suche nach den Ursachen für epigenetische Veränderungen experimentierten Forscherteams mit Mäusen. Sie gaben zwei genetisch identischen, trächtigen Mäuse-Weibchen unterschiedliches Futter. Die eine Mäusemutter erhielt besonders vitaminreiche und vollwertige Nahrung. Ihre Jungen blieben schlank und waren dunkel gefärbt. Die zweite Maus wurde normal ernährt. Ihre Nachkommen hatten ein helles Fell und wurden dick (▷ B 2). Für die helle Fellfarbe ist ein Gen verantwortlich, das gleichzeitig auch das Fressverhalten steuert. Das Gen besitzt eine Art „Schalter",

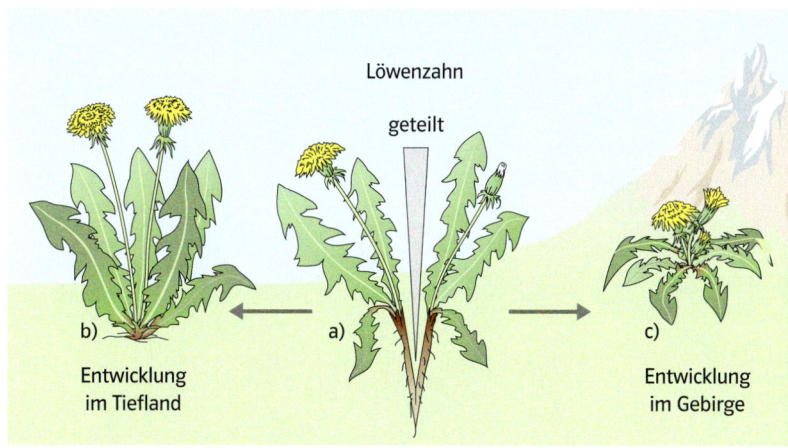

3 Modifikation beim Löwenzahn

der von der Ernährung abhängig ist und je nachdem **an**- bzw. **abgeschaltet** wird. In unserem Genom gibt es viele Gene mit solchen „Schaltern", die in Abhängigkeit von Umwelteinflüssen an- oder abgeschaltet, d.h. aktiv werden oder nicht.

Gene können von Einflüssen aus der Umwelt beeinflusst werden. Genetisch identische Lebewesen können deshalb unterschiedlich aussehen. Die Epigenetik untersucht solche Umwelteinflüsse auf die Gene.

AUFGABEN

1 ○ Beschreibe den Begriff „Epigenetik" mit eigenen Worten.

2 ○ Erläutere, was man unter „umweltstabilen" und „umweltlabilen" Merkmalen versteht.

3 ◐ Erkläre, worin sich eine Mutation (► S.124) von einer Modifikation unterscheidet.

4 ◐ Stelle eine Vermutung an, was die Erkenntnisse epigenetischer Forschung für das Lernen bedeuten können.

5 ● Im Rahmen der Epigenetik spricht man auch von einem „zweiten Code". Erkläre.

6 ● Begründe, wie die UV-Strahlung die Gene beeinflussen kann.

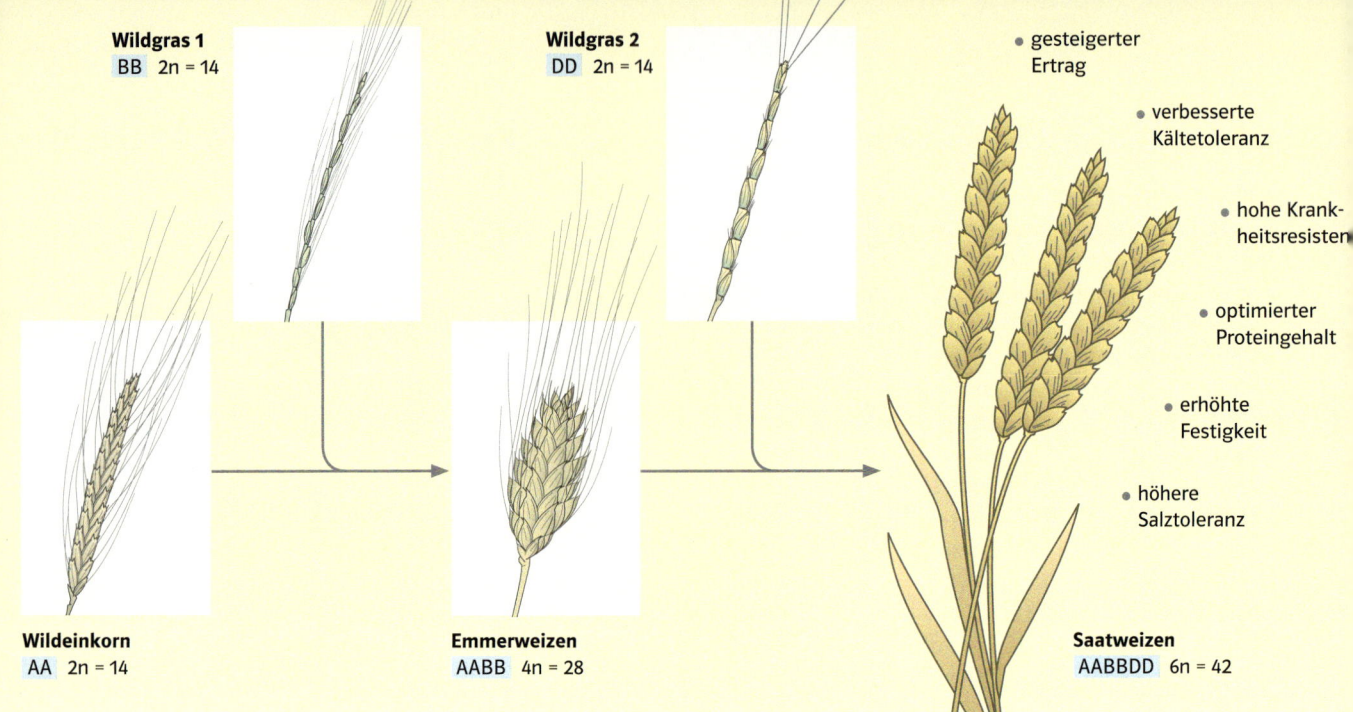

Wildgras 1
BB 2n = 14

Wildgras 2
DD 2n = 14

- gesteigerter Ertrag
- verbesserte Kältetoleranz
- hohe Krankheitsresisten
- optimierter Proteingehalt
- erhöhte Festigkeit
- höhere Salztoleranz

Wildeinkorn
AA 2n = 14

Emmerweizen
AABB 4n = 28

Saatweizen
AABBDD 6n = 42

1 Kreuzungszucht von Saatweizen

Pflanzenzucht und Tierzucht

Zucht durch Auslese
Unsere heutigen Haus- und Nutztiere sowie unsere Nutzpflanzen unterscheiden sich erheblich von ihren Wildformen. Bereits seit Tausenden von Jahren verbessern die Menschen durch gezielte **Zucht** die nützlichen Eigenschaften von Tieren und Pflanzen. Immer wieder kam es bei den Nachkommen zufällig zu vorteilhaften Mutationen (► S. 124). Die Individuen mit den neuen und besseren Merkmalen wurden für die weitere Zucht ausgelesen.

Die **Zuchtziele** waren ganz unterschiedlich: Bei den Nutzpflanzen kam es vor allem auf Ertragssteigerung und Widerstandsfähigkeit gegen äußere Einflüsse an. Bei den Nutztieren waren darüber hinaus auch Charaktereigenschaften wichtig.

Bis zum Ende des 19. Jh. war diese **Auslesezucht** die einzige Möglichkeit, die angestrebten Merkmale zu erreichen. Sie führte bei Rindern zu höheren Milcherträgen

(▷ B 2) und größerem Fleischanteil. Bei Zuckerrüben konnte man sowohl die Erträge als auch den Zuckergehalt steigern.

Kreuzungszucht
Die auf den Mendel´schen Regeln beruhende **Kreuzungszucht** macht die Züchtung deutlich einfacher. Zudem lassen sich die Zuchtziele sehr viel schneller erreichen. Pflanzen und Tiere einer Art kann man gezielt kreuzen, um Merkmale neu zu kombinieren.
Bei der Kreuzungszucht werden aber auch die unerwünschten Merkmale weitergegeben. Daher müssen auf jede Kreuzung mehrere Generationen der Auslese folgen, um den Anteil unerwünschter Merkmale zu verringern. (► Entwicklung, S. 214/215)

Den Chromosomensatz vervielfachen
Eine Vervielfachung der Chromosomensätze (▷ B 1) bewirkt bei vielen Pflanzen einen größeren Wuchs und höhere Erträge. Die ältesten Weizensorten stammen vom

Wildeinkorn ab (▷ B 1). Sie besitzen im Genom nur 14 Chromosomen: $2n = 14$. Durch die Einkreuzung von verschiedenen Wildgräsern konnte man die Chromosomensätze vervielfachen. Unsere heutigen Brotweizensorten verfügen über 42 Chromosomen: $6n = 42$.

Ohne davon zu wissen, haben Weizenzüchter in den vergangenen Jahrhunderten die Pflanzen mit mehreren Chromosomensätzen herausgelesen (▷ B 1). Der Weizen wurde damit immer ertragreicher.

Hybridpflanzen haben Vorteile ...

Sollen die gewünschten Eigenschaften von Tieren und Pflanzen immer wieder auftreten, so müssen diese reinerbig dominant vorliegen (▶ S.132/133). Jedoch können auch diese Individuen noch unerwünschte Eigenschaften haben.

Durch gezielte Kreuzung mit einer eng verwandten Art oder einer anderen Sorte können diese unerwünschten Eigenschaften verschwinden. Die so entstehenden **Hybride** können gegenüber ihren reinerbigen Eltern große Vorteile aufweisen. Eine Kreuzung aus Roggen und Weizen ergibt den Roggenweizen. Diese Hybridform vereint den hohen Ertrag des Weizens mit der Krankheitsresistenz des Roggens. Hybride haben in der Landwirtschaft eine große Bedeutung. In den USA baut man über 90 % der Maisanbaufläche mit Maishybriden an.

... aber nur in einer Generation

Hybridpflanzen haben gegenüber reinerbigen Sorten häufig Vorteile. Kreuzt man Hybridpflanzen untereinander, so entstehen nach der Spaltungsregel auch wieder reinerbige Samen.
Nutzt man diese als Saatgut für die nächste Ernte, entstehen jedoch wieder Pflanzen mit den unerwünschten, großelterlichen Eigenschaften. Beim Anbau von Saatgut aus Maishybriden geht der Ernteertrag um bis zu 30 % zurück.

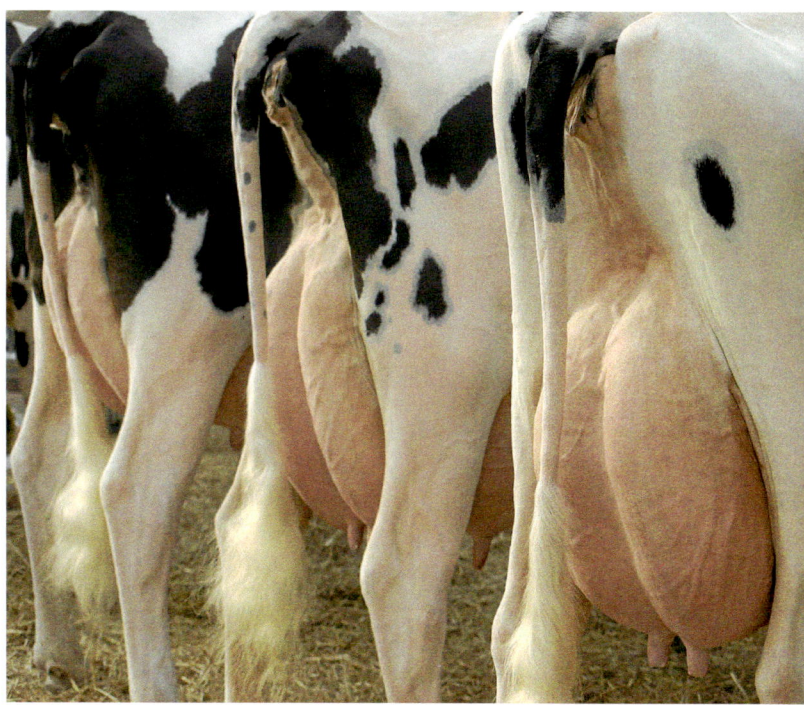

2 Hochleistungsmilchkühe

Bei der Auslesezucht züchtet man nur die Nachkommen mit den gewünschten Eigenschaften weiter.
Für die Kreuzungszucht nutzt man die Mendel´schen Regeln. Die Züchtung wird dadurch effektiver.

AUFGABEN

1 ○ Erläutere, warum die Auslese bei jeder Zucht sehr wichtig ist.

2 ○ Beschreibe die Vorteile der Kreuzungszucht gegenüber der Auslesezucht.

3 ◐ Erkläre, warum Hybriden in der Landwirtschaft eine so große Bedeutung zukommt.

4 ◐ Ein Landwirt beschließt, einen Teil seiner Ernte aus Pflanzenhybriden als Saatgut zu verwenden. Begründe, warum das nicht sinnvoll ist.

5 ● Informiere dich über die Abhängigkeit der Landwirte von den Saatgutherstellern und beurteile diese.

Züchtung mithilfe der Biotechnik

1 Die Tomoffel: ein Produkt aus Tomate und Kartoffel

Tomate + Kartoffel = Tomoffel

Im Jahr 1978 gelang es dem Wissenschaftler GEORG MELCHERS, eine neue Pflanze aus Tomate und Kartoffel zu erzeugen. Er nannte sie „Tomoffel" (▷ B 1). Sie war oberirdisch eine Tomate und unterirdisch eine Kartoffel. In der Biologie nennt man eine solche Pflanze eine Chimäre.

Durch Zugabe bestimmter Enzyme entfernt man die Zellwände beider Pflanzenarten. Es entstehen Protoplasten, das sind Zellen ohne Zellwände. Durch die Zugabe von Strom oder Chemikalien verschmelzen beide Protoplasten miteinander. Diese Verschmelzung funktioniert bei Tomate und Kartoffel gut, weil beide nahe verwandt sind. Sie gehören zur Familie der Nachtschattengewächse.

Die Tomoffel ist jedoch genetisch so instabil, dass sie keine fruchtbaren Samen bilden kann. Außerdem sind die Früchte und Knollen für eine wirtschaftliche Nutzung viel zu klein.

Biotechnik

Die Tomoffel entstand mit großem technischen Aufwand. Das Erzeugen von veränderten Lebewesen mithilfe von technischen Verfahren nennt man Biotechnik. Sie wird vielfach eingesetzt, um Lebewesen für die Nutzung durch den Menschen zu optimieren.

Biotechnische Verfahren haben keinen Einfluss auf das Erbgut der betroffenen Lebewesen. Die Gentechnik dagegen wendet Methoden an, die gezielt das Erbgut des Organismus verändern (▶ S. 150/151).

Zucht mit Superbullen

Die Zucht von Rindern ist besonders zeitaufwendig, denn sie haben eine Tragzeit von rund 285 Tagen. Erst im Alter von zwei Jahren sind sie geschlechtsreif. Bei der Auslesezucht dauert es sehr lange, bis man die gewünschten Zuchtziele wie hohe Milchleistung und gute Fleischqualität erreicht.

Die langen Zeiträume kann man mithilfe der Biotechnik verkürzen. In speziellen Besamungsstationen hält man Zuchtbullen mit besonders guten Eigenschaften. Betriebe mit Milchkühen können das Sperma von Bullen mit den gewünschten Eigenschaften bestellen. Damit werden dann die Kühe besamt.

Embryonentransfer auf Ammenkühe

In der Regel wird mit dem Sperma eines Superbullen eine Kuh besamt, die ebenfalls besondere Eigenschaften aufweist. Eine Woche nach der Befruchtung werden die Embryonen aus der Gebärmutter der „Spenderkuh" entnommen. Die Embryonen überträgt man dann auf Ammenkühe, in denen sich die Kälber bis zur Geburt entwickeln (▷ B 3).

Jahr	Milchleistung in l/Jahr
1800	600
1850	1 200
1900	1 600
1950	5 000
2000	10 000

2 Tabelle zu Aufgabe 3

Grenzen der Züchtung

Bei der Züchtung der Nutztiere steht meist die Wirtschaftlichkeit im Vordergrund. Oftmals wurde darüber die Tiergesundheit vernachlässigt. Beispielsweise wurde das Hausschwein so gezüchtet, dass es deutlich mehr Fleisch ansetzt als seine Vorfahren (▷ B 4). Das Skelett wurde jedoch nicht „stärker" gezüchtet und kann das höhere Gewicht nicht tragen. Schäden an der Wirbelsäule und den Beinen sind die Folge.

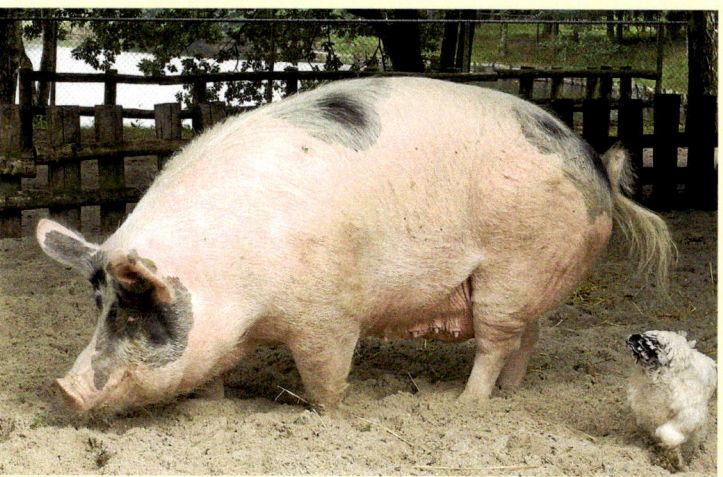

4 Hohes Gewicht = mehr Fleisch

Hochleistungsmilchkühe (▷ S. 147.2) geben bis zu 10 000 Liter Milch pro Jahr (▷ B 2). Um diese Menge produzieren zu können, müssen die Tiere dauernd fressen. Eine natürliche Haltung auf der Weide ist daher unmöglich. Die Kühe müssen ständig mit Kraftfutter ernährt werden, was nur im Stall möglich ist. Eine solche Hochleistungskuh lebt nur vier bis fünf Jahre. Die natürliche Lebenserwartung eines Rindes beträgt 30 bis 60 Jahre.

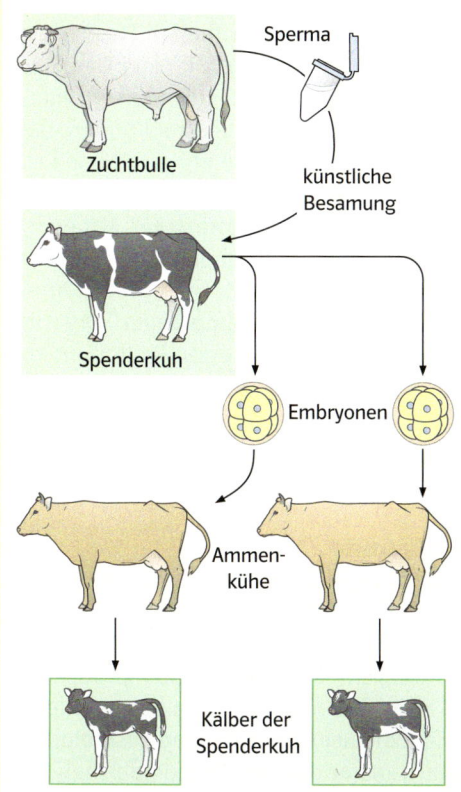

3 Embryonentransfer bei Kühen

AUFGABEN

1 ◔ Informiere dich über biotechnische Verfahren und erstelle dazu eine Mind-Map.

2 ◔ Beschreibe den Embryonentransfer mit eigenen Worten.

3 ◔ In Bild 2 ist die Entwicklung der Milchleistung von Kühen seit 1800 angegeben.
a) Erstelle ein Diagramm, das diese Werte veranschaulicht.
b) Berechne die Steigerung in Prozent.

4 ● Man kann die Tomoffel auch durch Pfropfung erhalten. Erläutere, was dieses Verfahren von dem im Text beschriebenen unterscheidet.

5 ● Stelle Vermutungen an, welche Eigenschaften durch Biotechnik entstehen können, die einen Nachteil für den Organismus bedeuten.

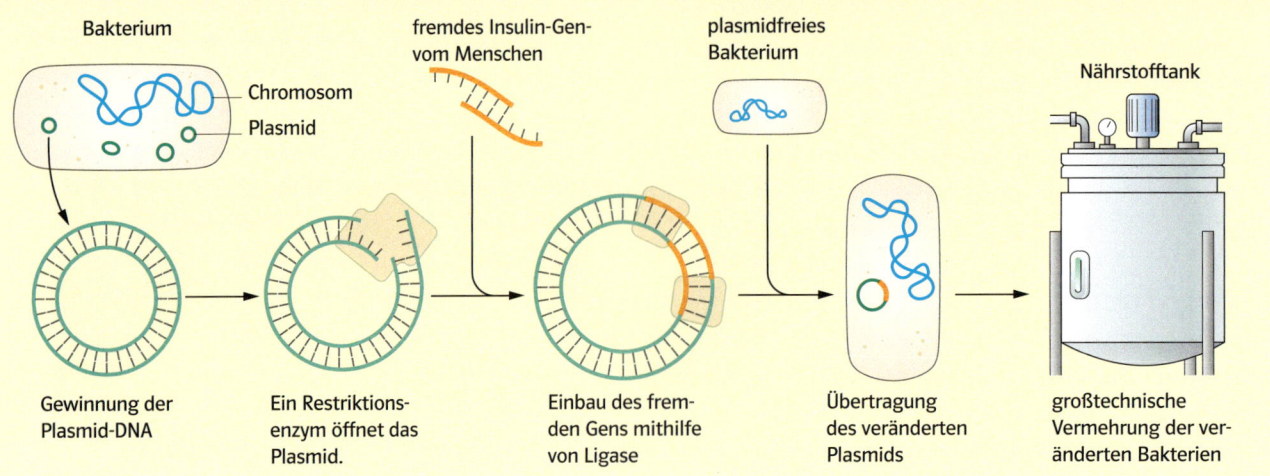

Bakterium — Chromosom, Plasmid

fremdes Insulin-Gen- vom Menschen

plasmidfreies Bakterium

Nährstofftank

Gewinnung der Plasmid-DNA

Ein Restriktions- enzym öffnet das Plasmid.

Einbau des frem- den Gens mithilfe von Ligase

Übertragung des veränderten Plasmids

großtechnische Vermehrung der ver- änderten Bakterien

1 Produktion von Humaninsulin mithilfe gentechnisch veränderter Bakterien

Gentechnik

Gentechnik verändert Lebewesen

Die **Gentechnik** ist ein Teilbereich der Bio- technik. Gentechnische Verfahren greifen gezielt in das Erbgut ein und verändern dieses. Im Gegensatz zur herkömmlichen Züchtung kann die Gentechnik Merkmals- kombinationen hervorbringen, die so in der Natur nicht möglich sind. So können Gene einer Art auf eine völlig andere Art übertragen werden und dieser damit bestimmte, neue Eigenschaften verleihen. Man spricht dann von **transgenen Pflan- zen** bzw. **transgenen Tieren** (▶ S. 152 – 155).

2 Großtechnische Insulinproduktion

Gen-Fähren

Bakterien wie das **Agrobacterium tume- faciens** eignen sich besonders, um Erbgut von einem in einen anderen Organismus zu übertragen. Sie lassen sich genetisch leicht verändern, denn sie enthalten Plasmide im Zellplasma (▶ S. 16/17). Mit einer **Gen-Sche- re**, einem speziellen **Restriktionsenzym**, kann man ein solches Plasmid öffnen. Da- nach wird in den DNA-Ring ein Gen eines anderen Organismus eingesetzt, welches das gewünschte Merkmal trägt. Mit dem Enzym **Ligase**, einem „genetischen Kleber", verschließt man das Plasmid wieder. An- schließend wird der „Empfänger"-Organis- mus mit dem modifizierten Bakterium in- fiziert. Dabei integriert das Bakterium sein Plasmid in das Genom des „Empfängers". Das Bakterium funktioniert als sogenannte **Gen-Fähre.** (▶ System, S. 210/211)

Gen-Transfer

Gen-Fähren werden z. B. bei der Produk- tion von **Humaninsulin** eingesetzt (▷ B 1). 1980 gelang es in Forschungslaboren, das menschliche Gen für die Insulinprodukti- on zu isolieren und es in Bakterienzellen einzuschleusen. Diese haben nach diesem **Gen-Transfer** die genetische Informati- on zur Insulinherstellung. In großen, mit Nährlösung gefüllten Tanks produzieren sie große Mengen des gewünschten Hormons (▷ B 2). Das Insulin wird anschließend aus der Flüssigkeit gefiltert, gereinigt und abgefüllt. Nur auf diese Weise kann die hohe Nachfrage nach diesem Hormon, das den Blutzuckerspiegel senkt, gedeckt werden.

Gen-Kanonen

Neben biologischen Mitteln kommen für den Gen-Transfer auch physikalische Methoden zum Einsatz. Mithilfe von **Gen-Kanonen** (▷ B 3) werden gewünschte Gene z. B. in eine Pflanzenzelle geschossen und von dieser in ihr Genom eingebaut.

Gentechnik 2.0

Die Übertragung fremder Gene mithilfe von Gen-Fähren oder Gen-Kanonen birgt jedoch auch Gefahren: Weder die Einbauorte noch die entstehenden Veränderungen lassen sich gezielt steuern. Daher braucht es häufig viele Versuche, bis das gewünschte Resultat erzielt wird. Heutzutage setzt man in der Forschung alle Hoffnungen in neue, genauere Techniken. Mithilfe des **CRISPR/Cas**-Verfahrens will man die Gentechnik revolutionieren. Mit CRISPR/Cas ist es möglich, an ganz bestimmten Stellen der DNA neues Erbgut einzufügen. Ebenso einfach ist es, Gene gezielt auszuschalten. In vielen Fällen kommt

diese Gen-Schere auch ohne das Einschleusen artfremden Erbguts aus.

Die Gentechnik verändert das Erbgut eines Lebewesens: Mit Gen-Fähren und Gen-Kanonen werden fremde Gene in einen anderen Organismus eingesetzt. Mit Techniken wie dem CRISPR/Cas gelingt es, DNA gezielt zu schneiden und zu verändern.

AUFGABEN

1 ○ Erläutere den Begriff „Gentechnik" mit eigenen Worten.

2 ○ Beschreibe das Verfahren der Insulinproduktion mithilfe von Bild 1.

3 ◑ Vergleiche die gentechnischen Verfahren der ersten Generation (Gen-Fähren und Gen-Kanonen) mit der Gentechnik 2.0.

4 ◑ Innerhalb der Gentechnik werden die Anwendungsbereiche „Grüne", „Gelbe", „Rote" sowie „Graue" oder „Weiße Gentechnik" unterschieden. Informiere dich über diese Teilgebiete und erstelle eine Mind-Map.

5 ● Auch Viren können als Gen-Fähren genutzt werden. Stelle in einer Grafik ähnlich Bild 1 einen Gen-Transfer mithilfe eines Virus dar.

6 ● Plant eine Diskussionsrunde zu der Aussage „Gentechnik – nein danke!"

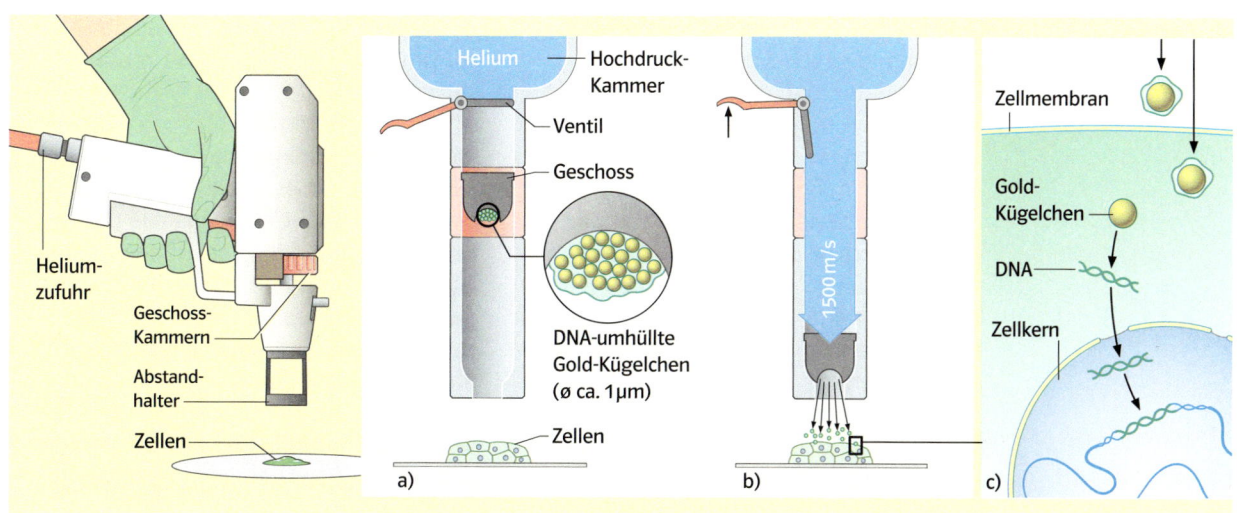

3 Die Gen-Kanone

1 Raupe des Maiszünslers   **2** Der Goldene Reis enthält Beta-Carotin.   **3** Magere Ernte: Wildkräuter verdrängen Nutzpflanzen.

Transgene Pflanzen

Gentechnik gegen den Welthunger?

Nach Schätzungen der Welthungerhilfe leidet heute jeder neunte Mensch Hunger. Aufgrund der ständig wachsenden Weltbevölkerung sowie der sich verändernden Klimabedingungen wird es immer schwieriger, genügend Nahrung zu produzieren. Die Gentechnik ist eine vielversprechende, aber umstrittene Methode, dieses Problem zu lösen: Indem Fremd-Gene in Pflanzen eingebracht werden, entstehen transgene Pflanzen mit neuen Eigenschaften.

Widerstand gegen Schädlinge

Mais stellt für rund eine Milliarde Menschen das wichtigste Grundnahrungsmittel dar. Ein Teil des angebauten Maises wird jedoch regelmäßig von Schädlingen vernichtet. Hauptschädling ist die **Raupe** des **Maiszünslers** (▷ B 1), einer Schmetterlingsart. Gentechniker fanden eine Lösung: Das Bodenbakterium **Bacillus thuringensis**, kurz „Bt" genannt, produziert ein Protein, das im Darm der Larve aufgelöst und von Verdauungsenzymen weiter aufgespalten wird. Es entsteht ein Giftstoff, der die Darmwand der Raupe durchlöchert. In Laboratorien ist es gelungen, das dafür zuständige Gen des Bakteriums zu isolieren

und in das Erbmaterial der Maispflanze zu übertragen. Der gentechnisch veränderte Mais stellt in seinen Zellen dann das gleiche Protein her wie das Bodenbakterium. Die Raupe des Maiszünslers kann diesem **Bt-Mais** also nichts anhaben.

Der Giftstoff im Bt-Mais wirkt sich aber nicht nur auf die Schädlinge, sondern auch auf andere Insekten, z. B. Schmetterlinge, oder Regenwürmer aus. Darüber hinaus entwickeln die Schädlinge mit der Zeit **Resistenzen**. In Deutschland ist wegen dieser Umweltrisiken der Anbau von Bt-Mais verboten.

Weg mit der Konkurrenz

Jahr für Jahr verursachen **Wildkräuter** auf den Feldern große Ernteausfälle (▷ B 3). Um das zu verhindern, setzt man Unkraut-Vernichtungsmittel, auch **Herbizide** genannt, ein. Diese belasten aber auch die Nutzpflanzen. Forscherteams entdeckten Bakterien, die widerstandsfähig gegen ein bestimmtes Herbizid sind. Sie isolierten das betreffende Gen und übertrugen es auf Soja-, Raps-, Mais und Baumwollpflanzen. Nun vernichtet das Herbizid die unerwünschten Kräuter – während die

Nutzpflanzen daneben ungestört wachsen. Der Anbau dieser Pflanzen ist allerdings an bestimmte Bedingungen geknüpft: Landwirte können das Herbizid nur im Paket mit dem gentechnisch veränderten Saatgut von der Hersteller-Firma kaufen.

Das Golden-Rice-Projekt

Vitamin-A-Mangel ist stellt vor allem für die Bevölkerung der Entwicklungsländer eine gesundheitliche Bedrohung dar. Die Folgen von Vitamin-A-Mangel können Erkrankungen der Augen und der Schleimhäute sein. Außerdem ist die Anfälligkeit für Infektionskrankheiten erhöht.

In gentechnischen Laboratorien gelang es mithilfe von Bodenbakterien, ein Gen aus Maispflanzen auf den Reis zu übertragen. Die gentechnisch veränderten Reispflanzen können **Beta-Carotin** herstellen. Dabei handelt es sich um einen Pflanzenstoff, der im Körper zu Vitamin A umgewandelt wird. Die Körner der Reispflanze sind goldgelb (▷ B 2), weshalb das Forschungsprojekt den Namen **Golden Rice** bekam. Bis heute steht der „Goldene Reis" allerdings noch immer nicht auf den Feldern.

Komplizierte Kennzeichnung

Nach einer EU-Regelung müssen alle Lebensmittel gekennzeichnet werden, die ganz oder teilweise aus **gentechnisch veränderten Organismen (GVO)** hergestellt sind. Solche Lebensmittel, z. B. Stärke, Mehl oder Zuckersirup aus transgenem Mais, müssen einen entsprechenden Hinweis auf dem Etikett bzw. in der Zutatenliste tragen. Gleiches gilt auch für Futtermittel. Dagegen müssen Lebensmittel, Zutaten oder auch Produkte nicht gekennzeichnet werden, bei denen nur für die Herstellung gentechnisch veränderte Organismen verwendet wurden. Um diese „Lücke" bei der Kennzeichnung zu schließen und für Verbraucher eine zusätzliche Sicherheit zu schaffen, wurde in Deutschland das freiwillige **„Ohne Gentechnik"-Siegel** eingeführt (▷ B 4).

4 Das „Ohne Gentechnik"-Siegel soll mehr Sicherheit bringen.

Gentechnisch veränderte Pflanzen, die ein Fremd-Gen enthalten, bezeichnet man als transgene Pflanzen. Sie besitzen neue Eigenschaften.
Lebensmittel, die gentechnisch veränderte Organismen (GVO) enthalten, müssen gekennzeichnet sein.

AUFGABEN

1 ○ Erläutere, was man unter transgenen Pflanzen versteht.

2 ○ Nenne Produkte, die den Hinweis „gentechnisch verändert" tragen müssen.

3 ◑ Vergleiche den Einsatz genveränderter Baumwollpflanzen mit der herkömmlichen Herbizid-Anwendung.

4 ◑ Gentechnisch veränderter Mais enthält ein fremdes Protein, das wir sonst nicht zu uns nehmen. Stelle Vermutungen an, welche Probleme dadurch für uns entstehen könnten.

5 ● Herbizide werden als „Pflanzenschutzmittel" bezeichnet. Nimm kritisch dazu Stellung.

6 ● Der Anbau gentechnisch veränderter Pflanzen ist umstritten. Sammle mithilfe einer Internetrecherche Pro- und Contra-Argumente.

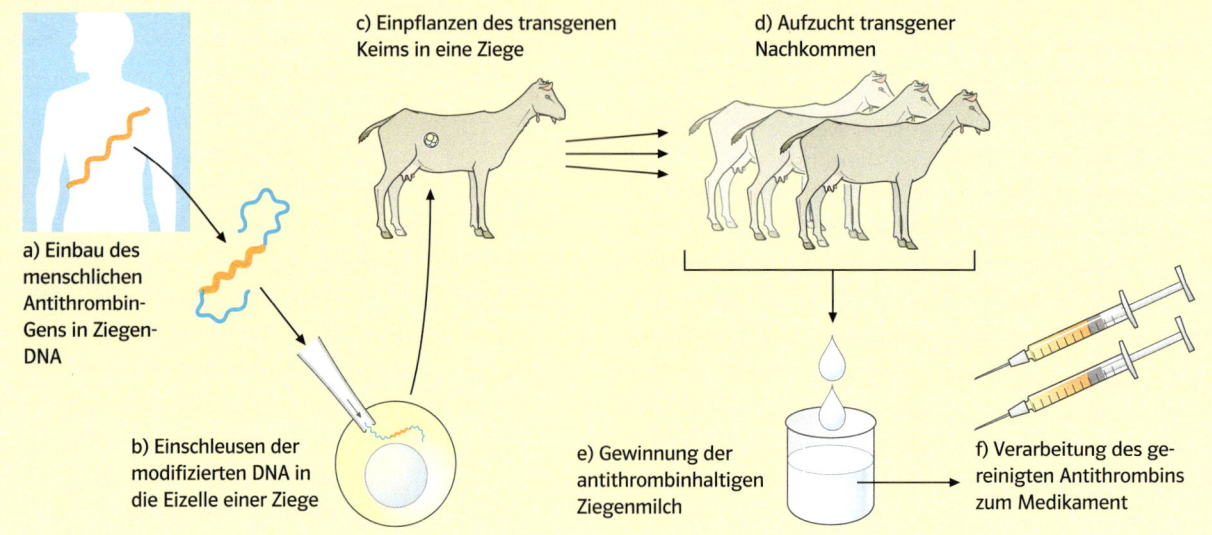

1 Gene-Pharming

a) Einbau des menschlichen Antithrombin-Gens in Ziegen-DNA

b) Einschleusen der modifizierten DNA in die Eizelle einer Ziege

c) Einpflanzen des transgenen Keims in eine Ziege

d) Aufzucht transgener Nachkommen

e) Gewinnung der antithrombinhaltigen Ziegenmilch

f) Verarbeitung des gereinigten Antithrombins zum Medikament

Transgene Tiere

Tiere nach Plan

Mit gentechnischen Verfahren kann man artfremde Gene nicht nur in die DNA von Pflanzen, sondern auch in die von Tieren einbauen. Solche Tiere nennt man transgene Tiere.

Medikamente aus Ziegenmilch

Ein Anwendungsbereich für transgene Tiere ist das **Gene-Pharming**. Hierbei wird das Erbmaterial von Tieren so verändert, dass diese für den Menschen nützliche Wirkstoffe herstellen. Seit dem Jahr 2008 ist in einigen EU-Ländern das erste auf diese Weise erzeugte Arzneimittel auf dem Markt: Antithrombin III.

Das menschliche Antithrombin ist ein Protein, das die Blutgerinnung hemmt. Blutgerinnungshemmer setzt man bei Patienten mit Venenerkrankungen ein, um sie vor lebensbedrohlichen Thrombosen zu schützen.

Ursprünglich isolierte man den Wirkstoff Antithrombin aus menschlichem Spenderblut. In den USA gelang es mithilfe gentechnischer Verfahren, das Gen für das menschliche Antithrombin in das Genom von Ziegen einzuschleusen (▷ B1). Die transgenen Ziegen bilden das Protein und scheiden es mit der Milch aus. Mit relativ geringem Aufwand kann man den Wirkstoff zum Medikament weiterverarbeiten.

Das Euter der Ziegen erfüllt die Funktion eines **Bioreaktors**. Bioreaktoren sind im ursprünglichen Sinne Behälter, in denen man Mikroorganismen und Zellen kultiviert. Die Herstellerfirma gibt an, dass eine transgene Ziege pro Jahr dieselbe Menge Antithrombin produzieren kann, wie es 90 000 Blutspenden ergeben würden.

Tiere als Krankheitsmodelle

Transgene Tiere dienen häufig als Modell-Organismen. An ihnen erforscht man mögliche Ursachen genetisch bedingter Krankheiten. Bei den sogenannten **Knockout-Mäusen** werden gezielt ein oder mehrere Gene ausgeschaltet. Dies ermöglicht Rückschlüsse darüber, ob dieser DNA-Abschnitt an der Entstehung bestimmter Erkrankungen beteiligt ist oder nicht.

Transgene Stechmücken

Stechmücken übertragen die Erreger gefährlicher Infektionskrankheiten, z. B. die Erreger der Malaria oder des Dengue-Fiebers. Bei der Bekämpfung der Insekten setzt man auf die Gentechnik und manipuliert die Stechmücken so, dass sie sich nicht mehr fortpflanzen können. Dazu bringt man in das Erbgut männlicher Insekten ein Gen ein, das den Nachwuchs bereits im Larvenstadium absterben lässt. Im Jahr 2014 ließ Brasilien als erstes Land den Einsatz der **transgenen Stechmücken** zu. Dadurch reduzierte sich nicht nur die Mückenpopulation deutlich, sondern auch die Zahl der Dengue-Infektionen.

Das Prinzip der transgenen Stechmücken könnte auch in der Landwirtschaft Verwendung finden. Denn hier sorgen Insekten wie die Kohlmotte oder die Olivenfruchtfliege für hoher Ernteausfälle. Kritiker weisen jedoch auf bisher ungeahnte Folgen für das Ökosystem hin, wenn die gentechnisch veränderten Tiere großflächig eingesetzt werden.

Der „Turbolachs"

Seit 2015 ist der „**Turbolachs**" in den USA zugelassen (▷ B 2). Sein Erbgut wurde an zwei Stellen modifiziert: Zum einen erhielt er das Wachstumshormon-Gen einer anderen Lachsart, zum anderen das Gen einer Fischart, die an kalte Gewässer angepasst ist. Auf diese Weise züchtet man „Turbolachse", die bereits nach etwa 16 Monaten das Schlachtgewicht von 18 kg erreichen. „Normale" Lachse benötigen dafür rund drei Jahre.

Neben dem „Turbolachs" gab es bis heute nur wenige Ansätze, transgene Nutztiere zu entwickeln. Die hohen Herstellungskosten wogen den erzielbaren Nutzen in der Landwirtschaft einfach nicht auf. Mithilfe des CRISPR/Cas-Verfahrens (► S. 150/151) könnte sich dies allerdings bald ändern, da diese Technik nicht nur weniger zeitintensiv, sondern auch noch extrem günstig ist.

2 Turbolachs

Gentechnisch veränderte Tiere, die ein Fremd-Gen enthalten, bezeichnet man als transgene Tiere. Sie finden in vielen Anwendungsbereichen Verwendung, beispielsweise bei der Herstellung von Medikamenten.

AUFGABEN

1 ○ Nenne Anwendungsbereiche transgener Tiere.

2 ○ Gib die bei der Zucht des „Turbolachs" verfolgten Ziele an.

3 ◓ Beschreibe das Gene-Pharming in Bild 1.

4 ● Begründe, warum die Milch transgener Ziegen nicht zum Verzehr geeignet ist.

5 ● Eine Mitschülerin schlägt vor, in das Schulaquarium Glofish-Zebrabärblinge einzusetzen. Informiere dich über diese transgenen Fische und triff auf Basis dieser Informationen eine begründete Entscheidung.

6 ● „Jeder darf zum Zeitvertreib Tiere gentechnisch verändern." Bewerte diese Aussage.

Gentherapie beim Menschen

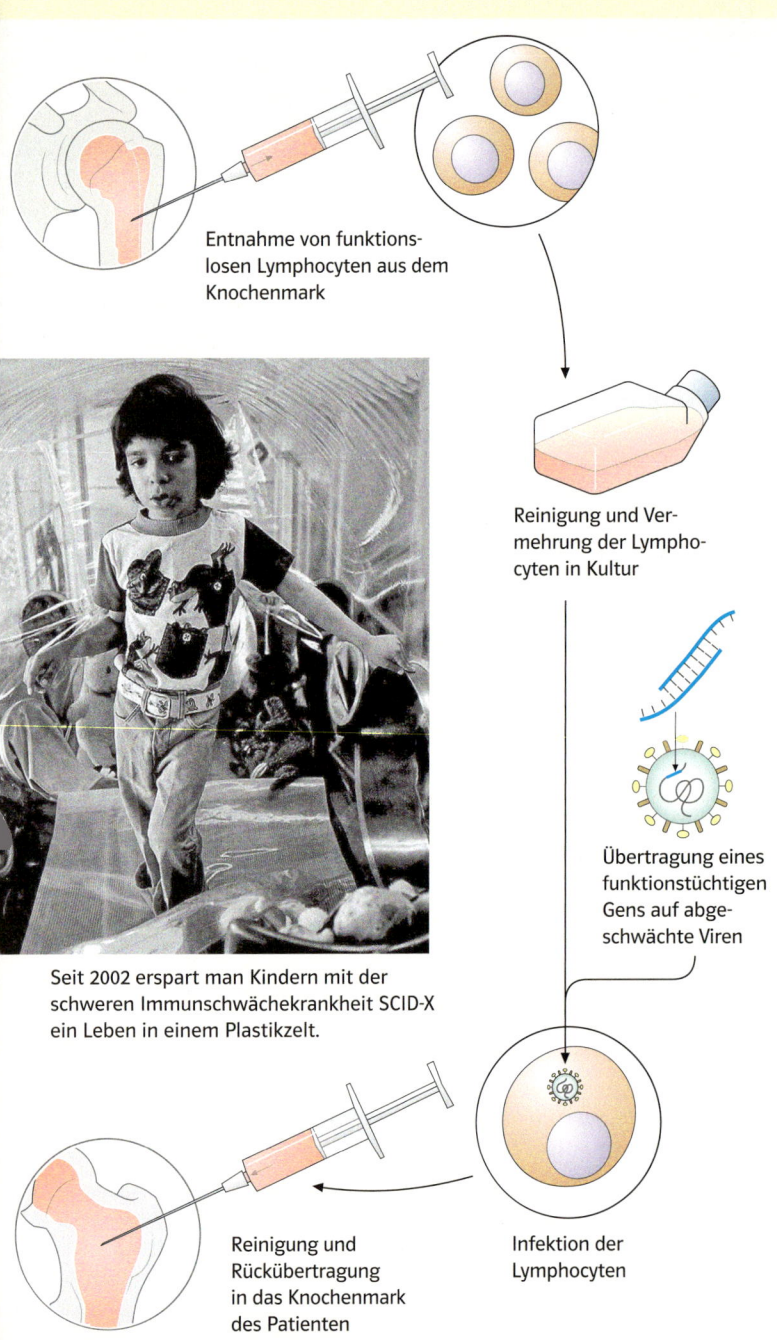

Entnahme von funktions-
losen Lymphocyten aus dem
Knochenmark

Reinigung und Ver-
mehrung der Lympho-
cyten in Kultur

Übertragung eines
funktionstüchtigen
Gens auf abge-
schwächte Viren

Seit 2002 erspart man Kindern mit der
schweren Immunschwächekrankheit SCID-X
ein Leben in einem Plastikzelt.

Reinigung und
Rückübertragung
in das Knochenmark
des Patienten

Infektion der
Lymphocyten

1 Mit dieser Gentherapie heilte man im Jahr 2002 RHYS EANS.

Chorea Huntington oder Mukoviszidose
(▶ S.140/141) sind Erbkrankheiten, die auf
dem Defekt eines einzelnen Gens beruhen.
Indem man das defekte Gen durch ein
intaktes Gen ersetzt, will man diese Krankheiten behandeln.

Das Human Genome Project
Damit eine Gentherapie erfolgreich
durchgeführt werden kann, muss man die
genaue Lage der Gene im Genom kennen.
Von 1990 bis 2003 arbeiteten Biologen- und
Medizinerteams weltweit an der dafür
notwendigen Kartierung aller Gene des
menschlichen Genoms: dem „Human Genome Project" (HGP). Dabei ließen sich einige
Gene identifizieren, die bei Erbkrankheiten
eine Rolle spielen können.

„Viren-Taxis" in der Gentherapie
Die Idee, die hinter einer Gentherapie
steckt, ist folgende: „Beruht eine Erkrankung auf einem fehlerhaften Gen im
Erbgut, ersetze es durch ein fehlerfreies
Gen – und die Krankheit ist geheilt." Das
klingt sehr einfach, ist jedoch bis heute
noch nicht möglich. Deshalb versucht man
zusätzlich mittels Gen-Fähren, das intakte
Gen in die betroffenen Zellen zu bringen.

Als Gen-Fähren werden im Rahmen einer
Gentherapie meist Viren verwendet. Man
nutzt ihre Fähigkeit, in Zellen einzudringen
und deren Erbgut zu verändern. Vor ihrem
Einsatz werden die Viren jedoch modifiziert. Man entfernt aus ihrem Erbgut die
für uns Menschen gefährlichsten Gene.

Verhängnisvolle Nebenwirkungen
Die Verwendung von Viren als Gen-Fähren
birgt jedoch auch Gefahren. So ereigne-
te sich im Jahr 1999 ein folgenschwerer
Zwischenfall: Der Amerikaner JESSE GELSIN-
GER starb infolge einer Gentherapie. Sein

Immunsystem stufte die virale Gen-Fähre als Bedrohung ein und löste eine heftige Immunreaktion aus. Vier Tage später verstarb der 18-Jährige. GELSINGERS tragischer Tod sowie andere Fehlschläge veranlassten die Wissenschaftler, die weiteren Forschungen auf dem Gebiet der Gentherapie grundlegend zu überdenken.

Langsam, aber sicher zum Erfolg
Während einiger Jahre intensiver Arbeit entwickelten Forscher neue Varianten von Gen-Fähren, die effektiver und sicherer sind als je zuvor. Zudem rückte die Sicherheit der Patienten verstärkt in den Fokus.

Heute verzeichnet die Wissenschaft im Bereich der Gentherapie immer mehr Erfolge. So gibt es zum Beispiel für Kinder, die mit der Immunschwächekrankheit SCID-X geboren wurden, neue Hoffnung. RHYS EVANS verfügte aufgrund dieses Gendefekts über keinerlei T-Lymphocyten. Diese haben jedoch in unserem Immunsystem eine wichtige Abwehrfunktion. RHYS musste 18 Monate lang in keimfreier Umgebung verbringen. Im Jahr 2002 behandelte man ihn erfolgreich mit einer Gentherapie (▷ B 1). Heute führt RHYS ein normales Leben.

Gentherapie der Zukunft
Mittlerweile können mithilfe von Gentherapien vor allem genetisch bedingte Krankheiten des Knochenmarks, aber auch Stoffwechseldefekte sowie Augenleiden geheilt oder gelindert werden. Langfristig sollen Gentherapien aber auch für Krebs und AIDS entwickelt werden.
Darüber hinaus wollen Forschungsinstitute den Einsatz von CRISPR/Cas in der Gentherapie prüfen. Auf diese Weise könnte das Erbgut sogar zielgenau verändert und nicht nur ein fehlerfreies Gen ersatzweise eingeschleust werden.

In einigen gentechnischen Instituten denkt man sogar darüber nach, die Gene menschlicher Keimzellen zu verändern. So könnten

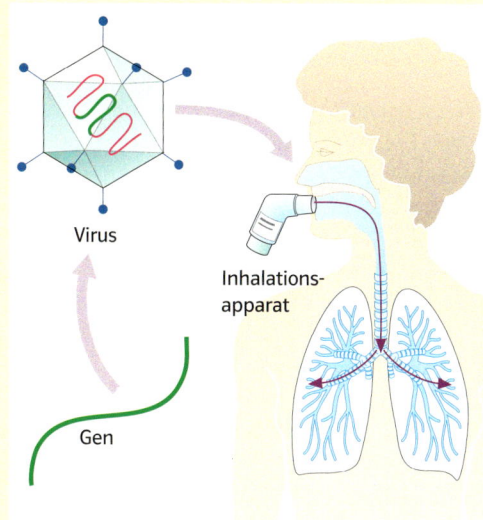

2 Gentherapie bei Mukoviszidose

3 Mukoviszidose-Patient

Therapien für männliche Unfruchtbarkeit sowie bestimmte genetische Erkrankungen entwickelt werden. Da diese Form der Gentherapie aber Auswirkungen auf die nächste Generation haben würde, ist deren Einsatz umstritten (▶ S. 158/159).

AUFGABEN

1 ◕ Beschreibe mithilfe von Bild 1 den Ablauf der Gentherapie, die bei RHYS EVANS zur Heilung führte.

2 ◕ Bild 2 zeigt die Gentherapie-Form, die bei Mukoviszidose angewandt wird.
a) Vergleiche sie mit der Therapie-Methode in Bild 1.
b) Beschreibe für beide Fälle, wo das modifizierte Virus ansetzt.

3 ◕ Erkläre, warum für RHYS schon eine leichte Erkältung lebensgefährlich gewesen wäre. Eventuell musst du dazu dein Wissen über das Immunsystem auffrischen.

4 ● Vergleiche die Immunschwächekrankheit von RHYS mit der Immunschwächekrankheit AIDS.

5 ● Einige Menschen halten die Erkenntnisse des Human Genome Project für gefährlich.
a) Sammelt und nennt Gründe für diese Meinung.
b) Führt in der Klasse eine Pro-Contra-Diskussion zu diesem Thema durch.

Gen-Ethik

Wissenschaft und Verantwortung

Viele Fragen zu den Methoden und Anwendungen der **Gentechnik** sind heute noch offen. Namhafte Persönlichkeiten aus Wissenschaft, Politik, Justiz, Theologie und Ethik versuchen, Antworten auf diese Fragen zu finden. Es ist sehr wichtig, verantwortungsvoll mit diesem Thema umzugehen. Denn bei der Manipulation des Erbmaterials liegen Nutzen und Gefahren sehr nahe beieinander. Deshalb sind Entscheidungen in den meisten Fällen nicht einfach zu treffen. Viele verschiedene Interessen, Standpunkte und Meinungen müssen dabei berücksichtigt werden.

Gen-Ethik in der Landwirtschaft

Besonders in der Landwirtschaft ist die Anwendung von Gentechnik umstritten. Befürworter argumentieren, dass beispielsweise mithilfe **transgener Pflanzen** der Hunger in der Welt bekämpft werden könnte. Gegner sehen ein Risiko in der unkontrollierten Ausbreitung der transgenen Organismen. Dabei werden vor allem Pflanzen kritisch betrachtet, die gegen „Unkraut"-Vernichtungsmittel resistent sind. Sie ermöglichen einen unbedachten Einsatz von schädlichen Spritzmitteln. Außerdem ist eine Übertragung der Resistenzen auf unerwünschte Wildkräuter nicht ausgeschlossen.

Kennzeichnungspflicht

Die Langzeitfolgen für den Menschen sind noch völlig unklar. Gentechnik-Gegner warnen, dass der Verzehr von gentechnisch veränderten Nahrungsmitteln unter Umständen Krankheiten auslösen könnte. Aus diesem Grund müssen innerhalb der Europäischen Union alle gentechnisch veränderten Lebensmittel gekennzeichnet werden. Die **Kennzeichnungspflicht** gilt selbst dann, wenn man im Endprodukt keine gentechnisch veränderten Bestandteile nachweisen kann.

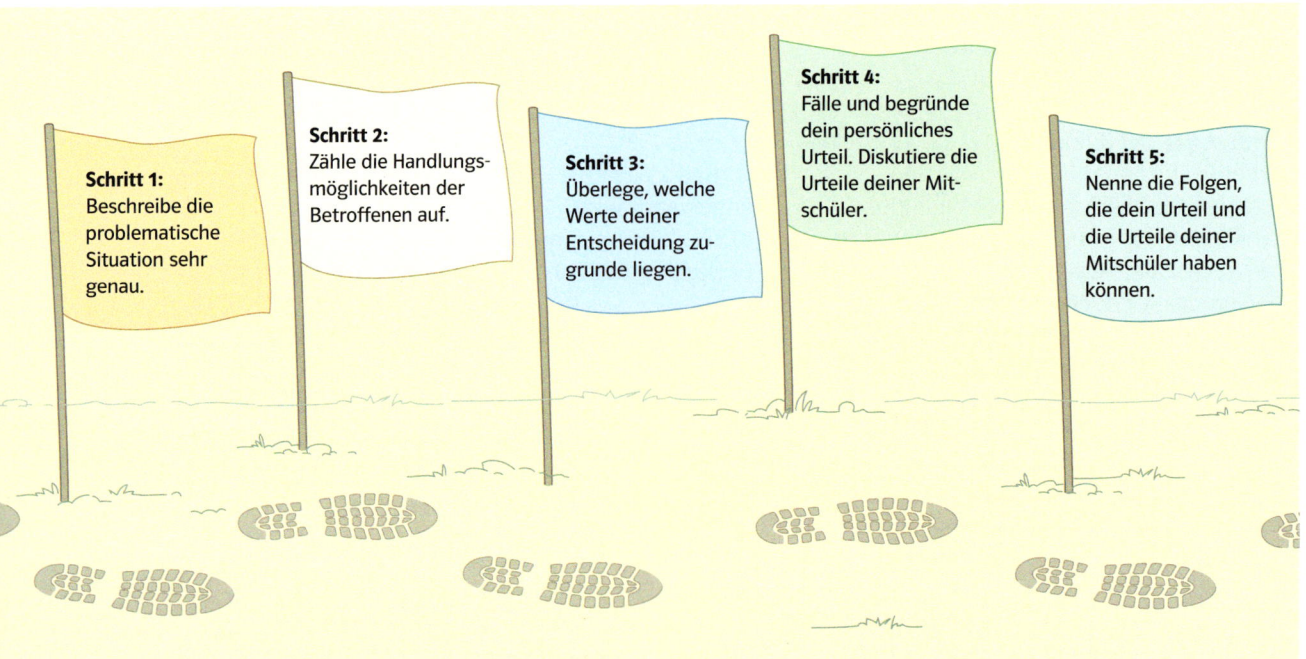

Schritt 1: Beschreibe die problematische Situation sehr genau.

Schritt 2: Zähle die Handlungsmöglichkeiten der Betroffenen auf.

Schritt 3: Überlege, welche Werte deiner Entscheidung zugrunde liegen.

Schritt 4: Fälle und begründe dein persönliches Urteil. Diskutiere die Urteile deiner Mitschüler.

Schritt 5: Nenne die Folgen, die dein Urteil und die Urteile deiner Mitschüler haben können.

1 Schritte der Urteilsfindung

Wissen kann auch von Nachteil sein

Mit genetischen Analyseverfahren kann man die komplette genetische Information eines Menschen aufschlüsseln. In Zukunft könnte diese Information für bestimmte Firmen, beispielsweise für Versicherungen, sehr viel wert sein. Die Unternehmen könnten mögliche „Risikopatienten" aufgrund dieser Informationen einen Vertragsabschluss verweigern.

Das Baby nach Wahl?

Inzwischen ist es möglich, durch künstliche Befruchtung erzeugte Embryonen auf genetische Defekte hin zu untersuchen. Nach einer solchen **Präimplantationsdiagnostik (PID)** könnten gesunde Embryonen dann eingepflanzt und kranke verworfen werden.

Die PID ist rechtlich und ethisch sehr umstritten. In Deutschland ist sie grundsätzlich verboten. Besteht jedoch aufgrund der Erbanlagen eines oder beider Elternteile eine hohe Wahrscheinlichkeit, dass das Kind an einer schwerwiegenden Erbkrankheit leiden wird, darf eine PID durchgeführt werden. Auch wenn mit hoher Wahrscheinlichkeit eine Tot- oder Fehlgeburt des Kindes droht, ist die Untersuchung erlaubt. In beiden Fällen muss die Mutter einen schriftlichen Antrag stellen und eine **unabhängige Ethikkommission** diesem Antrag zustimmen.

Ethikkommissionen

Wird der Mensch zum Versuchsobjekt, sind ethische Fragen besonders schwer zu beantworten. In Deutschland wurde daher 1994 eine unabhängige **Zentrale Ethikkommission (ZEKO)** eingerichtet. Die 16 Mitglieder der ZEKO sind Spezialisten verschiedener Fachrichtungen. Sie beurteilen medizinische Fragen aus ethischer Sicht und geben eine entsprechende Stellungnahme ab.

Alle Forschungsvorhaben, in denen Stammzellen menschlicher Embryonen verwendet werden sollen, müssen genehmigt werden.

Frieden   Menschenwürde   Geld   Solidarität   Sicherheit   Leben   Bildung   Gerechtigkeit   Leistung   Liebe   Glück   Toleranz   Freundschaft   Freiheit   Treue   Gleichberechtigung   Gesundheit   Verantwortung   Anerkennung   Menschenrechte   Wahrheit   Gehorsam   Selbstbestimmung   Eigentum

2 Werteliste

Für die Stammzellenforschung wurde eine eigene Kommission ins Leben gerufen: die **Zentrale Ethik-Kommission für Stammzellenforschung (ZES)**. Die ZES gibt zu jedem Forschungsantrag eine Stellungnahme ab.

Die Möglichkeiten der Gentechnik können gesellschaftliche Normen und Werte verletzen und moralische und ethische Grenzen überschreiten. Unabhängige Ethikkommissionen überwachen dies.

AUFGABEN

1 ○ Nenne Risiken, die von transgenen Pflanzen ausgehen.

2 ○ Erkläre, warum gentechnisch veränderte Lebensmittel in der EU gekennzeichnet werden müssen.

3 ◒ Informiere dich über die Entwicklung des menschlichen Embryos.
a) Notiere, ab welchem Stadium es sich deiner Meinung nach um Leben handelt.
b) Erläutere, wie der Gesetzgeber diese Frage beantwortet.

4 ● In der EU wird über eine neue ID-Card diskutiert. Diese soll neben biometrischen Daten wie Lichtbild und Unterschrift auch Infos zum genetischen Fingerabdruck enthalten. Würdest du der Einführung dieser neuen ID-Card zustimmen?
a) Notiere deine spontane Entscheidung.
b) Diskutiert diese Frage in der Gruppe. Es muss keine Einigung innerhalb der Gruppe erfolgen.
c) Durchlaufe die Schritte einer Urteilsfindung (▷ B 1). Die Werteliste (▷ B 2) soll dir dabei behilflich sein.
d) Wie lautet deine Entscheidung nun? Notiere und begründe.

Zusammenfassung

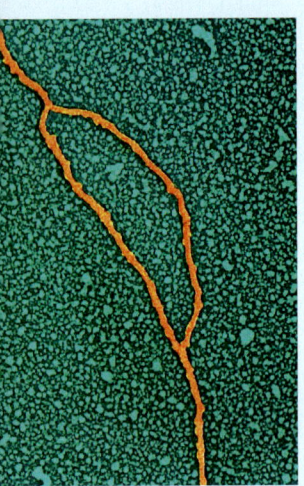

1 Verdopplung des DNA-Stranges

Der Zellkern enthält das Erbmaterial

Der Zellkern enthält das Erbgut eines Lebewesens, das Genom. Das Genom steuert alle Lebensvorgänge. Die DNA liegt, aufgewickelt auf Proteine, als Chromatin im Zellkern vor.

Die Chromosomen

Ein Chromosom besteht aus zwei identischen Chromatiden. Das Centromer verbindet sie. Eine menschliche Körperzelle enthält 23 Chromosomenpaare. Mithilfe eines Karyogramms können die Chromosomen einer Zelle geordnet dargestellt werden.

Einzigartig – die DNA

Die DNA besteht aus zwei Strängen, die zu einer Doppelhelix gewunden ist. Zucker und Phosphat bilden die beiden Stränge. Sie sind jeweils durch zwei komplementäre Basen miteinander verbunden. Die Basenpaare sind stets Adenin und Thymin sowie Cytosin und Guanin. Zucker, Phosphat und die Basen bilden die Bausteine der DNA, die Nucleotide. Die Abfolge der Basenpaare nennt man Basensequenz.

Die Mitose

Als Mitose wird die Kernteilung von Körperzellen bezeichnet. In ihrem Verlauf entstehen Tochterzellen mit gleichem Chromosomensatz. Die Mitose wird in Prophase, Anaphase, Metaphase und Telophase unterteilt.

Vom Gen zum Merkmal

Die Proteinbiosynthese setzt die Erbinformationen vom Gen zum Merkmal um. Bei der Transkription wird eine Abschrift der DNA, die mRNA, erstellt. Diese wird bei der Translation in eine Aminosäurekette übersetzt. Die tRNA erkennt die Basentripletts und transportiert die zugehörigen Aminosäuren zu den Ribosomen.

Mutation

Mutationen sind Veränderungen im Erbgut. Sie können spontan auftreten oder durch Mutagene ausgelöst werden. Es gibt Genmutationen, die nur ein Gen betreffen, aber auch Genommutationen, die zu Veränderungen in der Zahl der Chromosomen führen (z. B. beim Down-Syndrom).

Die Meiose – Bildung von Keimzellen

Damit bei der Befruchtung der diploide Chromosomensatz erhalten bleibt, muss bei der Keimzellenbildung die Anzahl der Chromosomen halbiert werden. Während der Meiose entstehen nach zwei Reifeteilungen haploide Eizellen und Spermien.

Die Mendel'schen Regeln

Nach Kreuzungsversuchen mit Gartenerbsen erkannte MENDEL Gesetzmäßigkeiten bei der Vererbung. Er fasste sie in mehreren Regeln zusammen. Die wichtigsten sind die Uniformitätsregel, die Spaltungsregel und die Unabhängigkeitsregel. Mithilfe der Mendel'schen Regeln konnte der Ertrag von Kulturpflanzen und die Leistung von Tieren verbessert werden.

Erbanlagen und Umwelt

Die Ausprägung mancher Merkmale wird durch die Umwelt beeinflusst. Das nennt man Modifikation. Die Epigenetik befasst sich mit der Frage, welchen Einfluss die Umwelt auf die Gene hat.

Gentechnik und Gen-Ethik

Mithilfe der Gentechnik kann man in das Erbgut von Lebewesen eingreifen und es gezielt verändern. Die Anwendung gentechnischer Verfahren erfordert ein verantwortungsvolles Handeln.
Die Gen-Ethik stellt sich unter anderem die Frage, ob man alles, was heute technisch möglich ist, auch realisieren soll und darf.

AUFGABEN

1 ○ Beschreibe, woran man das Karyogramm eines Mannes erkennen kann.

👍 Super! ❓ ► S.128

2 ○ Eine schwarze Maus wird mit einer weißen Maus gekreuzt. Die Nachkommen sind alle schwarz. Bestimme den Genotyp von Eltern und Nachkommen.

👍 Super! ❓ ► S.132/133

3 ○ Nenne die Unterschiede bei der Entstehung neuer Pflanzen durch natürliche Klone und Samen.

👍 Super! ❓ ► S.146/147

4 ◒ In Bild 2 siehst du zwei Aufnahmen einer Zelle. Betrachte sie genau.
a) Zeichne die beiden Zellen in dein Heft.
b) Ordne deinen beiden Skizzen folgende Begriffe zu: Transportform, Chromatin, Interphase, Chromosomen, Arbeitsform, Metaphase.
c) Du sollst ein Karyogramm einer Zelle erstellen. Welche der beiden Zellstadien wählst du? Begründe.

👍 Super! ❓ ► S.112/113, 120/121

5 ◒ Beschreibe, wie es zur Entstehung von Hautkrebs kommt.

👍 Super! ❓ ► S.125

6 ◒ Eine rhesusnegative Frau und ein rhesuspositiver Mann wünschen sich mehrere Kinder. Beschreibe, wie ein Beratungsgespräch bei einem Arzt oder einer Ärztin aussehen könnte.

👍 Super! ❓ ► S.142/143

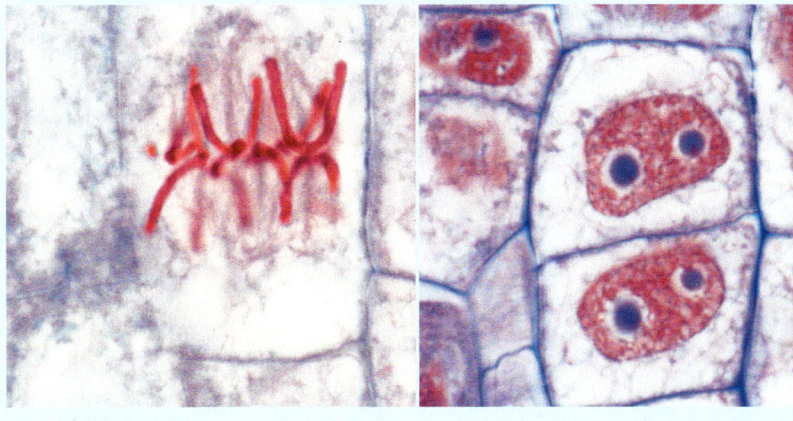

2 Zu Aufgabe 4

7 ● Durch eine Mutation kommt es zu einem Basenaustausch in der DNA.
a) Erläutere, welche Folgen dies bei der Proteinbiosynthese haben kann.
b) Erkläre, warum solche Mutationen im Erscheinungsbild auch folgenlos bleiben können.
c) Nimm zu folgender Aussage kritisch Stellung: „Mutationen in Keimzellen sind grundsätzlich viel schwerwiegender als in Körperzellen."

👍 Super! ❓ ► S.122, 124

8 ● Bei Trisomie 21 liegt das Chromosom 21 dreimal vor.
a) Nenne den Fachbegriff für diese Art der Mutation.
b) Erkläre mithilfe einer Skizze beide Möglichkeiten, wie es bei der Meiose zu diesem Fehler kommen kann.

👍 Super! ❓ ► S.124, 129

9 ● Plasmide sind als Gen-Fähren die „Werkzeuge" in der Gentechnik. Beschreibe, wie sie eingesetzt werden.

👍 Super! ❓ ► S.150/151

► Musterlösungen auf den Seiten 218–219 **161**

4 Evolution

- Wie ist das Leben auf der Erde entstanden?

- Warum gibt es so viele unterschiedliche Arten?

- Stammt der Mensch vom Affen ab?

- Was wissen wir über unsere Vorfahren?

- Warum gibt es keine Neandertaler mehr?

1. Eine Wolke aus kaltem Gas und Staub zieht sich zusammen und beginnt sich zu drehen. Sie wird immer flacher und heißer.

2. In der Mitte der Materiescheibe beginnt das heiße Gas zu leuchten – die Sonne ist entstanden.

3. In den Außenbereichen ballt sich Materie zu immer größeren Brocken zusammen. Die inneren Planeten entstehen – auch die Erde mit dem Mond.

4. In der Frühzeit wird die Erde von vielen Gesteinsbrocken getroffen. Es bildet sich eine heiße und giftige Uratmosphäre.

5. Die Erde heute.

1 Die Entstehung der Erde – vom heißen Gasball zum festen Gesteinsplaneten

Urknall

Urknall – ein heißer Anfang
Vor etwa 14 Milliarden Jahren war die gesamte Materie des Weltalls in einer unvorstellbar dichten und heißen Kugel zusammengeballt. Als sie explodierte, wurden ihre Bestandteile in alle Richtungen geschleudert. Diesen heißen Beginn unseres Universums nennt man **Urknall**.

Die Elemente entstehen
Nach dieser Theorie entstanden beim Urknall die Gase Wasserstoff und Helium. Außerdem bildete sich eine riesige Glutwolke. Im Laufe von Millionen von Jahren kühlte diese ab. Dabei entstanden schwerere Elemente wie Stickstoff und Kohlenstoff sowie die Metalle. Da sich die Teilchen immer stärker anzogen, verdichtete sich die Gaswolke. Dabei wurde die Gaswolke in immer schnellere Drehbewegungen versetzt.

Die Geburt unseres Sonnensystems
In der sich drehenden Gaswolke reicherten sich die schwereren Elemente in den Außenbereichen an. Hier verklumpten sie zu den Planeten, u. a. der Erde. Die leichten Gase blieben im Zentrum. Sie ballten sich zu unserer Sonne zusammen. Die Entstehung erklärt, warum alle Planeten die Sonne in der gleichen Richtung umkreisen. Die „Geburt" der Erde bezeichnet man als **physikalische Evolution**.

Die Sonne und ihre acht Planeten ballten sich aus heißen Gasen zusammen.

AUFGABEN

1 ○ Nenne chronologisch die wichtigsten Ereignisse der Erdgeschichte.

2 ◐ Erkläre, wie sich nach dem Urknall die festen Planeten bilden konnten.

3 ● Berechne für unser Sonnensystem die Länge eines maßstabgetreuen Planetenweges, wenn die Erde dort fußballgroß dargestellt wäre.

Die chemische Evolution

Das erste Leben auf der Erde ist vermutlich vor ca. 4 bis 3,7 Milliarden Jahren in den Tiefen der **Urozeane** entstanden. Es gab damals weder Sauerstoff zum Atmen noch eine schützende **Ozonschicht**. Vulkane setzten giftige Gase frei. Immer wieder schlugen Blitze ein, Asteroiden durchdrangen die noch dünne Erdatmosphäre und brachten mit ihrem Aufprall das umliegende Wasser zum Kochen (▷ B1).

In dieser „**Ursuppe**" entstanden vermutlich die ersten **organischen Verbindungen**, wie z.B. Nucleinbasen, Kohlenhydrate oder Aminosäuren. Ihre Entstehung bezeichnet man als **chemische Evolution**. Sie war die Grundvoraussetzung für die Entstehung von Leben.

2 Die „Ursuppe"

Elektroden

CH_4
NH_3
CO_2
H_2O
H_2

Kühler

siedendes Wasser   Abscheider

CH_4 = Methan H_2O = Wasser
NH_3 = Ammoniak H_2 = Wasserstoff
CO_2 = Kohlenstoffdioxid

3 Versuchsaufbau von MILLER

Chemische Evolution im Labor

Der Chemiker STANLEY MILLER (1930 – 2007) wollte die chemische Evolution im Labor erforschen. Dazu konstruierte er eine Apparatur (▷ B1), in der er die vermutete **Uratmosphäre** und die abiotischen Bedingungen (z.B. Blitze, Hitze) von damals nachstellte. Innerhalb weniger Tage gelang es ihm, zahlreiche organische Verbindungen nachzuweisen.

1 Black Smokers

Die Black Smokers

„**Black Smokers**" sind bis zu 400 °C heiße mineralstoffreiche Quellen am Grund der Tiefsee (▷ B2). Man findet dort sehr ursprüngliche Bakterien. Ähnliche Bakterien könnten die „Startorganismen" für die **biologische Evolution** gewesen sein. Die Entwicklung von Leben aus unbelebter Materie könnte auch hier stattgefunden haben. (► Entwicklung, S. 214/215)

Den Prozess der Entstehung organischer Substanzen aus unbelebter Materie bezeichnet man als chemische Evolution.

AUFGABEN

1 ○ Zähle Bedingungen auf, wie sie vermutlich vor ca. 4 Milliarden Jahren auf der Erde geherrscht haben, und zeichne deine Vorstellungen.

2 ◑ Beschreibe den Versuch von MILLER mithilfe von Bild 3.

3 ● Die Black Smokers sind nach ihrer auffallenden „Rauchfahne" benannt. Recherchiere, wie es dazu kommt.

1 Die Entstehung von Fossilien

Zeugnisse vergangenen Lebens

In manchen Gegenden findet man immer wieder Spuren früherer Lebewesen. Man bezeichnet sie als **Fossilien**. Die Wissenschaft, die sich mit den Lebewesen und ihren Überresten aus früheren Erdzeitaltern beschäftigt, heißt **Paläontologie**.

Versteinerungen

Sank zum Beispiel eine tote Meerechse in den weichen Schlamm des Meeresbodens, wurde sie über viele Millionen Jahre von weiteren Schlamm- und Geröllschichten (**Sedimenten**) überdeckt (▷ B 1). Unter Sauerstoffabschluss zersetzten Bakterien die Weichteile des Tierkörpers. Harte Teile wie Knochen und Zähne blieben zurück.

Der wachsende Druck presste das Skelett flach zusammen und ließ die Knochen zu Stein werden. Solche Fossilien bezeichnet man als **Versteinerungen**.
(► Entwicklung, S. 214/215)

Steinkerne

Eine besondere Form von Versteinerungen sind **Steinkerne** (▷ B 2): Wird z. B. ein toter **Ammonit** von Sedimenten überdeckt, verwesen nur seine Weichteile. Es bleibt die leere Schale zurück. Diese wird mit Gesteinsmaterialien aufgefüllt. Durch den hohen Druck der oben liegenden Erd- und Gesteinsschichten wird die Schale zu Stein umgewandelt.

Inkohlung

Mächtige Schichten abgestorbener Pflanzen werden in Sumpfgebieten unter Luftabschluss zu **Torf** umgewandelt. Durch hohe Temperaturen und den enormen Druck darüber abgelagerter Sedimente wird das Wasser aus dem Torf herausgepresst.

Durch weitere chemische Umwandlungen bildet sich in langen Zeiträumen aus dem Torf zunächst Braunkohle, dann Steinkohle. Dabei nimmt der Kohlenstoffanteil stetig zu („**Inkohlung**"). In der schwarzen, harten Steinkohle lassen sich oft gut erhaltene Abdrücke von typischen Pflanzen der Steinkohlezeit (Karbon, ► S.170/171) finden, z. B. von Farnen und Schachtelhalmen (▷ B 3).

Mumifikation

Auch ganze Körper können als Fossil erhalten bleiben. Ein bekanntes Beispiel ist „Ötzi" aus den Ötztaler Alpen. Der tote Körper wurde in Eis eingeschlossen und damit regelrecht tiefgefroren (▷ B 4). Auch **Moorleichen** sind Fossilien. Durch den Einschluss in saurem Moorwasser kann eine Leiche über einen langen Zeitraum erhalten bleiben.

Bernstein – fossiles Baumharz

Ein besonderer Glücksfall für die Paläontologie ist der **Bernstein**. Man findet ihn unter anderem an der Ostseeküste. Bernstein ist das mehr als 30 Millionen Jahre alte fossile Harz von ausgestorbenen Pflanzen.

Blieben an diesem **Harz** Insekten oder andere Kleintiere kleben, wurden sie durch nachtropfendes Harz komplett eingeschlossen. Die fossilen Einschlüsse sind zum Teil mit allen Einzelheiten erhalten.

Fossilien sind Reste und Spuren ausgestorbener Lebewesen. Es gibt sie in Form von Versteinerungen, als Inkohlungen oder als Mumifizierungen. Auch Bernstein und die darin enthaltenen Einschlüsse sind Fossilien.

2 Steinkern eines Ammoniten   3 Abdruck eines Schachtelhalmes

AUFGABEN

1 ○ Erläutere, was man unter einem Fossil versteht.

2 ○ a) Zeichne die schrittweise Entstehung einer Versteinerung in dein Heft.
b) Schreibe in Stichpunkten darunter einen kurzen Text, der das jeweilige Bild beschreibt.

3 ◐ Stelle die Entstehungsmöglichkeiten von Fossilien in einer Tabelle dar.

4 ◐ Erkläre, warum Moorleichen im Laufe der Jahrtausende nicht vollständig verwest sind.

5 ● Informiere dich über den Fundort von „Ötzi" und die Bedeutung dieser Mumie für die Forschung. Berichte darüber.

4 Die Gletschermumie aus dem Similaun in Südtirol, bekannt als „Ötzi" (ca. 5 300 Jahre alt)

Fossilien suchen und sammeln

Es gibt kaum etwas Spannenderes als die Suche nach Fossilien. Gut beschriftet mit Fundort, Datum, Zeitalter und Tier- oder Pflanzenart, sind Fossilien Belege für das Leben vor Jahrmillionen. Gehe mit diesen wertvollen Naturdokumenten vorsichtig und respektvoll um.

Wo kann ich sammeln?
Du solltest Fachleute befragen, die dir Fundorte in der Umgebung nennen können. Auch im Internet findest du fast alle wichtigen Standorte. Aber Vorsicht: Viele Fundorte befinden sich auf Privatgelände. Du musst also unbedingt eine Erlaubnis einholen.

Welche Ausrüstung brauche ich?
– Hammer, Meißel, Spatel und Pinsel,
– einen Rucksack oder Sammelbeutel,

1 Die Grundausrüstung

2 Jugendliche legen Fossilien frei.

– Zeitungspapier zum Einwickeln der Fundstücke,
– Schutzhelm und Schutzbrille,
– Nadeln,
– Drahtbürste aus Messing,
– Gesteinskleber (▷ B 1).

Welche Techniken wende ich an?
Aufsammeln – Am einfachsten ist das Aufsammeln von Fossilien, die durch Wasser, Verwitterung von Gestein oder durch Maschinen bereits freigelegt wurden. Im flachen Wasser von Bächen, auf Äckern, in Steinen am Wegrand oder im Wald wirst du fündig. Abraumhalden des Kohlebergbaus sind häufig reich an Pflanzenfossilien. Bei Erdarbeiten werden oft Massen an fossilienhaltigem Gestein freigelegt.

Ausgraben – Aus weichen Ton- und Mergelschichten lassen sich Fossilien leicht mit einem Spatel herauslösen.

Gestein zerlegen – Du kannst Fossilien auch aus Gestein freilegen (▷ B 2). Stelle das Gestein mit den Plattenschichten senkrecht, setze einen Meißel an den Rand einer Spalte und schlage vorsichtig einige Male mit dem Hammer darauf. Wenn du merkst, dass sich die Platten trennen, arbeite sehr behutsam weiter. Nimm die Platten auseinander. Vielleicht findest du den Steinkern eines Fossils auf der einen und den Abdruck auf der anderen Seite des Gesteins.

Wie werte ich meine Funde aus?
Verpacke deine Funde vor Ort sorgfältig in Zeitungspapier. Zu Hause beginnt schließlich die Feinarbeit. Schlage mit Hammer und Meißel vorsichtig das anhängende Gestein in kleinen Brocken ab. Hierbei geht oft viel zu Bruch. Das Gefühl für das Gestein kommt erst nach und nach. Mit Pinsel und Drahtbürste werden die Fossilien gereinigt. Mit einer Nadel kannst du mit viel Geduld Reste von anhaftendem Gestein ablösen. Ist ein Fossil trotzdem zersprungen, kannst du es mit Gesteinskleber wieder zusammenfügen.

Wir stellen „Fossilien" her

Mit dem folgenden Versuch kannst du Fossilien selbst „herstellen".

1 Wie entsteht ein Fossil?
Material
Schere, leere Milchpackung, „Fossilien" (z. B. Schneckengehäuse, Muschelschalen, Blätter oder kleine Zweige), Vaseline oder Handcreme, großes Gurkenglas, Becher, Wasser, Gips, Löffel, Kies, Sand, Hammer

Versuchsanleitung
a) Schneide die obere Fläche der leeren Milchpackung ab (▷ B 1).
b) Wähle ein „Fossil" aus und bestreiche es mit Handcreme.

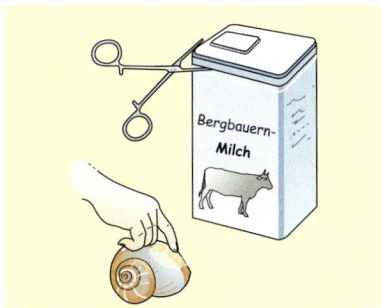

1 Vorbereitung des „Fossils"

c) Mische in dem Gurkenglas einen halben Becher kaltes Wasser mit Gips im Verhältnis 1:1 und gib einen halben Becher Kies dazu.
d) Rühre die Mischung gut um und gieße sie in die offene Milchpackung (▷ B 2).
e) Lege dein eingecremtes „Fossil" auf die Mischung (▷ B 3).
f) Mische einen halben Becher Wasser mit Gips und gib einen halben Becher Sand dazu.
g) Gieße die zweite Mischung über die erste.

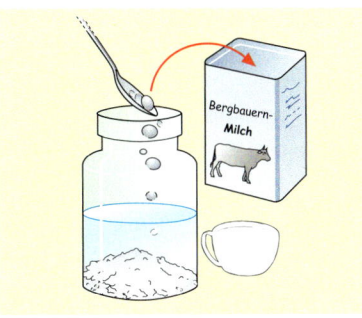

2 Herstellung des „Sedimentes"

h) Lasse alles einige Tage gut austrocknen.
i) Schneide die Milchpackung auf und nimm den ganzen Block heraus.

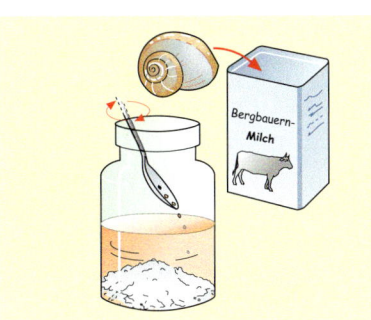

3 „Überschwemmung" des „Fossils"

j) Klopfe mit dem Hammer darauf. Wenn das „Gestein" zerspringt, kannst du die einzelnen Lagen und

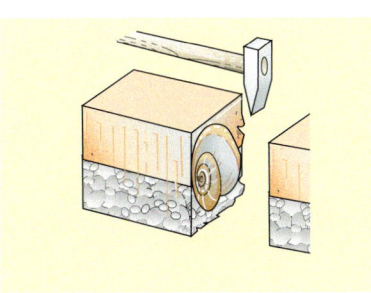

4 Ein „Fossil" ist entstanden.

das darin liegende Fossil bzw. dessen Abdruck erkennen (▷ B 4).

2 Wir rekonstruieren ein Fossil
Material
Fossilabdruck, Handcreme oder Vaseline, Pinsel, Becher, Wasser, Löffel, Gips

Versuchsanleitung
a) Reinige den Fossilabdruck. Creme ihn dünn mit Handcreme ein (▷ B 5) oder bepinsle ihn bis in alle Ritzen dünn mit Vaseline. Das ist wichtig, da sonst Gips am Abdruck kleben bleibt.
b) Mische einen halben Becher Wasser mit Gips an, sodass er gegossen werden kann.
c) Gieße den flüssigen Gips vorsichtig in den Fossilabdruck. Lasse ihn bis zum nächsten Tag aushärten.
d) Löse den Gipskörper vorsichtig aus dem Fossilabdruck heraus und beschreibe ihn.

5 Fossilabdruck eincremen

AUFGABEN

1 ○ Stellt eure „Fossilien" und Fossilabdrücke in einer Ausstellung aus.

2 ◐ Beschreibe die Entstehung eines Fossils (► S. 166/167).

Die Erdzeitalter

Im Laufe der ungefähr 4,5 Milliarden Jahre langen Geschichte unseres Planeten entstanden die ersten Lebensformen vermutlich vor 3,7 Mrd. Jahren in der Ursuppe.

Seit damals traten auch viele Arten auf, die inzwischen wieder ausgestorben sind. Einige ihrer Überreste finden wir jedoch als Fossilien in alten Erdschichten.

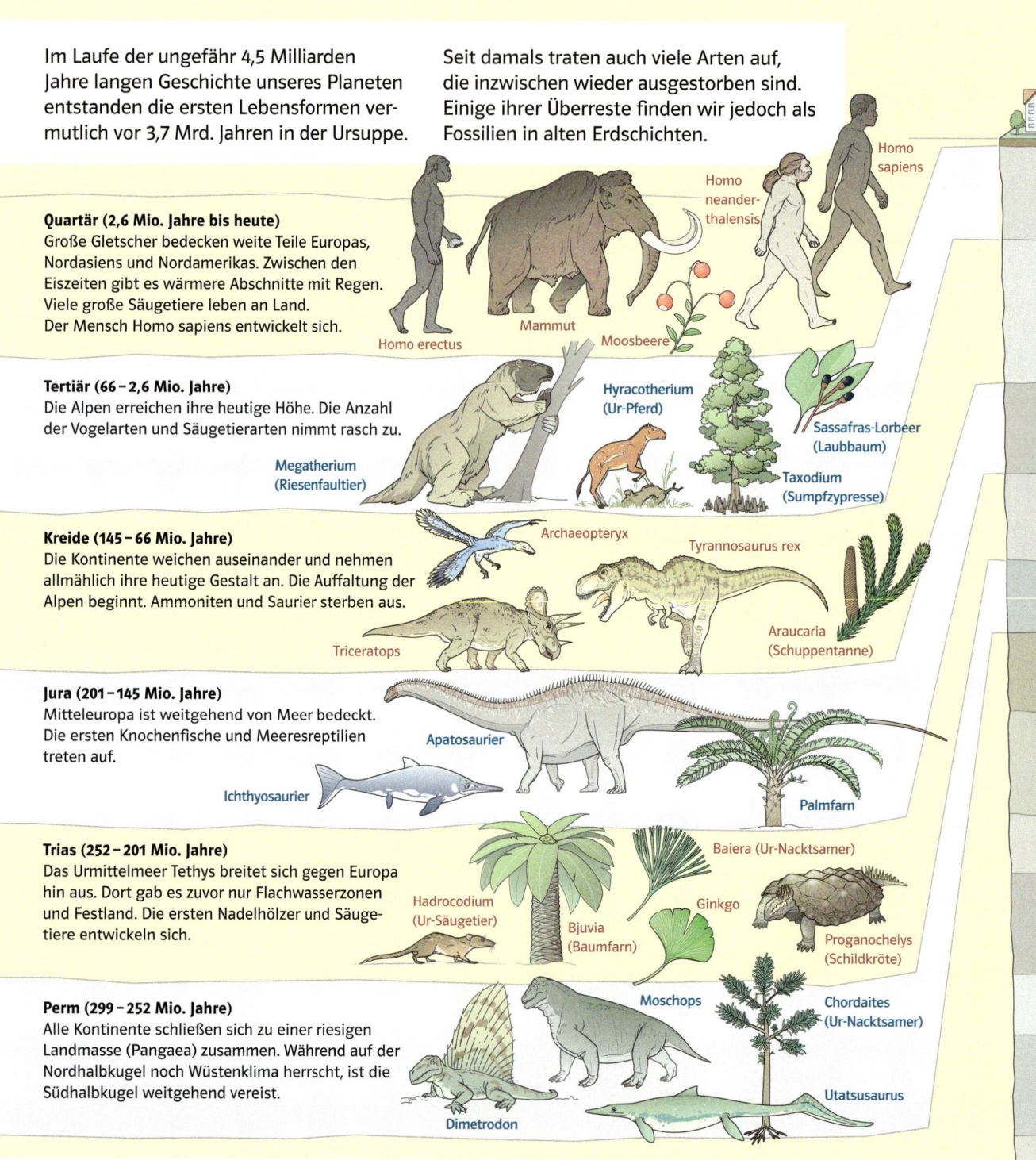

Quartär (2,6 Mio. Jahre bis heute)
Große Gletscher bedecken weite Teile Europas, Nordasiens und Nordamerikas. Zwischen den Eiszeiten gibt es wärmere Abschnitte mit Regen. Viele große Säugetiere leben an Land. Der Mensch Homo sapiens entwickelt sich.

Homo erectus · Mammut · Moosbeere · Homo neanderthalensis · Homo sapiens

Tertiär (66 – 2,6 Mio. Jahre)
Die Alpen erreichen ihre heutige Höhe. Die Anzahl der Vogelarten und Säugetierarten nimmt rasch zu.

Megatherium (Riesenfaultier) · Hyracotherium (Ur-Pferd) · Sassafras-Lorbeer (Laubbaum) · Taxodium (Sumpfzypresse)

Kreide (145 – 66 Mio. Jahre)
Die Kontinente weichen auseinander und nehmen allmählich ihre heutige Gestalt an. Die Auffaltung der Alpen beginnt. Ammoniten und Saurier sterben aus.

Archaeopteryx · Tyrannosaurus rex · Triceratops · Araucaria (Schuppentanne)

Jura (201 – 145 Mio. Jahre)
Mitteleuropa ist weitgehend von Meer bedeckt. Die ersten Knochenfische und Meeresreptilien treten auf.

Apatosaurier · Ichthyosaurier · Palmfarn

Trias (252 – 201 Mio. Jahre)
Das Urmittelmeer Tethys breitet sich gegen Europa hin aus. Dort gab es zuvor nur Flachwasserzonen und Festland. Die ersten Nadelhölzer und Säugetiere entwickeln sich.

Hadrocodium (Ur-Säugetier) · Bjuvia (Baumfarn) · Baiera (Ur-Nacktsamer) · Ginkgo · Proganochelys (Schildkröte)

Perm (299 – 252 Mio. Jahre)
Alle Kontinente schließen sich zu einer riesigen Landmasse (Pangaea) zusammen. Während auf der Nordhalbkugel noch Wüstenklima herrscht, ist die Südhalbkugel weitgehend vereist.

Dimetrodon · Moschops · Chordaites (Ur-Nacktsamer) · Utatsusaurus

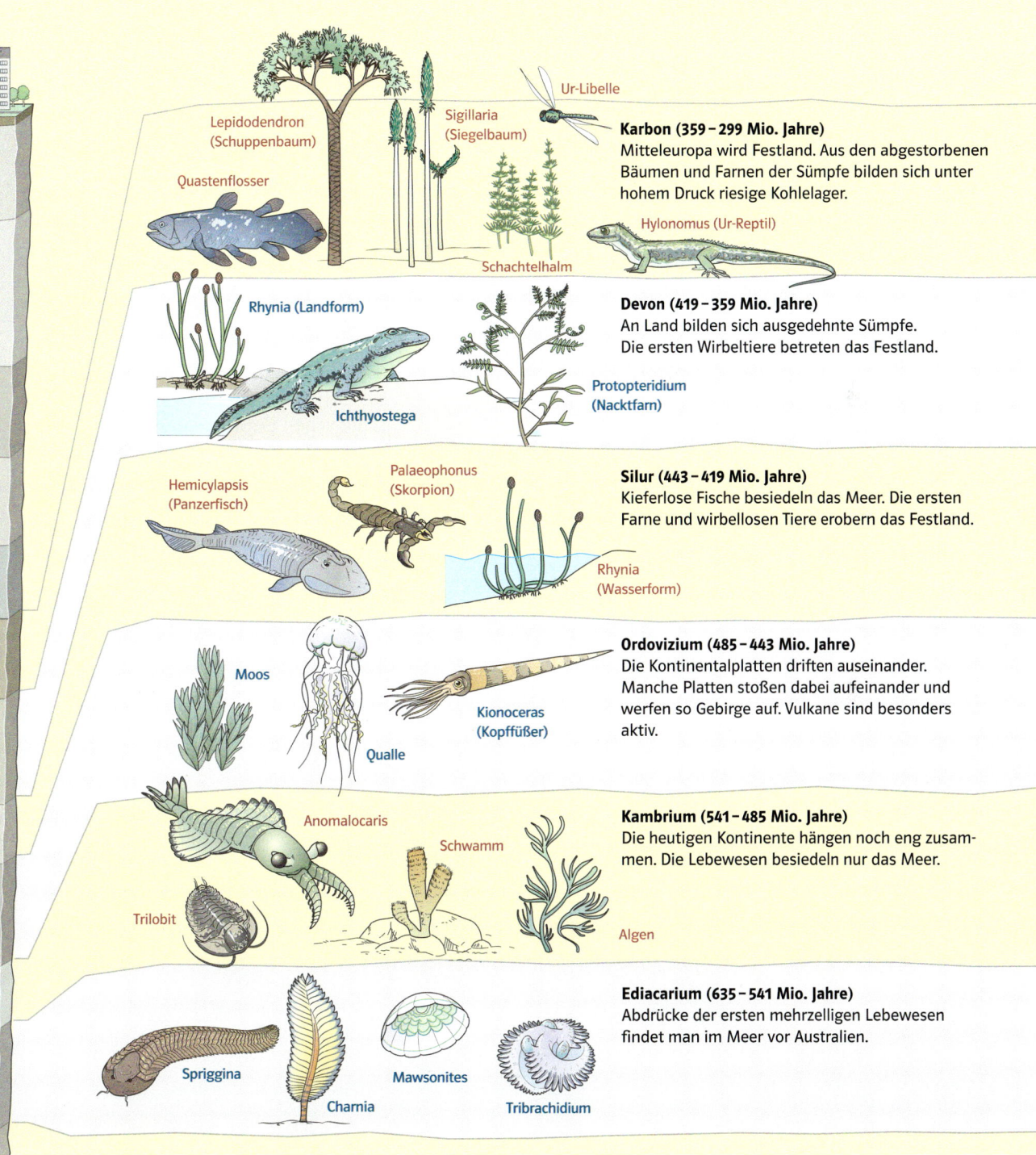

Karbon (359 – 299 Mio. Jahre)
Lepidodendron (Schuppenbaum)
Sigillaria (Siegelbaum)
Ur-Libelle
Quastenflosser
Schachtelhalm
Hylonomus (Ur-Reptil)

Karbon (359 – 299 Mio. Jahre)
Mitteleuropa wird Festland. Aus den abgestorbenen Bäumen und Farnen der Sümpfe bilden sich unter hohem Druck riesige Kohlelager.

Rhynia (Landform)
Ichthyostega
Protopteridium (Nacktfarn)

Devon (419 – 359 Mio. Jahre)
An Land bilden sich ausgedehnte Sümpfe. Die ersten Wirbeltiere betreten das Festland.

Hemicylapsis (Panzerfisch)
Palaeophonus (Skorpion)
Rhynia (Wasserform)

Silur (443 – 419 Mio. Jahre)
Kieferlose Fische besiedeln das Meer. Die ersten Farne und wirbellosen Tiere erobern das Festland.

Moos
Kionoceras (Kopffüßer)
Qualle

Ordovizium (485 – 443 Mio. Jahre)
Die Kontinentalplatten driften auseinander. Manche Platten stoßen dabei aufeinander und werfen so Gebirge auf. Vulkane sind besonders aktiv.

Anomalocaris
Schwamm
Trilobit
Algen

Kambrium (541 – 485 Mio. Jahre)
Die heutigen Kontinente hängen noch eng zusammen. Die Lebewesen besiedeln nur das Meer.

Spriggina
Charnia
Mawsonites
Tribrachidium

Ediacarium (635 – 541 Mio. Jahre)
Abdrücke der ersten mehrzelligen Lebewesen findet man im Meer vor Australien.

171

Vom Wasser aufs Land

Erstes Leben im Meer

In den **Urozeanen** lebten vor mehr als 3,5 Milliarden Jahren erste einfache Organismen. Sie kamen ohne Sauerstoff aus und ernährten sich von den energiereichen Verbindungen, die sie aus ihrer Umgebung aufnahmen.

Chlorophyll – eine wichtige Neuerung

Aus diesen frühen Lebensformen entstanden u. a. **Blaugrüne Bakterien**. Sie waren die ersten Lebewesen, die Chlorophyll besaßen und durch **Fotosynthese** Sauerstoff freisetzten. Das führte allmählich zu einer Anreicherung der Ozeane und später auch der Atmosphäre mit Sauerstoff. Nun konnten sich in den Ozeanen Organismen entwickeln, die Sauerstoff für ihre Lebensvorgänge benötigten. Zunächst entstanden Bakterien und Einzeller, später mehrzellige Pflanzen und Tiere.

Land in Sicht

Die Besiedlung des Landes begann im **Silur** in riesigen Sumpflandschaften. Die ersten **Landpflanzen** waren sehr klein, einfach gebaut und noch ohne Blätter. Als Verdunstungsschutz war der Spross von einer dicken Wachsschicht umgeben.

Landgang der wirbellosen Tiere

Nach den Pflanzen konnten auch Tiere das Land erobern, da sie dort jetzt Nahrung vorfanden. Es waren zunächst kleine **wirbellose Tiere** wie Milben, Spinnen und Insekten. Sie hatten Organe entwickelt, mit denen sie den Sauerstoff aus der Luft aufnehmen konnten. Bei ihnen bildeten sich schon früh spezielle Zellen, die sie vor schädlichen Umwelteinflüssen schützten. Ein wichtiger Entwicklungsschritt war vor etwa 500 Mio. Jahren die Ausbildung eines stützenden **Außenskeletts**.

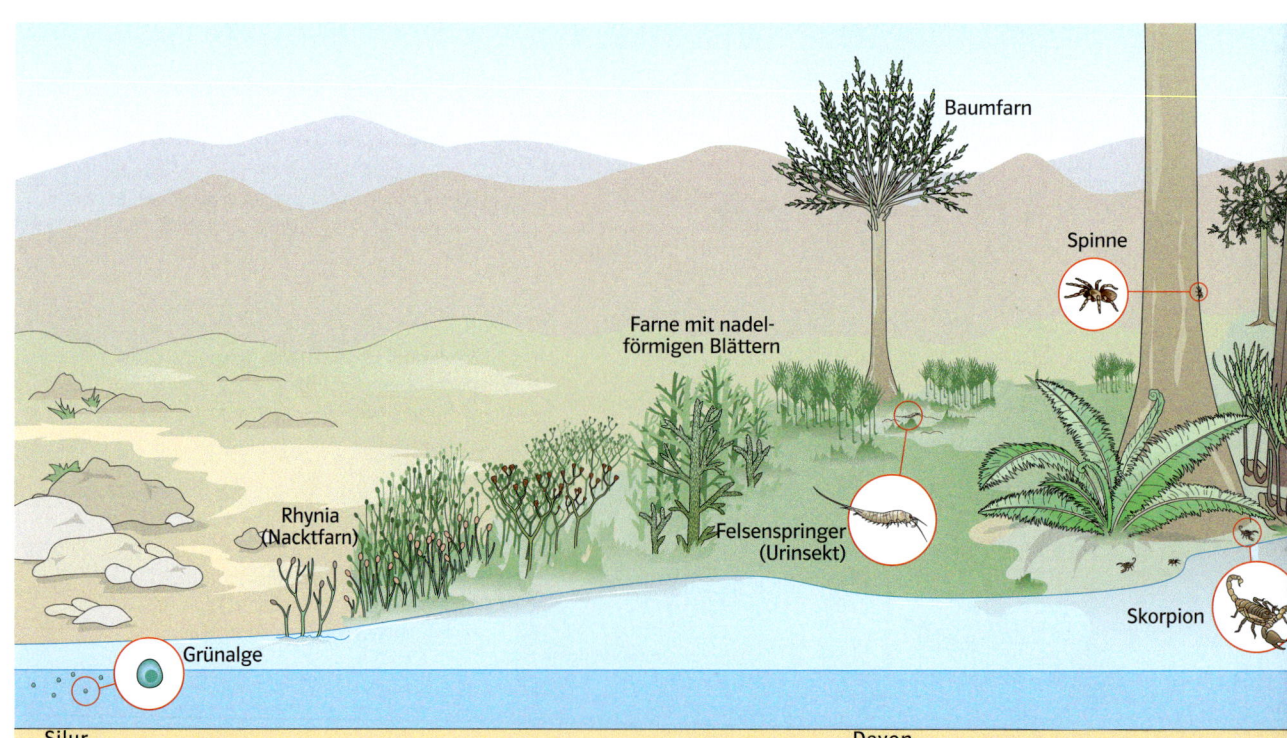

1 Vom Wasser aufs Land

Wirbeltiere besiedeln das Land

Bereits seit dem Ordovizium (► S.170/171) lebten Fische, also erste Wirbeltiere, in den Ozeanen. Für das Leben außerhalb des Wassers mussten auch die Wirbeltiere Organe entwickeln, um den Sauerstoff aus der Luft aufzunehmen. **Lungenfische** und **Quastenflosser**, von denen einige Arten heute noch existieren, besaßen bereits im Devon neben ihren Kiemen einfach gebaute Lungen. Sie konnten deshalb kurze Zeit auf dem Trockenen überleben.

Ein Vierbeiner an Land

Im Jahr 1931 entdeckte man in Grönland ein fossiles Wirbeltier aus dem Devon. Es lebte vor etwa 370 Mio. Jahren und war das erste nachgewiesene vierbeinige Landtier. Man nannte es **Ichthyostega**. Das Tier muss sich aus den Fischen entwickelt haben, denn es besaß Hautschuppen, ein Seitenlinienorgan und einen Flossensaum am Schwanz. Andererseits hatte es vier Beine wie ein heutiges Amphibium.

Vor etwa 3,5 Mrd. Jahren entwickelten sich einfache Lebensformen im Wasser. Als durch Fotosynthese der ersten Pflanzen Sauerstoff produziert wurde, konnten sich auch mehrzellige Tiere entwickeln. Im Silur besiedelten erste Lebewesen das Land.

AUFGABEN

1 ○ Nenne die wichtigsten Schritte der Evolution von vor 3,5 Mrd. Jahren bis zum Auftreten von Ichthyostega.

2 ○ Begründe, warum die Tiere das Land erst nach den Pflanzen besiedeln konnten.

3 ◒ Nenne die Angepasstheiten, die Pflanzen und Tiere für das Leben an Land entwickelten.

4 ● Wie sähe es auf unserer Erde aus, wenn in der Evolution das Chlorophyll nicht entstanden wäre? Verfasse eine Schilderung nach deiner Vorstellung.

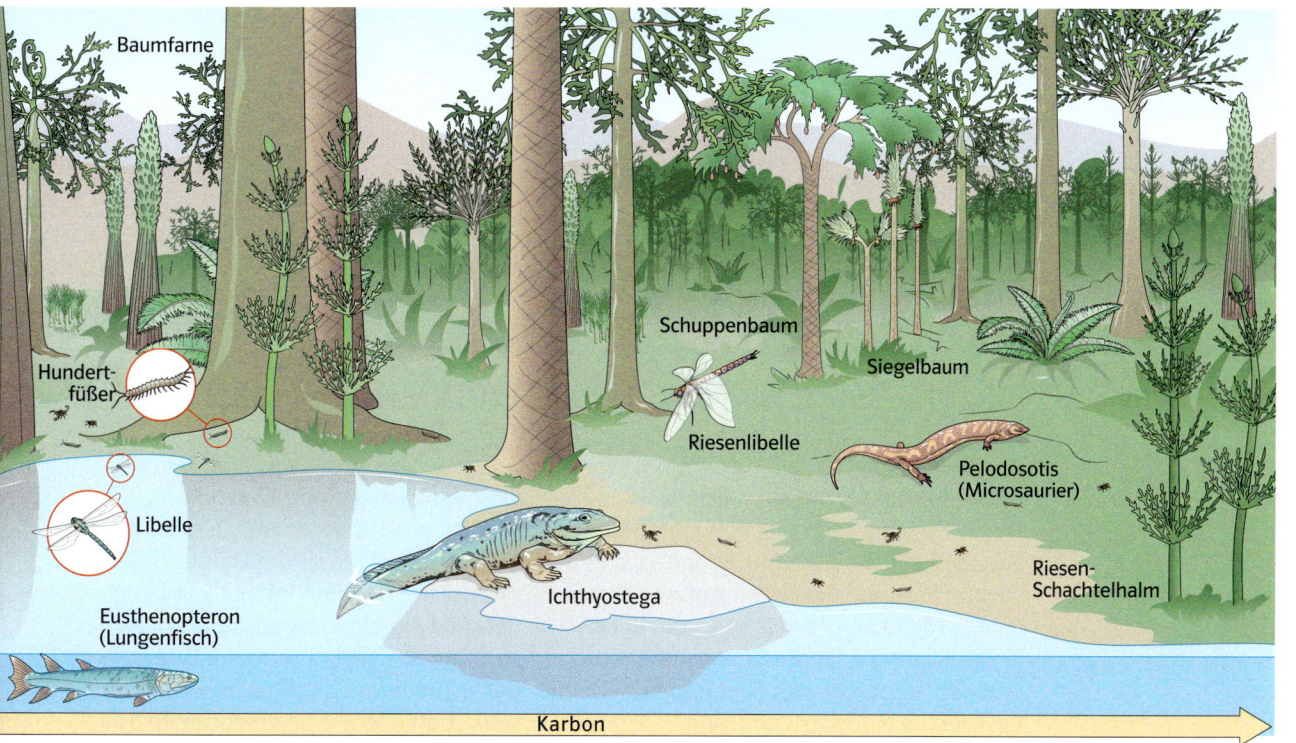

Baumfarne · Schuppenbaum · Siegelbaum · Hundertfüßer · Riesenlibelle · Libelle · Pelodosotis (Microsaurier) · Eusthenopteron (Lungenfisch) · Ichthyostega · Riesen-Schachtelhalm · Karbon

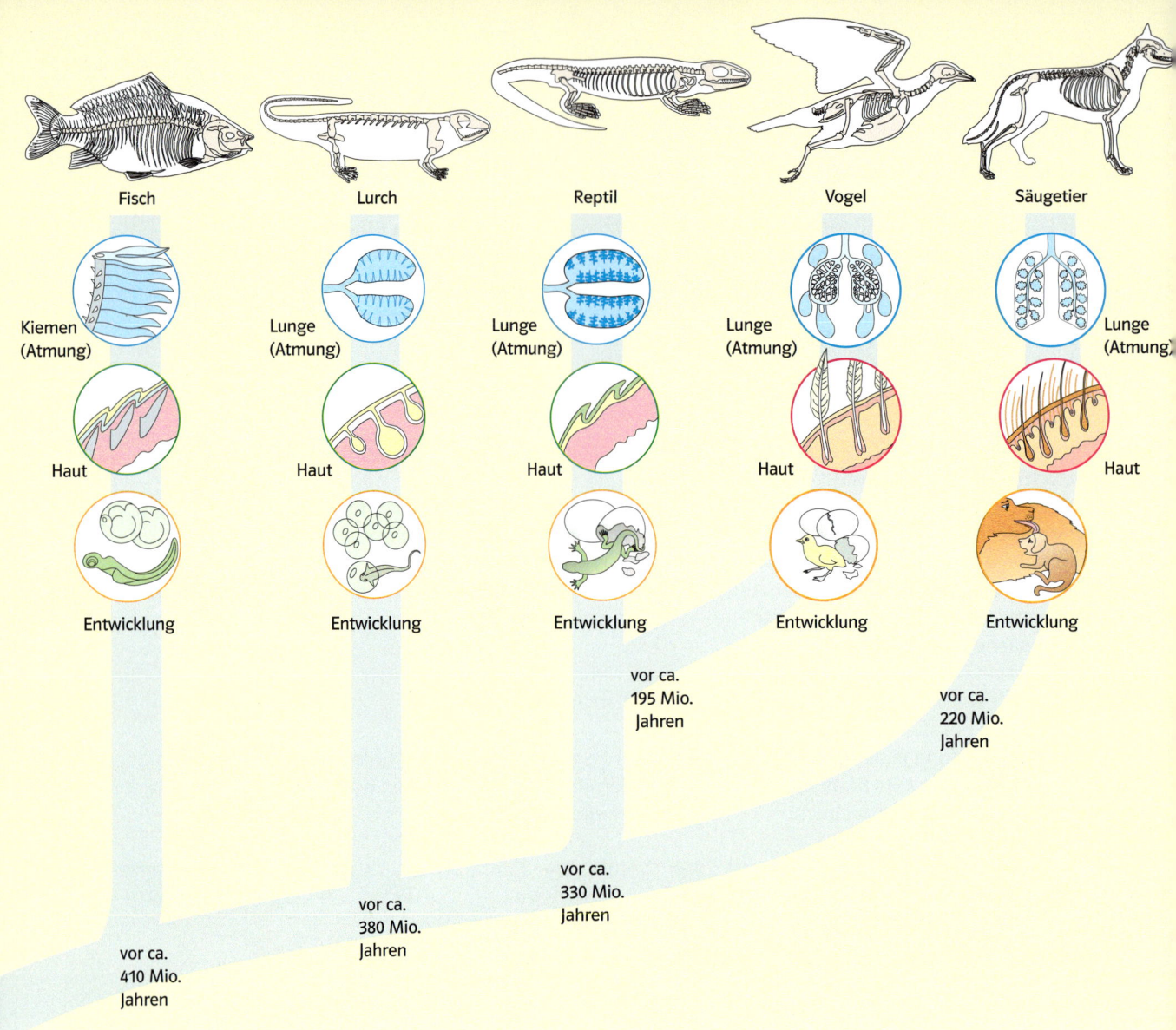

Fisch

Kiemen (Atmung)

Haut

Entwicklung

Lurch

Lunge (Atmung)

Haut

Entwicklung

Reptil

Lunge (Atmung)

Haut

Entwicklung

Vogel

Lunge (Atmung)

Haut

Entwicklung

Säugetier

Lunge (Atmung)

Haut

Entwicklung

vor ca. 195 Mio. Jahren

vor ca. 220 Mio. Jahren

vor ca. 330 Mio. Jahren

vor ca. 380 Mio. Jahren

vor ca. 410 Mio. Jahren

1 Stammbaum der Wirbeltiere

Erfolgsgeschichte der Wirbeltiere

Ein Außenskelett hat auch Nachteile

Schon vor etwa 500 Millionen Jahren entstanden bei einigen Tiergruppen, z.B. bei den Krebsen, die ersten **Außenskelette** (▷ B 2). Die festen Panzer brachten aber einige Nachteile für die Organismen mit sich: Die Aufnahme von Sauerstoff über die Haut wurde erschwert und zum Wachsen waren regelmäßige **Häutungen** notwendig.

Ein Innenskelett bringt Vorteile

Erst mit einer inneren Stütze – der **Wirbelsäule** – war eine weitere Größenzunahme ohne die erwähnten Nachteile möglich. Die Entwicklung eines **Innenskeletts** kennzeichnet alle Wirbeltiere (▷ B 1). Vorfahren der Wirbeltiere hatten noch keine Wirbelsäule, dafür aber einen biegsamen Stützstab, die **Chorda**.

Leben im Wasser, an Land und in der Luft

Amphibien traten erst vor 380 Millionen Jahren auf. Im Zeitalter der Trias, also vor ca. 250 Millionen Jahren, beherrschten **Reptilien** alle Lebensräume. Zu ihnen gehörten die Saurier, von denen einige die größten Landlebewesen der Erde waren. Vor etwa 195 Millionen Jahren entwickelten sich aus dieser erfolgreichen Gruppe der Reptilien die **Vögel**.

Die Erfolgsgeschichte der **Säugetiere** begann nach dem Aussterben der Saurier am Ende der Kreidezeit. Und erfolgreich ist diese Tiergruppe – auch aufgrund der Entwicklung des Menschen – bis heute.

Gründe für den Erfolg

Säugetiere findet man in allen Lebensräumen und auf allen Kontinenten. Die weltweite Verbreitung ist vor allem auf zwei Ursachen zurückzuführen: eine konstante Körpertemperatur und gute Überlebenschancen für den Nachwuchs.

Bei den Säugern findet die Entwicklung im Mutterleib oder im Beutel statt (▷ B 3). Nach der Geburt werden die Jungen gesäugt. **Muttermilch** enthält alle für die Entwicklung und das Wachstum notwendigen Nährstoffe, Vitamine und Abwehrstoffe.

Vor allem in kalten Regionen ist eine **konstante Körpertemperatur** von Vorteil. Die Säugetiere haben zahlreiche Angepasstheiten entwickelt, um bei Hitze und Kälte die Temperatur zu halten. Dazu gehören ein isolierendes Haarkleid, Vergrößerung bzw. Verkleinerung der Körperoberfläche, Färbung der Haut oder des Fells sowie Winterschlaf und das Verstecken in unterirdischen Bauten (▷ B 4). (► Entwicklung, S. 214/215)

Das Innenskelett ist für Wirbeltiere von Vorteil. Diese Tiergruppe hat durch besondere Angepasstheiten alle Lebensräume der Erde besiedelt.

AUFGABEN

1 ○ Nenne die beiden Hauptursachen für den Erfolg der Säugetiere.

2 ○ Beschreibe die Nachteile eines Außenskeletts.

3 ◒ Erstelle eine Tabelle, in der du die Atmung, die Haut und die Entwicklung verschiedener Wirbeltiere miteinander vergleichst.

4 ◒ Stelle anhand von Beispielen dar, wie Säugetiere bis heute alle Lebensräume der Erde erobern konnten.

5 ● Manche Fachleute halten die Insekten für die erfolgreichste Tiergruppe. Beurteile diese Meinung.

2 Strandkrabbe: Ein Krebs mit Außenskelett

3 Känguru

4 Eisbär

1 ARISTOTELES   **2** GEORGES DE CUVIER   **3** JEAN BAPTISTE DE LAMARCK   **4** CHARLES ROBERT DARWIN

Evolutionstheorien

Wir kennen heute etwa 1,5 Millionen Tierarten und 380 000 verschiedene Pflanzenarten. Doch wie lässt sich diese erstaunliche Artenvielfalt erklären? Seit langer Zeit gehen Menschen dieser Frage nach.

Frühe wissenschaftliche Theorien
Der griechische Philosoph und Wissenschaftler ARISTOTELES (384 – 322 v. Chr.) ging davon aus, dass sich die Lebewesen spontan aus unbelebter Materie, z. B. Schlamm, entwickeln. Seine als **Urzeugungstheorie** bekannt gewordene Vorstellung bestimmte das Denken bis über das Mittelalter hinaus.

Theorie der Konstanz der Arten
Lange Zeit glaubte man an die **Theorie der Konstanz der Arten**. Danach wurden die Lebewesen einmal erschaffen und haben sich dann nicht mehr verändert. Auch der Naturforscher GEORGES DE CUVIER (1767 – 1832) war von dieser Theorie überzeugt. Bei Untersuchungen von Fossilien aus unterschiedlichen Erdschichten kam er zu dem Schluss, dass es früher Lebewesen gegeben haben musste, die aufgrund von Naturkatastrophen ausgestorben waren. Danach wurden wieder neue geschaffen. CUVIERS Vorstellung wurde als **Katastrophentheorie** bekannt.

Die Umwelt verändert das Erbgut
JEAN BAPTISTE DE LAMARCK (1744 – 1829) stellte eine erste **Evolutionstheorie** auf. Diese besagt, dass sich die heutigen Lebewesen aus früher existierenden Formen weiterentwickelt haben. Er nahm an, dass sich die Organe von Lebewesen durch ihren Gebrauch bzw. Nichtgebrauch verändern.

5 Anpassung der Giraffe nach LAMARCK

LAMARCK glaubte, diese Veränderungen würden auf die Nachkommen vererbt. So erklärte er den langen Hals der Giraffe damit, dass sich die Tiere immer nach dem Laub der Bäume strecken mussten. Dabei habe sich im Laufe vieler Generationen der Hals zunehmend verlängert. Eine körperliche Veränderung, die sich aufgrund einer Umweltbedingung ergibt, bezeichnet man als **Modifikation**. Modifikationen lassen sich bei Lebewesen durchaus beobachten. In der Genetik kann man heute jedoch belegen, dass diese nicht vererbbar sind.

Evolution durch Zufall und Auswahl

CHARLES ROBERT DARWIN (1809–1832) machte während seiner Forschungsreise rund um die Welt zahlreiche aufschlussreiche Naturbeobachtungen und sammelte eine Fülle biologisch interessanter Materialien (► S.178). Im Verlauf seiner Auswertungen kam er zu dem Schluss, dass die Theorie der Konstanz der Arten falsch sei und sich die heute lebenden Organismen aus frühen Formen entwickelt haben mussten.

Nach DARWIN treten in jeder Generation spontane und zufällige Veränderungen im Erbgut von Lebewesen auf. Eine Veränderung des Erbguts bezeichnet man als **Mutation** (► S.124). Mutationen haben zur Folge, dass sich die Nachkommen mehr oder weniger von ihren Eltern sowie untereinander unterscheiden.

Führen diese zufälligen Veränderungen gegenüber anderen Artgenossen zu einer besseren Angepasstheit an die jeweils herrschenden Umweltbedingungen, führt das wiederum zu einer erfolgreicheren Fortpflanzung und – damit verbunden – zu einer höheren Zahl an Nachkommen. Diese **natürliche Auslese** der am besten an die Umwelt angepassten Lebewesen bezeichnet man als **Selektion**.

Im Jahr 1859 veröffentlichte CHARLES DARWIN seine Evolutionstheorie, die heute weltweit anerkannt ist (► S.178).

Die Evolutionstheorie von CHARLES DARWIN ist heute allgemein anerkannt. Danach führen Mutation und Selektion im Verlauf vieler Generationen zu einer allmählichen Veränderung von Arten.

AUFGABEN

1 ○ Fasse die vorgestellten Evolutionstheorien in einer Tabelle zusammen.

2 ○ Erkläre anhand der Abbildungen (▷ B5, B6), wie sich der lange Hals der Giraffen a) nach LAMARCKS und b) nach DARWINS Theorie entwickelte.

3 ◒ Stelle eine begründete Vermutung an, welche Umweltbedingungen oder Ereignisse nach DARWINS Theorie langfristig zu kürzeren Hälsen bei Giraffen führen würden.

4 ◒ Erläutere den Begriff „Modifikation" anhand von zwei selbst gewählten Beispielen.

5 ● Wende DARWINS Evolutionstheorie auf die Tierzucht an.

6 ● CUVIER führte das Verschwinden vieler regionaler Arten auf mehrfach vorgekommene, heftige Überschwemmungen zurück. Überlege mögliche Gründe für seine Schlussfolgerung.

6 Anpassung der Giraffe nach DARWIN

Charles Darwin

Die Reise mit der Beagle

Der britische Naturforscher CHARLES ROBERT DARWIN (1809–1882) fuhr von 1831 bis 1836 als wissenschaftlicher Begleiter auf dem Forschungsschiff Beagle mit. Diese Fahrt führte ihn u.a. bis an die Spitze von Südamerika (▷ B 2). Während der Reise sammelte und dokumentierte er Tiere, Pflanzen und geologische Besonderheiten.

Begründer der Evolutionstheorie

Mit den Erkenntnissen, die er aus seiner Reise gewann, wurde DARWIN zum Begründer der modernen **Evolutionstheorie**. Er erkannte, dass die damals herrschende Ansicht von der „Unveränderlichkeit der Arten" falsch sein musste. Er suchte Belege dafür, dass sich Arten im Lauf der Zeit verändern. Dazu verglich er lebende Tiere untereinander und wiederum mit Fossilien, die ähnliche Merkmale aufwiesen. Er folgerte daraus, dass Ähnlichkeiten im Körperbau auf Verwandtschaft und Abstammung von gemeinsamen Vorfahren zurückzuführen sind (▶ S.184/185).

„Die Entstehung der Arten"

1859 veröffentlichte DARWIN das Ergebnis seiner Forschungsarbeiten in dem Werk „Die Entstehung der Arten durch natürliche Zuchtwahl". Er stellte darin folgende Theorien auf:
- Lebewesen unterscheiden sich in ihren Merkmalen.
- Lebewesen sind veränderlich. Die Veränderungen verlaufen kleinschrittig.
- Es gibt mehr Nachkommen, als zur Erhaltung einer Art notwendig sind.
- Den Konkurrenzkampf um Nahrung oder Wohnplätze gewinnen die Lebewesen mit der besten Angepasstheit.

CHARLES ROBERT DARWIN gilt als Begründer der modernen Evolutionstheorie.

AUFGABEN

1 ○ Beschreibe, wie DARWIN die damals herrschende Ansicht von der „Unveränderlichkeit der Arten" widerlegte.

2 ◑ Erkläre, warum DARWIN auch Fossilien für die Begründung seiner Theorie heranzog.

3 ● Beschreibe DARWINS Theorie von der „Entstehung der Arten durch natürliche Zuchtwahl" anhand eines Beispiels.

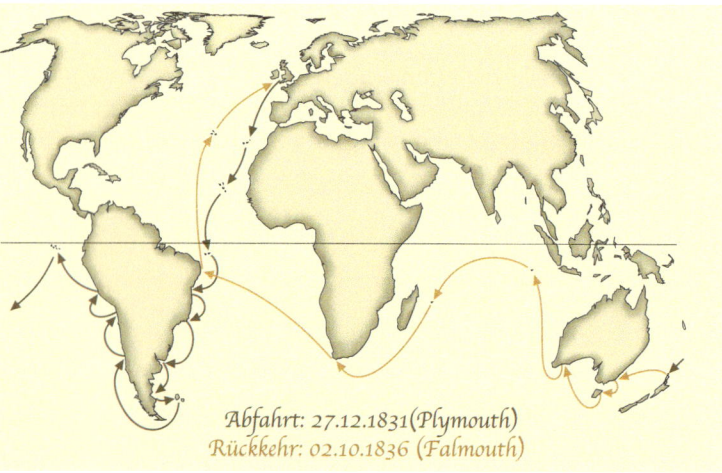

Abfahrt: 27.12.1831 (Plymouth)
Rückkehr: 02.10.1836 (Falmouth)

1–2 CHARLES ROBERT DARWIN ist der Begründer der modernen Evolutionstheorie.

So schrieb Darwin – ein Originaltext

THE ORIGIN OF SPECIES

BY MEANS OF NATURAL SELECTION,

OR THE

PRESERVATION OF FAVOURED RACES IN THE STRUGGLE
FOR LIFE.

By CHARLES DARWIN, M.A.,

FELLOW OF THE ROYAL, GEOLOGICAL, LINNÆAN, ETC., SOCIETIES;
AUTHOR OF 'JOURNAL OF RESEARCHES DURING H. M. S. BEAGLE'S VOYAGE
ROUND THE WORLD.'

LONDON:
JOHN MURRAY, ALBEMARLE STREET.
1859.

1 CHARLES DARWIN **2** Originalausgabe **3** Meerechse auf Galapagos

Chapter III: Struggle for existence

Again, it may be asked, how is it that varieties, which I have called incipient species, become ultimately converted into good and distinct species, which in most cases obviously differ from each other far more than do the varieties of the same species? [...]

The offspring, also, will thus have a better chance of surviving, for, of the many individuals of any species which are periodically born, but a small number can survive. I have called this principle, by which each slight variation, if useful, is preserved, by the term of Natural Selection, in order to mark its relation to man's power of selection. The expression often used by Mr. Herbert Spencer of the Survival of the Fittest is more accurate [than „Struggle for Existence"], and is sometimes equally convenient. [...]

But Natural Selection, as we shall hereafter see, is a power incessantly ready for action, and is as immeasurably superior to man's feeble efforts, as the works of Nature are to those of Art.

4 Originaltext von DARWIN

Englisch	Deutsch
accurate	genau
convenient	bequem
feeble	schwach
incessantly	unaufhörlich, unablässig
incipient species	beginnende Arten
immeasurable	unermesslich, grenzenlos
offspring	Nachkommen
to convert	verwandeln
to preserve	bewahren, konservieren
varieties	Varietäten, Auswahl

5 Übersetzungshilfe

AUFGABEN

1 ⊖ Übersetze den englischen Originaltext (▷ B 4) schriftlich mithilfe der angegebenen Vokabeln und unter Verwendung eines Wörterbuches.

2 ● Informiere dich über den Begriff des „Sozialdarwinismus" und halte ein Referat darüber.

Die Entstehung von Arten

Artenvielfalt auf den Galapagos-Inseln

Die Galapagos-Inseln liegen ca. 1000 km westlich vor der ecuadorianischen Küste Südamerikas. Im Jahr 1835 untersuchte DARWIN die einzigartige Tier- und Pflanzenwelt des Inselarchipels. Dabei fiel ihm die außergewöhnliche Formenvielfalt bei einigen Vogelarten auf, u. a. bei den nach ihm benannten **Darwinfinken** (▷ B 1). Heute leben auf den Inseln noch 14 verschiedene Finkenarten, die sich besonders in Schnabelform, Schnabelgröße und Lebensweise voneinander unterscheiden.

Wie lässt sich diese Vielfalt erklären?

Beobachtung 1: Lebewesen erzeugen mehr Nachkommen, als zur Erhaltung ihrer Art notwendig sind. Trotzdem bleibt die Anzahl an Individuen einer Art konstant.
Folgerung 1: Nicht alle Individuen überleben.

Beobachtung 2: Die Nachkommen eines Elternpaares unterscheiden sich.
Folgerung 2: Aufgrund der Verschiedenheit haben die Nachkommen unterschiedliche Chancen, sich selbst erfolgreich fortzupflanzen und ihre Gene weiterzugeben.

Beobachtung 3: Menge und Anzahl an Nahrung, Lebensraum und Geschlechtspartnern sind begrenzt.
Folgerung 3: Lebewesen stehen in einem ständigen Konkurrenzkampf.

Evolutionsfaktor Selektion

DARWIN bezeichnete diesen **Konkurrenzkampf** als „Struggle for Life". Dabei haben diejenigen Individuen die größten Überlebenschancen, die am besten an ihre Umgebung angepasst sind. Durch diese **natürliche Auslese**, auch **Selektion** genannt, kommt es im Laufe der Zeit zu einer allmählichen Veränderung der Arten.

Evolutionsfaktor Mutation

In der Regel unterscheiden sich die Individuen einer Art untereinander nur wenig. Durch **Mutationen** (► S. 124) können jedoch Nachkommen entstehen, die sich deutlich von ihren Artgenossen unterscheiden. Ein Beispiel: Auf den Kerguelen-Inseln im Indischen Ozean sind viele Fliegenarten flugunfähig. Im Gegensatz zu verwandten Arten auf dem Festland haben die **Kerguelen-Fliegen** reduzierte oder gar keine Flügel. Diese Unterschiede sind durch Mutationen entstanden. Der Verlust der Flugfähigkeit war für die Tiere vorteilhaft: Flugfähige Tiere wurden durch starke

Großer Kaktus-Grundfink

Kaktus-Grundfink

Spitzschnabel-Grundfink

Kleiner Grundfink

Vegetarischer Baumfink

Mittlerer Grundfink

Großer Baumfink

Großer Grundfink

Mittlerer Baumfink

Cocos-inselfink

Kleiner Baumfink

Mangroven-Baumfink

Spechtfink

Laubsänger-fink

Äquator

Galapagos

„Alle diese Spezies sind dem Archipel eigentümlich (…).
Die merkwürdigste Tatsache ist die vollkommene Abstufung des Schnabels bei den verschiedenen Arten. Wenn man diese Abstufung (…) in einer kleinen, nahe untereinander verwandten Gruppe von Vögeln sieht, so kann man sich wirklich vorstellen, daß (…) die eine Spezies hergenommen und zu verschiedenen Zwecken modifiziert worden sei."

Charles Darwin 1845:
„Reise eines Naturforschers"

1 Darwinfinken

Winde auf das Meer hinausgetrieben und starben – Mutanten mit Stummelflügeln überlebten und pflanzten sich fort.

Sexualität erhöht die Vielfalt

Bei der geschlechtlichen Fortpflanzung kommt es zu einer Vermischung des elterlichen Erbguts; und auch schon bei der Keimzellenbildung wird das vorhandende genetische Material „umverteilt". Solche **Rekombinationen** (▶ S.136) haben zur Folge, dass sich die Nachkommen zweier Individuen nicht nur von ihren „Eltern", sondern auch untereinander unterscheiden. Gemeinsam ermöglichen Mutationen und Rekombinationen also die Vielfalt an Erscheinungsformen – die **Variabilität** – innerhalb einer Population.
Eine **Population** umfasst alle Individuen einer Art, die in einem bestimmten Gebiet vorkommen. Eine große Variabilität innerhalb einer Population erhöht die Chance, im „Kampf ums Überleben" durchsetzungsfähige Individuen hervorzubringen.

Entwicklungsfaktor Isolation

Durch Mutation und Selektion entstehen aber erst dann neue Arten, wenn der Austausch von Erbmaterial nicht mehr möglich ist. Diese Voraussetzung ist z. B. gegeben, wenn Teile einer Population räumlich voneinander getrennt, d.h. **isoliert** werden (▷ B 2). Sind die Teilpopulationen dann unterschiedlichen Umwelteinflüssen ausgesetzt, entwickeln sie sich immer weiter auseinander. Das bedeutet, dass auch ihr **Genpool** – so nennt man die Gesamtheit der genetischen Information einer Population – immer weiter auseinanderdriftet. Nach einiger Zeit sind die Unterschiede zwischen beiden Populationen so groß, dass sie sich untereinander nicht mehr fortpflanzen können: Zwei **neue Arten** sind entstanden. (▶ Entwicklung, S. 214/215)

Mutation, Selektion und Isolation sind notwendige Faktoren, damit neue Arten entstehen können. Mutationen und Rekombinationen fördern die Variabilität.

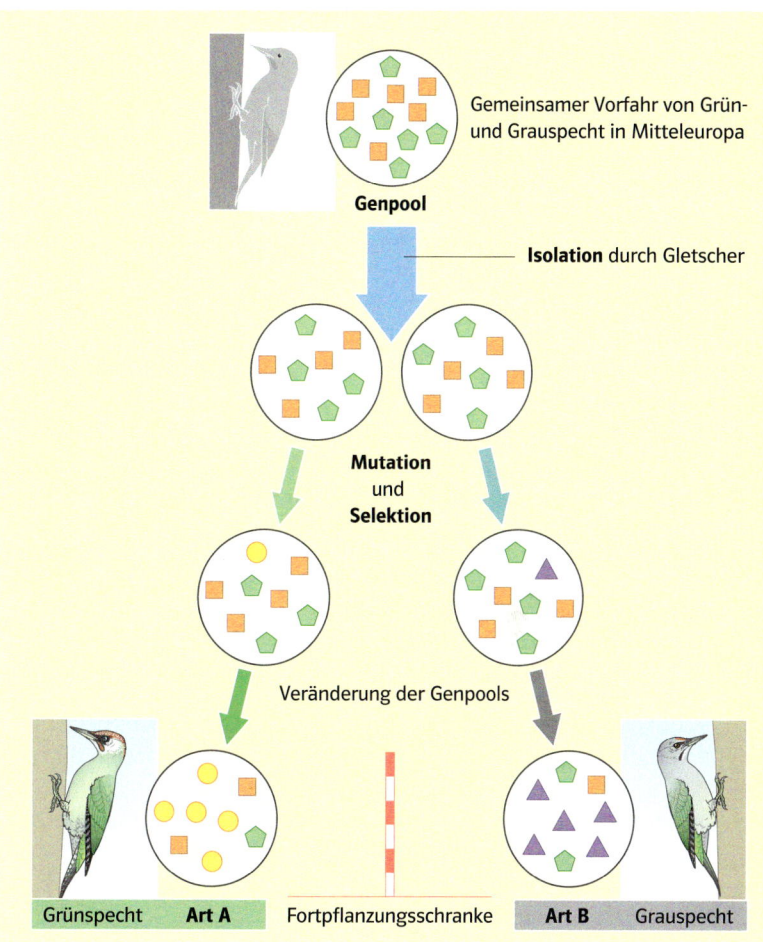

Gemeinsamer Vorfahr von Grün- und Grauspecht in Mitteleuropa

Genpool

Isolation durch Gletscher

Mutation und Selektion

Veränderung der Genpools

Grünspecht **Art A** Fortpflanzungsschranke **Art B** Grauspecht

2 Artbildung durch Isolation

AUFGABEN

1 ○ Nenne die wesentlichen Evolutionsfaktoren.

2 ○ Erkläre, was man in der Biologie heute unter einer „Art" versteht.

3 ◔ Erstelle ein Begriffslexikon zu allen fettgedruckten Begriffen auf dieser Doppelseite.

4 ◔ Beschreibe mithilfe von Bild 2, wie aus einer ursprünglichen Art zwei neue Arten entstehen können.

5 ● Das Galapagos-Archipel besteht aus mehreren unabhängigen Einzelinseln. Stelle eine begründete Vermutung an, wie es zu der Vielfalt an Finkenarten gekommen sein könnte.

Selektion spielend verstehen

Material

Eine Rolle bunt gemustertes Geschenkpapier oder ein Stück Tapete (▷ B 2), ein Karton in DIN-A2-Format, 4 Schälchen, Schere oder Motivlocher mit einer Ausstanzgröße von ca. 1 cm, 4 Pinzetten.

Vorbereitung

Bildet 4er-Gruppen und bestimmt eine Spielführerin/einen Spielführer. Schneidet von dem Geschenkpapier (oder der Tapete) ein ca. 50 x 60 cm großes Stück ab und beklebt damit den Karton. Das ist euer Modellbiotop. Schneidet oder locht aus demselben Geschenkpapier 60 ca. 10 x 10 mm große Stücke aus. Das sind eure Spielmarken. Jede Spielmarke steht für ein Individuum. Der/die Spielführer/-in verteilt die Spielmarken gleichmäßig auf dem Modellbiotop. Die anderen Mitspielenden wenden sich dabei ab.

Erste Runde

Vier Schülerinnen und Schüler sind „Raubtiere". Diese dürfen nacheinander – so schnell wie möglich – je

1 Versuchsaufbau

10 Spielmarken mit der Pinzette einsammeln. Dabei dürfen sie jedoch immer nur eine Spielmarke greifen. Sie sollten nicht über die Unterlage streifen, um die übrigen Spielmarken nicht zu verschieben.

So geht es weiter

Die „überlebenden" Individuen pflanzen sich fort: Legt zu jedem übrig gebliebenen Individuum zwei neue, vergleichbar gefärbte

Spielmarken auf die Unterlage. Schneidet oder locht gegebenenfalls weitere Spielmarken aus. Damit ist die Population der Beutetiere wieder auf eine große Zahl angewachsen. Wieder verschiebt der/die Spielführer/-in die Spielmarken, während sich die „Raubtiere" abwenden. Das Spiel wird noch zweimal wiederholt.

AUFGABEN

1 ○ Erklärt, was im realen Leben den Spielmarken entspricht, was der Untergrund darstellt.

2 ◔ Welche Spielmarken haben sich reduziert, welche sich „vermehrt"? Zieht Schlüsse aus euren Beobachtungen.

3 ● Entspricht das Ergebnis euren Erwartungen? Leitet eine Gesetzmäßigkeit aus euren Ergebnissen ab und formuliert diese schriftlich.

2 „Räuber" beim Fangen der Beute

1

4

2

3

5

Lebende Fossilien

Quastenflosser (▷ B 1)
Im Jahre 1938 entdeckte die süd-
afrikanische Wissenschaftlerin
MARJORIE COURTENAY-LATIMER beim
Entladen eines Fischkutters einen
ihr unbekannten Fisch. Er wurde
als Quastenflosser bestimmt und
erhielt nach seiner Entdeckerin den
Namen Latimeria. Der Fund war
eine Sensation: Zuvor hatte man
angenommen, dass die Quastenflosser vor über 60 Millionen Jahren
zusammen mit den Dinosauriern
ausgestorben wären. Latimeria hat
Lungen und zeigt Merkmale eines
Amphibienskeletts.

Nautilus (▷ B 2)
Ammoniten gelten seit der Kreidezeit als ausgestorben. In tropischen
Meeren lebt jedoch der Nautilus
– auch Perlboot genannt. Sein Ge-
häuse ähnelt verblüffend dem der
Ammoniten. Es ist gekammert, wobei Nautilus die erste der Kammern

bewohnt. Die übrigen sind mit Luft
gefüllt und ermöglichen dem Perlboot so das Schweben im Wasser.

Brückenechse (▷ B 3)
Die Brückenechse Sphenodon
gab es bereits zur Zeit der ersten
Dinosaurier. Heute ist sie vor allem
auf einigen Inseln vor Neuseeland
verbreitet. Die Vorfahren der Brückenechsen gehörten zu einer Tiergruppe, die sich von den übrigen
Reptilien getrennt entwickelt hatte.
Die heute lebenden Brückenechsen
zeigen einige Besonderheiten:
Selbst bei niedrigen Temperaturen
sind diese Reptilien noch aktiv und
gehen auf Nahrungssuche.

Pfeilschwanzkrebs (▷ B 4)
In einigen Küstenbereichen tropischer Meere leben die bis zu 60 cm
langen Pfeilschwanzkrebse. Seit
dem Jura haben sie sich in ihrer
Körperform nicht verändert. Ihr

Vorderkörper trägt einen kräftigen Panzer und am Hinterkörper
ist ein langer Stachel beweglich
befestigt. Pfeilschwanzkrebse sind
keine Krebse, sondern gehören wie
die Spinnentiere zu den Kiefer-
klauenträgern. Als Kieferklauen
bezeichnet man ihr scherenartiges
Mundwerkzeug. Pfeilschwanzkrebse halten sich bevorzugt am Grund
des Meeres auf und ernähren sich
u. a. von Muscheln.

Ginkgo (▷ B 5)
Lebende Fossilien gibt es auch
bei Pflanzen. In vielen Gärten und
Parkanlagen steht der Ginkgo. Dieser Baum war vor allem im Erd-
mittelalter weit verbreitet. Heute
beschränkt sich sein natürliches
Vorkommen auf Ostasien. Er gehört, wie die Nadelbäume, zu den
Nacktsamern. Auch seine Blätter
und der Aufbau des Holzes zeigen
Merkmale der Nadelbäume.

Homologe und analoge Organe

Vergleicht man die Knochen unseres Armes mit denen eines Vogelflügels, kommt man zu einem erstaunlichen Ergebnis: Obwohl Arm und Flügel ganz verschieden aussehen und auch unterschiedlich gebraucht werden, sind sie identisch aufgebaut.

Verschieden und doch gleich

Der menschliche Arm besteht aus einem Knochen im Oberarm, zwei im Unterarm, mehreren Handwurzel- sowie fünf Mittelhandknochen und fünf Fingern. Genau die gleichen Knochen finden sich in den Vorderextremitäten von Wal, Vogel und Maulwurf. Sie unterscheiden sich lediglich in den Proportionen von Oberarm, Elle und Speiche sowie bei der Anzahl der Handknochen. Beim Pferd sind die Knochen ab dem Ellbogen miteinander verwachsen.

Homologe Organe – gleiche Herkunft

Ein gleicher Grundbauplan der vorderen Extremitäten von Wirbeltieren weist darauf hin, dass diese von einem gemeinsamen Vorfahren abstammen. Organe mit identischem Grundbauplan, die sich aber im Aussehen und ihrer Funktion unterscheiden, nennt man **homologe Organe**. Sie sind ein wichtiger Hinweis auf die gemeinsame Abstammung von Organismen.

Analoge Organe – gleiche Funktion

Viele Insekten haben Flügel. Wie die Flügel der Vögel und Fledermäuse, werden auch die Insektenflügel zum Fliegen genutzt. Aber obwohl sie dieselbe Funktion haben wie die Flügel der Wirbeltiere, sind sie völlig anders gebaut. Organe mit gleicher Funktion, aber unterschiedlichem Bau nennt man **analoge Organe**. Sie lassen keine Rückschlüsse auf eine nähere Verwandtschaft zwischen Lebewesen zu.

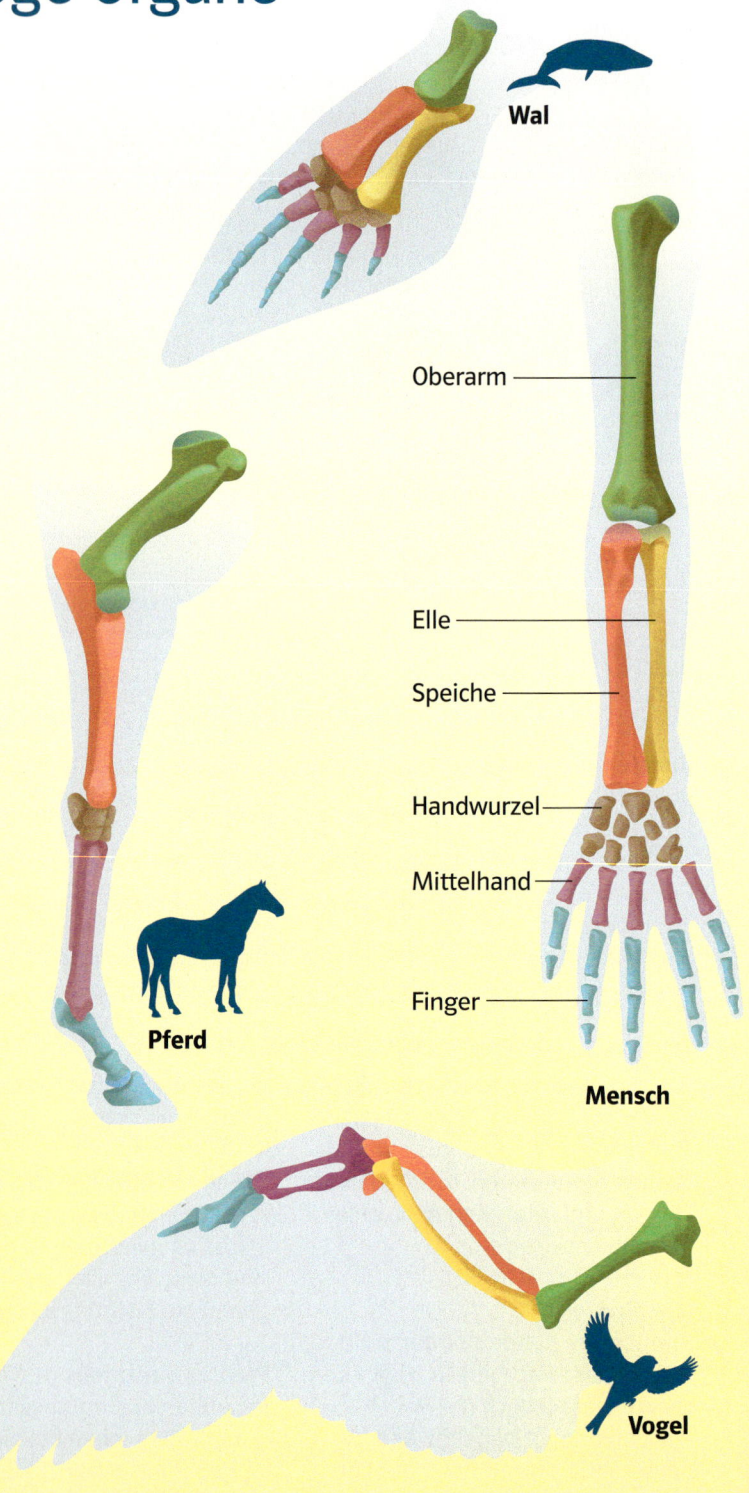

Wal

Oberarm

Elle

Speiche

Handwurzel

Mittelhand

Finger

Mensch

Pferd

Vogel

184

Konvergenz – gleiche Lebensweise

Die Vorderbeine der Maulwurfsgrille, eines Insekts, sehen den Vorderbeinen des Maulwurfs, einem Säugetier, verblüffend ähnlich. Beide Tiere leben im Boden und legen mit ihren „Grabschaufeln" Gänge an. Solche Angleichungen im Aussehen aufgrund der gleichen Lebensweise nennt man **Konvergenz.**

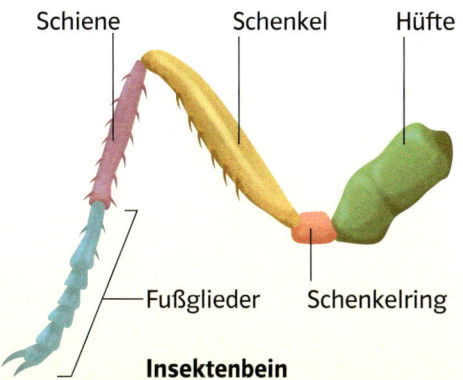

Insektenbein

Die Beine der Insekten bestehen aus miteinander verbundenen Chitinröhren.

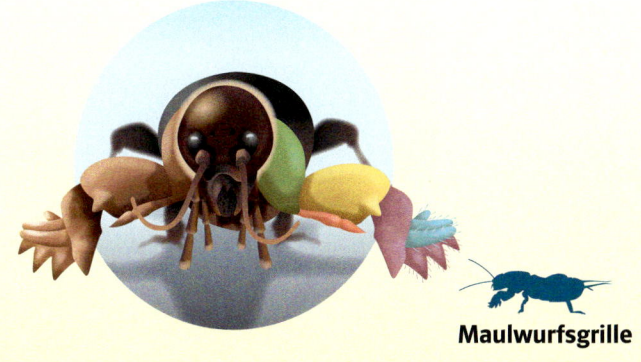

Maulwurfsgrille

Maulwurf

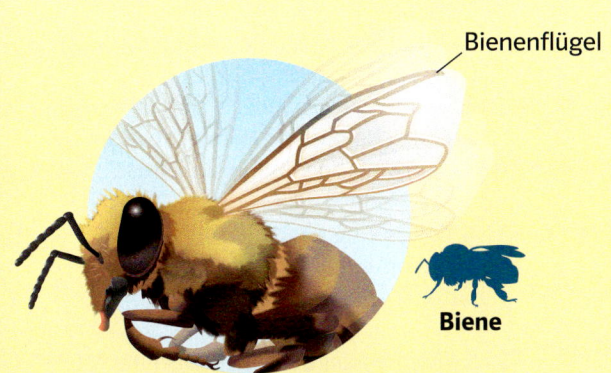

Bienenflügel

Biene

Organe mit gleichem Grundbauplan, aber unterschiedlichen Funktionen sind homolog. Organe mit unterschiedlichem Aufbau, aber derselben Funktion nennt man analog. Konvergenz bedeutet: Angleichungen aufgrund der gleichen Lebensweise.

AUFGABEN

1 ○ Erläutere die Begriffe „homolog", „analog" und „Konvergenz".

2 ○ Benenne die einzelnen Glieder eines Vorderbeins der Maulwurfsgrille.

3 ◔ Erkläre, weshalb nur homologe Organe einen Hinweis auf eine gemeinsame Abstammung geben.

4 ● Erkläre am Beispiel von Hai, Delfin und Pinguin, was man unter konvergenter Entwicklung versteht.

5 ● Besorge dir eine Abbildung eines Fledermausflügels mit eingezeichnetem Skelett. Vergleiche ihn mit dem Vogelflügel und erkläre die homologen und analogen Strukturen.

Reptil, Vogel oder beides?

Reptil oder Vogel?

Im Jahr 1860 fanden Arbeiter in einem Steinbruch bei Solnhofen (Bayern) die Versteinerung einer Feder. Wenig später wurde auch das dazu passende Skelett eines Fossils entdeckt. Man ordnete den Fund zunächst als uralten Vogel ein und nannte ihn **Archaeopteryx** (dt. „alte Feder"). Nähere Untersuchungen zeigten aber, dass Archaeopteryx auch viele Merkmale von Reptilien besaß (▷ B1). Deshalb bezeichnet man Archaeopteryx auch als **Mosaikform**. So nennt man Tiere, die Merkmale verschiedener Tierklassen aufweisen. Heute geht man davon aus, dass Archaeopteryx kein direkter Vorgänger der Vögel war. An ihm lässt sich jedoch erkennen, wie ein Übergang von den Reptilien zu den Vögeln ausgesehen haben könnte. Das Tier stammt wahrscheinlich von Reptilien ab, die auf den Hinterbeinen liefen.

2 Archaeopteryx aus dem Solnhofener Kalk

Gleitflieger oder Bodenstarter?

Ein guter Flieger konnte Archaeopteryx nicht gewesen sein. Seine Knochen waren nicht hohl und die Flugmuskulatur war kaum ausgeprägt. Wahrscheinlich kletterte das Tier mithilfe seiner Krallen auf Bäume oder Felsen und ließ sich hinabgleiten. Vielleicht konnte es aber auch schon vom Boden aus kleinere Flüge starten.

Archaeopteryx ist eine Mosaikform. Er besitzt Merkmale von Reptilien und Vögeln.

AUFGABEN

1 ○ Erkläre den Begriff „Mosaikform".

2 ◠ a) Vergleiche das Originalbild mit der Zeichnung des Archaeopteryx. Nenne die Reptilienmerkmale und Vogelmerkmale, die du am Original erkennst.
b) Erstelle eine Tabelle, in der du reptilienähnliche und vogelähnliche Merkmale des Archaeopteryx auflistest.

3 ◠ Beschreibe einige Vorteile, die Archaeopteryx von seinem Federkleid hatte.

4 ● „Ichthyostega ist ebenfalls eine Mosaikform." Begründe die Aussage und schreibe einen Steckbrief.

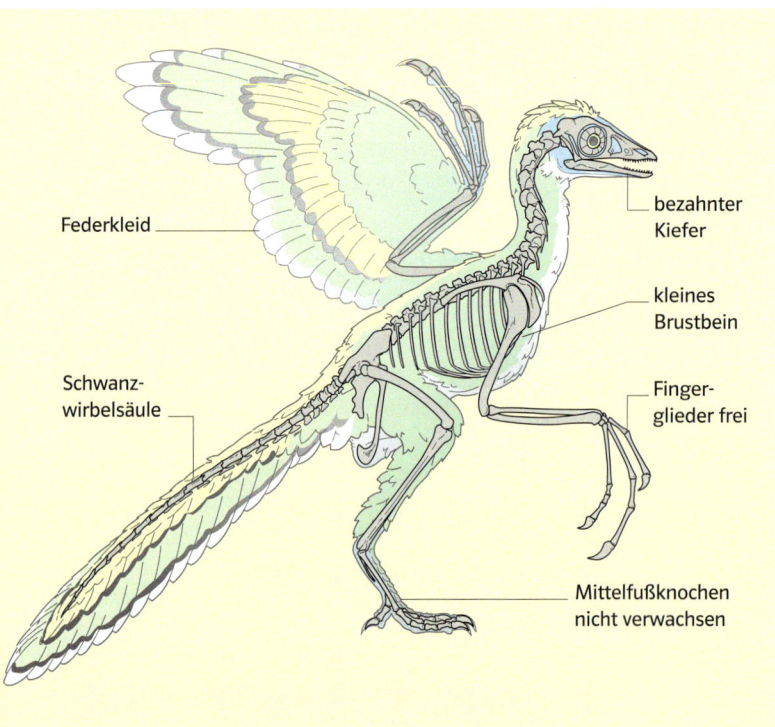

Federkleid

bezahnter Kiefer

kleines Brustbein

Finger-glieder frei

Schwanz-wirbelsäule

Mittelfußknochen nicht verwachsen

1 Archaeopteryx zeigt Reptilienmerkmale und Vogelmerkmale.

Moleküle liefern Belege für die Evolution

Übereinstimmungen – nicht nur im Bau

Eine genaue Vorstellung der stammes-geschichtlichen Entwicklung erhält man, wenn man nach Übereinstimmungen in der DNA oder in Proteinmolekülen von Lebewesen sucht. Auf diese Weise kann man molekulare Stammbäume erstellen. Manchmal weichen diese Stammbäume etwas von denen ab, die auf der Grund-lage von Fossilfunden erstellt wurden. Im Wesentlichen werden die vorhandenen Annahmen zur stammesgeschichtlichen Entwicklung aber bestätigt (▷ B1).

Vergleich der DNA

Zum Vergleich des Erbguts eignet sich die DNA von Mitochondrien. Bei der Befruch-tung werden immer nur die Mitochondrien der Eizelle an die nächste Generation weitergegeben. Veränderungen in der Mitochondrien-DNA kommen deshalb nur durch Mutationen zustande – nicht durch Rekombination. Vergleicht man die DNA miteinander, lassen sich Rückschlüsse auf den Grad der Verwandtschaft ziehen: Je ähnlicher die untersuchten DNA-Abschnitte sind, desto enger ist die Verwandtschaft.

Molekulare Uhren

Die zeitliche Festlegung von Stammbäu-men wurde bisher auf der Grundlage von Fossilfunden vorgenommen. Heute ver-wendet man in der Forschung molekulare Uhren, um Stammbäume zu erstellen. Molekulare Uhren funktionieren nach folgendem Prinzip: Bestimmte Regionen der DNA verändern sich mit konstanter Geschwindigkeit. Vergleicht man nun die DNA zweier verwandter Arten miteinander, kann man aus dem Grad des Unterschie-des berechnen, zu welchem Zeitpunkt der Evolution sich die beiden Arten voneinan-der getrennt haben (▷ B1).

AUFGABEN

1 ⊖ Beschreibe Unterschiede und Gemeinsamkeiten der abgebildeten Stammbäume.

2 ⊖ „Durch den Vergleich der Ähnlichkeit von Proteinen lassen sich auch Aussa-gen über die Verwandtschaft treffen." Erkläre diese Aussage mithilfe deines Wissens über die Proteinbiosynthese.

3 ● Zur Erstellung molekularer Uhren verwendet man stets die ringförmige DNA der Mitochondrien. Die Mitochon-drien stammen dabei ausschließlich von der Eizelle. Erkläre, weshalb die DNA des Zellkerns ungeeignet ist.

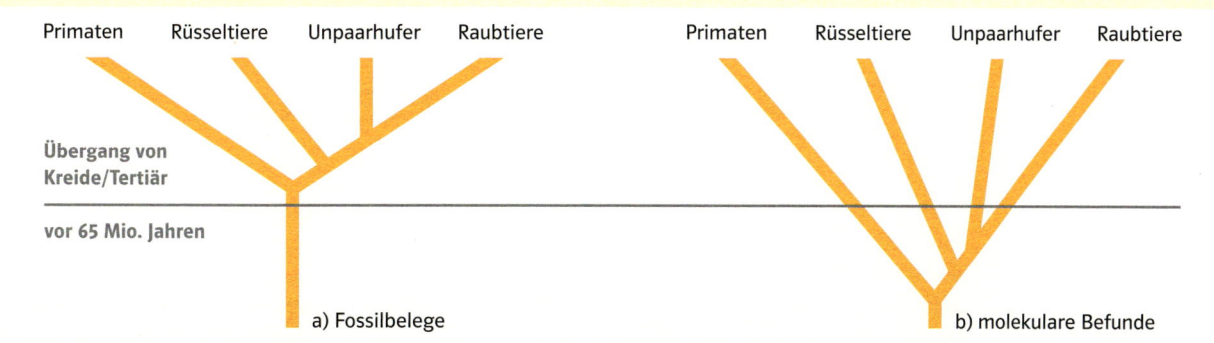

1 Stammbäume großer Säugetierordnungen auf Grundlage von Fossilien (a) und molekularen Befunden (b)

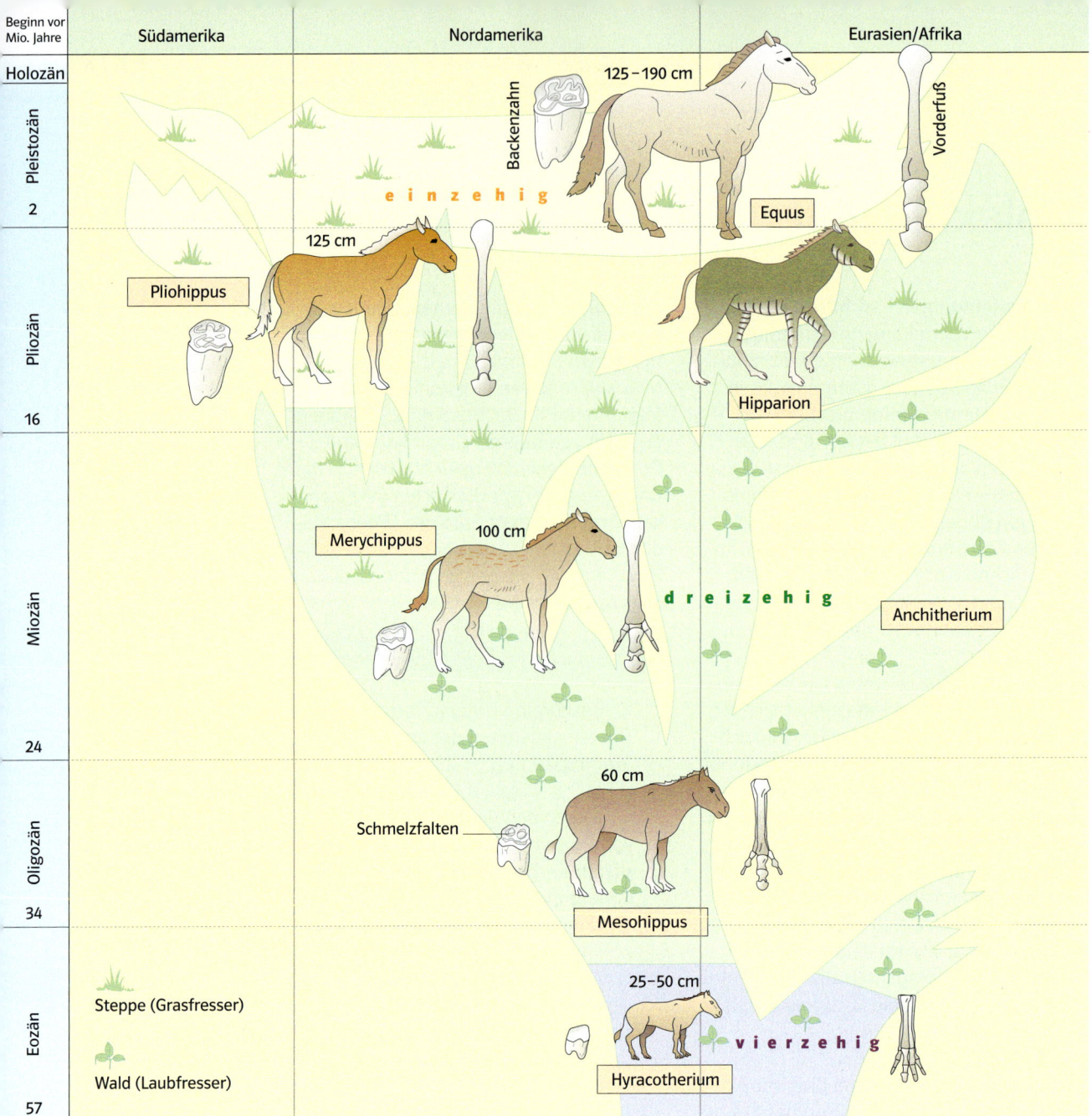

Beginn vor Mio. Jahre	Südamerika	Nordamerika	Eurasien/Afrika

Holozän

Pleistozän

2

einzehig

125 – 190 cm

Backenzahn

Vorderfuß

Equus

125 cm

Pliohippus

Pliozän

16

Hipparion

Merychippus

100 cm

dreizehig

Anchitherium

Miozän

24

60 cm

Schmelzfalten

Mesohippus

Oligozän

34

25–50 cm

vierzehig

Hyracotherium

Eozän

57

Steppe (Grasfresser)

Wald (Laubfresser)

1 Stammbaum der Pferde

Die Entwicklung der Pferde

Urpferdchen

Vor 55 Mio. Jahren bedeckten Urwälder weite Teile Amerikas und Europas. Dort lebten frühe Vorfahren der heutigen Pferde. Man nannte eines dieser **Urpferdchen Hyracotherium** (▷ B 1). Es war nur etwa

fuchsgroß und besaß einen runden Rücken. Das Tier hatte an den Vorderbeinen vier und an den Hinterbeinen drei Zehen, die jeweils mit einer Hornkappe versehen waren. Das Gebiss war zum Kauen weicher Pflanzennahrung bestens geeignet (▷ B 1).

2 Urpferd aus der Grube Messel bei Darmstadt

3 Das Przewalski-Pferd: Stammvater unserer heutigen Pferde?

Das Urpferdchen entwickelt sich

In Europa starben die Urpferdchen aus, die Entwicklung der Pferde fand fast ausschließlich in Amerika statt. Dort erschien vor etwa 40 Mio. Jahren **Mesohippus**. Es war mit einer Schulterhöhe von ca. 60 cm deutlich größer als sein Vorfahre. Mesohippus besaß nur drei Zehen, wobei der mittlere Zeh deutlich hervortrat. Die Zähne hatten schon Schmelzfalten und waren damit perfekt an das Zerkauen harter Steppengräser angepasst: Die Vegetation hatte sich nämlich infolge des kälteren und trockeneren Klimas verändert.

Vom Wald in die Steppe

Aus weiteren Fossilienfunden konnte man eine Ahnenreihe bis zum heutigen Pferd erstellen. Vor allem die Veränderung im Aufbau der Beine und Zähne zeigten die Entwicklung vom Waldbewohner zum Steppentier (▷ B 1).

Vor etwa 4 Mio. Jahren entwickelten sich die ersten Vertreter der Gattung **Equus**. Zu dieser gehören auch die heutigen Pferde, Zebras und Esel. Die ersten Equus-Arten waren sehr klein und Zehenspitzengänger.

Amerika ohne Pferde

Vor ca. 2 Mio. Jahren waren Nordamerika und Asien noch über eine Landbrücke verbunden. Einige Equus-Arten wanderten nach Asien aus. Sie besiedelten bald den gesamten Kontinent und gelangten auch nach Europa und Afrika. In Amerika starben alle Pferdearten aus. Erst mit den spanischen Eroberern gelangten wieder Pferde dorthin.

Von den vielen verschiedenen Pferdearten in Europa, Asien und Afrika existierten nach der letzten Eiszeit nur noch wenige. Die Vorfahren unserer heutigen Pferde müssen dazugehört haben. Zu den letzten Wildpferdarten gehören der Tarpan, der vor 150 Jahren ausgerottet wurde, und das **Przewalski-Pferd**, das wahrscheinlich nur noch in Zoos existiert (▷ B 3).

Die Entwicklung der Pferde begann vor ca. 55 Millionen Jahren. Sie endet vorläufig mit dem Przewalski-Pferd, einem möglichen Stammvater der heutigen Pferde.

AUFGABEN

1 ○ Erkläre die Herkunft der amerikanischen Mustangs.

2 ◔ Begründe, warum längere Beine und eine größere Körperhöhe für das Leben in der Steppe vorteilhaft sind.

3 ◔ Stelle die Veränderungen der Pferde im Laufe der Zeit in einer Tabelle zusammen.

4 ● Bewerte die Aussage: „Merychippus war eine Höherentwicklung des Urpferdchens."

Vergangenes ist noch vorhanden

Überreste aus vergangener Zeit

In der Paläontologie geht man davon aus, dass die heute lebenden Wale von Landsäugetieren abstammen. Untersuchungen des Skeletts zeigen nämlich, dass Reste des Beckens noch vorhanden sind. So nimmt man an, dass das Becken und die Beine ihre Funktion verloren haben – als Angepasstheiten an den Lebensraum. Überreste von Organen, die keine Funktion mehr haben, nennt man Rudimente.

3 Atavismus beim Menschen: ein vollständig behaartes Kind.

Plötzlich wieder vorhanden

Manchmal treten körperliche Merkmale früherer stammesgeschichtlicher Entwicklungsstufen wieder auf. Diese Erscheinung bezeichnet man als Atavismus. Manchmal kommen Kinder zur Welt, die völlig behaart sind (▷ B 3). Die Behaarung lässt sich als Hinweis darauf deuten, dass der Körper des Menschen einmal vollständig behaart war.

Auch in der Tierwelt gibt es Atavismen. Gelegentlich werden Pferde mit einem kleinen überzähligen Huf geboren. Dies lässt den Schluss zu, dass die Anlagen zu fünf Zehen im Erbgut noch vorhanden sind.

Rest der Nickhaut

Ohrmuskeln

Körperbehaarung

Eckzähne

Wurmfortsatz

1 Rudimente beim Menschen

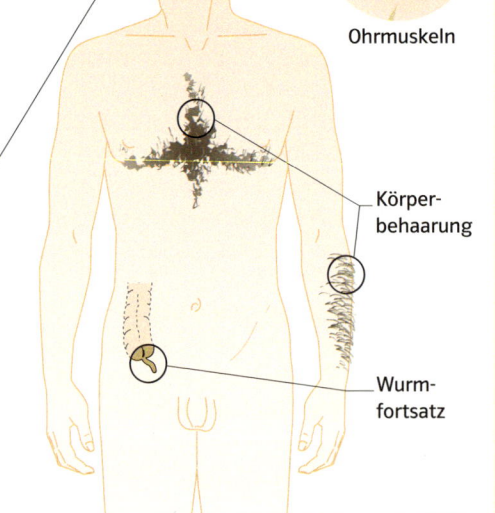

2 Rudimentäre Beckenknochen beim Wal

AUFGABEN

1. ⊖ Welche ursprüngliche Bedeutung hatten die Rudimente des Menschen? Formuliere zu drei Rudimenten eine Vermutung.

2. ● Rudimente und Atavismen dienen als Beleg für die Evolution. Erkläre.

3. ● Recherchiere nach weiteren Atavismen bei Tieren und Menschen. Erstelle eine Präsentation.

Evolutionsfaktor Mensch

Umweltverschmutzung

Der **Birkenspanner** ist ein Nachtfalter, der sowohl in einer hellen als auch in einer dunklen Form vorkommt. In England gab es noch im 19. Jahrhundert überwiegend die helle Form. Auf der hellen Birkenrinde hatten die hellen Falter eine gute Tarnung (▷ B1). Gegenüber der dunklen Form wurden sie von Vögeln seltener gefressen.

Durch die zunehmende **Umweltverschmutzung** in der Zeit der **Industrialisierung** verdunkelte sich die helle Birkenrinde durch den Ruß der Kohle. Nun war die dunkle Form des Birkenspanners im Vorteil. Sie war besser getarnt. Nach umfangreichen Maßnahmen zur Reinhaltung der Luft hellten sich die Birkenstämme wieder auf. Die hellen Birkenspanner hatten wieder einen Wettbewerbsvorteil gegenüber ihren dunklen Verwandten.

Bevölkerungsexplosion

Heute leben auf der Erde über sieben Milliarden Menschen. Sie alle benötigen einen Raum zum Wohnen und Ackerflächen für die Lebensmittelproduktion. Das führt zu gravierenden Eingriffen in die Natur. Unzählige Pflanzen- und Tierarten sind durch den Raumbedarf des Menschen schon ausgestorben. Damit greift der Mensch massiv in die Evolution ein.

Klimaveränderung

Noch nie war der Einfluss des Menschen auf das Klima so groß wie heute. Der Ausstoß von Treibhausgasen führt nicht nur zur Erwärmung der Atmosphäre, er verändert auch die Artenvielfalt – die **Biodiversität** – der Tier- und Pflanzenwelt.
Ein bekanntes Beispiel ist die Veränderung des Lebensraums der **Eisbären**. Durch die Erwärmung der Atmosphäre schmelzen riesige Eisflächen. Das verkleinert den Lebensraum der Eisbären. Sie geraten in Bedrängnis. Einerseits benötigen sie

1 Birkenspanner: helle Form (links) und dunkle Form (rechts)

Schnee und Eis, um ihre Jungen in den ersten Monaten in einer schützenden Eishöhle aufzuziehen. Zum anderen verschlechtert sich der Zugriff auf ihre Hauptnahrungsquelle: die Robben. (► Entwicklung, S. 214/215)

Der Mensch verändert den Lebensraum der Tier- und Pflanzenwelt, indem er das Klima verändert.

AUFGABEN

1 ○ Erkläre, warum im England des 19. Jahrhunderts überwiegend helle Birkenspanner vorkamen.

2 ◕ Suche weitere Beispiele für Eingriffe des Menschen, die einen Einfluss auf die Evolution haben können.

3 ● Vermute, wodurch der Mensch seine eigene Evolution beeinflusst.

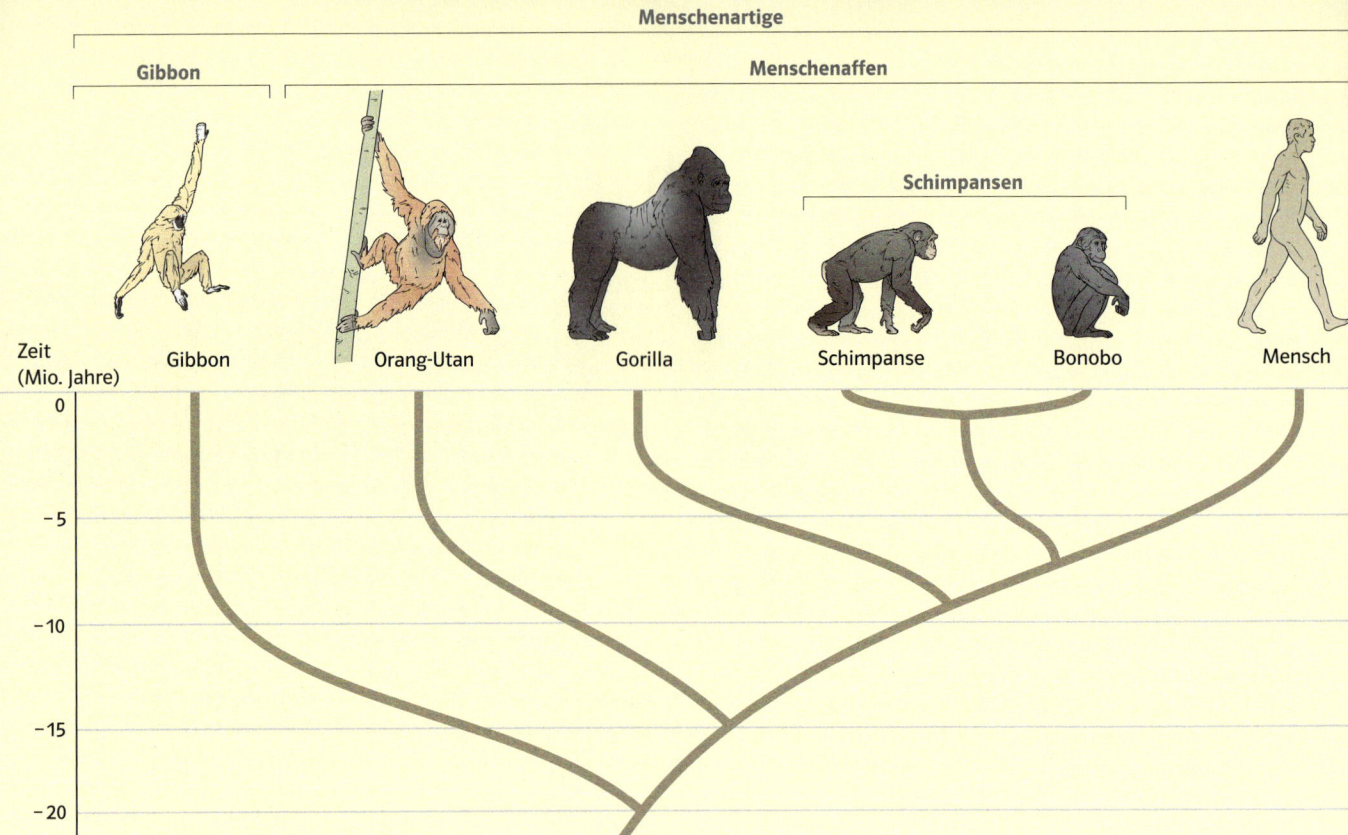

1 Stammbaum der Menschenartigen

Menschenaffen

„Wir stammen nicht vom Affen ab!"

Viele Menschen glauben, dass wir von den Affen abstammen. Diese Ansicht ist falsch. Richtig hingegen ist, dass Schimpansen die nächsten Verwandten des Menschen sind. Beide stammen von einem gemeinsamen Vorfahren, einer Affenart, ab. Diese lebte vor ca. 7 Mio. Jahren (▷ B 1). Ein Beleg für die enge Verwandtschaft von Schimpanse und Mensch ist die hohe Übereinstimmung ihrer Erbinformationen. Selbst Schimpansen und Gorillas unterscheiden sich stärker als Mensch und Schimpanse.

Aufrecht im Spargang

Wir Menschen bewegen uns im Gegensatz zu den Affen auf zwei Beinen fort. Dadurch sparen wir im Vergleich zum vierfüßigen Gang etwa 75 % Energie ein. Damit wir auf zwei Beinen gehen können, musste sich unser Skelett in einigen Eigenschaften stark anpassen (▷ B 3): Durch die **Doppel-S-Form** der Wirbelsäule können wir den Oberkörper leichter aufrichten. Das **Hinterhauptsloch** liegt in der Mitte der Schädelunterseite. Dadurch stützt die Wirbelsäule den Schädel. Der Körperschwerpunkt liegt beim Menschen im Körper (▷ B 3, roter Punkt). Die Muskulatur muss beim Stehen und Gehen daher weniger arbeiten. Dies spart Energie.

Fuß- und Handarbeit

Schimpansen greifen beim Klettern mit Händen und Füßen. Die gewölbeförmigen Füße des Menschen sind zum Klettern nicht geeignet, dafür aber perfekt zum aufrechten Gehen. Der längere Daumen macht die Hand zu einem idealen Greifwerkzeug. (► Struktur und Funktion, S. 212/213)

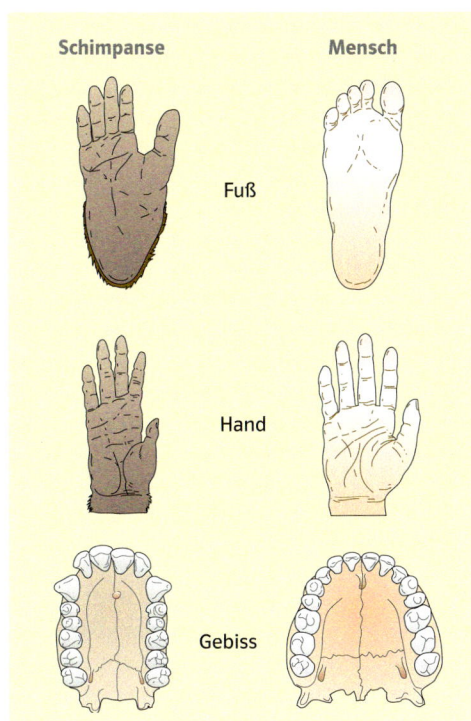

2 Vergleich der Hände, Füße und Gebisse von Schimpanse und Mensch

Schädelform und Gehirn

Der Mensch besitzt gegenüber dem Schimpansen einen deutlich größeren Gehirnschädel. Affen hingegen haben eine aus-

geprägte Schnauze, Überaugenwülste und auffallend große Eckzähne.
(► Entwicklung, S. 214/215)

Mensch und Schimpanse sind nah miteinander verwandt. Sie stammen von einem gemeinsamen Vorfahren ab.

AUFGABEN

1. ○ Erstelle eine Tabelle, in der du Unterschiede von Schimpanse und Mensch gegenüberstellst.

2. ○ Einige Merkmale im Körperbau erleichtern das aufrechte Gehen. Nenne drei und begründe jeweils.

3. ◒ „Der Mensch stammt nicht vom Affen ab." Erkläre diese Aussage unter Verwendung von Bild 1.

4. ◒ Gib mithilfe von Bild 1 an, zu welchem Zeitpunkt Schimpanse und Orang Utan ihren letzten gemeinsamen Vorfahren hatten.

5. ● Formuliere eine Vermutung, weshalb der aufrechte Gang von großer Bedeutung für die weitere Entwicklung des Menschen war.

6. ● Das Becken des Menschen ist schüsselförmig. Stelle Vermutungen an, welche Vorteile bzw. Nachteile dies mit sich bringt.

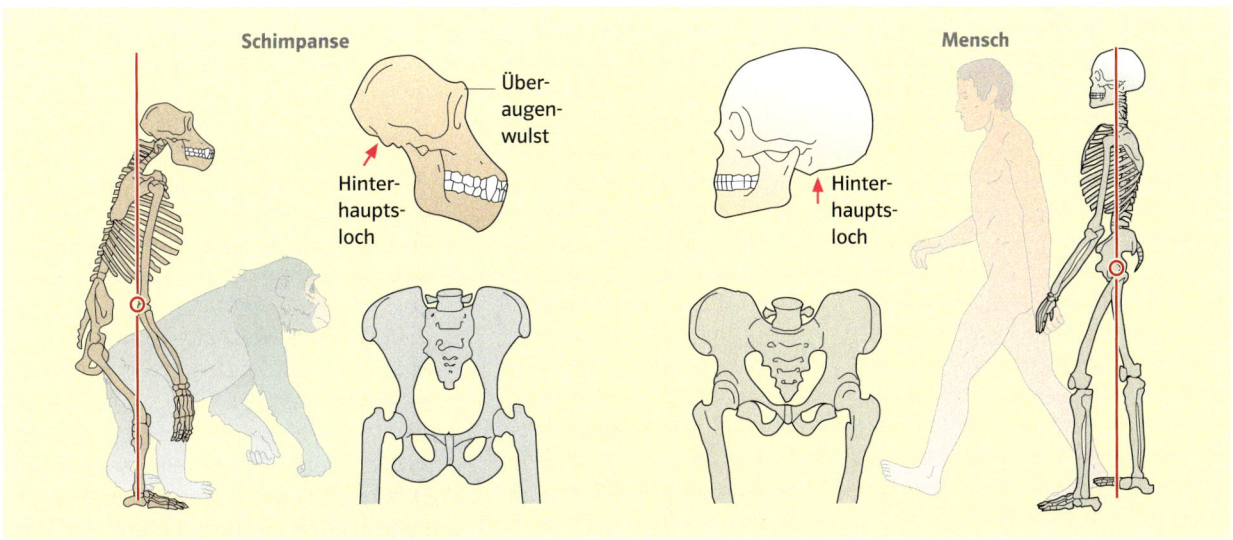

3 Unterschiede im Körperbau von Mensch und Schimpanse

Lucy – ein Vormensch aus Afrika

Ein sensationeller Fund

Im Jahr 1974 gelang einer amerikanischen Forschergruppe ein bedeutender Fund. Sie entdeckten in Äthopien das Skelett eines weiblichen **Vormenschen**. Zu den Vormenschen zählt man diejenigen Vorfahren des heutigen Menschen, die sich aufgrund ihres kleineren Gehirns deutlich von den späteren Menschenarten unterscheiden. Der Fund war eine Sensation. Zum einen handelte es sich um das bis dahin älteste Fossil eines Vorfahren des Menschen. Zum anderen war es für sein Alter von ca. 3,5 Millionen Jahren noch gut erhalten. Die Gruppe taufte ihren Fund „**Lucy**" nach einem Song der Beatles. Wissenschaftlich gehört Lucy zu den **Australopithecinen** (deutsch: „Südaffen").

2 Fußspuren von Laetoli (3,6 Millionen Jahre)

Unterwegs auf zwei Beinen

Menschen unterscheiden sich von den Affen vor allem durch das größere Gehirn und den aufrechten Gang. Die Gehirngröße Lucys entsprach etwa der eines Schimpansen. Im Gegensatz zu diesem konnte sie dauerhaft aufrecht gehen. Belege dafür sind die Knochenfunde und die 3,6 Mio. Jahre alten Fußspuren von Laetoli in Tansania (▷ B 2). (► Entwicklung, S. 214/215)

Die Australopithecinen gehören zu den Vorfahren der heutigen Menschen. Aufgrund des kleinen Gehirns zählt man sie zu den Vormenschen.

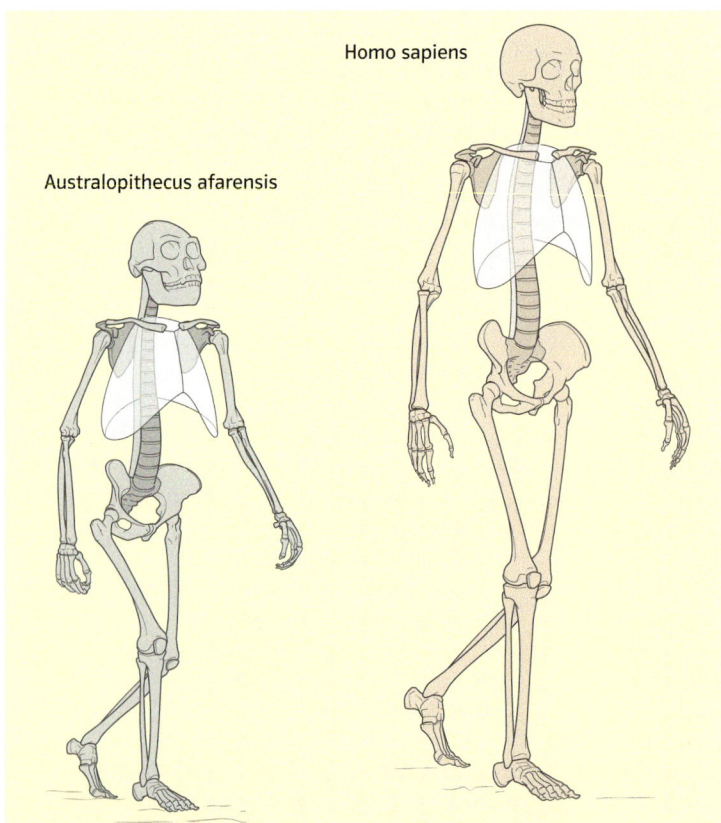

Homo sapiens

Australopithecus afarensis

1 Aufrecht gehen: Lucy (Australopithecus afarensis) und Homo sapiens

AUFGABEN

1 ○ Erstelle mithilfe von Bild 1 eine Tabelle, in der du den Körperbau von Lucy und Mensch vergleichst. Achte dabei auf die Form des Schädels, der Wirbelsäule und des Beckens.

2 ◔ Beschreibe, weshalb die Australopithecinen nicht zu den Menschen gezählt werden.

3 ● Bild 2 zeigt die versteinerten Fußspuren eines Kindes und zweier Erwachsener. Bewerte diesen Fund im Vergleich zu einem Knochenfund.

1 2 3 4 5 6

Vorfahren des Menschen

Die Vormenschen

Zu den Vormenschen rechnet man alle Vorfahren des Menschen, die noch ein deutlich kleineres Gehirn besitzen als die späteren Menschenarten. Zudem stellten die Vormenschen noch keine behauenen Werkzeuge her.

Sahelanthropus tchadensis (▷ B 1)

Der Schädel eines Sahelanthropus tchadensis ist mit ca. 7 Mio. Jahren das älteste bekannte Fossil eines Vormenschen. Es ist wahrscheinlich, dass Sahelanthropus tchadensis aufrecht gehen konnte.

Australopithecus africanus (▷ B 2)

Australopithecus africanus lebte vor etwa 3 bis 2,5 Mio. Jahren in Südafrika. Der bekannteste Fund dieser Art ist das „Kind von Taung". Dieser Fund war im Jahr 1924 das älteste bekannte Fossil eines Vorfahren des Menschen.

Es war zugleich das erste in Afrika gefundene Fossil eines Vormenschen. Wissenschaftler schätzen das Alter des „Kindes von Taung" auf etwa 4 Jahre.

Australopithecus afarensis (▷ B 3)

Lucy ist die bekannteste Vertreterin der Australopithecinen. Die Australopithecinen lebten vor ca. 4 bis 2 Millionen Jahren. Sie konnten bereits aufrecht gehen. Das Gehirnvolumen lag bei etwa 450 cm³.

Die frühen Menschen

Zu den Frühmenschen werden diejenigen unserer Vorfahren gezählt, deren Gehirngröße bereits deutlich näher an der des modernen Menschen lag. Zudem waren diese frühen Menschen bereits in der Lage, einfache Werkzeuge herzustellen.

Homo rudolfensis (▷ B 4)

„Der Mensch vom Rudolfsee" gilt als ältester Vertreter der frühen Menschen. Homo rudolfensis lebte vor etwa 2 Millionen Jahren. Sein Gehirn hatte bereits ein Volumen von ca. 800 cm³.

Homo ergaster (▷ B 5)

Homo ergaster lebte vor ca. 1,8 Mio. Jahren in Afrika. Ein besonderes Merkmal dieses frühen Menschen war seine Körpergröße. Er wurde bis zu 1,85 m groß.

Homo erectus (▷ B 6)

Homo erectus gilt als Nachfahre des Homo ergaster. Er verließ wahrscheinlich als erste Menschenart Afrika. Fossilien von Homo erectus fand man in vielen Teilen der Welt. 800 000 Jahre alte Fossilfunde zeigen, dass er bis nach Asien vorgedrungen ist, wo er vor etwa 40 000 Jahren ausstarb.

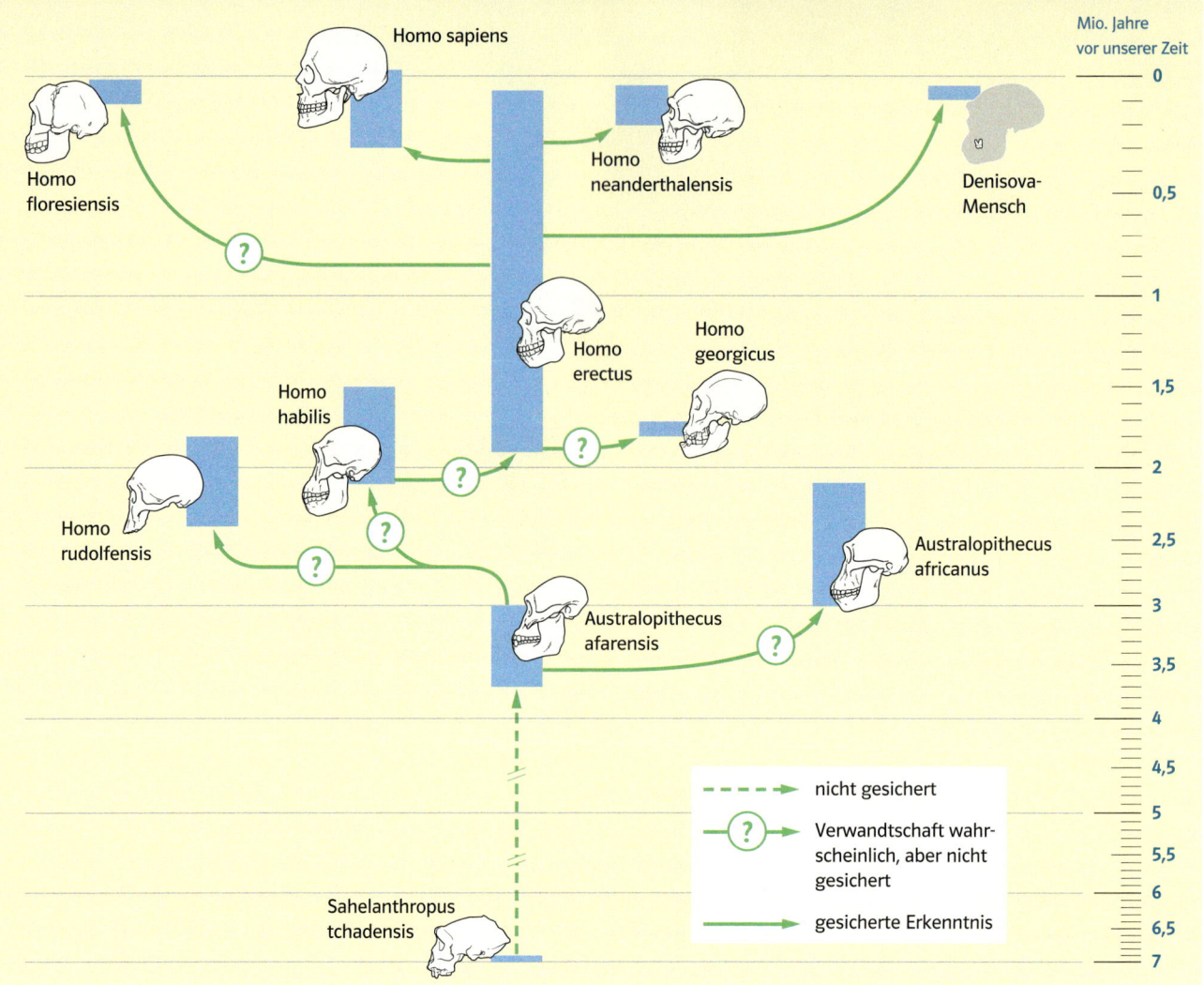

1 Vorläufiger Stammbaum des Menschen

Ein vorläufiger Stammbaum

Ein Stammbaum des Menschen spiegelt immer nur den augenblicklichen Kenntnisstand der Wissenschaft wider. Neue Funde kommen hinzu, bereits vorhandene Funde werden teilweise neu eingeordnet. Deshalb ist der Stammbaum stets nur vorläufig. Die durchgezogenen Linien geben wahrscheinliche Verwandtschaftsbeziehungen an. Die gestrichelten Linien stehen für unsichere Verwandtschaftsbeziehungen (▷ B 1).

Der Stammbaum des Menschen ist stets vorläufig.

AUFGABEN

1 ○ Erkläre, weshalb der abgebildete Stammbaum des Menschen (▷ B 1) nur vorläufig ist.

2 ◓ Gib mithilfe von Bild 1 an, zu welchen Zeiten Homo rudolfensis bzw. Australopithecus afarensis gelebt haben.

3 ◓ Nenne alle im Stammbaum des Menschen (▷ B 1) vorkommenden Vorgänger des Homo sapiens.

Mit Hightech in die Vergangenheit

Knochenarbeit!

Bei der Suche nach Fossilien haben Paläontologenteams nur selten das Glück, komplett erhaltene Skelette zu finden. Meist handelt es sich um Skelettbruchstücke wie beim Denisova-Mensch – zwei Zähne und ein Fingerglied. Anhand dieser Fundstücke lassen sich jedoch Vermutungen über den Körperbau des Lebewesens und dessen Lebensweise anstellen. Bis es aber soweit ist, müssen noch zahlreiche Hürden überwunden werden.

Anschauungsmodelle helfen, sich ein „Bild" von den Fossilfunden zu machen (▷ B 1).

Gut verpackt ins Labor

Mit systematischer Suche und viel Glück entdecken Forscherteams auch heute noch Fossilien. Die eigentliche Bearbeitung der wertvollen Fundstücke findet aber nicht im Freiland, sondern im Labor statt. Hierzu muss das Fossil gut verpackt und sicher transportiert werden. Um das Fossil vor Schäden zu schützen, transportiert man es zusammen mit dem umgebenden Gestein.

Jeder Millimeter zählt

Die Freilegung im Labor stellt die Arbeitsgruppen vor die nächste Herausforderung: Oft ist die Grenze zwischen Fossil und Sediment schwer zu erkennen. In Präzisionsarbeit legen erfahrene Präparatoren das Fossil mit feinsten Werkzeugen frei. Um feine Strukturen nicht zu zerstören, arbeiten sie häufig mit optischen Hilfsmitteln wie dem Stereomikroskop. Zerbrechliche Stellen kleben sie anschließend noch mit speziellen Klebern.

Einzigartiges Vervielfältigen

Damit mehrere Arbeitsgruppen gleichzeitig an den seltenen Fundstücken forschen können, ist es wichtig, die Fossilien zu vervielfältigen. Dies geschieht immer häufiger mithilfe modernster Technik.

Ein Beispiel hierfür ist die 3D-Morphometrie. Hierbei vermisst man das Fossil mithilfe eines Oberflächenscanners. Der Computer erstellt dann eine virtuelle Rekonstruktion. Diese kann man anschließend aus allen Perspektiven betrachten. Per Datentransfer können Forschungsinstitute auf der ganzen Welt jederzeit und problemlos auf diese Darstellung zugreifen.

AUFGABEN

1 ◒ Erstelle ein Flussdiagramm, in dem du die einzelnen Schritte von der Ausgrabung bis zur Entstehung eines virtuellen Modells detailliert darstellst.

2 ● Recherchiere und fasse zusammen, wie das Alter von Knochenfunden bestimmt werden kann.

1 Rekonstruktion eines fossilen Menschenschädels

1 Tropischer Regenwald

2 Savanne

Wie wir wurden, was wir sind

Der Mensch – oft unterlegen

Vergleicht man den Menschen mit anderen Säugetieren, so ist er diesen in mancher Hinsicht unterlegen: Geparden sind viel schneller, Löwen wehrhafter und Elefanten stärker.

Dennoch haben sich diese Tiere nicht so weit verbreitet wie der Mensch. Was macht den Menschen so erfolgreich?

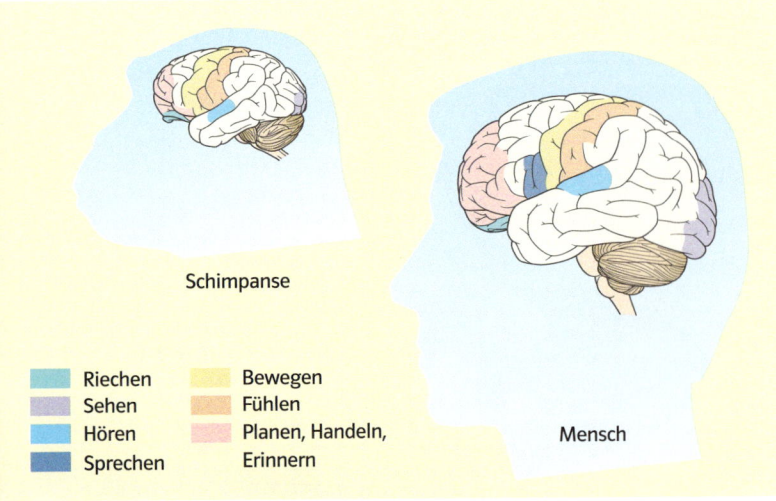

Schimpanse

Mensch

■ Riechen	■ Bewegen
■ Sehen	■ Fühlen
■ Hören	■ Planen, Handeln,
■ Sprechen	Erinnern

3 Die Gehirne von Schimpanse (ca. 400 cm^3) und Mensch (ca. 1400 cm^3)

Das aufrechte Gehen

Fossilfunde zeigen, dass sich der **aufrechte Gang** vor der Größenzunahme des Gehirns entwickelte. Der Anlass hierfür dürften Klimaveränderungen in Afrika gewesen sein. Die dichten Wälder verschwanden (▷ B 1). Stattdessen entstand eine Savannenlandschaft (▷ B 2). Das Nahrungsangebot in der Savanne war geringer. Deshalb mussten die frühen Vorfahren auf der Suche nach Nahrung längere Strecken zurücklegen. In dieser Landschaft war die energiesparende Fortbewegung auf zwei Beinen von besonderer Bedeutung. Mögliche Feinde und Nahrungsquellen waren leichter zu sehen. Die freien Hände ermöglichten den Gebrauch von Werkzeugen.

Zunahme des Hirnvolumens

Das **Gehirn** des Menschen ist das **leistungsfähigste** im gesamten Tierreich. Die Zunahme an Größe und Leistungsfähigkeit lässt sich mit Wechselwirkungen unterschiedlicher Faktoren erklären.

Man geht davon aus, dass die Gehirnzunahme im Lauf der Evolution u. a. durch den aufrechten Gang, die Entwicklung des

Sozialverhaltens und der Sprache positiv beeinflusst wurde. Gleichzeitig bewirkte das leistungsfähigere Gehirn eine Weiterentwicklung in diesen Bereichen.

Freie Hände für den Werkzeuggebrauch

Kein anderes Lebewesen außer dem Menschen entwickelt **Werkzeuge** und verwendet diese so geschickt wie wir. Mit einfachen Faustkeilen war es leichter, Tiere zu zerlegen und das energiereiche Fleisch als Nahrung zu nutzen. Dies war wichtig, da ein größeres Gehirn viel Energie benötigt.

Sozialverhalten und Sprache

Das größere Gehirn war auch eine wesentliche Grundlage für die Entwicklung eines komplexen **Sozialverhaltens**: Gemeinsam war es leichter, Beute zu fangen oder den Nachwuchs aufzuziehen. Besonders wichtig dürfte dabei die **Sprache** gewesen sein. Bis vor 2 Mio. Jahren bestand die Sprache vermutlich nur aus Grunzlauten und Kreischen. Im Verlauf der menschlichen Entwicklung wurde sie immer komplexer. Nach und nach konnte man Informationen austauschen und sie an die Nachfahren weitergeben. Für den frühen Menschen erhöhte sich damit die Überlebenschance: Er besaß aufgrund seines Gehirns eine besser entwickelte Sprache und ein komplexeres Sozialverhalten.

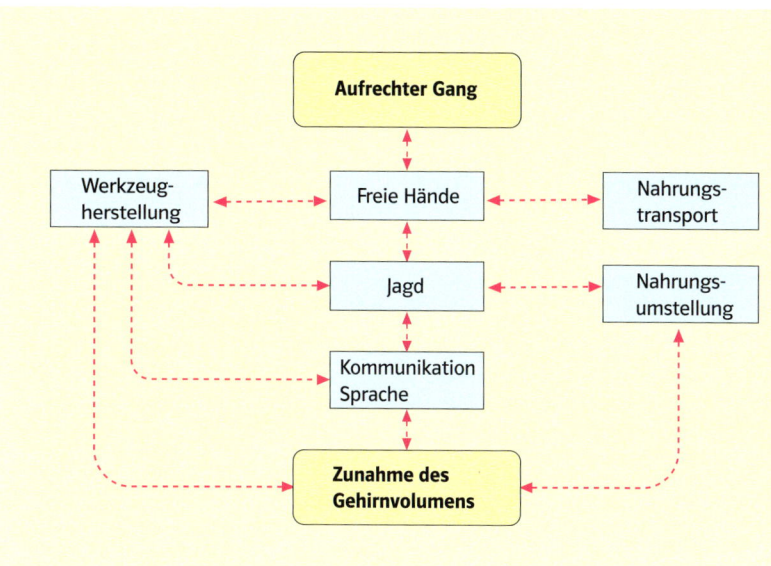

5 Modell der Menschwerdung

Die Zunahme unseres Gehirns an Größe und Leistungsfähigkeit lässt sich durch die Wechselwirkungen unterschiedlicher Faktoren wie aufrechter Gang, Werkzeuggebrauch und Sprache erklären.

AUFGABEN

1 ○ Nenne die Vorteile, die ein aufrechter Gang in einer Savannenlandschaft hatte.

2 ○ Erläutere Vorteile, die Sprache, Werkzeuge und komplexes Sozialverhalten mit sich bringen.

3 ○ Vergleiche die Gehirne von Schimpanse und Mensch. Notiere die Unterschiede.

4 ◔ Formuliere einen Zusammenhang zwischen Leistungsfähigkeit des Gehirns, Werkzeuggebrauch, Überlebenschancen und einer weiteren Größenzunahme des Gehirns.

5 ◔ a) Schreibe einen kurzen Text, in dem du den Inhalt von Bild 5 wiedergibst.
b) Schließe dein Buch und skizziere auf Grundlage deiner Aufzeichnung das Modell der Menschwerdung (▷ B 5).

6 ● Diskutiere die folgende Aussage: „Das Gehirn macht den Menschen schneller als Geparden, wehrhafter als Löwen und stärker als Elefanten."

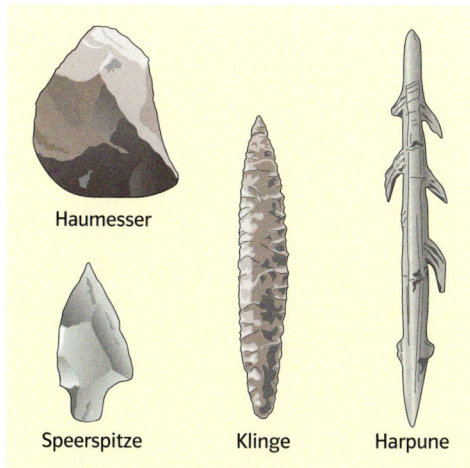

4 Die ersten Werkzeuge der frühen Menschen

Haumesser

Speerspitze   Klinge   Harpune

199

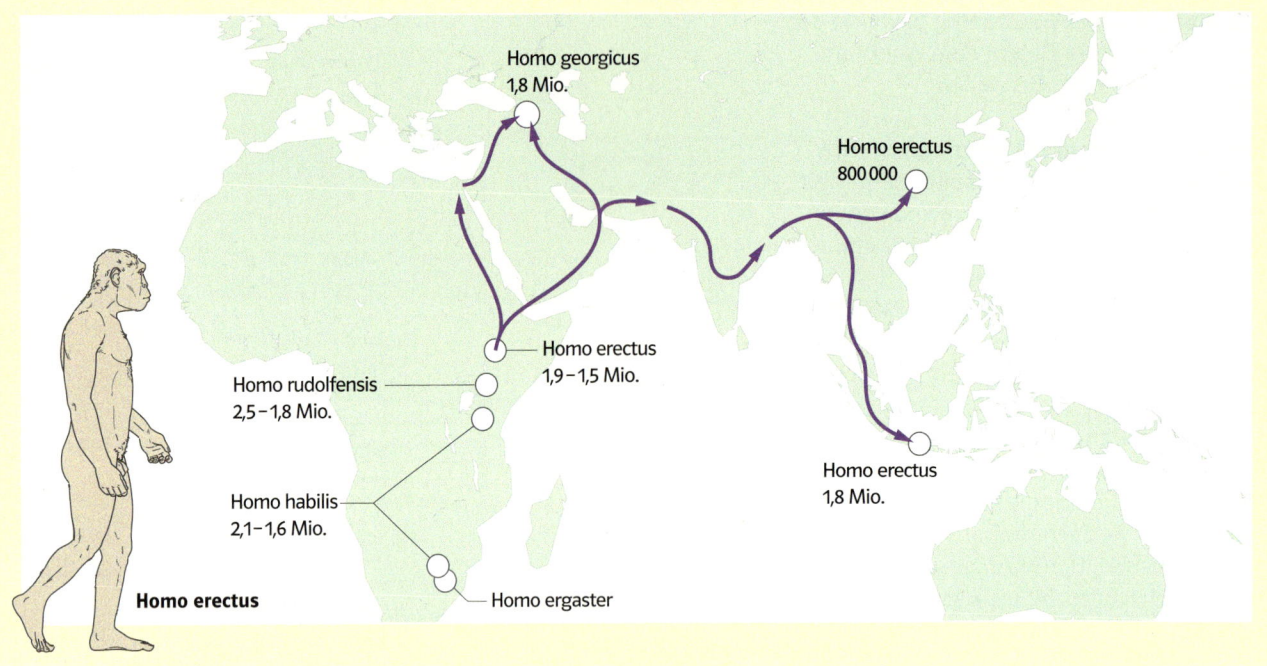

1 Homo erectus verlässt Afrika und gelangt im Laufe von etwa 1 Mio. Jahren bis nach Asien. (Zahlenangaben in Jahren vor unserer Zeit)

Out of Africa

Bereit für die Wanderung

Viele der ältesten Fossilfunde des Menschen stammen aus Afrika. Von dort aus „eroberte" er die Welt. Vermutlich war **Homo erectus** die erste Menschenart, die Afrika vor knapp 2 Mio. Jahren verließ (▷ B 1). Er konnte bereits einfache Steinwerkzeuge herstellen und sich auf seinem Weg neue Nahrungsquellen erschließen.

Gründe für die Wanderung

Ob Klimaveränderung, Nahrungsknappheit oder einfach Neugier: Die Ursachen für den Auszug aus Afrika sind unbekannt. Die Ausbreitung der frühen Menschen nahm große Zeiträume in Anspruch. Homo erectus benötigte etwa 1 Mio. Jahre, um sich bis nach Ostasien auszubreiten. In dieser Zeit hatte sich sein Körperbau verändert.

Auswanderungswellen „Out of Africa"

In Afrika entstanden über sehr lange Zeiträume immer wieder neue **Menschenarten** oder Varianten bestehender Arten. Teile dieser Populationen verließen Afrika auch zu unterschiedlichen Zeiten. So entwickelte sich in Ostafrika der **Homo heidelbergensis**, der vor 600 000 Jahren nach Europa gelangte. Bis heute sind sich die Fachleute nicht einig, ob es sich dabei lediglich um eine regionale Variante des Homo erectus handelte oder um eine eigene Hominidenart. Aus ihm entstand wahrscheinlich der **Neandertaler** (► S. 202/203).

Vor ca. 300 000 Jahren entwickelte sich in Afrika der **Homo sapiens**, der moderne Mensch. Er begann seine Wanderung in den Norden und Nordosten vermutlich

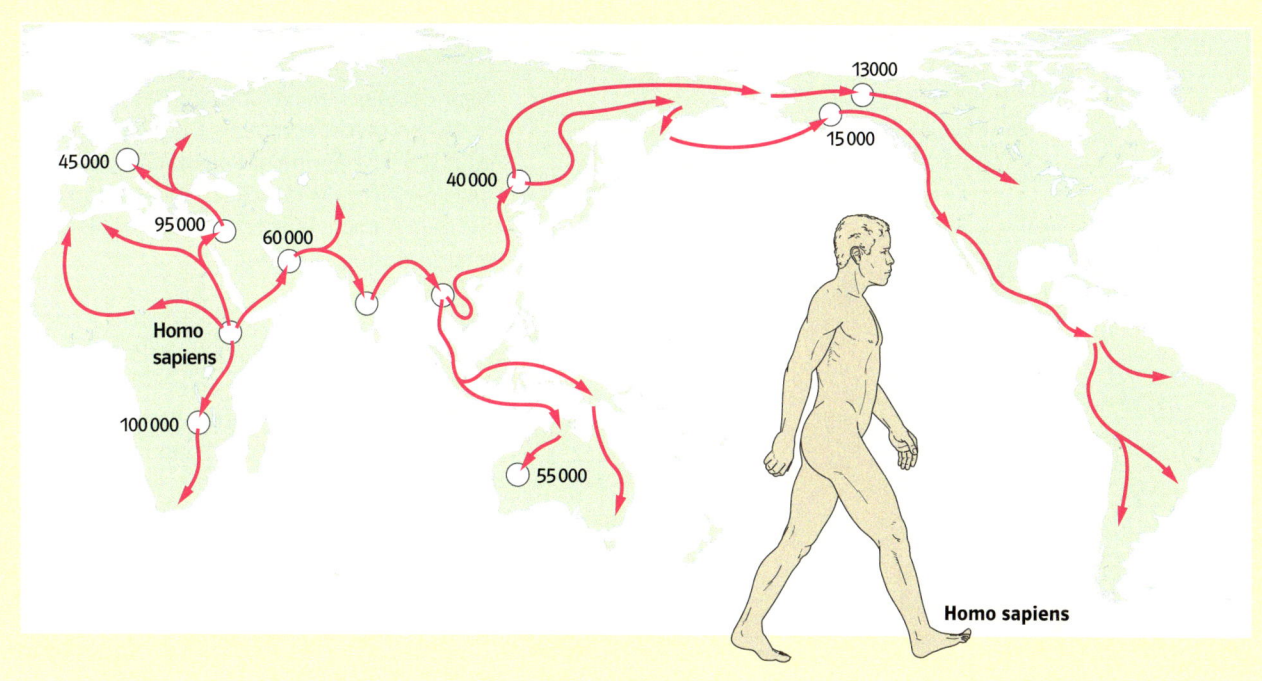

2 Die Verbreitung des modernen Menschen nach der „Out of Africa"-Theorie (Zahlenangaben in Jahren vor unserer Zeit)

vor 100 000 Jahren (▷ B 2), vielleicht auch schon früher. In Europa stieß er auf den Neandertaler, der schon seit Jahrtausenden dort lebte. Dessen Spur verliert sich vor ca. 30 000 Jahren, während sich der moderne Mensch über die gesamte Erde ausbreitete und heute fast 7,5 Mrd. Individuen zählt.

Theorien im Wandel

Neue Fossilienfunde können die bestehenden Theorien der Menschwerdung verändern. So stellen z. B. die Funde von Unterkieferknochen und die Entdeckung versteinerter Fußabdrücke in Griechenland die **„Out of Africa"-Theorie** infrage.

Der Ursprung der Menschheit könnte in Afrika liegen. Von dort fanden immer wieder Auswanderungsbewegungen statt.

AUFGABEN

1 ○ Nenne mögliche Gründe, weshalb der Mensch Afrika verlassen hat.

2 ◒ Stelle eine Vermutung an, warum der Neandertaler ausgestorben sein könnte. Überprüfe sie durch eine Recherche.

3 ◒ Gib den Inhalt von Bild 1 und 2 mit eigenen Worten wieder.

4 ● Die Strecke von Ostafrika bis Asien (China) beträgt 15 000 km. Berechne mithilfe von Bild 2, wie weit die Frühmenschen pro Jahr durchschnittlich wandern mussten.

5 ● Begründe mithilfe des Textes, weshalb man Afrika als „Wiege der Menschheit" bezeichnen könnte.

6 ● Recherchiere und berichte über das „Multiregionale Modell" der Menschwerdung.

Wie modern war der Neandertaler?

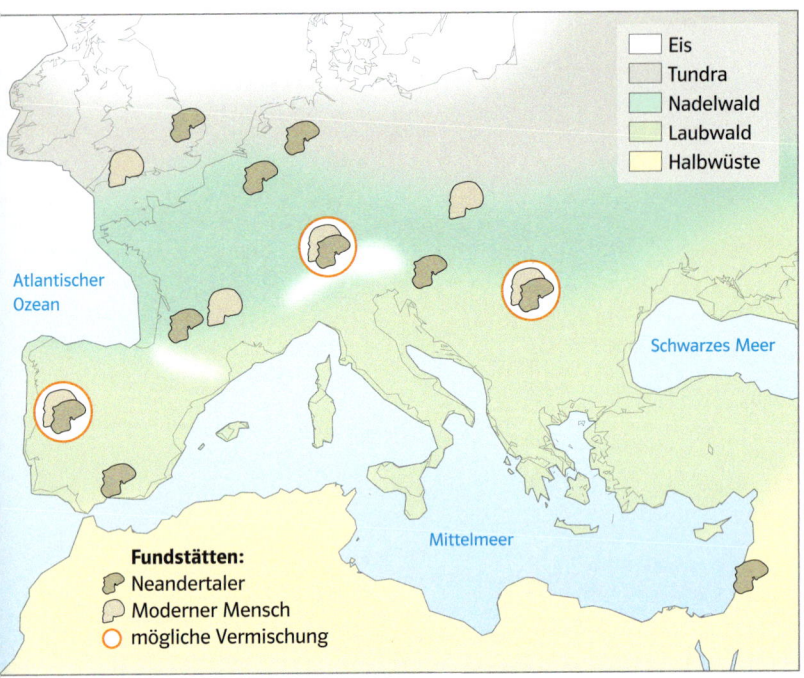

1 Fundstätten von Neandertaler und Homo sapiens

Map legend:
- Eis
- Tundra
- Nadelwald
- Laubwald
- Halbwüste

Atlantischer Ozean

Schwarzes Meer

Mittelmeer

Fundstätten:
- Neandertaler
- Moderner Mensch
- mögliche Vermischung

Entdeckung im Neandertal

Im Jahr 1856 fanden Steinbrucharbeiter in einer Höhle im Neandertal bei Düsseldorf ungewöhnlich aussehende Knochen. Die Forscher, die den Fund untersuchten, waren sich zunächst nicht einig, wie sie ihn einordnen sollten. Handelte es sich um Knochen eines „urtümlichen Menschen"? Waren es die Knochen eines krankhaft veränderten heutigen Menschen? Weitere Funde folgten und es zeigte sich, dass es sich dabei um eine eigene Menschenart handelte. Nach dem Fundort bezeichnete man diese Menschenart als **Neandertaler**. Sie lebten vor 200 000 bis 30 000 Jahren in Europa, Vorderasien und dem Nahen Osten.

Erste Einordnung der Funde

Die ersten Darstellungen zeigten den Neandertaler als ein primitives Wesen (▷ B 2). Mit zunehmendem Wissen über den Neandertaler veränderte sich dieses Bild aber grundlegend. Das Gehirnvolumen des

Neandertalers war größer als das des heutigen Menschen (▷ B 4). Zudem gibt es zahlreiche Funde, die deutlich machen, dass die Neandertaler auch in Sachen Kultur dem damals lebenden Homo sapiens nicht unterlegen waren.

Sprache

Das **Zungenbein** ist ein kleiner Knochen, der für deutliches Sprechen notwendig ist. Der Fund eines 60 000 Jahre alten Neandertaler-Zungenbeins im heutigen Israel ist ein Hinweis dafür, dass der Neandertaler vermutlich sprechen konnte.

Werkzeuge

Die Werkzeuge des Neandertalers unterscheiden sich deutlich von denen seiner Vorfahren. Sie waren besser bearbeitet und vielfältiger einsetzbar. Der Neandertaler war in der Lage, Klebstoff aus Inhaltsstoffen der Birkenrinde herzustellen.

Bestattungen

Zahlreiche Gräber des Neandertalers geben Hinweise darauf, dass die Neandertaler ihre Toten bestattet haben. Ein beson-

2 Darstellungen des Neandertalers: 1903 …

derer Fund ist ein „Blumengrab" im Irak. Wegen der vielen Blütenpollen im Grab vermutet man, dass der Neandertaler seine Toten auf Blumen bettete.

Rätselhaftes Verschwinden

Es ist unklar, weshalb der Neandertaler als eigene Menschenart ausgestorben ist. War es der moderne Mensch, der aus Afrika nach Europa drängte und mit dem Neandertaler um Lebensraum und Nahrung konkurrierte? Fehlte dem Neandertaler die Fähigkeit, länger an einem Ort zu bleiben und sich so die Vorteile eines bestimmten Gebietes zu erschließen?

Klar ist: Homo sapiens und der Neandertaler lebten gleichzeitig viele tausend Jahre im selben Gebiet. Aufgrund der genetischen Unterschiede weiß man, dass der Neandertaler nicht der direkte Vorfahre des heutigen Menschen ist. Allerdings ist es zu Vermischungen der Erbinformation gekommen, da ein geringer Teil unserer Gene vom Neandertaler stammt.

Die Neandertaler lebten vor 200 000 bis 30 000 Jahren. Sie konnten vermutlich sprechen, nutzten Werkzeuge und bestatteten ihre Toten.

3 … heute

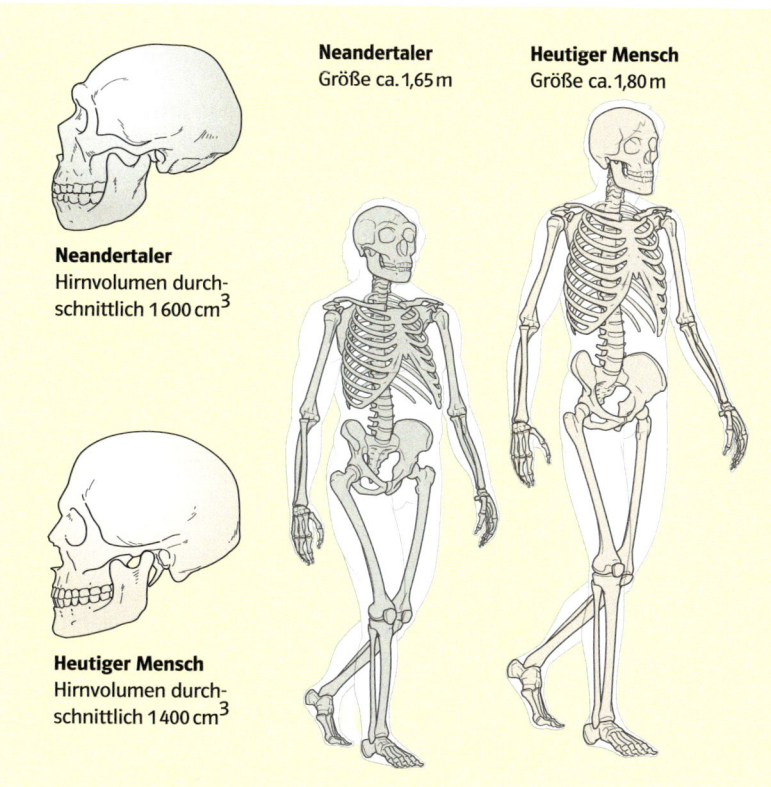

Neandertaler
Größe ca. 1,65 m

Heutiger Mensch
Größe ca. 1,80 m

Neandertaler
Hirnvolumen durchschnittlich 1 600 cm^3

Heutiger Mensch
Hirnvolumen durchschnittlich 1 400 cm^3

4 Neandertaler und heutiger Mensch

AUFGABEN

1 ○ Erstelle mithilfe des Textes einen Steckbrief zum Neandertaler.

2 ○ Nenne kulturelle Errungenschaften des Neandertalers.

3 ◑ Stelle Vermutungen an, weshalb der Neandertaler ausgestorben ist.

4 ◑ Vergleiche den Körperbau des Neandertalers mit dem des heutigen Menschen. Nenne Unterschiede und Gemeinsamkeiten.

5 ● Schreibe eine Geschichte aus dem Leben einer Neandertalersippe, die auf eine Gruppe von Homo sapiens trifft.

6 ● Der Neandertaler wurde von dem Wissenschaftler Hermann Schaaffhausen (1816 – 1893) Ende des 19. Jh. als „primitives Wesen" mit einem Gesichtsausdruck beschrieben, „den man einen thierischen nennen darf". Diskutiert, inwieweit diese Aussage zutrifft.

Vom Feuerstein zur Firewall

Zukunftsträume werden Wirklichkeit

„Die Bürger der drahtlosen Zeit werden überall mit ihrem Empfänger herumgehen, der irgendwo im Hut oder anderswo angebracht ist …"

So beschrieb man im Jahr 1910 die Zukunft des Telefonierens. Mittlerweile ist diese Vorstellung zur Wirklichkeit geworden. Die Entwicklungen, die in den Bereichen Technik, Kunst, Religion und in den Naturwissenschaften stattfinden, fasst man unter dem Begriff **kulturelle Evolution** zusammen.

Beherrschen des Feuers

Feuer bietet den Menschen Wärme, Schutz vor Tieren und die Möglichkeit, Nahrung zu erwärmen. Der Mensch nutzt das Feuer seit etwa 1,5 Mio. Jahren. Seit etwa 400 000 Jahren kann er es selbst entzünden.

Entwicklung von Werkzeugen

Australopithecinen setzten bereits Steine und Äste als einfache Werkzeuge ein. Mit der Zeit wurden die Werkzeuge immer weiter entwickelt und vielfältiger eingesetzt. Heute sind unsere Werkzeuge hochtechnisierte und oft von Computern gesteuerte Maschinen.

Entstehung der Kunst

Die ältesten Kunstwerke des Menschen sind geschnitzte Figuren aus Mammutstoßzähnen. Man fand diese etwa 35 000 Jahre alten Figuren auf der Schwäbischen Alb. 30 000 Jahre alt sind die Höhlenmalereien in Südfrankreich und Nordspanien.

Entstehung der Religion

Erste Hinweise auf die Entstehung einer Religion geben Grabbeigaben der Nean-

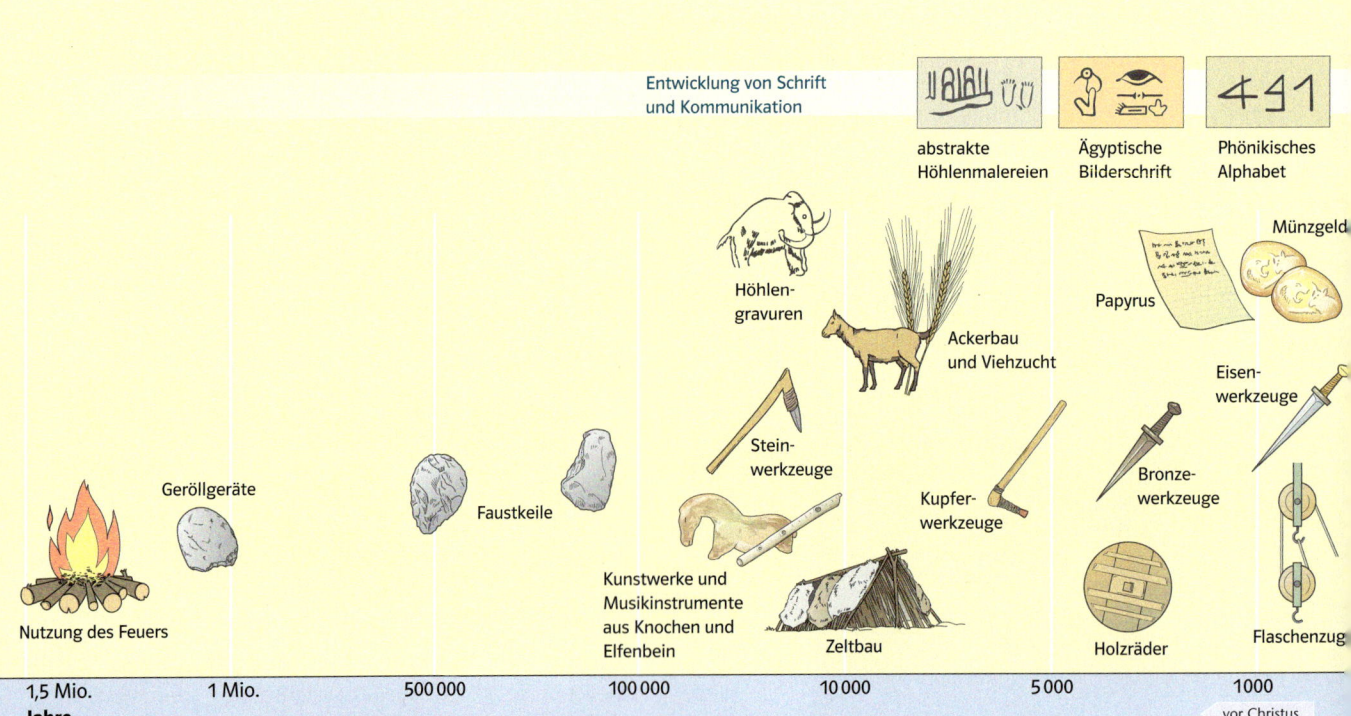

1 Kulturelle Errungenschaften der Menschheit

dertaler. Man schließt daraus, dass die Neandertaler bereits an ein Leben nach dem Tod glaubten.

Erfindung von Ackerbau und Viehzucht
Vor etwa 12 000 Jahren wurden die Menschen sesshaft. Sie begannen in Vorderasien mit Ackerbau und Viehzucht.

Geburtsstunde der modernen Kultur
Mit der Erfindung der Schrift vor etwa 3 000 Jahren konnte man Wissen festhalten und weitergeben. In Buchform verbreitete der Mensch sein Wissen seit der Mitte des 15. Jahrhunderts. Der Buchdruck trug wesentlich zu einer Wissensvermehrung und damit zur Bildung bei.
Insbesondere seit Mitte des 20. Jahrhunderts findet eine „Explosion des Wissens" statt. Man schätzt, dass sich mithilfe moderner Technik das Wissen der Menschen alle 1 bis 3 Jahre verdoppelt.
(► Entwicklung, S. 214/215)

Entwicklungen von Sprache, Kunst, Religion, Naturwissenschaften und Technik bezeichnet man als kulturelle Evolution.

AUFGABEN

1 ○ Beschreibe den Begriff „kulturelle Evolution".

2 ◒ „Kulturelle Evolution kann auch Nachteile für die Gesundheit des Menschen haben". Erkläre diese Aussage an einem Beispiel.

3 ◒ Liste in einer Tabelle die sieben kulturellen Errungenschaften mit Jahreszahlen auf, die du für die wichtigsten hältst. Entwickelt aus euren Ergebnissen eine Rankingliste.

4 ● Stelle eine Vermutung an, warum es bei Menschenaffen nicht zu einer kulturellen Evolution gekommen ist.

5 ● Die kulturelle Evolution ist noch nicht abgeschlossen. Verfasse einen Text, wie du dir die weitere Entwicklung vorstellst. Beginne mit den Worten: „In 50 Jahren …"

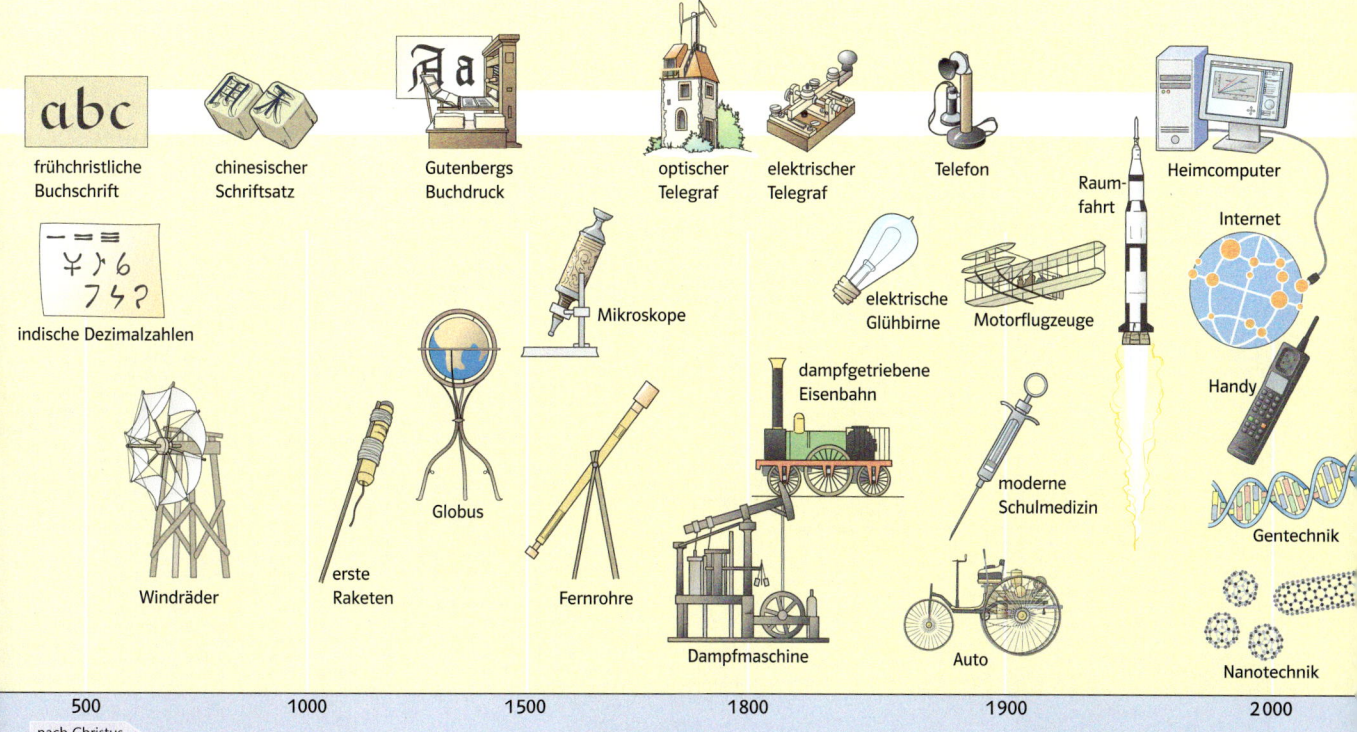

Mensch = Mensch

Nur auf den ersten Blick verschieden

Auf der Erde leben über sieben Milliarden Menschen und es werden immer mehr. Alle Menschen haben fast das gleiche Erbmaterial. Unterschiede, die uns sehr auffällig erscheinen, z.B. die Haut- oder die Haarfarbe (▷ B1–6), sind genetisch gesehen nur sehr unbedeutend.

Das verschiedenartige Aussehen ist die Folge unterschiedlicher Lebensbedingungen. Durch Mutation und Selektion wurden Eigenschaften verstärkt, die in der jeweiligen Umwelt Vorteile boten (► S.177).

Viel Sonne macht braun

Menschen aus Gebieten mit starker Sonneneinstrahlung, z.B. aus Afrika oder Australien, haben eine dunklere Haut. Pigmente in der Haut schützen vor krebserregenden UV-Strahlen der Sonne. Ein Mensch mit heller Haut, der z.B. in Australien lebt, muss sich vor zu viel Sonne schützen und hat ein höheres Hautkrebs-Risiko. Der Vorteil von hellerer Haut ist, dass in Gebieten mit geringerer Sonneneinstrahlung mehr lebenswichtiges Vitamin D in den Hautzellen gebildet wird.

Bin ich besser als du?

Früher glaubten viele Menschen, dass sie aufgrund ihrer Hautfarbe mehr wert seien als andere Menschen.

Auch heute noch gibt es diese Einstellung. Man nennt sie **Rassismus**. Auch religiöse und kulturelle Unterschiede zwischen verschiedenen Gruppen werden immer wieder als Vorwand für Konflikte oder Kriege benutzt.

„Menschenrassen" gibt es nicht!

Für jeden hellhäutigen Europäer kann man einen dunkelhäutigen Menschen finden, der ihm genetisch ähnlicher ist als sein hellhäutiger Nachbar. Alle Menschen, ganz egal wie sie aussehen, gehören zur selben Art, dem Homo sapiens.

Wir wachsen zusammen

Der technische Fortschritt macht es heute viel leichter, ferne Länder zu besuchen oder mit weit entfernten Menschen Kontakt aufzunehmen. Wir wissen auch viel mehr über andere Kulturen und sind deshalb bereit, weit entfernt von Zuhause zu studieren oder zu arbeiten. Die Menschen auf

1 – 6   Menschen aus verschiedenen Regionen der Erde sehen unterschiedlich aus.

der Erde wachsen immer mehr zu einer Einheit zusammen. Diesen Vorgang nennt man **Globalisierung**.

„Multikulti"

Inzwischen leben auf allen Kontinenten Menschen mit Merkmalen verschiedener Herkunftsgebiete.
Auch in Deutschland leben und arbeiten Menschen mit „Migrationshintergrund". Das heißt, dass sie selbst oder ihre Vorfahren aus anderen Ländern hierher gekommen sind. Die kulturelle Vielfalt bereichert unseren Alltag. Ohne „Multikulti" wäre eine moderne Gesellschaft kaum vorstellbar.

Menschenrechte

Die **Vereinten Nationen (United Nations, UN)** sind eine weltweite Organisation von Staaten. Ihre Hauptaufgabe ist es, den Weltfrieden zu wahren. Im Jahre 1948 hat die UN eine „Allgemeine Erklärung der Menschenrechte" verabschiedet. Sie besagt, dass alle Menschen „frei und gleich an Würde und Rechten geboren" sind und zwar „ohne irgendeinen Unterschied" wie Hautfarbe, Geschlecht, Sprache, Religion, politische oder sonstige Einstellung. Ähnliche Grundsätze sind auch im Grundgesetz der Bundesrepublik Deutschland verankert.

Alle Menschen gehören zur selben Art: Homo sapiens. Es gibt keine unterschiedlichen Menschenrassen.
Unterschiede im Aussehen entstanden in Anpassung an den Lebensraum.
Aufgrund der Globalisierung wachsen die Völker der Welt immer mehr zu einer Einheit zusammen.

AUFGABEN

1 ○ Erkläre, wie es zu den unterschiedlichen Hautfärbungen beim modernen Menschen gekommen ist.

2 ○ Nenne Bereiche deines Lebens, die durch „Multikulti" vielfältiger sind.

3 ◐ Erkläre, warum die UV-Strahlen der Sonne für Menschen einerseits gefährlich und andererseits lebensnotwendig sind.

4 ◐ Erläutere die Aussage: „Alle Menschen sind frei und gleich an Würde und Rechten."

5 ● Informiere dich über Inhalt und Entstehung der Erklärung der Menschenrechte und präsentiere der Klasse deine Ergebnisse.

6 ● Beurteile, inwieweit die Ausbreitung des modernen Menschen als Erfolgsgeschichte bezeichnet werden kann.

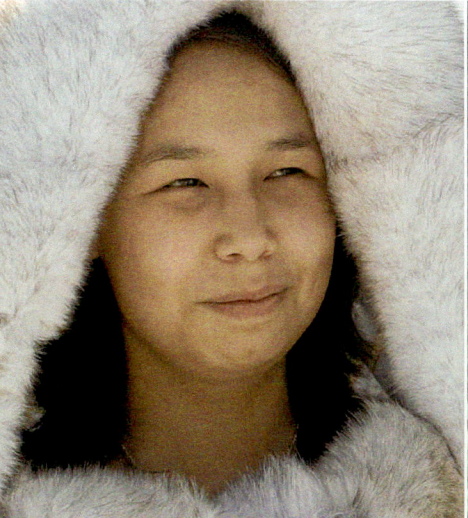

Zusammenfassung

Die chemische Evolution

Grundvoraussetzung für die Entstehung von Leben auf der Erde war die Bildung organischer Substanzen aus unbelebter Materie – die chemische Evolution. Dem Wissenschaftler STANLEY MILLER gelang es erstmals, die chemische Evolution erfolgreich im Labor nachzustellen.

Die Entwicklung des Lebens auf der Erde

Das Alter der Erde wird heute auf etwa 4,5 Milliarden Jahre geschätzt. Die ersten primitiven Lebewesen entwickelten sich vor rund 3,5 Milliarden Jahren in den Urmeeren. Vor ca. 400 Mio. Jahren besiedelten die ersten Pflanzen die Kontinente. Ichthyostega, der vor ca. 300 Mio. Jahren lebte, gilt als erstes vierbeiniges Wirbeltier, das zeitweise an Land leben konnte.

Darwin erklärt die Vielfalt des Lebens

Die Evolutionstheorie von DARWIN besagt, dass Mutation, Selektion und Isolation die entscheidenden Faktoren für die Entstehung neuer Arten sind.

Belege für die Evolution

Evolutionsprozesse ziehen sich über sehr lange Zeiträume hin. Sie lassen sich daher kaum beobachten. Allerdings gibt es zahlreiche Belege dafür, dass Evolution stattgefunden hat, zum Beispiel Fossilienfunde, Mosaikformen, Übereinstimmungen im Bau oder in der Struktur von DNA und Proteinen.

Auf dem Weg zum Menschen

Schimpanse und Mensch stammen vermutlich von einem gemeinsamen Vorfahren ab. Dieser lebte vor ca. 7 Millionen Jahren. Der undurchdringliche Urwald veränderte sich damals zu einer offenen Savanne. Die Entwicklung des aufrechten Gangs war hier ein Vorteil. Weitere Faktoren wie Größenzunahme des Gehirns, Ausbildung von Sprache etc. bedingten die Entstehung und weltweite Verbreitung des Homo sapiens.

„Out of Afrika" – und in die Welt

In der Paläontologie geht man davon aus, dass in Afrika immer wieder neue Menschenarten entstanden sind. Von dort aus haben sie andere Teile der Welt besiedelt. Der letzte Auswanderer war Homo sapiens, der moderne Mensch. Er verließ Afrika vor etwa 100 000 Jahren. Andere Menschenarten sind ausgestorben.

Mensch und Kultur

Derzeit leben mehr als 7 Milliarden Menschen auf der Erde. Trotz ihres unterschiedlichen Aussehens gehören sie alle zu einer Art, dem Homo sapiens. Aufgrund von Erfindungen in ganz unterschiedlichen Bereichen gelang dem modernen Menschen die Besiedlung des ganzen Planeten. Die Entwicklung von Sprache, Kunst, Religion, Naturwissenschaften und Technik bezeichnet man als kulturelle Evolution.

1 Megapolis Shanghai

AUFGABEN

1 ○ Nenne die Gruppe von Lebewesen, die erstmals Fotosynthese betrieb.

👍 Super! ❓ ▶ S.172/173

2 ○ Ordne die folgende Gruppen von Lebewesen nach ihrem erstmaligen Vorkommen auf der Erde. Beginne mit dem ältesten Lebewesen:
Säugetiere, Fische, Menschen, Einzeller, Amphibien, Vögel, Reptilien, Farne, Algen.

👍 Super! ❓ ▶ S.170–173

3 ○ Nenne die besondere Bedeutung des Tieres Ichthyostega für die Wissenschaft.

👍 Super! ❓ ▶ S.173

4 ○ Es gibt unterschiedliche Formen von Fossilien. Zähle sie auf und beschreibe zwei Fossilien deiner Wahl genauer.

👍 Super! ❓ ▶ S.166/167

5 ○ Gib an, welche Körperteile des Menschen man als homolog bzw. analog zum Rüssel des Elefanten bezeichnen könnte. Begründe deine Aussage.

👍 Super! ❓ ▶ S.184/185

6 ○ Erkläre an einem Beispiel deiner Wahl, wie die drei Evolutionsfaktoren bei der Entstehung neuer Arten zusammenwirken.

👍 Super! ❓ ▶ S.180/181

7 ○ Bei Ausgrabungen stoßen Forscher auf einen gut erhaltenen Schädel. Betrachte den Schädel in Bild 2. Gehört er zu einem frühen oder einem späten

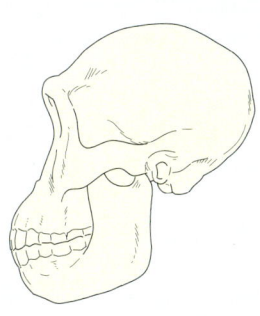

2 Zu Aufgabe 7

Vorfahren des Menschen? Begründe deine Entscheidung.

👍 Super! ❓ ▶ S.196

8 ● In einer Tierpopulation treten bei einzelnen Individuen neue Merkmale und Eigenschaften auf, die ihnen gegenüber ihren Artgenossen einen Selektionsvorteil verschaffen. Um was für Veränderungen könnte es sich dabei handeln? Zähle einige auf und erläutere ihren Vorteil.

👍 Super! ❓ ▶ S.176/177, 180/181

9 ● Merkmale, die auf Artgenossen anziehend wirken, können sich evolutionär auch dann durchsetzen, wenn ein Tier damit im alltäglichen Kampf ums Überleben eher Nachteile hat. Die langen Schwanzfedern des Pfaus sind ein Beispiel für eine solche „sexuelle Selektion". Erkläre diesen Aspekt.

👍 Super! ❓ ▶ S.176/177

10 ● „Der Neandertaler lebt noch!" Bewerte diese Aussage.

👍 Super! ❓ ▶ S.202/203

▶ Musterlösungen auf den Seiten 219–220

System

„Alles hängt mit allem zusammen". Diese Aussage macht deutlich, dass biologische Vorgänge und Lebewesen erst dann zu verstehen sind, wenn man nach Zusammenhängen und Wechselwirkungen sucht. Ein einzelner Organismus lässt sich dabei auf ganz

unterschiedlichen Systemebenen betrachten: Wie sind seine Zellen aufgebaut? Wie arbeiten einzelne Organe zusammen? Welche Beziehungen zu anderen Organismen bestehen?

System Zellkern

Der Zellkern ist die Steuerzentrale der Zelle. Er ist von einer Kernmembran umschlossen. Diese Hülle enthält Poren, sodass das Kerninnere mit dem Zellplasma in Verbindung steht und Stoffe ausgetauscht werden können.
Der Zellkern enthält den größten Teil des genetischen Materials. Hier finden die ersten Schritte der Übertragung der genetischen Information statt. Das System Zellkern dient damit der Steuerung und Kontrolle der Vorgänge in der Zelle und im gesamten Organismus.

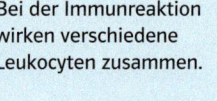

Bei der Immunreaktion wirken verschiedene Leukocyten zusammen.

Immunsystem

In unserem Immunsystem wirken verschiedene Leukocyten zusammen: Fresszellen nehmen Krankheitserreger auf und präsentieren deren Bruchstücke (Antigene) an ihrer Oberfläche. Damit setzen sie die Immunreaktion in Gang. Außer den Fresszellen bekämpfen nun Helferzellen, Killerzellen, Lymphocyten und Gedächtniszellen die Krankheitserreger.

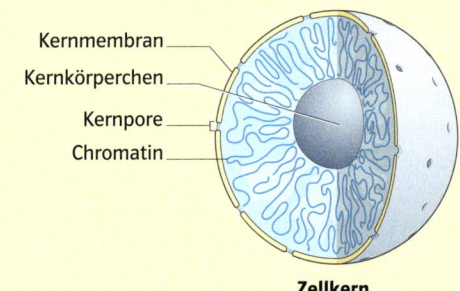

Kernmembran
Kernkörperchen
Kernpore
Chromatin

Zellkern

Das System „Zellkern"

Systemveränderungen

Aufgrund seiner kulturellen Errungenschaften kann der Mensch Systeme verändern. So gelang es ihm, durch Züchtung Tiere und Pflanzen an seine Ansprüche anzupassen. Die Folgen des menschlichen Handelns für einzelne Lebensräume und das gesamte Ökosystem Erde sind oft nur sehr schwer abzuschätzen.

Brandrodung

Ökosysteme

Tiere und Pflanzen eines bestimmten Lebensraumes stehen in zahlreichen Beziehungen zueinander. So sind Pflanzen nicht nur Nahrungsgrundlage, sondern bieten auch Versteck- und Brutmöglichkeiten für die Tiere des Lebensraumes. Die Lebewesen eines Ökosystems stehen wiederum in zahlreichen Abhängigkeiten zu ihrer unbelebten Umwelt. Eine Stadt bietet dabei zum Beispiel ganz andere Rahmenbedingungen für das Vorkommen von Lebewesen als eine unbebaute Landschaft. Auch das gesamte System Erde kann als ein riesiges Ökosystem betrachtet werden.

Eingriffe in das System

Die Gentechnik ermöglicht es, Organismen völlig neue Eigenschaften zu geben. Durch Veränderungen des Erbguts werden neue Merkmale erstellt. Vor allem die Übertragung fremder Erbinformation führt zu gravierenden Veränderungen. Auch völlig neue Gene und damit Proteine können vom Menschen entworfen und in Organismen eingebracht werden.

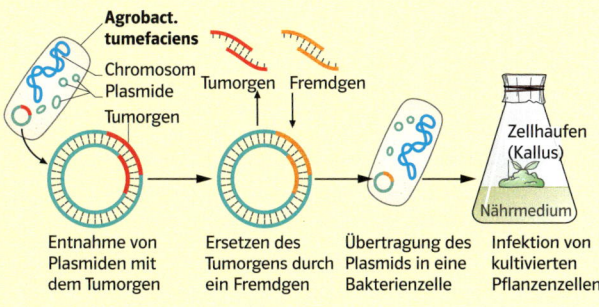

Gen-Transfer bei Pflanzen

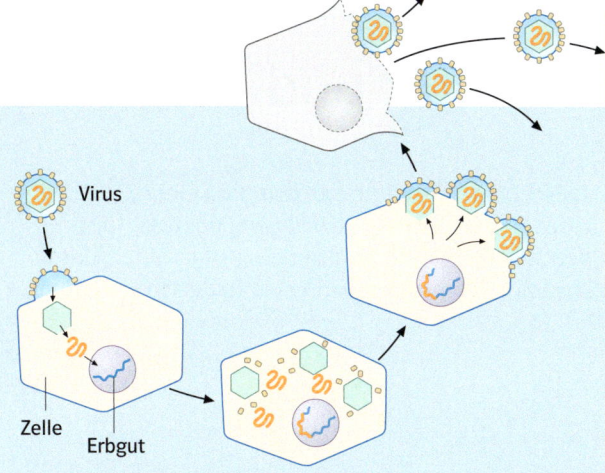

Vermehrungszyklus des Herpes-Virus

Schäden im System

Jucken und Bläschen an der Lippe sind deutliche Zeichen dafür, dass Herpesviren die Kontrolle über Zellsysteme übernommen haben. Normalerweise wehrt sich unser Körper erfolgreich gegen derartige Krankheitserreger. Es gibt aber auch Krankheiten wie Krebs, die das ganze „System Mensch" zerstören können. Wie sehr dabei die einzelnen Systeme zusammenhängen, wird besonders bei psychosomatischen Erkrankungen deutlich.

1 ⏺ Beschreibe die Arbeitsteilung unterschiedlicher Systeme am Beispiel „Blütenpflanze".

2 ⏺ Beschreibe, wie die einzelnen Systeme bei psychosomatischen Erkrankungen zusammenhängen.

3 ⏺ „Durch die Veränderung des Erbguts von Tieren und Pflanzen greift der Mensch nicht nur in das System des Organismus ein, sondern in das jeweilige Ökosystem." Erkläre.

4 ⏺ Erläutere, wie sich der Austausch einer einzelnen Base in der DNA auf das System „Organismus Mensch" auswirken kann.

Struktur und Funktion

Zwischen der Struktur, z. B. dem Bau einer Zelle oder eines Organs, und der jeweiligen Funktion – also den Aufgaben im Organismus – gibt es einen klaren Zusammenhang. Nur wenn ein biologisches System bestimmte Strukturen aufweist, kann es seine Funktionen optimal erfüllen.

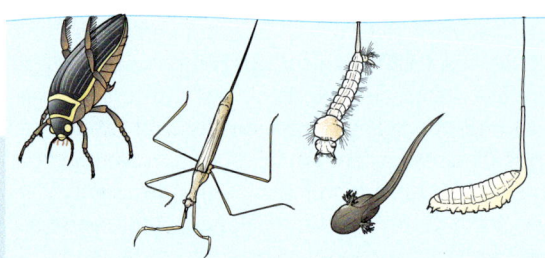

Unterschiedliche Atemstrategien

Schlüssel-Schloss-Prinzip

Das Schlüssel-Schloss-Prinzip ist wichtig, um in einem komplexen System wie einem Lebewesen Abläufe gezielt zu steuern. Unter Schlüssel-Schloss-Prinzip versteht man dabei, dass bestimmte Strukturen genau zueinander passen müssen: Zum Beispiel finden sich auf Erythrocyten – je nach Blutgruppe – spezielle Strukturen. Diese Antigene reagieren mit Antikörpern anderer Blutgruppen.

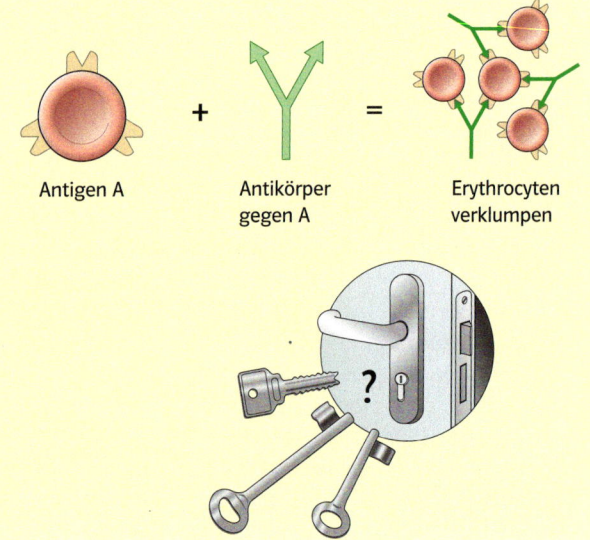

Antigen A + Antikörper gegen A = Erythrocyten verklumpen

Schlüssel-Schloss-Prinzip

Atmungsorgane

Fast alle Lebewesen brauchen Sauerstoff zum Leben. Zur Sauerstoffaufnahme aus der Umgebung haben sich unterschiedliche Strukturen entwickelt: Die Kiemen der Fische enthalten gut durchblutete, feine Verästelungen. Sie können den Sauerstoff aus dem vorbeiströmenden Wasser aufnehmen. Die Tracheen der Insekten bestehen aus fein verzweigten Chitinröhren und ermöglichen die Sauerstoffaufnahme aus der Luft. Unter Wasser lebende Insekten und -larven verhalten sich wie Taucher oder Schnorchler oder haben große Körperanhänge.

Zellkern und Chromosomen

Auch innerhalb der Zellen lassen sich bestimmte Funktionen bestimmten Strukturen zuordnen. Die im Zellkern enthaltene Erbinformation kann je nach Funktion eine andere Struktur haben. Während der Zellteilung liegt sie in der kompakten Transportform als Chromosom vor. In der Arbeitsphase sind die langen DNA-Fäden leicht zugänglich für die Enzyme der Replikation und Proteinbiosynthese.

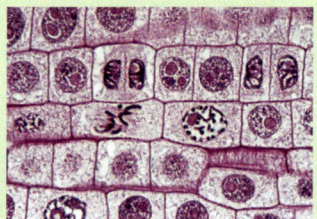

Verschiedene Stadien des Zellzyklus

Die Weiße Seerose besitzt Schwimmblätter.

Oberflächenvergrößerung

Schwimmpflanzen „nutzen" das Bauprinzip der Oberflächenvergrößerung: Große Blattoberflächen verbessern den Stoffaustausch. Wegen des Wellenschlags und der Strömung dürfen untergetauchte Wasserpflanzen keine großen Blätter haben. Bei ihnen gibt es dafür sehr viele kleine Blättchen. Aufgrund der großen Anzahl gibt es deshalb auch hier eine sehr große Oberfläche für den Stoffaustausch.

Homologe Organe

Das Skelett aller Wirbeltiere lässt denselben Grundbauplan erkennen. Dieser Bauplan kann aber auf sehr unterschiedliche Weise abgewandelt sein. So eignen sich Flügel der Vögel ideal zum Fliegen. Die Beine der Katzen ermöglichen hingegen schnelles Laufen und Klettern. Da bestimmte Eigenschaften in einem bestimmten Lebensraum von Vorteil sind, findet man diese mitunter aber auch bei nicht näher verwandten Tiergruppen. Die Grabhand des Maulwurfs und der Maulwurfsgrille sind Beispiele für eine derartige konvergente Entwicklung.

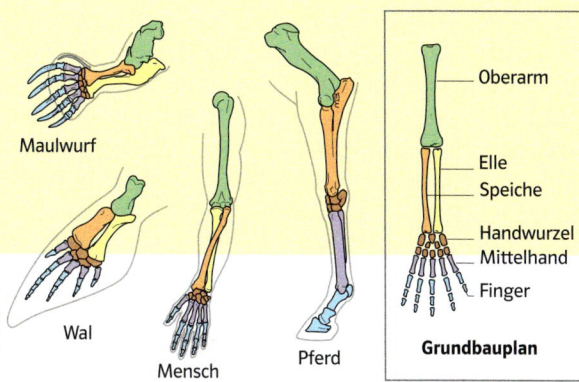

Homologe Organe

Strukturen verändern sich

Die Eigenschaften und Strukturen der heute lebenden Organismen sind das Ergebnis eines langen Evolutionsprozesses. Die Evolution der Pferde ist ein gutes Beispiel, um diesen Veränderungsprozess nachzuvollziehen. Durch Mutationen entstehen aber auch zukünftig immer wieder neue Strukturen mit neuen Funktionen. Nur wenn diese von Vorteil für ein Lebewesen sind, bleiben sie erhalten. Somit entscheidet letztlich die Umwelt über die Strukturen biologischer Systeme.

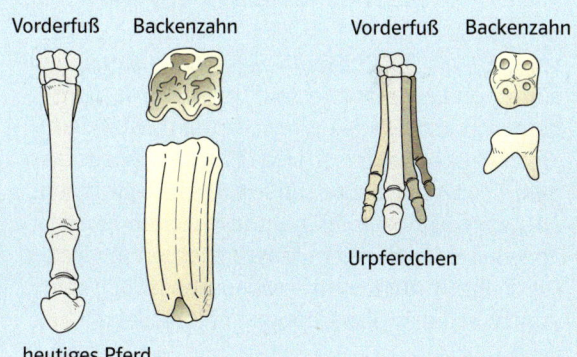

AUFGABEN

1 ○ Erkläre an einem Beispiel, was man unter dem Schlüssel-Schloss-Prinzip versteht.

2 ⊖ Beschreibe das Prinzip der Oberflächenvergrößerung anhand weiterer Beispiele.

3 ● Chromosomen wechseln während des Lebenszyklus einer Zelle ihre Form. Erkläre, wie sich hierbei ihre Struktur auf die Funktion auswirkt.

4 ● Erkläre an einem Beispiel aus den Bereichen Menschenkunde oder Ökosystem Gewässer den Zusammenhang zwischen den Konzepten „Struktur und Funktion" und „System".

Entwicklung

Ein Blick in das Fotoalbum macht deutlich: Du wirst älter. So wie der Mensch, unterliegen alle Lebewesen einer ständigen Entwicklung. Aber nicht nur das einzelne Individuum, sondern jedes biologische System von der Zelle bis zum Ökosystem Erde unterliegt einem ständigen Veränderungsprozess.

Albino-Igel

Arten entstehen und vergehen

Vor mehr als 3 Mrd. Jahren entstanden die ersten einfachen Lebensformen auf unserer Erde. Seitdem sind immer wieder neue Arten entstanden – und verschwunden. In allen Erdzeitaltern gab es ganz charakteristische Lebewesen. Katastrophen, z. B. Meteoriteneinschläge, und Eiszeiten führten immer wieder zu einem Massensterben von Arten. Die freigewordenen Nischen wurden jedoch sehr schnell von den Überlebenden neu „besetzt".

Mesohippus

Urpferd

Merychippus

Pliohippus

modernes Pferd

Vom Urpferd zum modernen Pferd

Mutation und Selektion

Treibende Kräfte für die Entstehung neuer Arten sind Mutationen, d. h. Veränderungen im Erbgut. Durch diese Veränderungen können Lebewesen mit neuen Eigenschaften entstehen. Wirken sich die neuen Eigenschaften für ein Lebewesen zum Vorteil aus, so kann sich die Mutation durchsetzen. Ist eine Veränderung mit Nachteilen verbunden, verschwindet sie wieder. Dieser Auswahlprozess wird Selektion genannt. Die durch Mutation und Selektion hervorgerufene Entwicklung nennt man Evolution.

Individualentwicklung

Jedes mehrzellige Lebewesen durchläuft seinen ganz eigenen Entwicklungsprozess. Dieser beginnt in der Regel mit der Befruchtung einer Eizelle. Ab diesem Zeitpunkt verdoppelt sich die DNA, Zellen teilen sich, differenzieren aus und werden neu organisiert. Mit diesem Entwicklungsprozess hat gleichzeitig aber auch das Altern begonnen. Wie alt ein Lebewesen werden kann, ist dabei von Art zu Art sehr unterschiedlich.

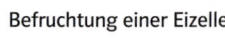

Befruchtung einer Eizelle

Tomaten: Kulturform (links) und Wildform

Entwicklung und Züchtung

Der Mensch greift durch Züchtung in die Entwicklung von Pflanzen und Tieren ein. Er wählt Tiere mit bestimmten, gut ausgeprägten Merkmalen aus und nur diese lässt er sich fortpflanzen. Über viele Generationen hinweg wurden auf diese Weise Rinder zu Fleischlieferanten, Pferde zu Arbeitstieren und Hunde mit besonderen Eigenschaften gezüchtet.

Die Züchtung von Pflanzen, vor allem die der Gräser, erfolgte mit dem Ziel der Ertragssteigerung. Weitere Zuchtziele sind die Widerstandsfähigkeit gegenüber Krankheiten und Umwelteinflüssen.

Neukombination von Genen

Die Keimzellen bilden sich während der beiden Reifeteilungen der Meiose. Die Verteilung der Chromatiden erfolgt dabei rein zufällig. Es entstehen haploide Spermien- bzw. Eizellen. Alle neu gebildeten Keimzellen unterscheiden sich in ihrem Genom voneinander.

Bei der Befruchtung verschmelzen die Kerne der väterlichen und mütterlichen Keimzellen miteinander. Dabei werden die Genome neu kombiniert und es entwickelt sich ein Lebewesen mit neuen Eigenschaften und Merkmalen.

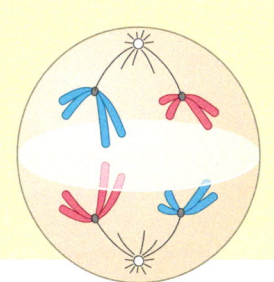
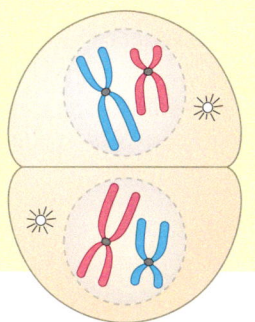

1. Reifeteilung während der Meiose

Evolution des Menschen

Der letzte gemeinsame Vorfahre von Mensch und Affe lebte vor etwa 7 Mio. Jahren. Die seither durch Evolution entstandenen Menschenarten sind mit Ausnahme des Homo sapiens ausgestorben. Da die Entwicklung weitergeht, ist es sehr wahrscheinlich, dass auch der Jetztmensch nur eine Stufe im andauernden Evolutionsprozess ist.

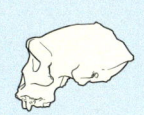
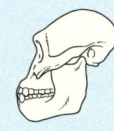
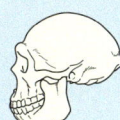

Sahelanthropus tchadensis · Australopithecus afarensis · Homo erectus

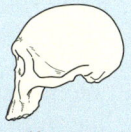
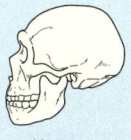
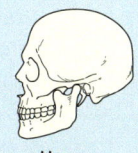

Homo rudolfensis · Homo neanderthalensis · Homo sapiens

Entwicklung zum modernen Menschen

AUFGABEN

1 ○ Nenne ein Beispiel aus dem Bereich der Ökologie, in dem Entwicklung stattgefunden hat.

2 ◔ „Bakterien sind potenziell unsterblich." Erkläre diese Aussage auch mithilfe einer Zeichnung.

3 ● „Nichts in der Biologie macht Sinn, außer man betrachtet es im Licht der Evolution." Erläutere diese Aussage an einem selbst gewählten Beispiel.

4 ● „Der Mensch hat in der Vergangenheit viele Krisen durch seinen Ideenreichtum überwunden". Erkläre diesen Satz an einem Beispiel.

Musterlösungen

1 Immunbiologie

1 Siehe Tabelle, Bild 1.

2 **Epidemie:**
tritt gehäuft innerhalb einer begrenzten Region auf, ist also regional beschränkt.
Pandemie:
ist nicht regional beschränkt, sondern tritt gleichzeitig weltweit auf.

3 HI-Viren sind in bestimmten Körperflüssigkeiten wie Blut, Sperma und Scheidenflüssigkeit enthalten. Man kann sich daher vor allem beim ungeschützten Geschlechtsverkehr oder beim Spritzentausch infizieren. Eine Übertragung durch Spenderblut ist dank guter Voruntersuchungen des Blutes heute kaum mehr möglich. Das HI-Virus kann außerdem auch von der Mutter während der Schwangerschaft, bei der Geburt oder beim Stillen auf das Kind übertragen werden.

4

Allergen	Eintritt in den Körper
Pollen, Hausstaub	über die Atemwege
Nüsse, Medikamente	über den Verdauungstrakt
Metallknöpfe, Piercings, Bienengift	über direkten Hautkontakt

5 Individuelle Lösung. Siehe Infografik, S. 28/29

6 Eine HIV-Infektion lässt sich in drei Krankheitsphasen gliedern:

	Bakterien	Viren
Größe	0,6–10 µm (1 µm = 1 Mikrometer = 1/1000 mm)	0,02–0,7 µm
erkennbar	im guten Lichtmikroskop	nur im Elektronenmikroskop
Bauplan	Zellwand, Zellmembran, Zellplasma, Plasmid, Erbmaterial	Eiweißhülle, Erbmaterial
Vermehrung	durch Zellteilung	keine selbstständige Vermehrung, durch Wirtszellen
Bekämpfung	mit Antibiotika	Antibiotika unwirksam
Kennzeichen des Lebendigen	ja	nein

1 Zu Aufgabe 1

1. Die ersten Wochen nach der HIV-Infektion bezeichnet man als akute Phase. In dieser Zeit vermehren sich die HI-Viren zunächst explosionsartig, danach sinkt ihre Zahl fast auf das Anfangsniveau. Die Zahl der T-Helferzellen nimmt nur kurzfristig ab.
2. Die darauffolgende Latenzphase dauert einige Jahre. In dieser Zeit setzt sich das Immunsystem täglich mit dem HI-Virus auseinander und hält die Anzahl an HI-Viren zunächst gering. Schließlich verliert das Immunsystem jedoch den Kampf: Die Zahl der HI-Viren nimmt zu, die der T-Helferzellen nimmt ab.
3. In der letzten Phase der HIV-Infektion – der Krankheitsphase – spricht man von AIDS. Das Immunsystem ist zerstört und die Krankheit bricht aus. Die Zahl der T-Helferzellen sinkt immer weiter, während die Zahl der HI-Viren immer mehr zunimmt.

7 Bei einer allergischen Reaktion handelt es sich um eine Überreaktion des Immunsystems. Es reagiert dabei auf eigentlich harmlose Stoffe – Allergene genannt – mit z. B. typischen „Heuschnupfen"-Symptomen.

8 Während in der 1. Woche (Anfang Januar) die Grippe nur punktuell auftritt, sind in der 5. Woche (Anfang Februar) bereits große Flächen Deutschlands betroffen. Die betroffenen Regionen beschränken sich im Januar auf Gebiete im südlichen Baden-Württemberg und östlichen Bayern sowie einem Gebiet in Hessen und Niedersachsen. Berlin und Brandenburg sind überwiegend grippefrei.
Im Februar verlagert sich die Grippe im Süden ins westliche und nördliche Baden-Württemberg. Nun sind auch fast ganz Brandenburg und Thüringen betroffen. Eine Insel um Berlin herum bleibt fast ganz von der Grippe verschont.

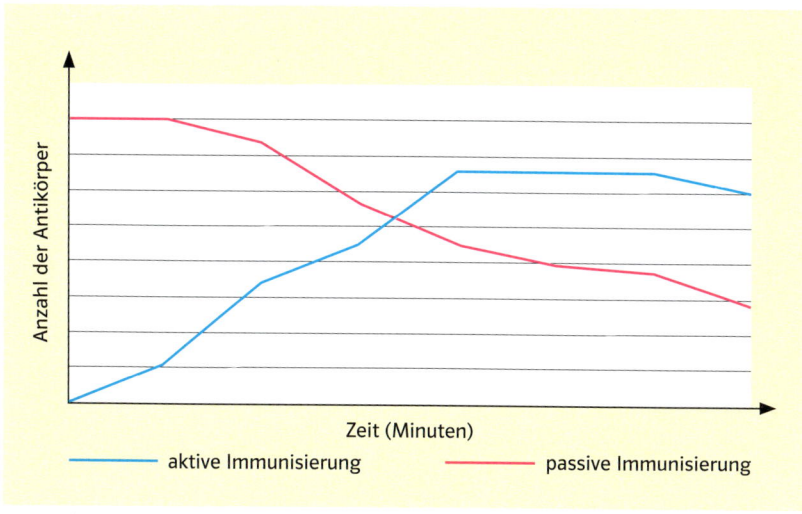

2 Zu Aufgabe 9

9 Siehe Diagramm, Bild 2.

10 Schutzfaktoren:
– gute Klassengemeinschaft
– Freunde in der Schule
– gute Lehrkräfte mit Verständnis für Jugendliche
– gutes Zeitmanagement vor Klassenarbeiten
– interessanter Unterricht, der Spaß macht
Risikofaktoren:
– Stress im Unterricht
– Stress daheim
– Mobbing
– falsches Zeitmanagement
– falscher Ehrgeiz

2 Ökologie

1 a), b) Bruchwaldzone: Schwarz-Erle, Silber-Weide; Röhricht-zone: Schilf, Rohrkolben; Schwimmblattzone: Seerose, Wasserknöterich; Tauchblattzo-ne: Wasserpest, Ähren-Tausend-blatt; Zone des freien Wassers: Wasserlinse, Froschbiss.

2 Straßenbäume nehmen verschiedene Stoffe auf, wandeln sie um und geben Sauerstoff und Wasser ab. Innerhalb des städtischen Lebensraums haben sie eine besondere Bedeutung für die Luftfeuchtigkeit, die Bindung von Kohlenstoffdioxid, das Filtern von Staub und die Produktion von Nährstoffen. Straßenbäume sind die Lebensgrundlage zahlreicher Tiere und tragen auch zum Wohlbefinden der menschlichen Stadtbewohner bei.

3 Kohlenstoffdioxid wird bei der Verbrennung kohlenstoffhaltiger Substanzen frei. Das sind zunächst einmal Kohle (Stein- und Braunkohle), aber auch alle organischen Verbindungen. Dabei ist es gleichgültig, ob diese biogenen Ursprungs sind wie Erdöl, Erdgas, Torf, Holz oder andere Pflanzenstoffe oder es sich um Kunststoffe handelt. CO_2 wird durch Atmung und Zellatmung frei, d.h. beim Abbau organischer Substanzen durch (Mikro-)Organismen. Viel Kohlenstoffdioxid entweicht auch aus dem Boden.

4 Mineralstoffe sind für ein gesundes Pflanzenwachstum unentbehrlich. Sobald die ungestörte und ausreichende Aufnahme an Mineralstoffen nicht mehr gewährleistet ist, kann es zu Mangelerscheinungen kommen. Diese zeigen sich z. B. an gelblich verfärbten Blättern oder auch an einem verringertem Wachstum.

5 Das lockere Durchlüftungsgewebe lässt die Schwimmblätter der Seerose an der Wasseroberfläche schwimmen. An der Wachsschicht auf der Blattoberseite perlt das Wasser ab. Durch die Spaltöffnungen, die auch auf der Blattoberseite liegen, erfolgt der Gasaustausch. Die langen und biegsamen Blattstiele können sich an schwankende Wasserstände anpassen, ohne zu brechen.

6 Die beiden Vogelarten bilden unterschiedliche ökologische Nischen, die sich u.a. durch den Lebensraum und die Nahrung unterscheiden.

7 Die Lebewesen sind über Nahrungsketten verbunden, die Biomasse geht von einer Nahrungsebene zur nächsthöheren über. Destruenten bauen Abfälle zu Mineralsalzen ab, die die (Wasser-)Pflanzen dann wieder aufnehmen können.

8 Die höhere Durchschnittstemperatur in der Stadt und die intensive Nutzung von Wasserstraßen führen dazu, dass die Gewässer in der Stadt nicht so schnell zufrieren wie in der freien Landschaft. Außerdem werden die Wasservögel in der Stadt oft von Menschen gefüttert.

9 Je größer und mechanisierter ein landwirtschaftlicher Betrieb ist, desto mehr Arbeitskräfte können durch Technik ersetzt werden. Gleichzeitig können mit Maschinen mehr Ackerflächen bewirtschaftet und mehr Tiere versorgt werden. Dadurch sinken insgesamt die Produktionskosten, was sich in einem niedrigeren Verkaufspreis äußert.

10

Handlung	Merkmal
Bioprodukte kaufen	schont Umwelt, unterstützt Erzeuger
weniger Fleisch essen	reduziert Verbrauch von Wasser und Futtermitteln
nachhaltige Produkte kaufen	schont die Ressourcen
Ökologischen Fußabdruck verkleinern	weniger Aufwendungen für den Lebenstil
Wege mit dem Fahrrad erledigen	Vermeidung von Emissionen, Schutz der Ressourcen

11 In einer Nahrungkette nimmt die Energie, die in Nahrung verpackt an die jeweils nachfolgende Stufe weitergegeben

wird, ständig ab. So bleibt einem Endkonsumenten nur noch ein geringer Prozentsatz der von den Pflanzen ursprünglich bereitgestellten Energiemenge übrig. Deshalb kann es am Ende einer Nahrungskette auch nur wenige oder sogar nur noch einen Endkonsumenten geben.

12 Hund und Katze sind Endkonsumenten. Sie können andere Tiere in der Stadt vertreiben oder sogar fangen und fressen.

3 Genetik

1 Während das Karyogramm einer Frau zwei X-Chromosomen aufweist, verfügt das Karyogramm eines Mannes nur über ein X-Chromosom und zusäzlich über ein Y-Chromosom.

2 Da alle Nachkommen schwarz sind, ist die schwarze Fellfarbe gegenüber der weißen dominant. Beide Elternteile sind reinerbig in Bezug auf ihre jeweilige Fellfarbe, sonst würden in der F1-Generation auch weiße Mäuse auftauchen. Alle Mäuse der F1-Generation sind mischerbig.

3 Natürliche Klone entstehen in relativ kurzer Zeit. Sie blühen und fruchten deshalb schnell. Sie haben dieselben genetischen Eigenschaften wie die Mutterpflanze. Bei Pflanzen, die aus Samen entstehen, dauert die Entwicklung länger. Die Samen müssen reifen, können meist erst im nächsten Jahr ausgesät werden und müssen dann noch die gesamte Ent-

wicklung zur fertigen Pflanze durchlaufen. Ihre genetischen Eigenschaften können variieren.

4 a) Individuelle Lösung.
b) Links: Metaphase; Chromosomen, Transportform;
Rechts: Interphase; Chromatin, Arbeitsform.
c) Hierfür wählt man eine Zelle während der Metaphase. Nur dort ist das Chromatin vollständig kondensiert und liegt als Chromosomen angeordnet in der Zellmitte vor. Damit lässt sich ein Karyogramm erstellen.

5 UV-Strahlen und andere krebserregende Stoffe schädigen die DNA in den Zellen. Meist können die Schäden durch Reparaturenzyme beseitigt werden. Gelingt dies nicht, können sich die Zellen zu Hautkrebs verändern. Die Zellen wachsen sehr schnell und teilen sich unkontrolliert, Tumore entstehen.

6 Individuelle Lösung. Beispiel:
Eltern: Kann es zu Problemen bei der Schwangerschaft kommen?
Arzt: Wenn Ihre Frau noch nie mit rhesuspositivem Blut in Berührung gekommen ist, hat sie noch keine Antikörper gegen den Rhesusfaktor gebildet. Die erste Schwangerschaft wird ganz normal verlaufen. Bei der Geburt gelangen jedoch die Blutzellen des Kindes in den Blutkreislauf der Mutter. Ist das erste Kind rhesuspositiv, wird die Mutter nach der Geburt Antikörper gegen den Rhesusfaktor bilden. Bei weiteren Schwangerschaften mit rhesus-

positiven Kindern können die gebildeten Antikörper dann für das Kind gefährlich sein.
Eltern: Heißt das, wir können nur ein Kind bekommen?
Arzt: Nein, direkt nach jeder Geburt erhält die Mutter eine Injektion mit Antikörpern gegen den Rhesusfaktor. Ihr Immunsystem wird daraufhin keine eigenen Antikörper bilden. Das heißt also, dass weitere Schwangerschaften ohne Gefahr möglich sind.

7 a) Durch den Basenaustausch kann eine andere Aminosäure eingebaut werden. Dies kann zu Veränderungen in der Struktur des Proteins führen.
b) Jede Aminosäure hat mehrere Basentripletts, es könnte also trotz Basenaustausch die korrekte Aminosäure eingebaut werden. Außerdem führt eine veränderte Aminosäuresequenz nicht zwangsläufig zu einer Strukturveränderung. Solange die Struktur erhalten bleibt, ist das Protein funktionstüchtig.
c) Mutationen in Keimzellen werden an die Nachkommen weitergegeben oder führen zum Tod des Ungeborenen. Die Aussage muss jedoch sehr kritisch betrachtet werden, denn für den Einzelnen kann eine Mutation in den Körperzellen durchaus schwerwiegende Folgen haben.

8 a) Genommutation;
b) siehe S. 129, Bild 2.

9 Plasmide sind kleine DNA-Ringe im Plasma eines Bakteriums. Diese können artfremde DNA aufnehmen und in andere Bakterienzellen transportieren. Aufgrund dieser Fähigkeit nutzen die Gentechniker die Plasmide als Gen-Fähre.

4 Evolution

1 Blaugrüne Bakterien waren die ersten Lebewesen, die Fotosynthese betrieben.

2 Folgende Reihenfolge ist denkbar: Einzeller, Algen, Fische, Farne, Amphibien, Reptilien, Säugetiere, Vögel, Mensch.

3 Ichthyostega gilt als das erste vierbeinige Wirbeltier, das zeitweise an Land leben konnte. Sein Körper zeigt noch Merkmale der Fische, u. a. Schuppen.

4 Beispiele für Fossilien sind: Versteinerungen, Inkohlung, Mumifikation und Einschlüsse in Bernsteinen. Beschreibung der Fossilien:
1. Versteinerung: Als Versteinerung werden die zu Stein gewordenen Knochen oder Schalen von Tieren bezeichnet.
2. Inkohlung (Abdrücke von Lebewesen in Steinkohle): Steinkohle bildete sich vor allem aus abgestorbenen Pflanzen in Sumpfgebieten. Das Pflanzenmaterial wurde unter Luftabschluss zunächst zu Torf umgewandelt. Durch den enormen Druck der darüberliegenden Schichten wurde das Wasser ausgepresst. Durch weitere chemische Umwandlungen blieb vor allem Kohlenstoff übrig. Es bildete sich zunächst die Braunkohle, dann die Steinkohle.

3. Mumifikation: Ganze Körper können durch besondere Umwelteinflüsse, z. B. große Kälte oder die Einbettung in Moorwasser, zu Fossilien werden.
4. Einschlüsse in Bernstein: Bernstein wurde aus dem versteinerten Harz ausgestorbener Pflanzen gebildet. In diesem Harz wurden manchmal ganze Insekten oder andere Kleintiere eingeschlossen. Dadurch wurden die Tiere konserviert.

5 Der Rüssel des Elefanten ist homolog zur unserer Nase und analog zu unseren Händen.

6 Individuelle Lösung. Zum Beispiel die Entstehung der Arten Grünspecht und Grauspecht: Vor Beginn der letzten Eiszeit vor rund 100 000 Jahren gab es in Mitteleuropa eine Ursprungsspechtart. Die vorrückenden Eismassen trennten diese ursprüngliche Art in zwei Gruppen (Isolation). Eine Gruppe zog sich nach Südwesteuropa und die andere nach Osteuropa zurück. In jeder Gruppe traten zufällig unterschiedliche Veränderungen im Erbgut auf (Mutation). Aufgrund unterschiedlicher Lebensbedingungen entwickelten sich beide Populationen unterschiedlich (Selektion). So entstanden mit der Zeit die zwei eigenständigen Arten Grünspecht und Grauspecht.

7 Der dargestellte Schädel gehört zu einem frühen Vorfahren des Menschen. Die Überaugenwülste, die ausgeprägte Schnauze und das geringe Hirnvolumen machen das deutlich.

8 Die Veränderungen tragen letztendlich zu einer erfolgreicheren Überlebensstrategie und effektiveren Fortpflanzung bei. Hierzu zählen z. B.:

– Schärfere Sinnesorgane: Das Individuum kann schneller Feinde wahrnehmen, besser auf Gefahren reagieren und erfolgreicher und energiesparender jagen.

– Stärkere Muskeln: Das Individuum kann sich besser gegen Feinde wehren oder in Rangkämpfen behaupten, schneller flüchten oder jagen.

– Ein effektiveres Immunsystem: Das Individuum ist besser vor es schwächenden Krankheitserregern geschützt.

– Merkmale, die auf die Weibchen anziehend wirken: Das Individuum kann sich effektiver vermehren und seine Gene häufiger weitergeben.

– Gehirnleistung: Das Individuum kann z. B. schneller Informationen verarbeiten oder Probleme lösen.

– Schnellere Reaktionsfähigkeit: Das Individuum kann z. B. bei Gefahr schneller reagieren.

9 Die langen Schwanzfedern des männlichen Pfaus sind in seinem „Alltag" eher hinderlich. Der Vogel kann z. B. im Gebüsch hängen bleiben und wird auch von Fressfeinden früher wahrgenommen. Trotzdem hat sich dieses Merkmal durchgesetzt. Der Grund liegt in der anziehenden Wirkung des großen, farbenprächtigen Pfauenrades auf die weiblichen Pfauen. Ein prächtiges Federkleid steigert den Fortpflanzungserfolg.

10 Der Neandertaler ist als eigene Art zwar ausgestorben. In unserem Erbmaterial lässt sich jedoch nachweisen, dass sich Neandertaler und Homo sapiens in der Zeit, als sie nebeneinander auf der Erde lebten, miteinander gekreuzt haben. Dadurch kam es zu Vermischungen des Erbgutes.

Bildnachweis

U1.1 Getty Images (The Image Bank/ Gabor Geissler), München; U1.2 Getty Images (Tan Yilmaz/Moment), München; 2.1 Getty Images (Westend61), München; 2.2 plainpicture GmbH & Co. KG (Minden Pictures/Alex Huizinga/ NIS), Hamburg; 3.1 Getty Images (Science Photo Library), München; 3.2 Getty Images (Moment/ Elva Etienne), München; 4.1 plainpicture GmbH & Co. KG (NaturePL/ Carol Walker), Hamburg; 4.2 Getty Images (Getty Images News), München; 5.1 iStockphoto (martinwimmer), Calgary, Alberta; 5.2 plainpicture GmbH & Co. KG (Westend61/Uwe Umstätter), Hamburg; 10.1 plainpicture GmbH & Co. KG (Ableimages/David Harrigan), Hamburg; 10.2 plainpicture GmbH & Co. KG (Barbara Ködel), Hamburg; 10.3 Avenue Images GmbH (Maskot/Martin Botvidsson), Hamburg; 11.1 plainpicture GmbH & Co. KG (Lubitz + Dorner), Hamburg; 11.2 plainpicture GmbH & Co. KG (Westend61/Tom Hoenig), Hamburg; 11.3 plainpicture GmbH & Co. KG (Cultura/Andrew Brookes), Hamburg; 14.1a Science Photo Library (Mark Thomas / SPL), München; 14.1c Fotolia. com (El Gaucho), New York; 15.1 FOCUS (Kwangshin Kim / Photo Researchers), Hamburg; 15.2 FOCUS ((c)2002 Eye of Science), Hamburg; 15.3 Okapia (Manfred P. Kage), Frankfurt; 15.4 Okapia (David Scharf/P. Arnold, Inc.), Frankfurt; 16.1 Science Photo Library (Dr. Gary Gaugler), München; 16.2 Okapia (D. M. Phillips/Science Source), Frankfurt; 16.3 Okapia (Dr. Gary Gaugler), Frankfurt; 19.1 Getty Images (Cultura), München; 20.1 Picture-Alliance (The Advertising Archives), Frankfurt; 20.2 Science Photo Library (John Durham), München; 21.2 Fotolia. com (mhp), New York; 23.3 Science Photo Library (A. B. Dowsett),

München; 24.1 shutterstock (Levent Konuk), New York, NY; 24.2 Getty Images (S Nagendra / Photo Researchers), München; 24.3 Mauritius Images (Alamy/Catchlight Visual Services, Frans Verpoorten), Mittenwald; 24.4 Getty Images (Mieke Dalle / Photographer's Choice), München; 25.1 akg-images (Science Photo Library), Berlin; 25.2 Getty Images (Time Life Pictures/National Archives/The LIFE Picture Collection), München; 27.3 Adobe Stock (berezandr), Dublin; 30.1 Ullstein Bild GmbH (The Granger Collection), Berlin; 32.3 Fotolia.com (claudia Otte), New York; 35.2 Mit freundlicher Genehmigung und Unterstützung der Bundeszentrale für gesundheitliche Aufklärung; 36.1 Thinkstock (iStockphoto), München; 37.1 iStockphoto (JOSE JUAN GARCIA), Calgary, Alberta; 37.2 Adobe Stock (Damian Gretka), Dublin; 41.2 Naturfotografie Frank Hecker (Heiko Bellmann), Panten-Hammer; 41.3 laif (Raffaele Celentano), Köln; 42.2 laif (Daniel van Moll), Köln; 43.1 shutterstock (Robert Hoetink), New York, NY; 43.2 Fotolia.com (anyaberkut), New York; 44.1 Thinkstock (BananaStock), München; 44.2 Fotolia.com (godfer), New York; 46.1 iStockphoto (FotografiaBasica), Calgary, Alberta; 48.1 plainpicture GmbH & Co. KG (Johner/Malcolm Hanes), Hamburg; 48.2 plainpicture GmbH & Co. KG (NaturePL/Sam Hobson), Hamburg; 49.1 Getty Images (Koray zver / EyeEm), München; 49.2 Getty Images (Design Pics), München; 55.2 iStockphoto (jean schweitzer), Calgary, Alberta; 56.1 iStockphoto (NNehring), Calgary, Alberta; 56.2 Thinkstock (iStockphoto), München; 56.3 iStockphoto (Nancy Nehring), Calgary, Alberta; 56.4 CC-BY-SA-4.0,

siehe *3; 56.5 iStockphoto (Nancy Nehring), Calgary, Alberta; 56.6 iStockphoto (NNehring), Calgary, Alberta; 58.1 shutterstock (optimarc), New York, NY; 58.2 dreamstime.com (Holger Leyrer), Brentwood, TN; 59.3 Imago (blickwinkel), Berlin; 60.1 PantherMedia GmbH (Andreas Lippmann), München; 60.2 PantherMedia GmbH (Elke Krone), München; 60.3 iStockphoto (RelaxFoto. de), Calgary, Alberta; 60.4 Fotolia.com (Holger Leyrer), New York; 60.5 iStockphoto (Vladimir Blinov), Calgary, Alberta; 60.6 Thinkstock (iStockphoto), München; 62.1 Fotolia.com (Stephen VanHorn), New York; 67.2 iStockphoto (Nancy Nehring), Calgary, Alberta; 72.1 shutterstock (hjschneider), New York, NY; 72.2 iStockphoto (Stéphane Bidouze), Calgary, Alberta; 74.1 Fotolia. com (Edith Ochs), New York; 74.2 MEV Verlag GmbH, Augsburg; 75.3 PantherMedia GmbH (Carl-Jürgen B.), München; 75.4 Blickwinkel (Hecker/ Sauer), Witten; 75.5 PantherMedia GmbH (B. Schneider), München; 76.2 Klett-Archiv (Marianne Walcher), Stuttgart; 77.5 Klett-Archiv (Robert Gegler-Tautz), Stuttgart; 78.1 Fotolia. com (Sura Nualpradid), New York; 78.2 Blickwinkel (F. Hecker), Witten; 78.3 Okapia (Andreas Hartl), Frankfurt; 80.1 shutterstock (Paolo Gianti), New York, NY; 85.2 Fotolia.com (E. Schittenhelm), New York; 86.1 Prof. Dr. Horst Müller, Dortmund; 86.2 Prof. Dr. Horst Müller, Dortmund; 86.3 Okapia (Manfred Danegger), Frankfurt; 87.4 Picture-Alliance (WILDLIFE), Frankfurt; 87.5 shutterstock (TOMO), New York, NY; 88.1 Fotolia.com (Ste2.0), New York; 88.2 FOCUS (EOS/Meckes), Hamburg; 88.33 iStockphoto (Günther Blumenstock), Calgary, Alberta; 92.1 Fotolia.com (ChristopheB), New York; 93.2 Getty Images (E+/davidf),

Hinweis zu den Versuchen

Vor der Durchführung eines Versuchs müssen mögliche Gefahrenquellen besprochen werden. Die geltenden Richtlinien zur Vermeidung von Unfällen beim Experimentieren sind zu beachten. Da Experimentieren grundsätzlich umsichtig erfolgen muss, wird auf die üblichen Verhaltensregeln, insbesondere auf die „Richtlinie zur Sicherheit im Unterricht" (RiSU) nicht jedes Mal erneut hingewiesen.

Einige Substanzen, mit denen im Unterricht umgegangen wird, sind als Gefahrstoffe eingestuft. Sie können in den einschlägigen Verzeichnissen nachgeschlagen oder durch Eingabe des Prisma-Codes 7ce67z in das Suchfeld auf www.klett.de abgerufen werden.

Die Versuchsanleitungen sind nach Schüler- und Lehrerversuchen unterschieden und enthalten in besonderen Fällen Hinweise auf mögliche Gefahren. Das Tragen einer Schutzbrille beim Experimentieren ist unerlässlich.

1. Auflage   1 7 6 5 4 | 24 23 22 21

Autorinnen und Autoren: Nicole Dolpp, Dr. Eberhard Hummel, Prof. Dr. Dietmar Kalusche, Charlotte Willmer-Klumpp
Unter Mitarbeit von Autorinnen und Autoren der folgenden Werke: 978-3-12-068306-3, 978-3-12-068308-7, 978-3-12-068347-6, 978-3-12-068382-7, 978-3-12-068388-9, 978-3-12-068470-1

Redaktion: Ulrike Fehrmann
Herstellung: Esther Lang

Layoutkonzeption und Gestaltung: KOMA AMOK®, Kunstbüro für Gestaltung, Stuttgart
Umschlaggestaltung: KOMA AMOK®, Kunstbüro für Gestaltung, Stuttgart
Illustrationen: Matthias Balonier, Lützelbach; Angelika Kramer, Stuttgart; Cyprian Lothringer, Leipzig; Karin Mall, Berlin; Tom Menzel, Scharbeutz/Klingberg; Otto Nehren, Achern; Ingrid Schobel, Hannover; Nora Wirth, Frankfurt/Main; Jürgen Wirth, Dreieich
Reproduktion: Meyle + Müller, Medien-Management, Pforzheim
Druck: Firmengruppe APPL, aprinta druck, Wemding

Printed in Germany
ISBN: 978-3-12-068446-6